从长干而来

南京大报恩寺遗址历史研究

祁海宁——著

国家社科基金重大项目『南京大报恩寺遗址考古发现与研究』阶段性成果（项目编号：18ZDA221）
南京师范大学『十四五』重点学科『考古学』和『中国史』联合经费资助项目

南京出版传媒集团
南京出版社

图书在版编目（CIP）数据

从长干而来：南京大报恩寺遗址历史研究 / 祁海宁著. -- 南京：南京出版社，2025. 8. -- ISBN 978-7-5533-5278-7

Ⅰ. K878.64

中国国家版本馆CIP数据核字第2025DV5088号

书　　名　从长干而来——南京大报恩寺遗址历史研究
作　　者　祁海宁
出版发行　南京出版传媒集团
　　　　　　南 京 出 版 社
社　　址　南京市玄武区太平门街53号
邮　　编　210016
联系电话　025-83283873、83283864（营销）　025-83112257（编务）

特约审稿　卢海鸣
策划统筹　谢　微
责任编辑　谢　微
装帧设计　王　俊
责任印制　杨福彬

排　　版　南京新华丰制版有限公司
印　　刷　南京爱德印刷有限公司
开　　本　787毫米×1092毫米　1/16
印　　张　24
字　　数　497千
版　　次　2025年8月第1版
印　　次　2025年8月第1次印刷
书　　号　ISBN 978-7-5533-5278-7
定　　价　88.00元

大报恩寺遗址北区考古发掘现场鸟瞰图

“佛顶真骨”舍利（侧视）

七宝阿育王塔

大报恩寺遗址出土的鲸鱼纹琉璃砖（H6：1）

大报恩寺遗址出土的石质贴金佛像砖（J15②：27）

《康熙南巡图》卷十一“报恩寺”图局部（北京故宫博物院藏本）

目 录

绪 论

一、研究对象与选题缘由 …… 001

二、相关概念的说明 …… 004

三、基础史料 …… 007

四、研究史回顾 …… 013

五、研究目标、创新与不足 …… 019

上篇 长干寺研究

第一章 扎根长干里 …… 025

第一节 长干里的区位与作用 …… 025

第二节 长干里与长干寺 …… 027

第二章 东吴长干寺相关问题探讨 …… 031

第一节 寺院名称与存续时间 …… 031

第二节 中土尼寺之始 …… 034

第三节 寺院建筑格局分析 …… 044

第三章　两晋至南朝前期的长干寺……………………………… 047
第一节　长干寺的恢复与发展 …………………………………… 047
第二节　长干寺“阿育王像”的来源与性质 …………………… 054
第三节　刘萨诃发现舍利与长干寺地位的确立 ………………… 067
第四章　南朝梁、陈时期的长干寺……………………………… 079
第一节　梁武帝与阿育王寺 ……………………………………… 079
第二节　陈代的长干寺 …………………………………………… 088
第五章　隋唐五代时期的长干寺遗址…………………………… 091
第一节　隋代对长干寺的破坏与掠夺 …………………………… 091
第二节　长干寺舍利播迁京口 …………………………………… 099
第三节　五代时期的江宁城与长干寺 …………………………… 109

中篇　天禧寺研究

第六章　两宋时期的天禧寺……………………………………… 117
第一节　从长干寺到天禧寺 ……………………………………… 118
第二节　天禧寺的核心——圣感塔 ……………………………… 144
第三节　北宋晚期天禧寺的改革与扩建 ………………………… 173
第四节　南宋时期天禧寺的相关记载与发现 …………………… 178
第七章　元代的天禧寺…………………………………………… 188
第一节　元世祖对天禧寺的扶持 ………………………………… 188
第二节　元文宗对天禧寺的扶持 ………………………………… 194

第八章　明初的天禧寺…………………………………………… 197
第一节　明太祖时期的天禧寺 …………………………………… 197
第二节　建文帝与天禧寺《南藏》经板的由来 ………………… 203
第三节　明成祖时期的天禧寺 …………………………………… 206

下篇　大报恩寺研究

第九章　明代大报恩寺的营建……………………………………… 211
第一节　营建时间、主体与标准 ………………………………… 211
第二节　营建经费、人员与部门 ………………………………… 215
第三节　大报恩寺的总设计师明成祖朱棣 ……………………… 223
第四节　明代大报恩寺的性质与职能 …………………………… 229
第五节　明代大报恩寺的建筑布局与功能 ……………………… 232
第十章　大报恩寺的核心——琉璃塔……………………………… 251
第一节　琉璃塔的建造方法及与圣感塔的关系 ………………… 251
第二节　琉璃塔的高度 …………………………………………… 254
第三节　琉璃塔的建筑结构 ……………………………………… 257
第四节　琉璃塔的内外装饰 ……………………………………… 261
第五节　琉璃塔的功用 …………………………………………… 283
第十一章　明清时期大报恩寺的修缮与改扩建…………………… 286
第一节　明代大报恩寺的修缮 …………………………………… 287
第二节　清代大报恩寺的修缮与营建 …………………………… 295

第十二章　大报恩寺的毁灭…………………………………………… 310

第一节　鸦片战争期间琉璃塔遭受的破坏 ……………………… 310

第二节　天京事变中大报恩寺与琉璃塔的毁灭 ………………… 314

第十三章　从遗址到遗址公园…………………………………………… 320

第一节　清末民国时期的大报恩寺遗址 ………………………… 320

第二节　日军盗挖三藏塔地宫 …………………………………… 327

第三节　大报恩寺遗址公园的诞生 ……………………………… 332

结　语

一、兴衰交织的五个时期 ………………………………………… 339

二、屡毁屡建的关键因素 ………………………………………… 341

三、感悟金陵历史的独特窗口 …………………………………… 343

参考文献…………………………………………………………………… 347

后　记…………………………………………………………………… 363

图片目录

图 1　遗址位置示意图 ……………………………………………………………001

图 2　《金陵梵刹志》中收录的《大报恩寺全图》 ………………………002

图 3　大报恩寺遗址北区考古发掘现场鸟瞰图 ……………………………004

图 4　古长干里范围及越城遗址（长干古城）位置示意图 ………………026

图 5　越城遗址出土的六朝青瓷器具 ………………………………………028

图 6　在越城遗址中发现的六朝时期通往主城的道路 ……………………030

图 7　“凤凰三年”东吴墓出土红陶堆塑罐上的礼拜人像 ………………045

图 8　上坊东吴墓出土青瓷堆塑罐上的三层楼阁及佛像 …………………046

图 9　襄樊市菜越墓地中出土的东吴釉陶楼 ………………………………046

图 10　洛阳北魏永宁寺遗址与邺城赵彭城北朝佛寺遗址平面图 …………053

图 11　敦煌第 323 窟南壁绘制的《杨都金像出水图》 ……………………057

图 12　敦煌第 323 窟南壁绘制的《佛座出水图》与《佛光出水图》 ……058

图 13　成都西安路出土的梁代阿育王像 ……………………………………059

图 14　四川博物院藏“宇文招造”阿育王像和推断为阿育王像的佛头像 …060

图 15　刘萨诃发现的组合式舍利石函示意图 ………………………………072

图 16　胡村南朝墓后壁正视图 ……………………………………………082
图 17　日严寺、崇义寺在隋唐长安城中的位置图 …………………………096
图 18　甘露寺塔基与地宫剖面图 ………………………………………102
图 19　《李德裕重瘗长干寺阿育王塔舍利记》函盖与函身拓片 …………103
图 20　《李德裕重瘗禅众寺舍利记》拓片 ………………………………103
图 21　宋代《润州甘露寺重瘗舍利塔记》拓片 …………………………104
图 22　长干寺遗址与南唐江宁府城的关系 ………………………………111
图 23　北宋长干寺地宫出土的石函及北壁《石函记》碑文拓片 …………119
图 24　李德朝绮巾（DG1:85）与墨书的时间落款 ………………………121
图 25　典型两宋佛教寺院建筑配置与空间关系示意图 ……………………123
图 26　瘗藏佛顶真骨舍利的鎏金银椁及其底部錾刻铭文拓片 ……………126
图 27　北宋长干寺地宫出土的“佛顶真骨”舍利（侧视图） ……………127
图 28　可政墨书题记 ……………………………………………………129
图 29　南京花露岗遗址发现的晚唐至五代时期大型建筑基址 ……………133
图 30　三藏塔地宫石函北宋天圣五年铭文 ………………………………139
图 31　天禧寺北侧发现的宋代道路 L6 …………………………………141
图 32　J6 下段井身的砌造方法 …………………………………………142
图 33　J6 下段发现的“官样”铭文砖 ……………………………………142
图 34　地宫发掘前的塔基全景 …………………………………………148
图 35　塔基平、剖面示意图 ……………………………………………149
图 36　塔基第三环“夹石夯层”内部 ……………………………………150

图 37 地宫内部夹石夯筑的情况 ······151
图 38 地宫内部发掘的主要过程节点 ······151
图 39 北宋长干寺地宫剖面图 ······152
图 40 圣感塔地宫舍利与瘗藏容器系络图 ······153
图 41 瘗藏感应舍利的水晶瓶与感应舍利 ······154
图 42 地宫中瘗藏的佛顶真骨舍利（顶视与底视） ······155
图 43 诸圣舍利之一（DG1：48） ······156
图 44 刻有“王仁规”姓名的方形银舍利盒（DG1：137） ······156
图 45 珍珠质地的舍利代用品（DG1：286 与 DG1：288） ······156
图 46 地宫出土的“螺子舍利”及其墨书题记 ······157
图 47 圣感塔地宫出土的梵文贝叶经（DG1：205） ······158
图 48 七宝阿育王塔及塔座北面表现的“萨埵太子饲虎”变相 ······159
图 49 南北朝佛造像背光顶部表现的“阿育王塔”造型 ······160
图 50 塔盖顶面东侧开光内的錾刻铭文 ······161
图 51 金棺及其底部錾刻铭文拓片 ······163
图 52 地宫出土的部分香料 ······163
图 53 地宫中出土的部分香具 ······164
图 54 感塔地宫出土的部分丝织品 ······165
图 55 “景德元年”背面雕刻的“佛手拈花”图（DG1：109） ······166
图 56 地宫出土的杂项供养器物 ······166
图 57 地宫出土的唐代花鸟纹铜镜（DG1：24） ······167

图 58　地宫出土的伊斯兰风格蓝色玻璃净瓶（DG1：126）……………168
图 59　域外输入铜币正面与背面（DG1：222）…………………………168
图 60　TG3 北壁剖面图 ………………………………………………176
图 61　宋代法堂现存磉墩之一 ………………………………………177
图 62　钱宝井保存现状 ………………………………………………185
图 63　钱宝井石质井栏与铭文拓片 …………………………………185
图 64　J16 出土瓷碗底部的墨书题记“禧”（J16：10）与“天禧寺住持置”（J16：29）………………………………………………………187
图 65　2006 年发掘的江宁镇清修村南宋秦熺夫妻合葬墓 …………190
图 66　2004 年发掘的江宁镇建中村宋墓 ……………………………191
图 67　南京江宁镇秦氏家族遗迹及旌忠寺遗址推测示意图 …………193
图 68　三藏塔地宫石函上发现的明代铭文 …………………………201
图 69　班的达塔铭拓片 ………………………………………………202
图 70　大报恩寺遗址出土的实用琉璃构件 …………………………213
图 71　大报恩寺遗址出土的残次素烧与带釉琉璃 …………………214
图 72　民国《金陵关十年报告》中收录的《江南报恩寺琉璃宝塔全图》…216
图 73　大报恩寺北区图 ………………………………………………233
图 74　大报恩寺遗址北区建筑遗迹分布平面图 ……………………234
图 75　保护夯土台基的石砌护墙 ……………………………………237
图 76　历经沧桑保留至今的大报恩寺左碑赑屃和右碑 ……………237
图 77　清·徐上添编绘《金陵四十八景》中清代重建之后的大报恩寺

北区及大殿建筑情况……………………………………………………………………238
图 78　大报恩寺南区及藏经殿片区位置图 ………………………………………239
图 79　藏经殿片区平面分布图 ……………………………………………………240
图 80　藏经殿片区出土的银质笔架（J24：8） ……………………………………241
图 81　库司与大禅堂片区 …………………………………………………………242
图 82　考古发现的香积厨（F15）基址 ……………………………………………243
图 83　考古发掘揭示的库司与大禅堂片区建筑分布图 …………………………243
图 84　公学、旃檀林、东方丈、观音殿的相互关系 ………………………………244
图 85　J18 出土的白瓷碗（J18 ②：5）及底部墨书铭文…………………………245
图 86　中方丈、东方丈的推测位置 ………………………………………………246
图 87　南山门、中官驻地、西方丈的相互位置 …………………………………246
图 88　2019 年考古发现的正佛殿（F30）基址 ……………………………………247
图 89　三藏殿（禅堂）片区 ………………………………………………………248
图 90　明代大报恩寺南区建筑分布示意图 ………………………………………249
图 91　明代建塔鹰架与北宋塔基与地宫关系示意图 ……………………………252
图 92　鹰架柱坑的内部结构（ZK5 与 ZK28）……………………………………253
图 93　南京市城建档案馆收藏的《江南报恩寺琉璃宝塔全图》 …………………256
图 94　《康熙南巡图》卷十一“报恩寺”图局部 ……………………………………263
图 95　大报恩寺遗址出土的黄绿色琉璃栏杆构件 ………………………………264
图 96　南京市博物馆利用出土构件复原的琉璃塔拱门 …………………………265
图 97　大报恩寺遗址出土的鲸鱼纹琉璃砖（H6：1）……………………………266

图 98　大报恩寺遗址出土的长方形白瓷砖 ……………………………267
图 99　大报恩寺遗址出土的 L 形白瓷砖 ……………………………268
图 100　大报恩寺遗址出土的石质佛像砖残件（J14：207） ……………272
图 101　大报恩寺遗址出土的石质佛首残件（J15 ②：29） ……………272
图 102　大报恩寺遗址出土的石质佛像砖残件（J14：200） ……………273
图 103　大报恩寺遗址出土的石质贴金佛像砖（J15 ②：27） …………274
图 104　《金陵大报恩寺塔志》中收录的模制佛像砖 ……………………275
图 105　本次出土的两件模制佛像砖（J14：55 和 J8：8）……………276
图 106　北京居庸关过街塔（云台） ……………………………………278
图 107　过街塔拱门上的六拏具形象 ……………………………………279
图 108　过街塔顶部浮雕的五曼陀罗之一 ………………………………281
图 109　过街塔内设置的五方佛及周边的千佛 …………………………281
图 110　过街塔通道东壁南端南方增长天王石刻 ………………………282
图 111　明・朱之蕃编、陆寿柏绘《金陵四十景图像诗咏》中天启三年的大报恩寺……………………………………………………………294
图 112　清・高岑绘《金陵四十景图》中的康熙七年大报恩寺北区 ………299
图 113　大报恩寺藏经殿遗址出土的清代金砖实物及边侧铭文拓片 ………303
图 114　《折疑梵刹志》中的《大报恩寺图》 …………………………305
图 115　《南巡盛典》中的《大报恩寺图》 ……………………………307
图 116　英国人斯高特绘制的《从琉璃塔俯瞰南京》（*Nanjing From the Porcelain Tower*） ……………………………………………………308

图 117　英国人斯高特绘制的《长干桥》（*The Bridge of Nanjing*）·········313
图 118　英国人怀特绘制的《琉璃塔》（*Porcelain Tower Nanjing*）·········313
图 119　1872 年约翰·汤姆逊拍摄的琉璃塔废墟·····································317
图 120　大报恩寺左碑改造的太平天国西王府石雕水池·······························318
图 121　1930 年代南京中华门地区航拍照片···321
图 122　约翰·汤姆逊拍摄的 1872 年金陵机器制造局内生产场景·········322
图 123　约翰·汤姆逊拍摄的 1872 年金陵制造局内试制新式枪炮的场景···323
图 124　朱偰拍摄的 1935 年放置于大报恩寺遗址前的塔顶铁质承露盘···324
图 125　民国时期的香水河桥··325
图 126　民国时期的大报恩寺右碑与左碑残存的赑屃·······························325
图 127　1935 年朱偰拍摄的三藏殿前殿··326
图 128　1937 年 12 月日军坦克部队进攻南京中华门·······························327
图 129　三藏塔塔基与地宫剖面图···328
图 130　三藏塔地宫出土的石函··329
图 131　三藏塔地宫出土的青瓷瓶、洗、香炉等供养物品··························330
图 132　遗址公园开工前的遗址状况··335
图 133　大报恩寺遗址考古现场··336
图 134　2015 年初即将建成开放的大报恩寺遗址公园·······························337
图 135　大报恩寺新塔···337

表格目录

表 1　中国瘗藏真身舍利的 19 座“阿育王塔”　······077
表 2　圣感塔地宫内发现的錾刻铭文　······168
表 3　圣感塔地宫内发现的墨书题记　······170
表 4　大报恩寺北区主要建筑一览表　······234
表 5　大报恩寺南区部分建筑一览表　······250

绪　论

一、研究对象与选题缘由

（一）研究对象

本文的研究对象是南京大报恩寺遗址的历史发展过程。大报恩寺遗址位于江苏省南京市主城区正南门（明代称聚宝门，现称中华门）外。其范围北抵外秦淮河，南至雨花台（明代称聚宝山），西临雨花路（明代称长干街），东至晨光集团厂区（明代西天寺旧址），占地约 26 万平方米。（图 1）

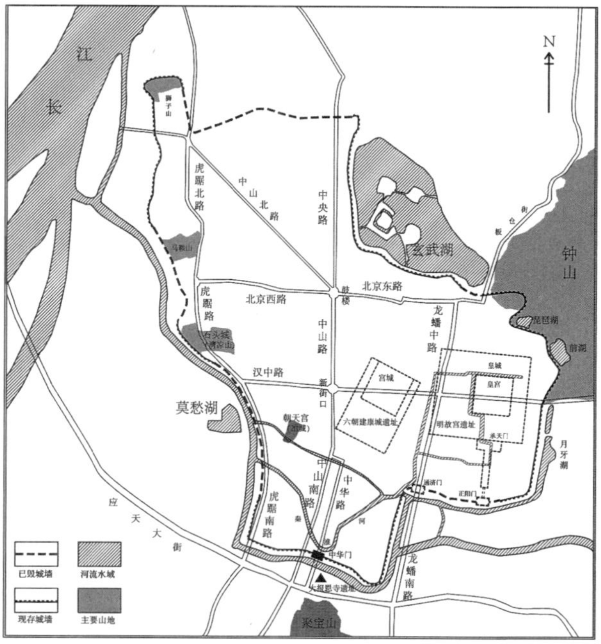

图 1　遗址位置示意图

该遗址得名于明代的皇家寺院大报恩寺。该寺由明成祖朱棣敕建，是明代规模最大、等级最高的佛教寺院之一。大报恩寺中的琉璃塔，九级八面，高达 78 米，通体以白瓷砖和五彩琉璃为装饰，被称作“中国之大古董、永乐之大窑器”，[①]“震旦国中庄严第一”，[②]更有“天下第一塔”之美誉。[③]17 世纪后半叶，琉璃塔被介绍至欧洲，西方人称之为“南京瓷塔”，将其看作代表中国文化的标志性建筑，给予极高的评价。[④]（图 2）

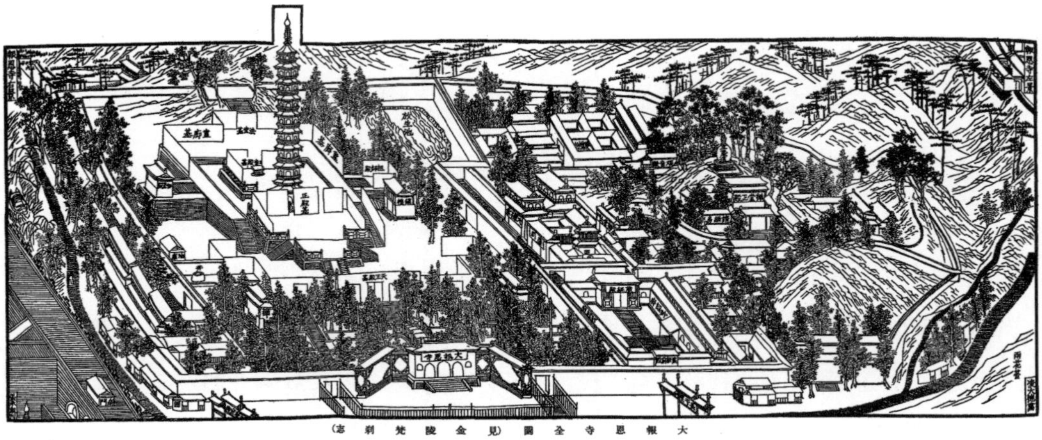

图 2 《金陵梵刹志》中收录的《大报恩寺全图》

对于该遗址而言，明清时期的大报恩寺只是它经历的一个发展阶段。此地出现佛寺最早可以追溯至三国东吴时代，历经六朝时期的长干寺、北宋至明初的天禧寺，最终发展成为明清时期的大报恩寺。这里是中国南方历史最为久远、传承最为有序的佛教圣地之一。1856 年，大报恩寺毁于太平天国兵火，从此成为遗址。2015 年底，原址建成“南京大报恩寺遗址公园”。从东吴长干寺初建至遗址公园落成，该遗址迄今已经走过了 1700 余年的沧桑岁月。

从东吴至当代，大报恩寺遗址之上屡经毁建。先后经历了东吴中期创建长干寺，西晋早期重建长干寺，梁天监元年（502）重建长干寺，梁大同三年至十一年（537—545）扩建阿育王寺，北宋大中祥符二年至天禧二年（1009—1018）重建长干寺，北

① 〔明〕张岱撰，马兴荣点校：《陶庵梦忆》卷一《报恩塔》，上海：上海古籍出版社，1982 年，第 2 页。
② 〔明〕钟惺撰：《隐秀轩集》卷二十九《疏一》，上海：上海古籍出版社，1992 年，第 502 页。
③ 〔清〕齐学裘撰：《见闻续笔》卷五《天下第一》，北京：文物出版社，2023 年，第 90 页。
④ 参见张红扬：《瓷塔：西洋镜里看中国》，《艺苑》2006 年第 3 期。

宋元符二年至政和六年（1099—1116）扩建天禧寺，明洪武十五年至十八年（1382—1385）重修天禧寺，永乐十年至宣德三年（1412—1428）兴建大报恩寺，万历二十六年至康熙三年（1598—1664）重建大报恩寺，以及2006—2015年建设大报恩寺遗址公园等前后十次大规模的营建活动。与之相应，大报恩寺遗址也经历了东吴太平三年（258）孙綝之乱，南齐永元三年（501）梁代齐之役，隋开皇九年（589）隋平陈之役，元至正十六年（1356）朱元璋攻占集庆之役，明永乐六年（1408）僧人本性放火焚寺，明嘉靖四十五年（1566）雷击引发大火，以及清咸丰六年（1856）天京事变等前后七次严重的毁寺之灾。在屡毁屡建的过程中，该遗址与南京历史上许多重大事件、关键人物都产生过不可分割的紧密联系，不仅在中国佛教史、南京城市史，而且在中国历史的演进上都留下了浓墨重彩的印迹。

本文对大报恩寺遗址历史的研究，主要聚焦于遗址上历代寺院的营建情况，系统梳理从东吴建寺至遗址公园建立，十次大规模的营建活动，以及七次毁寺之灾，构建该遗址1700多年来完整的发展史。

（二）选题缘由

大报恩寺及其前身的长干寺、天禧寺代为名蓝，在我国佛教发展的各个时期都发挥了重要作用，享有崇高地位。历代有关大报恩寺及其前身寺院的记载不断，留下了丰富的文献史料和研究成果，为本课题的开展奠定了良好的基础。

更为重要的是，2006年南京市政府决定对大报恩寺遗址进行全面整治，建设“大报恩寺遗址公园”。为配合该项工程，南京市考古工作者从2006年起至2019年，对该遗址进行了全面、系统的考古调查和发掘。该项考古工作在全面揭示和保护明清大报恩寺遗存的同时，也对遗址内早期的宋代天禧寺和六朝长干寺遗存进行了一定程度的探索，在多个方面取得了重要收获：第一，明确了大报恩寺各主要建筑的位置、规模和保存状况，明代皇家寺院的总体布局和原有面貌得到较为充分的揭示；第二，成功发掘了建成于北宋大中祥符四年（1011）的天禧寺圣感塔地宫，出土了以“感应舍利”和“佛顶真骨”舍利为核心，以七宝阿育王塔为代表的佛教珍宝群，地宫中发现的大量文字材料，真实记录了宋代天禧寺和圣感塔的营建过程与供养情况；第三，在宋代塔基的外围发现了内外四层、直径达78米的明代建塔鹰架（脚手架），为解开宋代圣感塔与明代琉璃塔关系之谜提供了关键线索；第四，遗址内出土了上至战国、下至明清时期的各类遗物两万余件，大部分与历代寺院建设和生活直接相关。

大报恩寺遗址的考古收获为本文的研究提供了前所未有的机遇。遗址出土的大量文物实证材料既有助于检验传统文献的可靠性，激发新的认识，又在很大程度上弥补了传统文献资料的不足，使以往的诸多研究空白有望得到填补。作为大报恩寺遗址考古发掘工作的主要参与者，站在双重史料的全新基础之上，笔者认为全面探寻和总结该遗址从长干寺到大报恩寺完整的发展过程已经恰如其时。

图 3　大报恩寺遗址北区考古发掘现场鸟瞰图

二、相关概念的说明

本文之题目涉及四个关键词：南京、大报恩寺、遗址和历史研究。其中大报恩寺这个关键词前文已做介绍，下面对另外三个关键词给予必要的说明。

首先需要说明的是“历史研究”这个关键词。本书主要运用历史学研究方法，以大报恩寺遗址完整的历史演进过程为研究目标。虽然本文非常重视对考古学材料、概念和方法的运用，对各个时期的寺院建筑格局、主要建筑遗迹和重要出土文物进行了介绍与探讨，但是其目的在于揭示各个时期寺院的发展状况，与单纯研究遗址、遗迹、遗物的考古学论著有着本质的不同。

其次需要对“遗址”这个关键词进行说明。遗址本是一个考古学常用的术语，但遗憾的是，两本重要的考古学辞典——《中国大百科全书・考古学》和《中国考古学大辞典》都没有对它下过定义，反而通用的《辞海》和《现代汉语词典》分别给出了解释。《辞海》认为：遗址“指古代人类遗留下来的城堡、村落、住室、作坊和寺庙等基址”。[①]《现代汉语词典》认为：遗址是指“毁坏的年代较久的建筑物所在的地方”。[②]不过更准确的定义来自联合国教科文组织1972年制定的《保护世界文化和自然遗产公约》，它将遗址界定为：“从历史、审美、人种学或人类学角度看具有突出的普遍价值的人类工程或自然与人联合工程以及考古地址等地方。”[③]以此为据，本书所称的“大报恩寺遗址”就是具有突出的历史、审美等普遍性价值，以明代皇家寺院大报恩寺命名的、保留有历代寺院建筑遗存的这一处重要考古地址。

本文之所以在历史学研究中运用遗址这个概念，主要有两个方面的原因：其一，大报恩寺于1856年被毁后始终没有得到重建，事实上成为遗址；2006至2015年，南京市政府对该遗址进行全面整治，于2015年底建成了“南京大报恩寺遗址公园”，因此遗址是对该地点现状的如实描述；其二，2006至2019年对大报恩寺遗址开展的考古工作，以及取得的重要收获是本书写作的缘起，也是支撑本书开展相关研究的重要依据，因此引入遗址这个考古学色彩浓厚的术语，意在强调本书的特点是对历史学与考古学材料和方法的综合运用。

第三，“南京”这个概念也需要进行适当的说明。南京是位于长江下游的国家历史文化名城，现为江苏省省会。但是“南京”这个地名归于本地是明朝建立以后的事，历史上东吴、东晋，以及南朝宋、齐、梁、陈、南唐、明朝、太平天国，以及中华民国先后建都于此，因此南京有六朝古都、十朝都会的称号。但是伴随着政权的频繁更替、城市地位的起伏变化，历史上南京的名称也相当复杂。就大报恩寺遗址所在的南京主城区而言，在不同的历史时期有不同的名称。[④]秦、汉时期，南京主城属于秣陵县辖地；汉末建安十六年（211），孙权自京口（今江苏镇江）徙治秣陵，次年改秣陵为建业县；西晋太康元年（280），东吴被灭，建业再次改称秣陵；太康三年（282），以淮水（今称秦淮河）为界，将原秣陵县一分为二，淮水南仍称秣陵，淮水北改称建邺，开启了

---

① 辞海编辑委员会：《辞海》，上海：上海辞书出版社，1979年缩印本，第1059页。

② 中国社会科学院语言研究所词典编辑室编：《现代汉语词典》，北京：商务印书馆，1988年，第1361页。

③ 联合国教科文组织世界遗产中心、国际古迹遗址理事会、中国国家文物局等编：《国际文化遗产保护文件选编》，北京：文物出版社，2007年，第71页。

④ 参阅南京市地方志编纂委员会编纂：《南京建置志》，深圳：海天出版社，1994年。

南京主城区一城两县的格局；西晋建兴元年（313），为避晋愍帝司马邺之讳，将建邺改称建康，从此南京主城被称为“建康城”；隋平陈后，建康主城被毁，以石头城为州治，改设蒋州；唐代南京行政建置调整频繁，或设州，或废州设县，先后有扬州、归化县、金陵县、白下县，上元县、昇州等多个名称；五代时期，南京先后被称为金陵府和江宁府；北宋时期，南京先后称为昇州和江宁府；南宋初改江宁府为建康府；元代，南京先后称为建康路和集庆路；元末至正十六年（1356），朱元璋占领集庆，改名为应天府；洪武元年（1368），朱元璋称帝后，下诏以大梁为北京，以金陵为南京，南京之名从此归于金陵古城；清代，南京复称江宁府；清末太平军占领江宁，改称天京；1912 年，民国成立后，改江宁府为南京府，作为临时政府首都；南北议和之后，一度改称江宁县；1927 年，北伐军占领江宁，设置南京特别市作为国民政府首都；新中国成立后，南京之名保留至今。

与南京类似的还有“金陵”这个称谓。公元前 333 年，楚威王于石头城设置“金陵邑”，金陵作为南京地名正式登上历史舞台；五代杨吴武义二年（920），徐温改昇州为金陵府，徐知诰以此为基础创立南唐。南唐以后，金陵成为南京常用的别称。2008 年，大报恩寺遗址发现北宋时期长干寺地宫，从中出土了撰写于宋真宗大中祥符四年（1011）的碑记，其时南京的正式称谓应为昇州，但是该碑却题为《金陵长干寺真身塔藏石函记》，可见金陵作为南京的代称在当时已经习以为常。本书的研究贯穿南京从东吴以来的各个历史时期，因此频繁涉及南京在不同时期的称谓。在各章节中，通常使用那个历史时期的正式名称；但为行文流畅，有时也会以“南京”和“金陵”作为通用名，特此说明。

最后，本文的研究主要聚焦于大报恩寺遗址之上历代寺院的营建情况，对“营建”这个关键词也需给予说明。在本文中，营建不仅意味着建设，同时又隐含了它的对立面——毁灭与消亡。大报恩寺遗址涉及的历史事件与人物众多，对中国历史和文化的影响是多方面的。本文主要选取与寺院建设、发展和毁灭有关的历史事件和关键人物进行梳理和考证，对与此主题无关的事件与人物的内容则从略。

三、基础史料

（一）本国历史文献

大报恩寺及其前身诸寺院代为名蓝，在正史、佛教典籍、地方志、佛寺专志、文人文集中留下了丰富的记载，成为今天研究大报恩寺遗址的主要依据。更为难得的是，在各个时期，皆有学者对该遗址的某一阶段或者某个方面进行了较为完整的整理和总结。这样的文献既为史料，也是前辈学者留下的研究成果。

唐代姚思廉所撰《梁书》卷五十四《诸夷传》，对六朝时期的长干寺历史进行了细致的梳理，介绍了该寺从东吴发轫至南朝梁武帝时期较为完整的发展过程。[①] 释道宣所撰《集神州三宝感通录》则以舍利为中心，介绍了从东吴至初唐长干寺与舍利相关的一系列重要事件。[②] 许嵩在撰写《建康实录》过程中引用了《寺记》《梁书》《西京记》等多种文献，并对长干寺遗址进行实地考察，梳理出该寺从东吴至中唐的演变轨迹。[③] 另外，宝唱的《名僧传》、慧皎的《高僧传》，从僧史的角度收录了东晋至梁代多位与长干寺有关的高僧，为六朝长干寺研究提供了重要的补充。[④]

北宋时期李之仪所撰《天禧寺新建法堂记》，介绍了长干寺南唐时期衰败的真实状况，记录了真宗时期寺、塔复兴的经过，又重点介绍了元符至政和年间天禧寺扩建的情况，是研究北宋天禧寺的关键史料。[⑤] 周应合所撰《景定建康志》是南京现存最早的一部地方志，它引用《丹阳记》《塔记》《天禧寺新建法堂记》等文献，对天禧寺自六朝以来的源流，宋初重建、改赐新额的经过进行了更为细致的考证，尤其是补充了高僧可政为瘗藏玄奘大师顶骨舍利而创建白塔的情况。[⑥] 张铉所撰《至

---

① 〔唐〕姚思廉撰：《梁书》卷五十四《诸夷传》，北京：中华书局，1973 年，第 790—793 页。其后成书的《南史》将《梁书》中有关长干寺的内容几乎完整沿用，因此本书在讨论六朝长干寺历史时主要引用了《梁书》。

② 〔唐〕释道宣撰：《集神州三宝感通录》，《大正新修大藏经》（以下简称《大正藏》），东京：大正一切经刊行会，1924—1934 年，第 52 册，No. 2106，第 589—635 页。

③ 〔唐〕许嵩撰，张忱石点校：《建康实录》卷第十七《高祖武皇帝》，北京：中华书局，1986 年，第 672—673 页。

④ 〔梁〕宝唱撰，［日］宗性抄录：《名僧传抄》，《卍新纂大日本续藏经》（以下简称《卍续藏》），东京：国书刊行会，1975—1989 年，第 77 册，No.1523；〔梁〕释慧皎撰，汤用彤校注：《高僧传》，北京：中华书局，1992 年。

⑤ 〔宋〕李之仪撰：《姑溪居士前集》卷三十七《天禧寺新建法堂记》，景印《文渊阁四库全书》第 1120 册，台北：台湾商务印书馆，1986 年，第 569—570 页。

⑥ 〔宋〕周应合撰：《景定建康志》卷四十六《祠祀志三 · 天禧寺》，南京：南京出版社，2010 年，第 1120—1122 页。

正金陵新志》是元代南京的重要方志，它除了沿袭《景定建康志》相关内容外，对元代天禧寺的情况进行了补充，记载了元世祖忽必烈、元文宗图帖木尔给予天禧寺的支持。①

明清是大报恩寺发展的鼎盛期，与之相应，出现了两部重要的佛寺专志。明代万历年间，时任南京礼部祠祭司郎中的葛寅亮利用官方档案编撰了53卷本《金陵梵刹志》，记载了明代南京大小180余所佛寺的相关情况，是一部极为难得的明代佛教史专著。大报恩寺作为明代南京三大寺之一，是该书记载的重点。该书卷二《钦录集》收录了多条与天禧寺、大报恩寺营建相关的皇帝诏敕和大臣奏报；卷三十一《聚宝山报恩寺》介绍了大报恩寺历史沿革、殿堂分布、房田公产、山水古迹、名僧事迹等各方面情况，收录了包括《御制黄侍郎立恭完塔记》《御制大报恩寺左碑》《御制大报恩寺右碑》等在内的多份重要文献；卷五十《各寺租额条例》、卷五十一《各寺公费条例》则详细记录了大报恩寺的寺产和日常收支。这些记载是了解明代天禧寺、大报恩寺营建与管理最重要的史料来源。② 同样，清代嘉庆年间大报恩寺僧人释悟明利用旧志和寺内档案，编撰了八卷本《折疑梵刹志》，详细介绍了清代大报恩寺的沿革、建筑、寺产、规章等方面的情况，是清代大报恩寺的专志。③ 另外，明清时期南京陆续修撰的多部地方志，如《正德江宁县志》《万历应天府志》《康熙江宁府志》《嘉庆江宁府志》《光绪续纂江宁府志》等，皆有对大报恩寺的专条记载，可惜除少量新增内容外，大多传抄旧志，重要性皆不及上述两书。④

在文献史料汇集方面，民国时期曾任教于中央大学、1936年担任国民政府中央古物保管委员会专门委员的张惠衣先生贡献最为突出。他从历代正史、方志、佛传、诗集、文集，以及《大英百科全书》等中外文献中，网罗收集与大报恩寺相关的史料，按照记载、古迹、梵宇、联额、碑记、寺僧、集文、集诗、杂缀、大事记、补遗等分类，撰成《金陵大报恩寺塔志》一书，于1937年出版，为后人研究大报恩寺提供了较为全面的

① 〔元〕张铉修撰：《至正金陵新志》卷十一《寺院·天禧寺》，南京：南京出版社，2010年，第693—697页。

② 〔明〕葛寅亮撰：《金陵梵刹志》，南京：南京出版社，2011年。

③ 〔清〕释悟明撰：《折疑梵刹志》，南京：南京出版社，2013年。

④ 〔明〕王诰修，刘雨撰：《正德江宁县志》卷六，南京：南京出版社，2012年，第215页；〔明〕程嗣功修，王一化撰：《万历应天府志》卷二十三，南京：南京出版社，2011年，第三册，第172页；〔清〕陈开虞撰修：《康熙江宁府志》卷三十一《寺观上》，南京：南京出版社，2011年，第四册，第453页；〔清〕吕燕昭修，姚鼐撰：《嘉庆江宁府志》卷十《古迹》，南京：南京出版社，2011年，第一册，第385页；〔清〕蒋启勋、赵佑宸修，汪士铎等撰：《光绪续纂江宁府志》卷八《名迹》，南京：南京出版社，2011年，第一册，第285页。

基础史料。[①]

（二）域外历史文献

从明代晚期开始，陆续有传教士、使节等西方人来到南京，琉璃塔的建筑特色和艺术成就令他们深感震撼，从而在他们撰写的信件、报道和著作中，留下了不少关于大报恩寺和琉璃塔的记录。他们观察大报恩寺和琉璃塔的角度新颖，描述细致入微，客观平实，甚至配有图画和照片，对于本文的研究有重要参考价值。其中主要有：

1. 明万历年间来到南京传教的葡萄牙籍耶稣会士曾德昭（Alvaro Semedo），他所著的《大中国志》在海外文献中首次记载南京有一座结构精美的宝塔，是用瓷制成的，可与古罗马最著名的建筑相比。[②]

2. 清顺治时期，随荷兰东印度公司商贸使团访华的约翰·尼霍夫，在他1665年出版的游记《荷兰共和国东印度公司大使晋谒中国皇帝——鞑靼大汗。使团由侯叶尔和凯塞尔率领，配有尼霍夫所作的一百幅铜版画》中，用文字和版画两种方式介绍了大报恩寺和琉璃塔的基本情况，不仅使欧洲人第一次见到大报恩寺和琉璃塔的形象，对于今人了解清初大报恩寺的状况也有重要帮助。1989年，厦门大学出版社出版了荷兰学者包乐史（Leonard Blusse）与中国学者庄国土合著的《〈荷使初访中国记〉研究》，对尼霍夫游记进行了翻译和介绍，揭示了尼霍夫在向西方介绍“南京瓷塔”过程中发挥的重要作用。[③]

3. 康熙时期来华的法国籍耶稣会士李明（Louis Daniel Le Comte），在其所著的《中国近事报道（1687—1692）》中对大报恩寺中的主要建筑——大殿和琉璃塔的基本结构、装饰特征、材料都进行了较为详细的介绍，还通过测量给出了大殿和琉璃塔的多个重要数据。[④]

4. 乾隆时期来华的法国籍耶稣会士晁俊秀（Francois Bourgeois），也对琉璃塔进

---

①［民国］张惠衣：《金陵大报恩寺塔志》，北京：商务印书馆，1937年。本书使用南京出版社2007年重印本。

②［葡］曾德昭著，何高济译，李申校：《大中国志》第二章《诸省详述，先谈南方的省份》，上海：上海古籍出版社，1998年，第17页。

③［荷兰］约翰·尼霍夫原著，［荷兰］包乐史、［中］庄国土著：《〈荷使初访中国记〉研究》，厦门：厦门大学出版社，1989年。

④［法］李明著，郭强、龙云、李伟译：《中国近事报道（1687—1692）》，郑州：大象出版社，2004年，第88—90页。

行了测量，给出塔高逾二百法尺的数据。[①]

5. 嘉庆年间来华的英国阿美士德使团成员克拉克·阿裨尔（Clarke Abel）在其所著《中国旅行记（1816—1817）》中，同样对琉璃塔的建筑结构和装饰着重进行了介绍。[②]

6. 1842 年鸦片战争期间，英军舰队抵达江宁，逼迫清政府签订中英《江宁条约》（民国以后改称为中英《南京条约》）。在谈判过程中，不少英军官兵慕名前往大报恩寺参观，并在著作中留下了相关记载。重要的有柏纳德（William Dallas Bernard）《"复仇神"号轮舰航行作战记》和奥特隆尼（John Ouchterlony）的《对华作战记》等。[③] 另外，英国军官斯高特（Captain Stoddart.R.N.）和怀特（Lieut White）绘制了多幅大报恩寺和琉璃塔的素描，较真实地再现了晚清大报恩寺的情况。1843 年，英国人托马斯·阿罗姆（Thomas Allom）对斯高特等人的素描进行改绘，收入他编著的名为《中国：那个古代帝国的风景、建筑和社会习俗》的画册，正式出版。2002 年由李天纲编著，以《大清帝国城市印象——19 世纪英国铜版画》为新书名，出版了该画册的中文版。[④]

7. 太平天国时期，美、英等国外交官有机会来到天京，与太平军接触，他们记录了大报恩寺被毁前后的相关情况。其中重要的有美国海军军医查理斯·法斯（Charles Fahs）所作《1854 年 6 月 1 日法斯就漫游天京大报恩寺琉璃塔给麦莲的报告》和英国外交官富礼赐（Robert J. Forrest）所作的《天京见闻》。[⑤]

8. 1872 年，英国摄影家约翰·汤姆逊（John Thomson）来到南京，用新兴的摄影技术拍摄了已成废墟的琉璃塔和遗址边新崛起的由李鸿章创办的金陵机器制造局，为

---

① ［法］费赖之著，冯承钧译：《在华耶稣会士列传及书目》，北京：中华书局，1995 年，第 981—982 页。

② ［英］克拉克·阿裨尔著，刘海岩译，刘天路校：《中国旅行记（1816—1817）——阿美士德使团医官笔下的清代中国》，上海：上海古籍出版社，2012 年。

③ ［英］威廉·达拉斯·柏纳德著，卢彦名选译：《"复仇神"号轮舰航行作战记》中涉及南京的章节，另起标题为《关于南京及瓷塔、明孝陵等古迹的记述》，收入卢海鸣、邓攀编：《金陵物语》，南京：南京出版社，2014 年，第 49—54 页；［英］约翰·奥特隆尼著，卢彦名选译：《对华作战记》第三十七章，收入《金陵物语》，另起标题为《舰队抵达南京》，南京：南京出版社，2014 年，第 60—70 页。

④ ［英］托马斯·阿罗姆绘图，李天纲编著：《大清帝国城市印象——19 世纪英国铜版画》，上海：上海古籍出版社、上海科学技术文献出版社，2002 年，第 24—35 页。

⑤ ［美］查理斯·法斯著，茅家琦译，沈宗美校：《1854 年 6 月 1 日法斯就漫游天京大报恩寺琉璃塔给麦莲的报告》，《秦淮夜谈》第 17 辑，2002 年；［英］富礼赐著，范德一、许培德等译：《富礼赐的天京见闻》，罗尔纲、王庆成主编：《中国近代史资料丛刊续编·太平天国（九）》，桂林：广西师范大学出版社，2006 年，第 359 页。

我们展现了大报恩寺沦为遗址后相关的状况。①

2014年，南京出版社出版了由卢海鸣、邓攀编的《金陵物语》，将上自明代下至民国时期海外人士对南京的重要记载进行了汇集。上述多篇涉及大报恩寺和琉璃塔的海外文献皆被收入其中，为大报恩寺研究提供了新的便利条件。②

（三）考古材料

大报恩寺遗址屡经毁建，历代营建活动产生了丰富的遗迹、遗物，虽然地面之上所剩无几，但是大量遗存被埋藏于地下。因此考古学方法和材料的运用，对于该遗址的研究具有突出的价值。

20世纪20年代，近代考古学刚刚在中国兴起，即有学者开始运用田野调查的方法对大报恩寺和其他相关遗址开展研究。1928年春，时任中央大学建筑系副教授的刘敦桢先生，带领学生查访大报恩寺琉璃塔故基，并在距离大报恩寺遗址不远的眼香庙发现了多种琉璃瓦兽残件。通过询问当地人士，并结合文献记载，他们推断这里就是明初南京烧造琉璃的聚宝山官窑所在地。他于1932年发表的《琉璃窑轶闻》，源自其调查和研究的成果，堪称我国近代研究建筑琉璃和大报恩寺遗址的开山之作。③

20世纪30年代初，民国政府大力推进首都南京的建设，不少文物古迹因此遭受破坏。时任中央大学经济系教授的朱偰先生，为了督促政府加强文物保护，从1933至1935年，对南京重要历史古迹进行了实地调查。调查成果编成《金陵古迹图考》和《金陵古迹名胜影集》两书，于1936年出版，其中即包括对城南大报恩寺遗址的调查。朱偰先生拍摄、记录了当时遗址地表可见的香水河桥、御碑、塔顶铁盘等遗迹、遗物，以及重建的三藏殿，为我们揭示了20世纪30年代大报恩寺遗址的实际状况。④

抗日战争期间，占领南京金陵兵工厂的日军高森部队于1942年11月盗掘了位于大报恩寺遗址三藏殿后山的三藏塔地宫，从中出土了唐代玄奘大师顶骨舍利，以及宋、元、明三代供养的各类器物。日人谷田阅次全程参与了发掘，并撰写了《三藏塔遗址

---

① ［英］约翰·汤姆逊著，徐家宁译：《中国与中国人影像》（增订版），桂林：广西师范大学出版社，2015年，352—367页。

② 卢海鸣、邓攀编：《金陵物语》，南京：南京出版社，2014年。

③ 刘敦桢：《琉璃窑轶闻》，《中国营造学社汇刊》第三卷第三期，1932年9月。

④ 参见〔民国〕朱偰：《金陵古迹图考》第十二章第七节《城南诸刹》，北京：中华书局，2006年重印本，第230—234页。《金陵古迹名胜影集》图161—165，北京：中华书局，2006年重印本，第133—136页。

之发掘》的考古报告，较详细地介绍了发掘地点、过程、塔基结构和出土遗物，论证了地宫的时代与性质。该报告既是日寇盗掘我国文化遗产的罪证，也为我们了解三藏塔历代营建情况提供了关键材料。[①]

新中国成立后，大报恩寺遗址被民房和工厂占据，一直未能开展考古工作，但是其他相关遗址的考古收获为大报恩寺遗址的研究提供了帮助。1958 年“大跃进”时期，南京窑岗村、眼香庙出土了大量琉璃构件，其中不少是琉璃塔拱门构件。1959 年，南京博物院对窑岗村、眼香庙遗址进行了考古发掘。[②]该项考古工作证实这里就是明代聚宝山窑厂所在地，琉璃塔所用琉璃建材不仅在此烧造，备件也在此贮存。1960 年，镇江市文管会在甘露寺铁塔之下发现地宫，从中出土唐代润州刺史李德裕所撰《重瘗长干寺阿育王塔舍利记》等多份石刻，记载了长庆三年（823）李德裕打开长干寺阿育王寺塔地宫，外迁舍利至润州甘露寺再行供奉这一重要事件，填补了文献记载的空白。[③]

2006 年大报恩寺遗址考古工作启动后，重要的考古收获陆续被整理刊布。先后发表的考古简报有：《南京市东汉建安二十四年龙桃杖墓》《南京秦淮区宝塔顶 10 号院战国墓发掘简报》《南京大报恩寺遗址塔基与地宫发掘简报》《南京大报恩寺遗址 J8 发掘简报》《南京大报恩寺遗址 J15 发掘简报》《南京大报恩寺遗址 J16 发掘简报》等。[④]另外，考古工作者还发表了多篇带有简报成分的论文，如《南京大报恩寺遗址六号井的发掘及与“义井”关系的探讨》《皇家寺院的孑遗——南京大报恩寺遗址出土的明代佛像与六拏具砖》《南京大报恩寺遗址区域汉唐墓葬的主要收获》等。[⑤]2008 年，南京市博物馆、中国文化遗产研究院、敦煌研究院、中国丝绸博物馆等单位

---

① ［日］谷田阅次：《三藏塔遗址之发掘》，玄奘大师顶骨奉安筹备处编印：《唐玄奘大师骨塔发掘奉移经过专册》，南京：玄奘大师顶骨奉安筹备处，1943 年，第 5—10 页。

② 南京博物院：《明代南京聚宝山琉璃窑》，《文物》1960 年第 2 期。

③ 江苏省文物工作队镇江分队、镇江博物馆：《江苏镇江甘露寺铁塔塔基发掘记》，《考古》1961 年第 6 期。

④ 南京市博物馆：《南京市东汉建安二十四年龙桃杖墓》，《考古》2009 年第 1 期；南京市博物馆：《南京秦淮区宝塔顶 10 号院战国墓发掘简报》，《东南文化》2009 年第 4 期；南京市考古研究所：《南京大报恩寺遗址塔基与地宫发掘简报》，《文物》2015 年第 5 期；以及南京市考古研究院：《南京大报恩寺遗址 J8 发掘简报》《南京大报恩寺遗址 J15 发掘简报》《南京大报恩寺遗址 J16 发掘简报》，皆发表于《中国国家博物馆馆刊》2019 年第 6 期。

⑤ 祁海宁：《南京大报恩寺遗址六号井的发掘及与“义井”关系的探讨》，《东南文化》2015 年第 4 期；祁海宁：《皇家寺院的孑遗——南京大报恩寺遗址出土的明代佛像与六拏具砖》，《文物》2018 年第 5 期；苏舒、祁海宁：《南京大报恩寺遗址区域汉唐墓葬的主要收获》，《东亚文明》第一辑，2019 年。

承担了国家科技支撑计划“南京报恩寺遗址地宫与文物保护技术研究”课题，2014年出版了《南京报恩寺遗址地宫文物保护研究》《古代鎏金银器、玻璃器、香料保护技术——南京阿育王塔及出土文物保护技术研究》两部科技考古报告与论文集，对地宫中出土的宋代鎏金银器、玻璃器、香料、丝织品等供养器物进行了检测、分析和修复，并对部分器物的制作工艺、产地来源进行了探讨。[①]上述考古成果大多为本文研究所吸收。另外，在本文写作过程中，大报恩寺遗址南区的考古发掘工作正在进行，为本文研究提供了多条最新发现的考古材料，特此致谢。

综上所述，综合运用中外历史文献和考古材料，尤其是充分吸收和运用大报恩寺遗址最新考古成果，是本文研究的优势和着力点。

四、研究史回顾

大报恩寺遗址在清末形成。如前所述，民国时期以刘敦桢、朱偰、张惠衣先生为代表，掀起了研究大报恩寺遗址的第一轮高潮，在遗址调查、史料收集方面取得了重要成果。此外，民国时期，傅斯年、朱希祖、吴晗诸先生对朱棣生母问题的热烈讨论，也频频涉及大报恩寺遗址。[②]他们认为，明代大报恩寺的大殿是朱棣为纪念生母碽妃所建，因而将其称作“碽妃殿”。

1950年代以后，关于大报恩寺遗址的研究呈现前冷后热的局面：20世纪50至70年代，由于佛寺遗址不是当时学界和社会关注的热点，此项研究几乎陷入停滞状态，仅有少数几篇论文涉及该遗址；1980年代以后，随着改革开放的深入，学术研究空前活跃，不同领域的研究成果广泛涉及明清时期的大报恩寺和六朝时期的长干寺。2006年大报恩寺遗址考古工作正式启动之后，进一步掀起了研究的热潮。

就六朝长干寺研究而言，1983年郭黎安所作《试论六朝时期的建业》，较全面地探讨了东吴定都建业的原因，六朝时期南京城市格局、经济文化发展状况，并对佛教在南方的传播进行了介绍。作为南京最早出现的佛教寺院，长干寺与建初寺的历史得

① 南京市博物馆、中国文化遗产研究院、上海博物馆、中国丝绸博物馆主编：《南京报恩寺遗址地宫文物保护研究》，北京：文物出版社，2014年；张治国、宋燕、沈大娲等主编：《古代鎏金银器、玻璃器、香料保护技术——南京阿育王塔及出土文物保护技术研究》，北京：科学出版社，2014年。

② 傅斯年：《明成祖生母记疑》，《历史语言研究所集刊》第二本，1932年；朱希祖：《明成祖生母记疑辩》，《文史学研究所月刊》1933第1期；吴晗：《明成祖生母考》，《清华学报》第10卷第3期，1935年7月。

到了重点关注。[①]1992年蒋赞初所作《南京六处六朝佛寺遗址考》，对六朝时期南京六座重要寺院——长干寺、建初寺、禅众寺、慈恩寺、上定林寺、栖霞寺的历史和位置进行了初步的考证，明确指出大报恩寺遗址即为六朝长干寺所在地。[②]2010年贺云翱所作《六朝都城佛寺和佛塔的初步研究》，运用包括长干寺在内的六朝建康城佛寺考古与文献材料，对东吴、东晋至南朝时期佛寺的布局、佛塔的造型进行了探索性研究。[③]2012年张学锋所作《六朝建康城研究中的史料学问题——以建初寺的地点考证为例》，对六朝建初寺的寺址进行了考证，对《金陵梵刹志》等后世文献将长干寺的源头归于建初寺的错误进行了辨析，强调两者各有源流，绝非一寺。[④]六朝长干寺自东吴时代起就建有塔，塔下建有地宫，并瘗藏舍利。冉万里《中国古代舍利瘗埋制度研究》和高继习的博士论文《中国古代舍利地宫形制研究》运用考古与文献材料，分别对我国自魏晋时期开始的舍利瘗埋制度和地宫形制演变规律进行了探索，对于六朝长干寺地宫形制与舍利瘗藏研究有一定的帮助。[⑤]

东晋时期长干寺发生过两个重要事件。其一是获得了带有“阿育王第四女所造”铭文的金铜佛像，二是高僧刘萨诃在寺内发现“阿育王塔”旧址并掘出舍利。对于这两个事件，学界关注颇多。与第一个事件有关的研究有：1982年马世长对敦煌莫高窟第323窟佛教感应故事画进行了考证，指出该窟南壁第二组图表现的即是东晋长干寺获得“阿育王像”的故事。[⑥]1995年，成都西安路出土带有铭文的梁代石质阿育王像，引起了中外学者对此种佛造像的重视。宿白《青州龙兴寺窖藏所出佛像的几个问题》和王剑平、雷玉华《阿育王像的初步考察》，通过将成都阿育王像与文献记载的长干寺阿育王像进行比较，得出成都像的原型来源于南朝都城建康的基本结论，成为学界的主流观点。[⑦]而巫鸿《再论刘萨诃——圣僧的创造与瑞像的发生》与苏铉淑《政治、

---

① 郭黎安：《试论六朝时期的建业》，《中国古都研究（第一辑）——中国古都学会第一届年会论文集》，1983年，第262—292页。

② 蒋赞初：《南京六处六朝佛寺遗址考》，《中国历史地理论丛》1992年第2期。

③ 贺云翱：《六朝都城佛寺和佛塔的初步研究》，《东南文化》2010年第3期。

④ 张学锋：《六朝建康城研究中的史料学问题——以建初寺的地点考证为例》，《南京晓庄学院学报》2012年第1期。

⑤ 冉万里：《中国古代舍利瘗埋制度研究》第1章《早期的舍利瘗埋制度》，北京：文物出版社，2013年；高继习：《中国古代舍利地宫形制研究》，山东大学博士学位论文，2017年。

⑥ 马世长：《莫高窟第323窟佛教感应故事画》，《敦煌研究》1982年第1期。

⑦ 宿白：《青州龙兴寺窖藏所出佛像的几个问题》，《文物》1999年第10期；王剑平、雷玉华：《阿育王像的初步考察》，《西南民族大学学报》2007年第9期。

祥瑞和复古：南朝阿育王像的形制特征及其含义》两文，更为关注阿育王像背后特殊的含义，洞察性地指出长干寺阿育王像的出现带有强烈的政治意义，是佛教文化与南朝政治需要相结合而出现的新祥瑞。①

关于第二个事件的研究主要围绕刘萨诃展开：1973年陈祚龙《刘萨诃研究——敦煌佛教文献解析之一》，利用巴黎国民图书馆所藏敦煌遗书《刘萨诃和尚因缘记》对刘萨诃生平事迹进行了考证，认为刘萨诃其人虽然真实存在，但他的事迹经过了后人过度的渲染，并不可信；② 与之类似，巫鸿《再论刘萨诃——圣僧的创造与瑞像的发生》一文，比较了刘萨诃在《高僧传》和《集神州三宝感通录》中形象的不同，认为刘萨诃更多是一个传奇的虚构，而非真实的历史人物。而1983年史苇湘《刘萨诃与敦煌莫高窟》和孙修身《刘萨诃和尚事迹考》，通过对各种文献材料的梳理和考证，认为刘萨诃一生的主要事迹仍是基本可信的。尚丽新所作《“敦煌高僧”刘萨诃的史实与传说》，通过对刘萨诃籍贯、卒年、是否巡礼印度等问题的考证，指出有关刘萨诃的史料是一个史实与传说的混合物，越到后期传说的成分越大。③ 上述研究成果说明，对于刘萨诃的事迹和记载不能简单地加以肯定和接受，需要辩证地认识和使用。刘萨诃在长干寺发现舍利虽然是史实，但背后的真相却需要进行深入的探讨。2014年段玉明所作《论中国早期寺院空间神圣性的获得——以〈高僧传〉为中心的考察》，运用米尔恰·伊利亚德的宗教学理论，对包括长干寺在内的我国早期寺院如何获得神圣性进行了探讨，指出东晋时期长干寺获得阿育王像，以及刘萨诃发现“阿育王塔”旧址，即是借助阿育王像与阿育王塔的神圣性在为长干寺祝圣，从而使该寺成为“神圣空间”。④ 该文从宗教学的角度探寻了东晋时期长干寺所发生的两件大事的本质。综合来看，六朝长干寺的研究近年来得到学界越来越多的关注，长干寺的寺址，与建初寺的关系，东晋长干寺阿育王像的作用，刘萨诃巡礼江东发现舍利等问题都得到了较为深入的探讨，但是六朝时期长干寺三起三落的发展过程，东吴长干寺最初由谁所

---

① ［美］巫鸿：《再论刘萨诃——圣僧的创造与瑞像的发生》，《仪礼中的美术：巫鸿中国古代美术史文编》，上海：生活·读书·新知三联书店，2005年，第431—454页。［韩］苏铉淑：《政治、祥瑞和复古：南朝阿育王像的形制特征及其含义》，《故宫博物院院刊》2013年第5期。

② ［法］陈祚龙：《刘萨诃研究——敦煌佛教文献解析之一》，《华冈佛学学报》第3卷1973年。

③ 尚丽新：《“敦煌高僧”刘萨诃的史实与传说》，《西南民族大学学报（人文社科版）》2007年第4期。

④ 段玉明：《论中国早期寺院空间神圣性的获得——以〈高僧传〉为中心的考察》，陈金华、孙英刚主编：《神圣空间——中古宗教中的空间因素》，上海：复旦大学出版社，2014年，第254—298页。

建，东吴长干寺存续的时间，梁武帝改扩建长干寺的原因等重要问题仍然有待关注。

隋唐五代至北宋重建之前，长干寺沦为废墟长达400余年。在这一阶段，发生过长干寺被毁、隋文帝杨坚北迁长干寺阿育王像入宫、杨广打开长干寺塔地宫北迁舍利入京师日严寺，以及李德裕打开另一座长干寺塔地宫，外迁舍利入润州等多个重要历史事件。然而，关于这一阶段长干寺的研究成果却相当稀少。乔长富《略论李德裕初刺润州时思想文化方面的兴废举措——兼再证甘露寺创建时间》与毛颖《镇江甘露寺唐代舍利瘗埋制度及舍利子研究》，是少数几篇利用1960年镇江甘露寺铁塔地宫考古成果，探讨李德裕外迁舍利事件的论文。[①] 至于其他问题的研究，迄今付之阙如。

在大报恩寺遗址考古工作开展之前，关于北宋至明初天禧寺的研究成果也近于空白。2008年北宋长干寺地宫成功发掘之后，相关新材料陆续公布，使上述状况迅速得到改观。包括笔者在内的考古工作者和相关学者借助出土材料，对北宋长干寺、塔重建的相关问题开展了系列研究。《北宋长干寺圣感塔地宫形制初探》和《〈金陵长干寺真身塔藏舍利石函记〉考释及相关问题》两文，对北宋长干寺采用竖穴土圹室地宫形制的原因进行了探讨，并对地宫出土的《金陵长干寺真身塔藏舍利石函记》碑文进行了细致的解读。[②]《南京大报恩寺遗址六号井的发掘及与“义井”关系的探讨》通过考古实证与文献比对，论证了大报恩寺遗址六号井应是北宋时期可政与知府李迪联手打造的“义井”。而《不可湮没的一代高僧——北宋演化大师可政考述》一文，利用地宫出土的可政墨书题记和相关文献，对可政的出身经历，复兴长干寺的缘由，以及一生兴建四塔一寺的杰出贡献进行了较为全面的揭示与考证。[③] 夏维中、杨新华、胡正宁发表的《南京天禧寺的沿革》一文，对天禧寺的渊源，该寺在宋、元、明初的情况进行了梳理。[④] 张学锋所作《南京北宋长干寺地宫出土文字资料研究》，利用地宫出土的文字材料，对长干寺塔营建的发起者、供养人、建造者的籍贯、身份进行了整理和分析。通过与南北朝时期佛教造像活动的比较，指出富民阶层是北宋长干寺复

---

① 乔长富:《略论李德裕初刺润州时思想文化方面的兴废举措——兼再证甘露寺创建时间》,《镇江高专学报》2007年第2期；毛颖：《镇江甘露寺唐代舍利瘗埋制度及舍利子研究》，杜文玉主编：《唐史论丛（第十一辑）》，西安：三秦出版社，2009年，第212—220页。

② 祁海宁、龚巨平：《北宋长干寺圣感塔地宫形制初探》，《东南文化》2012年第1期；龚巨平、祁海宁：《〈金陵长干寺真身塔藏舍利石函记〉考释及相关问题》，《东南文化》2012年第1期。

③ 祁海宁：《南京大报恩寺遗址六号井的发掘及与“义井”关系的探讨》，《东南文化》2015年第4期；祁海宁：《不可湮没的一代高僧——北宋演化大师可政考述》，台湾《正观》第61期，2012年。

④ 夏维中、杨新华、胡正宁：《南京天禧寺的沿革》，《江苏社会科学》2010年第3期。

建的主力，这是唐宋变革的一项重要内容。[①] 佛顶骨舍利出土之后，南京市宗教局、南京市社会科学院等承担了南京市社科基金“金陵长干寺佛顶真骨舍利综合考证”课题，2009 年完成课题报告。该报告广泛收集了佛教典籍中有关佛顶骨舍利的记载，对北宋长干寺地宫出土的佛顶骨舍利的来源进行了初步考证。[②] 综合来看，虽然天禧寺研究曾长期受到忽视，但是由于考古发现提供了可靠而丰富的新材料，使得该阶段的研究呈现出方兴未艾、后来居上的趋势。

在整个大报恩寺遗址研究中，明清时期的大报恩寺和琉璃塔始终是学界关注的重点，研究成果最为丰富。1958 年在南京窑岗村、眼香庙出土了大量与大报恩寺琉璃塔有关的琉璃构件，证实了刘敦桢对明代聚宝山琉璃窑厂位置的判断，也引起了部分学者对大报恩寺琉璃塔的关注。宿白和罗哲文根据此项发现，分别探讨了北京居庸关元代过街塔、真觉寺明代金刚宝座塔与大报恩寺琉璃塔拱门上装饰的“六拏具”图案的宗教含意、时代特征，成为 1980 年代之前为数不多的涉及大报恩寺的论文。[③]1984 年，张驭寰在《中国古塔》一文中，从建筑艺术的角度将大报恩寺琉璃塔作为中国古代琉璃塔的代表进行了介绍。[④] 同年，汪永平利用文献材料，并对遗址进行实地调查，撰写了《举世闻名的南京报恩寺琉璃塔》一文，对大报恩寺和琉璃塔的历史、琉璃塔的形制与影响，以及可能存在的两套琉璃备件等问题进行了研究，这是新中国成立后首篇对大报恩寺和琉璃塔进行专门研究的学术论文。该文还首次提出了对琉璃塔进行复建的建议。[⑤]

明成祖朱棣是大报恩寺的“总设计师”。他的生母是谁、大报恩寺为谁而建等问题自明代晚期就出现争论，20 世纪 30 年代，吴晗、朱希祖、傅斯年等著名学者为此掀起过一次热烈的讨论。1987 年，周清澍《明成祖生母弘吉剌氏说所反映的天命观》对大报恩寺究竟为谁而建的相关史料进行了系统梳理，认为“磌妃”和“翁吉喇”两

---

① 张学锋：《南京北宋长干寺地宫出土文字资料研究》，西安碑林博物馆编：《纪念西安碑林 930 周年华诞学术研讨会论文集》，西安：三秦出版社，2018 年。

② 南京市宗教局、南京市社会科学院、南京大学、南京市文物局、南京市地方志办公室主编：《金陵长干寺佛顶真骨舍利综合考证报告》，内部刊印，未正式发表。

③ 宿白：《居庸关过街塔考稿》，《文物》1964 年第 4 期；罗哲文：《真觉寺金刚宝座塔》，《文物》1979 年第 9 期。

④ 张驭寰：《中国古塔》，《自然杂志》1984 年第 1 期。

⑤ 汪永平：《举世闻名的南京报恩寺琉璃塔》，中国古都学会编：《中国古都研究（第二辑）》，杭州：浙江人民出版社，1984 年，第 208—216 页。

说并不矛盾，而是对蒙古"弘吉剌氏"不同译音所致，并且指出成祖生母问题的本质是对政权合法性的争夺。[①] 其后何孝荣《明成祖与佛教》，朱大可《形象工程的历史书写——权力美学的三种标本》，张小平、周少青《政治合法性视野中的明成祖朱棣——一个范本的解读》等多篇论文都讨论了朱棣重建大报恩寺的缘由问题。[②]

1998 年，何孝荣的博士论文《明代南京寺院研究》从历史背景、兴废和分布、建筑、僧人、经济、制度以及影响等方面对明代南京佛教寺院的发展状况进行研究，明代天禧寺和大报恩寺的情况在各章中皆有体现。[③] 2008 年，南京大学夏维中教授为首的课题组完成了《南京大报恩寺及其琉璃塔的历史与文化研究》课题报告。[④] 该报告对大报恩寺的历史渊源、修建目的、工程建设相关问题、后期毁损与修缮、明清皇帝与大报恩寺和琉璃塔、大报恩寺与明代《大藏经》的关系、大报恩寺在海外的影响等问题进行了探讨，是新中国成立以来极少数对明清时期大报恩寺遗址进行全面研究的学术成果。其后该报告的相关内容，陆续发表。[⑤] 2014 年，张晖的博士论文《清代江南寺院经济研究》，专章论述了清代大报恩寺的经济状况，揭示了房地产收入对于维持清代大报恩寺运行的重要性，解释了清代大报恩寺内大量兴建经营性"市房"的原因。[⑥] 2015 年清华大学建筑学院杨澍所作《清代南京大报恩寺大佛殿复原初探》利用《折疑梵刹志》的记载，对清代大报恩寺大殿的建筑结构、屋顶用瓦等情况进行了分析。[⑦] 总体来看，明清时期的大报恩寺得到了学界的高度重视，各方面研究都较为充分。

对于清末至当代的大报恩寺遗址阶段的研究，学界探讨较多的是 1942 年侵华日军盗挖三藏塔地宫、分供玄奘顶骨舍利事件。1986 年，保全所作《玄奘顶骨播迁记》

---

① 周清澍：《明成祖生母弘吉剌氏说所反映的天命观》，《内蒙古大学学报（哲学社会科学版）》1987 年第 3 期。

② 何孝荣：《明成祖与佛教》，《佛学研究》2002 年；朱大可：《形象工程的历史书写——权力美学的三种标本》，《同济大学学报（社会科学版）》2005 年第 5 期；张小平、周少青：《政治合法性视野中的明成祖朱棣——一个范本的解读》，《吉林师范大学学报（人文社会科学版）》2008 年第 2 期。

③ 何孝荣：《明代南京寺院研究》，北京：中国社会科学出版社，2000 年。

④ 南京大学课题组：《南京大报恩寺及其琉璃塔的历史与文化研究》，内部刊印、未正式发表。

⑤ 夏维中、丁修真、胡正宁：《宣德以后南京大报恩寺及其琉璃塔的修缮》，《明文化研究》2008 年第 3 期；夏维中、杨新华、丁修真：《试论明初南京大报恩寺修建的几个问题》，《明清论丛》第 10 辑，北京：紫金城出版社，2010 年；夏维中、冯洪河、郑玉超：《南京大报恩寺及其琉璃塔在海外的影响》，《世界大变迁视角下的明代中国——国际学术研讨会论文集》，长春：吉林人民出版社，2012 年。

⑥ 张晖：《清代江南寺院经济研究》第 6 章《清代江南寺院的收支结构——以江宁大报恩寺为例》，南京大学博士论文，2014 年。

⑦ 杨澍：《清代南京大报恩寺大佛殿复原初探》，《中国建筑史论汇刊》2015 年第 2 期。

对玄奘大师顶骨从西安传至金陵，在天禧寺、大报恩寺内多次建塔供奉的历程进行了考证，并对玄奘顶骨出土后被分供至各地的情况进行了介绍。① 其后类似的研究文章出现多篇，如何云《唐玄奘大师顶骨舍利略谈》、刘大任《南京灵谷寺所藏玄奘大师顶骨的来龙去脉》、王能伟《南京大报恩寺玄奘顶骨分藏何处》等。② 日本学者坂井田夕起子的多篇论文从日本学者的角度提供了对此事件的看法。她于2019年发表的《玄奘遗骨的南京出土及各地奉安经过》一文，对玄奘舍利出土后多次分供，尤其是在日本的分供情况进行了细致梳理，使我们清楚地了解到该舍利目前的流传情况。③

总体来看，对于大报恩寺遗址的研究呈现愈来愈热的趋势。该遗址发展的五个时期——六朝长干寺时期、隋唐五代长干寺遗址期、北宋至明初天禧寺时期、明清大报恩寺时期，以及清末至当代的大报恩寺遗址期，都出现了相关的研究成果。但是当前大报恩寺遗址的研究明显存在不平衡、不系统的状况："不平衡"表现在明清大报恩寺的研究成果最为丰富，宋元天禧寺、六朝长干寺的研究相对薄弱，而关于隋唐五代时期长干寺遗址和清末以后大报恩寺遗址的研究成果则严重匮乏；"不系统"表现在，除了明清大报恩寺研究已成体系之外，其他各个时期的研究都停留在一些热点问题之上。更为缺憾的是，大报恩寺遗址作为中国佛教发展的重要代表，迄今还没有出现一部对该遗址从东吴至当代整个发展过程进行系统梳理和研究的学术专著。另外，对考古资料的利用、实物证据与文献证据的整合还有很大的提升空间。

五、研究目标、创新与不足

根据以上研究现状，本书的研究目标是全面收集、整理大报恩寺遗址历史文献和考古材料，将该遗址的发展过程分为长干寺、天禧寺、大报恩寺三大阶段，并且进一步细分为六朝长干寺、隋唐五代长干寺遗址、北宋至明初天禧寺、明清大报恩寺和清

① 保全：《玄奘顶骨播迁记》，《西北大学学报（哲学社会科学版）》1986年第1期。

② 何云：《唐玄奘大师顶骨舍利略谈》，《法音》1998年第1期；刘大任：《南京灵谷寺所藏玄奘大师顶骨的来龙去脉》，《玄奘研究——第二届铜川玄奘国际学术研讨会文集》，西安：陕西师范大学出版社，1999年，第125页；王能伟：《南京大报恩寺玄奘顶骨分藏何处》，《江苏地方志》2007年第4期。

③ ［日］坂井田夕起子：《"战争的负遗产"，还是"文化交流的象征"?——玄奘三藏遗骨和20世纪50年代的北京与台北》，《近现代国际关系史研究》2015年第2期；《玄奘遗骨的南京出土及各地奉安经过》，《玄奘佛学研究》第32期，2019年。

末至当代大报恩寺遗址等五个时期，分别进行研究。重点关注各个时期寺院营建、改扩建、毁灭，以及重新崛起的情况，对关键事件和人物进行考证。从营建的角度，较为完整地构建起大报恩寺遗址 1700 余年的发展史，揭示该遗址的历史文化价值，以及与南京城市发展密不可分的联系。

（一）创新之处

第一，本文以营建为中心，对大报恩寺遗址经历的长干寺、天禧寺、大报恩寺三大阶段，具体五个历史时期进行了细致梳理，首次对该遗址从东吴至当代 1700 余年的发展过程进行了全面、系统的研究，构建了该遗址迄今最为完整的发展史。

第二，本文抓住大报恩寺遗址开展全面考古发掘的历史机遇，充分地吸收和利用最新的考古成果，综合运用文献与考古两方面的材料，应用历史学和考古学相结合的研究方法，使大报恩寺遗址历史研究的深度和广度得到了明显的拓展。

第三，本文对大报恩寺遗址历史上诸多悬而未决的问题不予回避，着力探索，力争取得突破。在六朝长干寺的研究中，本文考证指出，来自东竺国的比丘尼使团是长干寺最早的创建者，东吴长干寺是中国有史可考最早的尼寺。该使团在创建长干寺的过程中，在塔下瘗藏了携自印度的舍利圣物，这是东晋时期刘萨诃能够从长干寺掘出真身舍利的根本原因。对于东晋时期长干、长沙、寒溪等寺出现的“阿育王像”，本文考证指出，它们皆为本国所造，与阿育王根本无关。在天禧寺研究中，本文利用地宫出土的第一手材料，清晰地还原了北宋长干寺复建的基本过程，指出宋真宗和演化大师可政在重建过程中发挥的重要作用，分析了佛顶真骨舍利的来源，考证了长干寺外义井的位置和保存现状。在大报恩寺研究中，本文重点探讨了明成祖朱棣与大报恩寺相互成就的关系——朱棣是大报恩寺的“总设计师”，而大报恩寺对于朱棣而言有“嫡子身份证”和“雄主记功碑”的双重功能。本文还深入分析了大报恩寺南、北两区的建筑格局和不同功能，对南区内部片区进行了细致的考证。对于琉璃塔本文考证指出，塔上的六拏具、五曼陀罗、五方佛等藏传佛教装饰因素均来源于北京居庸关过街塔。这些因素被引入琉璃塔的设计中，与朱棣在北平的生活经历有关。

（二）不足之处

第一，出于遗址保护的目的，大报恩寺遗址的考古工作绝大部分发掘至明代地层即停止。对于叠压在明代地层之下的宋元天禧寺和更早期六朝长干寺的地层与遗迹，主要通过开探沟的方式局部了解，未能全面揭露。因此，在探讨宋元天禧寺和六朝长干寺的寺院布局时，只能按照当时寺院的一般规律进行推测，本文的研究还不能够全面、准确地揭示这两个阶段寺院的原貌。

第二，利用丰富的文献和考古材料，大报恩寺遗址可以深入开展的研究领域还有很多。首先，从长干寺到大报恩寺代出名僧，如六朝时期的竺法旷、慧达、僧伽跋摩、法胜、玄畅、玄辨，五代至宋元时期的元寂、慧严、法嵩、道源、志德，明清时期的守仁、绍宗、一如、德清、雪浪、松影、寂光等，他们的思想和言行是中国佛教发展的生动案例；其次，苏轼、王安石、杨万里、李东阳、石涛、髡残等历代著名诗人、文豪、画家与天禧寺、大报恩寺产生过密切的交集，留下了不少在文学史、艺术史上影响深远的佳作；再者，北宋长干寺地宫出土了品类丰富、制作精良的大量供养器物，是了解宋代社会经济和手工业发展水平的重要实证。对于上述丰厚的材料，本文仅摘取了与寺院营建有关的内容。至于其他方面的研究价值，限于篇幅和学力，皆未能涉及。

第三，虽然坚持以史料和实物说话，但是文中不少考证内容证据仍显不足，不少论点带有推测的成分。它们正确与否，有待于今后持续、深入的探讨和验证。

上篇

长干寺研究

第一章　扎根长干里

历史的发展离不开地理环境提供的舞台。大报恩寺遗址所在区域古称长干里，这处地名因为众多名为《长干曲》《长干行》的文学作品而广为人知，其中以唐代大诗人李白所作的《长干行》最为著名。青梅竹马、两小无猜的爱情故事已经转化为成语，沉淀为国人共同的文化记忆。对于古都南京和长干寺而言，长干里有着更为特殊的意义。长干里是南京城市的发源地，也是从长干寺到大报恩寺一以贯之的寺址所在地。这处寺址在很大程度上决定了大报恩寺及其前身诸寺院跌宕起伏的发展历程，也决定了寺院与城市命运与共、同频共振的特殊关系。

第一节　长干里的区位与作用

“长干”之名最早出现于西晋左思的《吴都赋》中，该赋描绘了三国时期吴都建业的繁盛。文中写道：“横塘查下，邑屋隆夸；长干延属，飞甍舛互。”西晋刘逵在此句下注称：“建邺南五里有山岗，其间平地，吏民杂居。东长干中有大长干、小长干，皆相连。大长干在越城东、小长干在越城西。地有长短，故号大小长干。”[①] 南朝刘宋时期山谦之所作的《丹阳记》对长干里也有明确的解释：“江东谓山陇之间曰‘干’，建康南五里有山冈，其间平地，民庶杂居，有大长干、小长干、东长干，并是地里名。”[②] 由此可知，长干里就是南京南部丘陵山岗之间一块宜居的平地。经许志强考证，六朝

① 〔梁〕萧统编，〔唐〕李善注：《文选》卷五《吴都赋》，北京：中华书局，1977 年，第 88 页。

② 〔唐〕许嵩撰，张忱石点校：《建康实录》卷二《太祖下》“嘉禾五年秋七月”条引《丹阳记》，北京：中华书局，1986 年，第 44 页。

时期长干里的范围北部以秦淮河（时称淮水）为界，南至石子冈，西至长江沿岸（即“横塘”所在地[①]），东抵戚家山，总面积约为6.5平方公里。[②]

长干里临江近淮，地形相对平坦，自然条件优越，它的战略价值很早就引起了人们的重视。据古本《越绝书》记载，东周元王三年（前473），越国灭吴，尽占吴地。次年（前472），越王勾践命大夫范蠡筑城于长干里，史称“越城”。[③]越城是南京主城范围内有文献可考的最早城池，因此一直被视为南京建城之始。

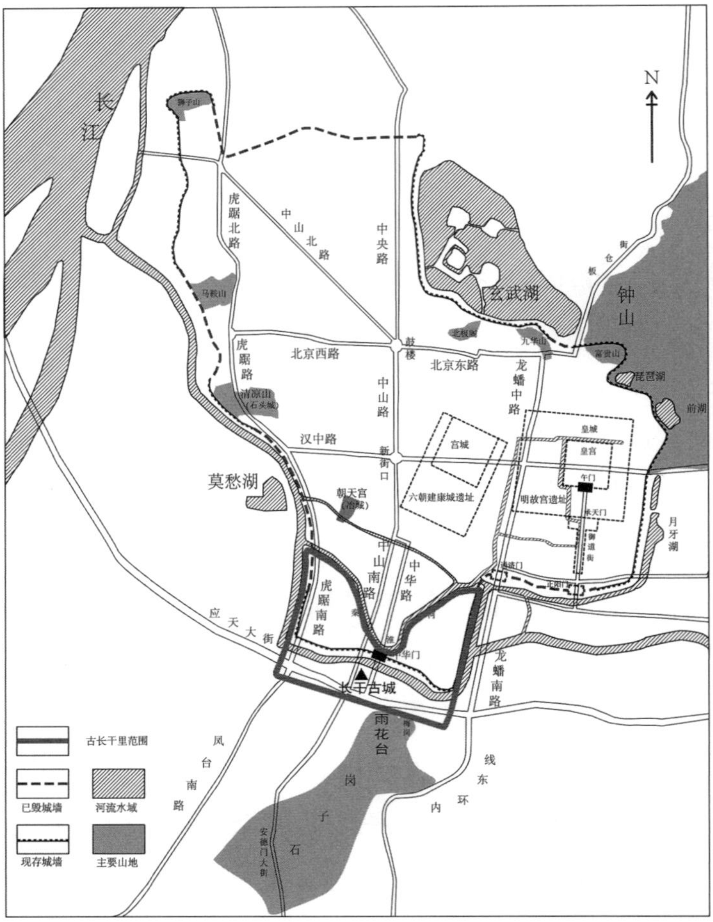

图4　古长干里范围及越城遗址（长干古城）位置示意图

---

①《建康实录》卷四“宝鼎二年六月”条引《宫城记》称：“横塘，今在淮水南。……古来缘江筑长堤，谓之‘横塘’。淮在北，接‘栅塘’，在今秦淮径口。吴时夹淮立栅。”

② 许志强：《六朝建康长干里考略》，《魏晋南北朝隋唐史资料》第三十六辑，上海：上海古籍出版社，2017年，第76—87页。

③〔宋〕乐史撰，王文楚等点校：《太平寰宇记》卷九十《江南东道二·昇州》引《越绝书》：“东瓯越王所立也。”并称“即周元年四年越相范蠡所筑”。北京：中华书局，2007年，第1790页。

越城遗址历代史不绝书，其位置是相当清楚的，就位于今天雨花路的西侧，与大报恩寺遗址隔街相对。从2017年起，南京市考古工作者对越城遗址进行了较为全面的考古发掘。根据最新公布的考古成果，在该遗址上发现了距今3100年左右的商代晚期城址，被命名为“长干古城”。[①]这一发现不仅将南京建城史提前了600年，而且证实了长干里作为古都摇篮的地位。

根据现有证据，长干古城承担南京主城的角色从商代晚期延续至战国中期。长干里在这一阶段得到了最初的开发。其间，越国很可能进行过较大规模的修缮，因而留下了修筑越城的记载。公元前333年，楚国大破越国，于秦淮河北岸修筑“石头城”，并设立行政建置“金陵邑”，南京主城方才北移。[②]六朝时期，南京主城“建康城”同样位于秦淮之北，与长干里相距约六里。[③]至五代时期，南唐创建者李昪扩建金陵城，将秦淮故道与近半长干里纳入城内，同时在长干里之中开凿外秦淮河，绕城而过。[④]在经过了近1300年之后，长干里回归主城区。重建后的主城南门矗立于长干里正中核心位置，这一格局至今未变。综合来看，在南京3100年的建城史之中，长干里作为主城区的历史长达1800余年，其余时段则为主城之近畿。

第二节 长干里与长干寺

三国东吴黄龙元年（229），吴大帝孙权将都城从武昌（今湖北鄂州）迁至建业，拉开了南京建都的序幕。随着城市地位的陡然提升，建业人口剧增，距离主城五里适宜居住的长干里迎来了空前的繁荣。不仅在《吴都赋》描绘的东吴时代，整个六朝时期长干里都是建康城最主要的居住区之一。在越城遗址的考古发掘中，晚期的破坏虽然较为严重，但是考古工作者仍然发现了密集分布的六朝时期的遗迹与遗物，数量是商周时期的数十倍——在6500平方米发掘区内已发现六朝时期的水井38座，出土各类生活器具1500余件，直观地揭示出六朝时期长干里的繁盛。（图5）

---

① 杨民仆：《重大考古发现将南京建城史前推600年，3000多年前的长干古城露真容》，《新华日报》2023年12月20日第3版。

② 《建康实录》卷一，“越霸中国”条，第2页。

③ 卢海鸣：《六朝都城》第三章《建康的宫城、都城和外郭》，南京：南京出版社，2002年，第80—85页。

④ 杨国庆、王志高：《南京城墙志》第三章《隋唐五代宋元城墙》，南京：凤凰出版社，2008年，第105—112页。

图 5　越城遗址出土的六朝青瓷器具（南京市考古研究院提供）

都城地位的确立、人口的大量聚集，为佛教文化的传播创造了良好的条件。东吴时期，建业先后诞生了两座佛寺，成为佛教文化传播至江南的先声。

第一座寺院诞生于东吴大帝孙权赤乌十年（247），该年世居天竺的高僧康僧会来到建业，用“营立茅茨，设像行道”的方式吸引关注，然后通过招致感应舍利获取了孙权的支持——“即为建塔，以始有佛寺，故号‘建初寺’，因名其地为‘佛陀里’，由是江左大法遂兴”。[①] 关于建初寺的位置，《景定建康志》卷十六引《宫苑记》称：“吴大帝立大市，在建初寺前，其寺亦名‘大市寺’。”[②] 说明康僧会选择的建寺之地位于热闹的市场之中。北宋版《通典》记载：“淮水北有大市，自余小市十余所。”[③] 说明大市与建初寺皆位于秦淮河以北。据张学锋考证，建初寺的地点大致位于今天南京中华路与长乐路交界处的中华中学与第一医院附近。[④]

长干寺是紧随建初寺之后江南诞生的第二座佛寺，它的创建者是一群比丘尼，因

① 〔梁〕释慧皎撰，汤用彤校注：《高僧传》卷一《译经上·魏吴建业建初寺康僧会》，北京：中华书局，1992 年，第 16 页。

② 〔南宋〕周应合撰：《景定建康志》卷十六《疆域志二·镇市》引《宫苑记》，南京：南京出版社，2009 年，第 359 页。

③ 北宋版《通典》，现藏日本宫内厅书陵部。〔唐〕杜佑撰，［日］长泽规矩也、尾崎康所编，东京：汲古书院，1981 年，第 329 页。

④ 张学锋：《六朝建康城研究中的史料学问题——以建初寺的地点考证为例》，《南京晓庄学院学报》2012 年第 1 期。

此它也是江南第一座尼寺。《梁书·扶南国传》对长干寺早期的历史记载称："吴时有尼居其地，为小精舍。"[①]《建康实录》卷十七引《寺记》称："（长干）寺在秣陵县东长干里。"[②]道宣《集神州三宝感通录》（以下简称为《感通录》）则记载："长干塔者，今在润州江宁县故扬都朱雀门东南、古越城东、废长干寺内。"[③]综合上述记载，长干寺诞生于东吴时期，位于东长干里、越城之东。由此长干里不仅是培育古都南京的摇篮，同样也是培育长干寺的摇篮。而且，长干寺之名明显来源于地名，是长干里赋予了它响当当的寺额。长干寺及其后续寺院虽然多次改名，先后被称作阿育王寺、天禧寺、大报恩寺等，但是长干寺始终是它的别称。

值得指出的是，大报恩寺遗址就位于越城遗址的东侧，与文献记载的长干寺位于"古越城东"的位置关系完全一致。由此可以看出，从最早的东吴长干寺到明清时期的大报恩寺，寺名虽然多次更易，本体也屡经毁建，但是它的寺址从未改变，始终牢牢地扎根于长干里的东部。

对于早期寺院而言，争取信众支持，扩大社会影响力是最为迫切的需要，因此建初寺与长干寺都没有选择山林清幽之地立寺。建初寺设立于车马喧嚣、人烟鼎沸的大市之中，而长干寺的创立者看中了长干里两项极为有利的条件：一是区域内人口稠密，便于发展信众；二是占据了主城入口的关键位置。从六朝时代起，从南部进入南京的主干道就从越城与长干寺之间穿过，经架设在淮水之上的朱雀航，向北到达主城区。2018年在越城遗址的考古发掘中，南京市考古工作者找到了这条六朝时期的城南大道。它呈东北—西南走向，方向约为35°，与建康主城方向基本一致，路面最宽处达到26米，两侧修建宽达3—6米的路沟，路面上还可见多条车辙痕迹。[④]大报恩寺遗址就位于该大道的东侧，最近的距离仅有150米，而大报恩寺遗址与城南交通枢纽朱雀航（今中华门内镇淮桥附近）的距离也不足500米。

长干寺扼守进入建康主城的干道，又紧邻朱雀航，具有十分突出的交通和区位优势，对于吸引信众十分有利。梁天监七年（508），梁武帝又下令"新作国门于越城

① 〔唐〕姚思廉撰：《梁书》卷五十四《诸夷·扶南国传》，北京：中华书局，1973年，第790页。

② 《建康实录》卷十七《高祖武皇帝》天监元年"立长干寺"条引《寺记》，第672页。

③ 〔唐〕释道宣撰：《集神州三宝感通录》卷上"东晋金陵长干塔"条，《大正藏》，东京：大正一切经刊行会，1924—1934年，第52册，No. 2106，第405页。

④ 南京市考古研究院：《秦淮区西街遗址2019年度考古发掘》，南京市考古研究院编印：《南京考古工作报告2019》，第25—27页。

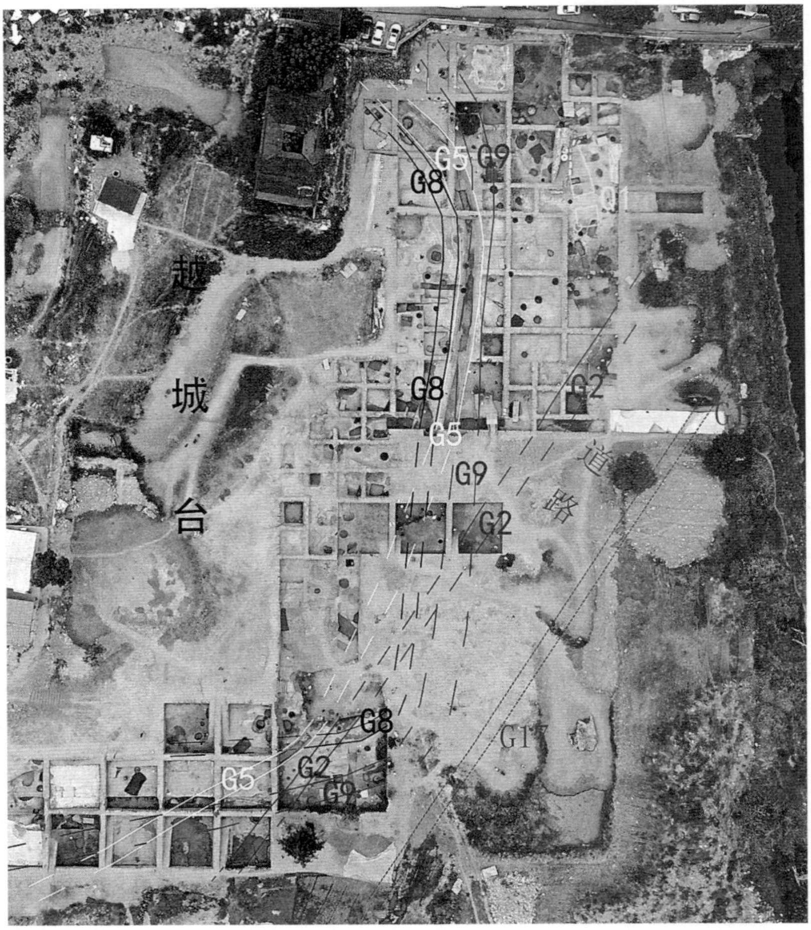

图 6　在越城遗址中发现的六朝时期通往主城的道路（南京市考古研究院提供）

南”，以壮观瞻。[①] 国门意为国都之门，具有明确的地标和礼仪性质。国门立于越城南侧，与越城相对的长干寺即成为进入国门之后人们看到的建康第一寺，区位优势更加突出。[②]

然而福祸相倚，正是由于长干寺所处位置关键，所以每当政权动荡，爆发战争之时，长干寺常常遭受池鱼之殃，这也是大报恩寺最终毁灭，成为遗址的原因。总之，长干寺植根于长干里核心区位，无形中将寺院的命运与城市的命运紧密相连，成为这座六朝古都、十朝都会兴衰沉浮的风向标和晴雨表。

① 《梁书》卷二《武帝中》，第 47 页。

② “国门”遗址在越城遗址最新的考古工作中得到确认。遗址一门三道，宽约 33 米，进深约 17 米，门墩两面有砖铺散水，门道残存铺砖。两侧城墙为砖包夯土，厚达 11.5 米。参见杨民仆：《南京西街遗址考古最新发现，六朝时期的“国门”找到了》，《新华日报》2024 年 2 月 27 日第 3 版。

第二章　东吴长干寺相关问题探讨

东吴时期长干寺正式创建，又很快被毁，虽然存续时间短暂，但是奠定了千年名寺的基石。东吴长干寺的创建者是一群被埋没的比丘尼，长干寺不仅是她们开创的中国南方首座尼寺，而且还是我国目前年代可考最早的尼寺。

本章根据《三国志》《梁书》《感通录》等基础史料，对东吴长干寺的名称和存续时间进行了探讨。尤其借助《齐上统师传》的相关记载，考证汉晋之际从印度来到中国的东竺国比尼寺使团是长干寺的创建者，也是六朝时期长干寺真身舍利最有可能的来源。东吴长干寺的遗存虽然尚未发现，但是通过近年来考古出土的，带有明显佛寺特征的文物材料，最早长干寺、塔的布局和建筑特征可以有基本的呈现。

第一节　寺院名称与存续时间

直接记载东吴长干寺的史料很少，以《梁书》和《感通录》最为关键。《梁书》对六朝长干寺的历史有较为完整的记录，不过采用的是倒叙的方式。它首先介绍了梁武帝时期对阿育王寺、塔改造的情况，然后追记该寺早期的历史。阿育王寺即长干寺，《建康实录》引用《寺记》称："（长干）寺在秣陵县东长干里，内有阿育王舍利塔，梁朝改为阿育王寺。"[①] 由于阿育王寺瘗藏有佛发，而梁武帝曾派僧人释云宝前往扶南国（今柬埔寨）迎取佛发，因此，《梁书》将长干寺的历史收录于卷五十四《诸夷·扶南国传》之内：

① 《建康实录》卷十七《高祖武皇帝》天监元年"立长干寺"条，第672页。

先是，（大同）三年（537）八月，高祖改造阿育王寺塔，出旧塔下舍利及佛爪发。发青绀色，众僧以手伸之，随手长短，放之则旋屈为蠡形。案《僧伽经》云："佛发青而细，犹如藕茎丝。"《佛三昧经》云："我昔在宫沐头，以尺量发，长一丈二尺，放已右旋，还成蠡文。"则与高祖所得同也。阿育王即铁轮王，王阎浮提，一天下，佛灭度后，一日一夜，役鬼神造八万四千塔，此即其一也。吴时有尼居其地，为小精舍，孙綝寻毁除之，塔亦同泯。①

在上述记载之中，有关长干寺最早期的情况只有一句："吴时有尼居其地，为小精舍，孙綝寻毁除之，塔亦同泯。"《感通录》比之稍强，但也仅有短短的三句话：

东晋金陵长干塔者，今在润州江宁县故扬都朱雀门东南、古越城东废长干寺内。昔西晋末统江南，是称吴国，于长干旧里有古塔地，即育王所构也，依于邑里。既崩，子亮立，孙綝执政，五凤（254—256）中毁除佛寺，此塔同湮而舍利潜地。②

上述两种史料对长干寺早期的历史记述都很简略，说明唐代学者了解到的情况也相当有限。但是以这两条史料为基础，结合其他材料，我们有可能对最早长干寺的一些关键问题进行探讨。

一、东吴时期的寺名

《梁书》与《感通录》都没有直接提及最早期长干寺的名称。《梁书》仅表示，在梁代阿育王寺的原址，东吴时出现了佛教小精舍；《感通录》表述的意思是，东晋金陵长干寺塔位于东长干里，塔在东吴时期就已出现。通过这两条记载，我们可以肯定长干寺起源于东吴时期，但遗憾的是，无法肯定它当时已明确称作长干寺，或者长干精舍。

另外，《建康实录》卷二引《丹阳记》称："大长干寺道西有张子布宅，在淮水南，对瓦官寺门，张侯桥所也。桥近宅，因以为名。"③ 张子布即东吴名臣张昭。根据此条所述，张昭的宅邸就在长干里，位于大长干寺的西侧，即今天越城遗址的附近。但是，我们也不能根据此条记载认为，东吴时期该寺被称为"大长干寺"。因为《丹

① 《梁书》卷五十四《诸夷·扶南国传》，第790页。

② 《集神州三宝感通录》卷上"东晋金陵长干塔"条，第405页。

③ 《建康实录》卷二"嘉禾五年秋七月"条，第44页。

阳记》是南朝刘宋山谦之所撰，他是以刘宋时期的视角看待长干里的情况。该条中的瓦官寺东吴时并不存在，始建于东晋哀帝兴宁二年（364），[①] 因此该条中的大长干寺很可能是刘宋时期对长干寺的称谓。

与长干寺类似的早期寺名缺载的情况，在我国著名佛寺中并不罕见。比如洛阳白马寺，创建于东汉明帝永平年间（58—75），是公认的我国最早的佛寺之一。但汤用彤考证，白马寺之名直至西晋时期才正式出现，它早期的名称并不明确。[②] 因而学界对早期白马寺进行探讨时，其实都是依据后代的寺名给予的代称。

不过东吴时期长干寺之名很可能已经产生，理由有二：其一，长干寺之名明显来源于长干里，而长干里在东吴时期已经明确形成；其二，在长干寺创建之前，建业已经出现了寺额明确的建初寺。

综上所述，东吴时期长干寺已经创建，但是它的名称现存史料无载。本文推测，东吴时期该寺很可能与建初寺一样，已经正式取名为长干寺。不过在掌握可靠证据之前，东吴长干寺的提法与东汉洛阳白马寺一样，本质上只是一种推测和代称。东晋以后该寺拥有长干寺之名是毫无疑问的，已被史料广泛证实。

二、创建与被毁的年代

东吴长干寺创建的具体年代史籍无考，但是创立于孙权赤乌十年（247）的建初寺是史料明确记载的江南第一座佛寺，长干寺创建的时间无疑应晚于赤乌十年。《梁书》和《感通录》皆称，东吴长干寺毁于孙綝执政期间。据《三国志·吴书·三嗣主传》记载，孙綝于会稽王孙亮五凤三年（256）九月开始执政，于太平三年（258）十二月被景帝孙休诛杀，前后执政仅两年多时间。[③] 综合这两点，东吴长干寺最早的创建年代应为孙权赤乌十一年（248），最晚的创建年代应为孙亮太平二年（257），因为东吴长干寺完成建寺、建塔的工程，至少需要一年左右的时间。

至于东吴长干寺被毁的具体时间，《三国志·吴书·孙綝传》提供了一条重要记载：

---

① 《建康实录》卷八“兴宁二年八月”条记载：“是岁，诏移陶官于淮水北，遂以南岸窑处之地施僧慧力，造瓦官寺。”第 233 页。

② 汤用彤：《汉魏两晋南北朝佛教史》第二章《永平求法传说之考证》，北京：北京大学出版社，1998 年，第 15 页。

③〔晋〕陈寿撰，〔南朝宋〕裴松之注：《三国志》卷四十八《吴书·三嗣主传》，北京：中华书局，1959 年，第 1153、1157 页。

太平三年孙綝发动政变废黜孙亮，“綝意弥溢，侮慢民神，遂烧大桥头伍子胥庙，又坏浮屠祠，斩道人”[①]。东吴时期建业所立佛寺，见诸史籍者仅有建初寺与长干寺两所。而据《高僧传》记载，建初寺在孙綝之乱中平稳度过，并未罹难。[②]因此，太平三年孙綝所毁的这座“浮屠祠”，应该就是最早的长干寺。

假设东吴长干寺的创立年代仅晚于建初寺一年，到太平三年时，该寺至多存续了十年时间；假设它创建于孙亮太平二年，那么该寺不幸只存在了一年。无论是十年，还是一年，这座最早的长干寺存在的时间都很短，如昙花一现。然而，它为长干里埋下了佛教文化生生不息的种子，在中国佛教史上留下了一座重要的里程碑。

第二节　中土尼寺之始

《梁书》称“吴时有尼居其地，为小精舍”，明确说明该寺的创建者为比丘尼，因此最早的长干寺是一所尼寺。这座创建于三国时期的尼寺，是目前所知我国创建年代最早的一座尼寺，但是由于存续时间短、创建者姓名无考，使其在中国佛教史上的地位被严重低估。

一、中土比丘尼与尼寺起源的相关记载

关于中土比丘尼的起源，按照我国现存最早的尼志——梁代宝唱《比丘尼传》的观点“像法东流，净捡为首”，[③]定为西晋末年于洛阳出家、东晋时受具足戒的净捡：

> 净捡，本姓仲，名令仪，彭城人也。父诞，武威太守。捡少好学，早寡，家贫，常为贵游子女教授琴书。闻法信乐，莫由咨禀。后遇沙门法始，经道通达，晋建兴中于宫城西门立寺，捡乃造之。始为说法，捡因大悟……他日谓始曰：“经中云比丘、比丘尼，愿见济渡。”……捡即剃落，从和尚（笔者注：指罽宾沙门智山）受十戒。同其志者二十四人，于宫城西门共立竹林寺。……升平元年二月八日，洛阳请外国沙门昙摩羯多，为立戒坛。晋沙门释道场，以《戒因缘经》为难，云其法不成。因浮舟于泗，捡等四人同坛止，

① 《三国志》卷六十四《吴书·诸葛滕二孙濮阳传》，第1449页。
② 《高僧传》卷一《译经上·魏吴建业建初寺康僧会》，第14—19页。
③ 〔梁〕释宝唱撰，王孺童校注：《比丘尼传校注》序，北京：中华书局，2006年，第1页。

从大僧以受具戒。晋土有比丘尼，亦捡为始也。[①]

净捡于西晋愍帝建兴年间（313—316）依从罽宾沙门智山受十戒，正式出家为尼，并与同志者24人在洛阳创立竹林寺。东晋升平元年（357）又从大僧昙摩羯多受具足戒。宝唱将她视为中土第一位比丘尼，而洛阳竹林寺也被视为中土最早的尼寺。

不过，唐宋时期的佛教史论者与宝唱的看法多有不同。法琳《破邪论》、道宣《广弘明集》、靖迈《古今译经图纪》、智升《续集古今佛道论衡》、赞宁《大宋僧史略》等，都引用《汉法本内传》的记载，将中土比丘尼和尼寺的起源提前至东汉明帝时期。各书所引大同小异，现以靖迈《古今译经图纪》所引为例：

惟孝明皇帝以永平三年岁次庚申，帝梦金人。……至七年岁次甲子，帝敕郎中蔡愔、中郎将秦景、博士王遵等一十八人西寻佛法。愔等至印度国，请迦叶摩腾、竺法兰共还。……至十四年岁次辛未正月一日，五岳道士褚善信等……表请较试。……尔日信等以《灵宝》诸经置道东坛上，帝以经像舍利置道西七宝行殿上。……然所烧经并从灰烬……南岳道士费叔才等惭忸自感而死。……时后宫阴夫人、王婕妤等一百九十人出家，司空阳城侯刘善峻、镇远将军姜苟儿等二百六十八人出家，……京都男女张子尚、阿潘等三百九十一人出家。帝亲与群官为出家者剃发，给施供养。经三十日，造寺十所，城外七寺，城内三寺。七寺安僧，三寺安尼。具如《汉明帝法本内传》说。[②]

按照上述记载，东汉明帝时期洛阳就已出现三座尼寺，明帝后宫的阴夫人、王婕妤，以及京都妇女阿潘等人是中国最早的一批比丘尼。赞宁在《大宋僧史略》中据此认为："洛阳妇女阿潘等出家，此尼之始也。"[③]

《汉法本内传》又称《汉明帝法本内传》《汉显宗开佛化法本内传》等，原书已佚，作者和撰写年代不详。根据各书引用保留下来的内容分析，该书以东汉明帝求法译经的故事为依托，重点叙述了东汉永平十四年（71）五岳道士与佛教沙门斗法决胜的故事。比试中道经焚为灰烬，道士费叔才等人羞愧而死，而佛教经像、舍利安然无恙，从而证明佛教优于道教。于是洛阳出家者云集，明帝为他们修立十寺，其中三所为尼寺。

然而，《汉法本内传》已被现代学者证明是一部成书于南北朝时期、为了在佛道

① 《比丘尼传校注》卷一《晋竹林寺净捡尼传》，第1页。

② ［唐］释靖迈撰：《古今译经图纪》卷一，《大正藏》第55册，No.2151，第348页。

③ ［宋］赞宁撰：《大宋僧史略》卷上"东夏出家门"条，《大正藏》第54册，No.2126，第237页。

斗争中取得优势而编造的伪史。[①] 汤用彤指出："《汉法本内传》者当系南北朝末伪造之书，且复于求法译经之外，更加与道士捔力之怪事。"[②] 任继愈指出："且不说其神秘成分，就其所说佛、道斗争来说，东汉初年道教还没有正式成立，哪来的道士、道经？再就所举出家的人来说，汉明帝时的司空是冯鲂、伏恭、牟融，而没有什么'司空阳城侯刘（善）峻'，其他也是随意编造的。"[③] 因此，虽然《汉法本内传》的影响很大，但是此书的内容是不能被当作信史的。王孺童在校注《比丘尼传》时提出："佛教自汉代传入，现已为公认之史实，那么不应直至晋代才在女众中传播，产生女众信徒。因此，不论《汉法本内传》其书是真是伪，可以肯定的是，中国第一位比丘尼至少在东汉时就已出现。"[④] 这一看法是根据佛教传入中国后不断发展的趋势所做的推断，有其合理性，但并不能直接证明阴夫人、王婕妤、阿潘等人就是中土最早的比丘尼。中国比丘尼、尼寺起源于东汉论，需要找到真实可靠的史料支持。

排除《汉法本内传》的干扰，净捡与竹林寺的地位是否再无争议？其实并不尽然。佛教要求僧尼出家必须遵从受戒仪轨，比丘尼受戒的要求比之僧人更为复杂——首先须遵守"八敬法"，才能受沙弥尼十戒；三年持戒圆满后，再受具足戒。受具戒时，除了最初的大爱道（佛陀姨母瞿昙弥）和五百释种女可以只依止佛陀和阿难等大僧得戒之外，其后女众皆需从"二众受戒"（又称"二部受戒"）。"二众"指清净比丘尼、比丘各十人，女尼先在十名比丘尼组成的僧团前"白四羯磨"[⑤] 一次，再到十名比丘僧团前白四羯磨一次，通过后受具戒。即使在佛法未能普及、相对偏远的所谓"边地"，对尼众受具戒放宽要求，也至少需要僧、尼各五人。[⑥]

净捡等人受具戒时，仅依止大僧昙摩羯多，没有足额合格的比丘尼参与，由此以释道场为代表的洛阳僧众反对授戒。昙摩羯多与净捡等人被迫离开洛阳，强行于泗水

---

① 刘林魁：《佛教伪史〈汉法本内传〉与佛道论争》，《云南社会科学》2009 年第 2 期。

② 汤用彤：《汉魏两晋南北朝佛教史》第二章《永平求法传说之考证》，北京：北京大学出版社，1998 年，第 16 页。

③ 任继愈主编：《中国佛教史（第一卷）》第二章《佛教输入中国》，北京：中国社会科学出版社，1985 年，第 104 页。

④ 《比丘尼传校注 · 前言》，第 15 页。

⑤ "白四羯磨"为佛教名词。丁福保《佛学大辞典》释曰：僧中行事务，如授戒之重法，向僧众先告白其事，曰"白"；次三问其可否，而决其事，曰"三羯磨"；合一度之白与三度之羯磨，曰"白四羯磨"，是最重之作法也。

⑥ 参阅续明：《比丘律仪与比丘尼律仪》，张曼涛主编：《律宗概述及其成立与发展》，《现代佛教学术丛刊》第 88 册，台北：大乘文化出版社，1978 年，第 300-312 页；周玉茹：《两晋南北朝佛教出家女众信仰与社会》第二章第三节《从"爱道之缘"到二部受戒》，上海：上海古籍出版社，2024 年，第 55—63 页。

舟中设立戒坛，才完成受戒仪式。净捡成为比丘尼的过程不仅当时受到攻击，后世也饱受质疑。《大宋僧史略》就指出："尼净捡于一众边得戒，此亦未全也。"①

二、东竺使团在长干寺创建中的作用

东吴长干寺创立于公元248—257年之间，比净捡初受十戒时创立的竹林寺至少提前56年，如果以净捡受具戒时的357年计算，则提前了至少100年。遗憾的是，在中土最早比丘尼和尼寺的探讨中，长干寺从未引起重视。关键原因在于，该寺创建者的身份不明，创建过程似乎只有《梁书》一条孤证。周玉茹就指出："三国时吴地是否有比丘尼的记载学术界尚存争议。《梁书》是目前最早也是唯一的记载，且行文只是说'有尼'，并未提及在戒律意义上的身份，很可能是一位在日常生活中礼拜佛像、诵读经典、按照某些佛教仪轨生活的女性信仰者。"②然而，如果将《梁书》与《齐上统师传》关于东竺国比丘尼使团的记载结合起来考察，上述认识应会发生改观。

《齐上统师传》（以下简称《统师传》）全文已佚，现存内容是一段汉初至北魏时期中土僧尼得戒历史的记录，因被《法苑珠林》卷八十九《受戒篇》摘引而保存至今。根据该传，中国最早一批受具戒的比丘尼诞生于三国时期：

> 汉末魏初，东竺国有二比丘尼来到长安。见比丘尼众，问曰："汝谁边受戒？"尼众答曰："我到大僧所受五戒、十戒而已。"二尼叹曰："边地尼等悉未有具。"为还本国，化得一十五人来，三人在雪山冻死，二人堕黑涧死，余到此土，唯有十人在此。诸尼悉赴京师，与授具戒。后到吴地，亦与彼尼受具讫已。西尼思忆本乡，即附舶南海而还。及至上船唯有七人，三人命终。来去经途，十七余年。③

根据此条，三国时期一支来自东印度、最初由15位比丘尼组成的使团（以下简称为"东竺使团"），历经艰险到达汉地，先后在曹魏都城洛阳和吴地为出家女众授具戒，从而为中土培养出最早的一批合格的比丘尼。《统师传》及其记载的东竺使团具有重要的史料价值，可信度高，主要理由如下：

首先，原文的传主"齐上统师"是指北齐高僧法上。从北魏起，北朝于中央设立

---

① 《大宋僧史略》卷上"尼得戒由"条，《大正藏》第54册，No.2126，第238页。

② 《两晋南北朝佛教出家女众信仰与社会》第二章第一节《汉地比丘尼僧团出现时间的讨论》，第48页。

③ 〔唐〕释道世撰：《法苑珠林》卷八十九《受戒篇》，《大正藏》第53册，No.2122，第944页。

昭玄寺，置大统一人，掌管佛教事务。[①] 法上在东魏、北齐时期担任了四十年“昭玄大统”，因此被尊称为“上统师”。《续高僧传·释法上传》记载，天保年间（550–559），高句丽国大丞相王高德为了解佛教自西向东传播的始末缘由，专门“遣僧向邺，启所未闻事”，北齐文宣帝高洋命法上作答。法上“广答缘绪，文极指订，今略举梗概，以示所传”。[②] 由此可知，法上是精通佛教传播历史的高僧，《法苑珠林》所引《统师传》的内容很可能是他奉旨回答高句丽国提问，对佛教东传历史进行整理后的成果，其原始史料很可能来源于北朝的国家档案。

其次，曹魏时期重视中外交流，西北道路畅通，东竺使团来华具备客观条件。《三国志·魏书·仓慈传》记载，魏明帝时仓慈任敦煌太守，“西域杂胡欲来贡献……慈皆劳之。欲诣洛者，为封过所……使吏民护送道路，由是民夷翕然称其德惠”。[③] 徐邈任凉州刺史，同样注意保护中西交通要道，史称“西域流通，荒戎入贡，皆邈勋也”。[④] 魏文帝曹丕执政期间，西域焉耆、于阗、鄯善、龟兹等国多次遣使奉献，魏亦遣使回访。[⑤] 明帝太和三年（229），占据印度西北部的大月氏王波调遣使来华，曹叡册封其为“亲魏大月氏王”。[⑥] 在此背景下，中外佛教交流出现了一次小高潮。中天竺沙门昙柯迦罗、天竺沙门康僧铠、安息沙门昙谛、西域沙门白延等先后抵达洛阳，于白马寺译出《郁伽长者所问经》《无量寿经》《首楞严经》等多部经典，其中昙柯迦罗译出的《僧祇戒本》，号称“中夏戒法始自此焉”。[⑦] 而颍川人朱士行于甘露五年（260）自行出家，并远赴于阗，成为中国第一位西行求法的汉僧。[⑧] 上述情况表明，曹魏时期东竺使团从印度抵达中土传法、授戒，不仅完全可能，而且符合时代背景。

第三，三国时期的洛阳与建业均具备为比丘尼授具戒的僧团基础。前文已述，比丘尼受具戒必须二众兼备，僧尼各十。东竺使团到达汉地时尚存十人，符合授戒比丘尼僧团的要求。而魏都洛阳当时不仅活跃着众多外来沙门，本地至少拥有白马和宫西

---

① 〔北齐〕魏收撰：《魏书》卷一百一十四《释老志》，北京：中华书局，1974 年，第 3040 页。
② 〔唐〕释道宣撰：《续高僧传》卷八《齐大统合水寺释法上传》，《大正藏》第 50 册，No.2060，第 483 页。
③ 《三国志》卷十六《魏书·仓慈传》，第 512 页。
④ 《三国志》卷二十七《魏书·徐邈传》，第 740 页。
⑤ 《三国志》卷二《魏书·文帝纪》，第 58、79 页。
⑥ 《三国志》卷三《魏书·明帝纪》，第 97 页。
⑦ 〔隋〕费长房撰：《历代三宝纪》卷五，《大正藏》第 49 册，No. 2034，第 56 页。
⑧ 〔梁〕释僧祐撰：《出三藏记集》卷二，《大正藏》第 55 册，No.2145，第 7 页。

两座大寺，[①]组成十人比丘僧团毫无困难。而东竺使团所到的“吴地”应是吴都建业，建业有康僧会创建的建初寺，同样具备合格的比丘僧团。因此，《统师传》称东竺使团在洛阳与吴地成功为尼众授具戒，确实有实现的基础。

第四，也是最关键的，《统师传》与《梁书》的记载能够相互印证、补充。《统师传》记载了东竺使团曾到达吴地，培养出最早一批合格的比丘尼；《梁书》则记载，东吴比丘尼创建了最早的长干寺、塔。两条史料记录的事件发生的时代、主要角色（东吴比丘尼）均相同，事件发生的地点也相同，因为建业是当时江南政治、经济、文化的中心，也是佛教传播的中心，受佛教影响有意愿出家的女众最多，因此上述两条史料是对同一事件不同阶段、不同角度的记录。有了《统师传》的支持，《梁书》对于东吴长干寺的记载将不再是孤证。

明确了《统师传》的史料价值，将其与《梁书》的记载结合起来，能够帮助我们更深入地了解东吴长干寺的创建过程。根据目前掌握的材料，东吴长干寺很可能是在东竺使团的帮助，甚至主导下建立的。《梁书》所称“吴时有尼居其地”中的“尼”，不仅指东竺使团培养出的吴地第一批受具戒比丘尼，也应包括使团本身。在她们的指导下，长干寺不仅建成精舍，还建成了核心建筑佛塔，为其后的发展奠定了深刻的基础。东吴长干寺的诞生过程，符合我国早期佛寺创建的一般规律。无论是号称中土第一寺的白马寺，还是江南首座寺院建初寺，创建者都是外来大僧。这与他们掌握丰富系统的佛教知识、寺院管理经验，具备弘法传道的理想，以及不远万里、周游列国磨炼出的坚定心志有关。而本土新培养的僧尼，当时尚处于学习的阶段，很难如法如仪地创建和运营寺院。

东竺使团创建长干寺，一定得到了康僧会和建初寺的支持，否则无法达成比丘尼受具戒之要求。此外，东吴佛教发展史上另一位重要人物支谦，很可能也帮助过东竺使团。据僧祐《出三藏记集》记载，支谦出于大月氏，东汉灵帝时随祖父到达汉地。其人“备通六国语”，又受业于高僧支亮，“博览经籍莫不究练”。汉末，支谦与数十族人奔吴，受到孙权赏识，拜为博士，辅导东宫。从黄武元年至建兴中（222—253），他先后译出《维摩诘》《大般泥洹》等27部经典，极力促进佛教在江南的传播，

① 《魏书·释老志》记载：“魏明帝曾欲坏宫西佛图。外国沙门乃金盘盛水，置于殿前，以佛舍利投之于水，乃有五色光起，于是帝叹曰：‘自非灵异，安得尔乎？’遂徙于道东，为作周阁百间。”这座位于宫城西部的寺院不仅建有佛塔，而且拥有周阁百间，规模不小。

孙亮继位后方才退隐。[①] 东吴长干寺创建于248 — 257年之间，与支谦活跃的年代大约有五年的交集，其时他尚处中枢，很有可能出手帮助东竺使团建寺立塔。

同样重要的是，将《统师传》的记载与《三国志》结合起来，还有助于我们分析长干寺被毁的原因。太平三年（258），孙綝“坏浮屠祠，斩道人”。其时江东仅有建初与长干两寺，建初寺未毁，被毁的只有长干寺。但是长干为尼寺，未何斩的却是代表男性的“道人”？我们认为这很可能与佛教对于比丘尼的特殊要求有关。

佛陀自接纳大爱道出家，即对比丘尼做出“八敬法”的基本戒律要求，规定比丘尼在修行过程中必须时时以比丘为尊，定期向比丘学习，求取他们的指导。比如“八敬法”规定——“比丘尼应从比丘僧乞受具戒”“无比丘住处，比丘尼不得安居”“比丘尼半月从比丘受八敬法”等。[②] 东吴长干寺既然由东竺使团创建，对于“八敬法”自然严格遵行，比丘尼与僧人之间保持密切交往，但是这种做法与中国固有礼俗之间存在严重的冲突。北宋开宝五年（972）二月，宋太祖下诏：“男女有别，著在《礼经》，僧尼无间，实紊教法。自今尼有合度者，只许于本寺起坛受戒……无得与僧司更相统摄。如违，重置其罪。”[③] 北宋时期汉地接触佛教已达千年，尚要明令禁止僧尼密切交往，不许尼众往僧中受戒。三国时期“吴地初染大法”，[④] 无疑更难理解和接受“八敬法”对于比丘尼的特殊要求，这也许是孙綝下令毁除长干寺，斩道人（与比丘尼来往密切之僧人）的原因。虽然《孙綝传》没有提及对比丘尼的处罚，但是《统师传》记载，东竺使团离开时仅剩七人，有三人死亡原因不明，不排除与此难有关。

总之，将《统师传》与《梁书》《三国志》的记载结合起来，东吴长干寺从创建到被毁的过程可以得到更为清晰、合理的呈现，东竺使团在中土比丘尼和尼寺诞生过程中发挥的关键作用也得到初步的揭示。在东竺使团的帮助下，中土最早一批达到二众受戒标准的比丘尼诞生于三国时期的洛阳和建业，中土最早的尼寺也应诞生于两地。三国时期的洛阳是否出现尼寺，目前尚未发现可靠的史料和考古证据。因此，《梁书》记载的东吴长干寺应被视为中土目前有史可考最早的尼寺。而东竺使团为此付出了17年的时光，以及至少八条生命的代价，她们的贡献应被中国佛教史和世界佛教史重新

---

① 《出三藏记集》卷十三《支谦传》，《大正藏》第55册，No.2145，第97页。

② 〔后秦〕弗若多罗、鸠摩罗什译：《十诵律》卷四十七《比丘尼八敬法》，《大正藏》第23册，No.1435，第345页。

③ 〔清〕徐松辑，刘琳等点校：《宋会要辑稿》之《道释二·释院》，上海：上海古籍出版社，2014年，第16册，第9995页。

④ 《高僧传》卷一《康僧会传》，第15页。

认识与铭记。

三、最早的长干寺塔与真身舍利

《梁书》和《感通录》都记载东吴长干寺有塔，并且一致认为其为阿育王所建，从而将该塔称为阿育王塔，这是受到了东晋时期刘萨诃的影响。东晋孝武帝宁康年间，刘萨诃在长干寺掘出真身舍利，以及佛发、佛爪等圣物，他根据佛经中阿育王役使鬼神造八万四千塔、分送舍利的故事，将瘗藏有舍利的长干寺塔归为阿育王所造。由于有出土舍利为证，刘萨诃此说流传深远，为各家采信，《梁书》和《感通录》即是如此。

毫无疑问，现代学术界不会接受东吴长干寺塔为阿育王或其役使鬼神所建之观点，该塔的建造者只能是东吴时期长干寺的创建者，她们的主体应为前文考证的东竺使团。褪去了阿育王神圣的光环，由比丘尼所建的东吴长干寺塔是否瘗藏了真身舍利？回答这个问题，必须理清塔的本质，以及塔与舍利的关系。

塔与舍利都是起源于印度，随着佛教而输入中国的概念与名词。塔（Stupa），中国音译为窣睹波、薮斗波、偷婆等，早期又常称作浮图、佛图。《魏书·释老志》云："凡宫塔制度，犹依天竺旧状而重构之，从一级至三、五、七、九，世人相承，谓之浮图，或云佛图。"[①] 有学者认为，"复以塔之外表，辄有图绘雕刻，故亦称浮图，或称佛图"。[②] 在佛教诞生之前，塔在印度就已出现，是一种重要的建筑形式。它原本"是一种纪念物，作为纪念先哲的一种可视形式，塔成为最高地位和等级稳定的象征"。[③] 佛教兴起后，塔这种建筑形式被佛教所继承和援用。《长阿含经》记载，释迦牟尼涅槃前，弟子阿难曾再三请教"佛灭度后，葬法云何？"

> 佛告阿难：汝欲葬我，先以香汤洗浴，用新劫贝周匝缠身，以五百张叠次如缠之。内身金棺，灌以麻油毕，举金棺置于第二大铁椁中，旃檀香椁次重于外，积众名香，厚衣其上而阇维之。收捡舍利，于四衢道起立塔庙，表刹悬缯，使诸行人皆见佛塔，思慕如来法王道化，生获福利，死得上天。[④]

---

① 《魏书》卷一百一十四《释老志》，第3291页。

② 黄宝瑜：《中国佛教建筑》，《中国佛教史论集Ⅲ》，台北：中华文化出版事业委员会，1956年，第881页。

③ Lokesh Chandra, "Introduction", in: G.Tucci, Stupa: Art, Architectonics and Symbolism, tr. By U. M. Vesci, New Delhi: Aditya Prakashan, 1988; xiv. 本文转引自李崇峰：《塔与塔庙窟》，《佛教考古：从印度到中国Ⅰ》，上海：上海古籍出版社，2014年，第5页。

④ 〔后秦〕佛陀耶舍、竺佛念译：《佛说长阿含经》卷三《游行经第二中》，《大正藏》第1册，No.0001，第28页。

另外，释迦牟尼生前还曾舍头发、指甲，供信众建塔。《十诵律》记载：

给孤独居士往到佛所，头面作礼，一面坐已，白佛言："世尊！若世尊游行人间教化时，我恒渴仰欲见佛，愿世尊与我少物使得供养。"佛即与发、爪甲："汝供养是。"即白佛言："世尊！听我以发、爪起塔？"佛言："听起。"①

通过佛典的记载可知，塔在佛教中的作用就是藏纳佛教圣人，尤其是佛陀的舍利或者发、爪等遗物的纪念性建筑。理解了塔的本质，就能理解塔与舍利之间紧密的联系。舍利（Sarira）在梵文中的原意是指尸体或身骨，佛教兴起后则专指佛陀，以及其他佛教圣人荼毗后的骨殖与珠状物。从有关佛教典籍，以及世界各地流传至今尚可瞻仰的舍利可知，佛陀荼毗后产生的舍利总体分为两种：一种是未烧尽的遗骨，有牙齿、指骨和顶骨等；另一种是五彩坚固的珠状舍利子。

舍利是佛陀涅槃之后最具意义的象征物，舍利信仰在佛陀涅槃之后很快出现。《长阿含经》《般泥洹经》《十诵律》等众多佛典都记载了佛陀涅槃七日之后，印度八个国家（部族）为了抢夺佛舍利几乎兵戎相见，最后经一位香姓婆罗门调解，八国平分舍利的事件。各经对此事件所记大同小异，根据《长阿含经》的记载，参与平分舍利的八国为：拘尸国、波婆国、遮罗国、罗摩伽国、毗留提国、迦维罗卫国、毗舍离国、摩揭陀国。各国所分舍利皆为"一石许"，另外还有佛牙舍利。各国"得舍利分已，各归其国，起塔供养"。②这一事件发生的时代大约为公元前五世纪末。③上述八国所分的舍利是佛陀荼毗后实际所产生的，即为佛经中所说的"真（生）身舍利"。其后世界各地出现的其他各种名目的舍利，本质上都是真身舍利的替代品。

至公元前三世纪，摩揭陀国的阿育王（Asoka）统一印度，在位期间（前273—前232）颁布法令护持佛教，向僧团大量捐赠财产和土地，主持第三次大结集等，成为公认的佛教大外护、转轮圣王。阿育王兴佛最著名的举措就是分送舍利、广建佛塔，将印度的舍利信仰和佛塔信仰推向高潮，同时将这种观念向周边地区有意识的传播。关于阿育王建八万四千塔的记载，佛典中比比皆是，兹举二例。《阿育王传》云：

① 《十诵律》卷四十八，《大正藏》第23册，No.1435，第351页。

② 《佛说长阿含经》卷四《游行经第二后》，第29—30页。

③ 任继愈《中国佛教史》认为，释迦牟尼逝世于公元前490—前480年之间。（《中国佛教史》序，第1页）；英国人沃德（A.K.Warder）所著《印度佛教史》认为，佛陀逝世于公元前486年。（A.K.Warder著，王世安译：《印度佛教史（上）——原始与部派》第三章《佛陀的生平》，北京：中国书店出版社，2010年，第60页。）

（阿育王）便诣王舍城，取阿阇世王所埋四升舍利，即于此处造立大塔。第二、第三、乃至第七所埋舍利，悉皆取之。……王还于本处便造八万四千宝箧，金银琉璃以严饰之，一宝箧中盛一舍利。……一舍利付一夜叉使遍阎浮提，其有一亿人处造立一塔。于是鬼神各持舍利，四出作塔。①

《根本说一切有部毗奈耶杂事》亦记称：

时波咤离邑无忧王（即阿育王），便开七塔取其舍利，于赡部洲广兴灵塔八万四千，周遍供养。②

上述记载表明，阿育王是将原八国之中七国的舍利掘出，创造了重新分配真身舍利的机会。《印度佛教史》指出，印度发现的阿育王时代的碑刻和塔基等遗迹可以证实，阿育王确实“打开了多数原始佛塔，从中取出佛陀的遗留物”，将装有舍利的宝塔分送至帝国全境。阿育王还向周边地区派出过多批传教使团，其传播范围北到喜马拉雅雪山地带，南到斯里兰卡，西至伊朗、叙利亚，甚至到达埃及和希腊，东至孟加拉和缅甸。③ 在阿育王所处的时代，佛教的传播力尚未能够东抵中国，这是东吴长干寺塔不可能为阿育王所建最根本的原因。但是，阿育王推动的佛教向外传播的趋势却是无法阻挡的，至公元一世纪前后的两汉之际，佛教正式传入中国内地。④

佛教传入中国必然同时带来舍利与佛塔信仰。在内蒙古和林格尔东汉晚期壁画墓中就出现了“猞猁”的题字，俞伟超认为这就是指佛舍利。⑤《高僧传》记载，康僧会向孙权请求在江南兴建塔寺时，孙权的回答是：“若能得舍利，当为造塔，如其虚妄，国有常刑！”⑥《魏书·释老志》记载魏明帝移建宫西浮图，同样由外国僧人提供了舍利。可见在三国时期，中国人已经相当清楚地认识到建塔与舍利供养的关系，是否拥有舍利已成为能否建塔的必要条件。《魏书·释老志》所言——“佛既谢世，香木焚尸，灵骨分碎，大小如粒，击之不坏，焚亦不焦，或有光明神验。胡言谓之‘舍利’。弟子收奉，置之宝瓶，竭香花致敬，建宫宇谓之‘塔’。塔亦胡言，犹宗庙也，故世称塔庙”。⑦ 正是中国人正确认识舍利与塔的关系后所做的总结。

---

① 〔西晋〕安法钦译：《阿育王传》卷一《本施土缘》，《大正藏》第50册，No.2042，第102页。

② 〔唐〕义净译：《根本说一切有部毗奈耶杂事》卷三十九，《大正藏》第24册，No.1451，第402页。

③ 《印度佛教史（上）——原始与部派》第八章《佛教的通俗化》，第362—365页。

④ 《中国佛教史》第一卷第二章《佛教输入中国》，第45页。

⑤ 俞伟超：《东汉佛教图像考》，《文物》1980年第5期。

⑥ 《高僧传》卷一《康僧会传》，第16页。

⑦ 《魏书》卷一百一十四《释老志》，第3290页。

更为关键的是，东吴长干寺由东竺使团主导创建，她们比国人更深地了解塔与舍利的内在联系，更会遵从佛教建塔仪轨，也有条件携带舍利至建业建塔供养。因此，东吴长干寺塔虽然不是阿育王所建，但是拥有东竺使团携自印度的舍利却是可能的。而且，这份舍利如果确为真身舍利，其源头必然是阿育王掘出并重新分配的七国舍利之一，因此道宣等人将这份舍利称为阿育王舍利，将长干寺塔称为阿育王塔并非没有道理。

第三节　寺院建筑格局分析

《梁书》与《感通录》对东吴长干寺的建筑仅提及有塔，其他情况均未涉及；本次考古发掘也未能全面发掘至六朝地层、找到东吴时期的相关建筑遗迹。但是我国早期佛寺的建置情况，已有学者进行过相当深入的研究。宿白在《东汉魏晋南北朝佛寺布局初探》一文中指出："佛寺制度传自印度，（我国早期佛寺）以供奉舍利的塔——浮（佛）图为中心建置，故称之为浮图祠（寺）。""塔周围建有宽阔的周阁（阁道、堂阁）。此周阁约即与左转礼拜道相应，其外垣则兼具围墙作用。""浮图作重楼形制，约与两汉以来上层统治者多于宅第主院之侧，兴建多层楼观有关。""东汉以来，以佛塔为主的佛寺布局，东晋南北朝时期前段仍占优势……所以文献中也多有建塔即建寺的记录。"①

宿先生的上述论断，是有充分史料依据和考古证据支持的。《三国志·刘繇传》记载：

> 笮融者，丹杨人，初聚众数百，往依徐州牧陶谦。谦使督广陵、彭城运漕，遂放纵擅杀，坐断三郡委输以自入。乃大起浮图祠，以铜为人，黄金涂身，衣以锦采，垂铜盘九重，下为重楼阁道，可容三千余人。悉课读佛经，令界内及旁郡人有好佛者听受道，复其他役以招致之，由此远近前后至者五千余人户。②

《后汉书·陶谦传》亦记此事，略有差异：

---

① 宿白：《东汉魏晋南北朝佛寺布局初探》，收入《魏晋南北朝唐宋考古文稿辑丛》，北京：文物出版社，2011 年，第 231—232 页。

② 《三国志》卷四十九《刘繇传》，第 1185 页。

同郡人笮融，聚众数百，往依于谦。谦使督广陵、下邳、彭城运粮，遂断三郡委输，大起浮屠寺。上累金盘，下为重楼，又堂阁周回，可容三千许人，作黄金涂像，衣以锦彩。[①]

东汉末笮融在下邳附近兴建的这座浮图祠，是时代、地域与东吴长干寺极为接近的一座早期佛寺，该寺的建筑即以重楼式浮图为核心，周边围绕堂阁。与之类似，魏明帝曹叡在洛阳所建的佛寺亦采用这种布局结构。《魏书·释老志》记载：

魏明帝曾欲坏宫西佛图。外国沙门乃金盘盛水，置于殿前，以佛舍利投之于水，乃有五色光起。于是帝叹曰："自非灵异，安得尔乎？"遂徙于道阙，为作周阁百间。[②]

除了文献记载之外，考古证据也不断涌现。新中国成立以来在长江中下游地区，包括南京在内，出土过为数众多的东吴、西晋时期红陶与青瓷质地的堆塑罐（又称为"魂瓶"），其中不少罐体上部堆塑的内容带有明显的佛教色彩。比如笔者曾经参与发掘的南京东善桥东吴"凤凰三年"纪年墓中出土的红陶堆塑罐，罐体上部正中部堆塑的是上下三层的重楼，重楼底层外围开门、立双阙，周边还围绕着 15 个俯首跪坐、呈拱手礼拜状的人像。[③]（图 7）

图 7 "凤凰三年"东吴墓出土红陶堆塑罐上的礼拜人像（左为全图，右为细节图）

---

① 〔南朝宋〕范晔撰：《后汉书》卷七十三《刘虞公孙瓒陶谦列传》，北京：中华书局，1965 年，第 2368 页。
② 《魏书》卷一百一十四《释老志》，第 3291 页。
③ 南京市博物馆：《南京市东善桥"凤凰三年"东吴墓》，《文物》1999 年第 4 期。

图 8　上坊东吴墓出土青瓷堆塑罐上的三层楼阁及佛像（左为全图，右为细节图）

图 9　襄樊市菜越墓地中出土的东吴釉陶楼

与之类似的还有 1979 年南京江宁区上坊天册元年（275）东吴墓出土的青瓷堆塑罐，其罐体上部同样表现三层重楼、门阙、跪坐的礼拜人像等内容。更重要的是，在重楼第三层上还直接放置了带有头光的佛像，使整座建筑的含义更加明确。[①]（图 8）贺云翱指出，这些魂瓶上的建筑造型“可能是当时‘佛寺’的象征。它的基本特点是四周有围墙环绕，形成一个平面呈方形的院落；院落中部建有一多层的楼阁，楼阁上或装饰佛像；围墙四角有角楼；四面正中开门，正门或有重檐门楼。围合在中部的楼阁极有可能是早期一种塔的原始形态。”[②]

2008 年 10 月，湖北省襄樊市樊城区菜越三国墓中出土了一件三国早期带有院落的黄褐釉陶楼。陶楼主体为双层楼阁式，楼顶安装七层相轮，底部围绕长方形院落。这件形制特殊的陶楼出土后，研究者大多认为它是我国最早的佛寺——浮图祠的模型。[③]（图 9）

综合上述文献记载、出土实物，以及相关学者的研究成果，我们可以推断东吴时期的长干寺也应是以塔为中心、周边围绕阁道或围墙的院落式建筑，与襄樊出土陶楼、南京等地出土魂瓶上的建筑造型相去不会太远。而且《梁书》《感通录》只提及塔，也体现出当时塔为寺院主体建筑，建塔即建寺的真实状况。

① 南京市博物馆主编：《六朝风采》，北京：文物出版社，2004 年，第 257 页。

② 贺云翱：《六朝都城佛寺和佛塔的初步研究》，《东南文化》2010 年第 3 期。

③ 襄樊市文物考古研究所：《湖北襄樊樊城菜越三国墓发掘报告》，《考古学报》2013 年第 3 期；罗世平：《仙人好楼居：襄阳新出相轮陶楼与中国浮图祠类证》，《故宫博物院院刊》2012 年第 4 期。

第三章　两晋至南朝前期的长干寺

长干寺在西晋时期由僧人原址重建，初步得到恢复。东晋时期，长干寺先是获得带有“阿育王第四女所造”铭文的金铜佛像，其后高僧刘萨诃又在寺内掘出真身舍利和佛发、佛爪等圣物。这两个事件轰动南北，奠定了长干寺在中国佛教界的重要地位。南朝前期宋、齐两代，长干寺继续发展，名僧辈出，其中的法颖、玄畅先后出任僧主之职。齐梁交替之际，长干寺受到战争破坏，被毁严重。从西晋重建至齐末被毁，这是长干寺在六朝时期经历的第二个发展阶段。

本章利用史料，梳理了长干寺在两晋、南朝早期的营建情况，重点对长干寺获得“阿育王像”与刘萨诃发现真身舍利两大事件进行了分析、考证，力图还原事件背后的真相，探讨两大事件对于长干寺、南朝政权，以及中国佛教发展所产生的深远影响。

第一节　长干寺的恢复与发展

一、两晋时期长干寺的营建

两晋时期长干寺的恢复与建设情况，《梁书》与《感通录》皆有记录，但关注点均集中于寺塔。《梁书》记曰：

> 吴平后，诸道人复于旧处建立焉。晋中宗初渡江，更修饰之。至简文咸安中，使沙门安法师程造小塔，未及成而亡，弟子僧显继而修立。至孝武太元九年，上金相轮及承露。其后西河离石县有胡人刘萨何（注：此叙刘萨诃发现舍利事，下文详述，此略）……对简文所造塔西，造一层塔。十六年，

又使沙门僧尚伽（加）为三层。①

《感通录》记曰：

吴平之后，诸僧颇依故处而居，起塔三层。既不得旧塔之基，事迹无没，莫之或识。至东晋咸安二年，简文立塔三层，孝武上金相轮、露盘。《冥祥记》云："简文有意兴构，未遂而崩。"即三层之塔，疑是先立。至孝武太元末，有并州西河沙门刘慧达……即从就塔北，更筑一塔，孝武加为三层。故寺有两塔，西边是育王古塔也。②

两文所记有相同之处，也有不小的差异。综合来看，两文都记载，吴平之后，长干寺在原址得到重建，而且重建者为僧人，表明长干寺从尼寺转变为僧寺。吴平之年是西晋太康元年（280），即吴末帝孙皓天纪四年。是年晋将王濬率军自益州顺流而下，兵临石头城，孙皓自缚请降，存在了58年的东吴政权灭亡。然而，西晋国祚亦短。八王之乱（291—306）后，中原倾覆。琅琊王司马睿，即后来的晋中宗，于永嘉元年（307）南渡，入镇建邺。因此，长干寺的重建年代在太康元年与永嘉元年之间，即280—307年之间。

不过关于寺塔何时重建的问题，两者记载不一：《梁书》认为，西晋时期长干寺未能重建寺塔，直至东晋简文帝司马昱咸安年间（371—372），才命沙门安法程造小塔，未及建成简文帝亡，其后由安法程弟子僧显继续修建。至孝武帝司马曜太元九年（384），为该塔装上了金相轮和承露盘，标志着该塔最终完工。但《梁书》所谓的小塔层级不明。而《感通录》既记载了简文帝于咸安二年下令建塔，孝武帝为塔上金相轮和露盘等与《梁书》相同的内容，并且明确记载简文所建之塔为三层，但是道宣又根据《冥祥记》所称"简文有意兴构，未遂而崩"的记载，推测三层塔建成于简文帝之前，从而提出该塔为西晋时所建的观点。但是，《梁书》的记载其实回答了道宣的疑惑，简文帝崩逝后，并不影响僧显继续完成建塔使命，因此道宣的推测是不成立的。

另外，费长房《历代三宝纪》对于东晋长干寺建塔的情况也有重要记载。费长房首先介绍了成帝咸和至简文帝咸安年间，长干寺阿育王像的发现过程（此内容后文详述，此略），然后称：

---

① 《梁书》卷五十四《诸夷·扶南国传》，第790—791页。

② 《集神州三宝感通录》卷上，第405页。

（简文）帝即于长干寺阿育王塔上，起三层木浮图。[①]

此条中所谓“长干寺阿育王塔”是指东吴时期的长干寺旧塔，前引《梁书》和《感通录》皆认为，东吴长干寺塔为阿育王所建，因此将其称为阿育王塔。通过费长房的记载可以明确两点：第一，东晋时期人们明确知道东吴长干寺旧塔基的准确位置，简文帝所建之塔就位于旧塔基之上；第二，简文帝所造之塔是一座三层木塔。

综合以上三种史料，尤其是《梁书》与《历代三宝纪》的记载，我们得出以下基本认识：西晋时期长干寺被僧人原址恢复，从此转变为僧寺，但是西晋时期寺塔并未得到重建。东晋简文帝至孝武帝时期，在东吴长干寺塔旧基之上，复建了一座三层木塔；刘萨诃发现舍利后，在简文帝所造塔的附近——《梁书》称在塔西，《感通录》称在塔西北，新建了一座单层塔，孝武帝太元十六年（391）加高至三层，使长干寺出现了双塔并峙的繁荣局面。长干寺在东晋时期所建的第二座塔，从建造的速度来看，很可能与第一座塔相同，也为小型木塔。

除了佛塔之外，东晋时期长干寺获得了著名的“阿育王第四女”所造金铜佛像。《感通录》记载，瓦官寺僧人慧邃欲求摹写此像，长干寺住持起初不愿答应，慧邃于是至诚祈请，“中宵闻有异声，开殿见像，大放光明，转坐面西”。[②]通过此条可知，长干寺内建有佛殿，专门供奉这座阿育王像。

二、南朝宋齐时期长干寺的营建

南朝宋、齐两代，长干寺没有发生特别重大的事件，因此《梁书》与《感通录》的记载很少。不过在《名僧传》《高僧传》等僧史文献中，记载了多位宋齐时期长干寺的高僧，通过他们的传记，我们可以管窥这一时期长干寺发展的部分情况。

在梁代宝唱所撰《名僧传》卷二十八《造塔寺苦节》篇中，曾为“宋长干寺智爱”立传，说明在刘宋时期，长干寺曾由僧人智爱主持，进行过较为重要的营建活动，智爱为此付出了极大的努力。可惜《名僧传》未能全文流传，仅由日僧宗性抄录而保留了目录和部分章节。[③]《高僧传》等其他僧史材料未能收录智爱的事迹，导致此次营建的具体情况难以详知。不过从山谦之《丹阳记》将刘宋时期的长干寺称为“大长干寺”

① 〔隋〕费长房撰：《历代三宝纪》卷三，《大正藏》第49册，No. 2034，第38页。

② 《集神州三宝感通录》卷中“东晋杨都金像出渚缘”条，第414页。

③ 《名僧传抄》，《卍续藏》第77册，No. 1523，第351页。

来看，[①] 智爱主持的这次营建活动规模应当不小，进一步提升了长干寺的地位。

《高僧传》也记载了多位宋齐时期与长干寺有关的僧人，包括昙颖、僧伽跋摩、法颖、玄畅等。其中昙颖是刘宋时擅长“唱导”（宣唱法理，开导众心）的高僧，长住长干寺，名重一时。[②] 但是他的事迹与长干寺的建设与管理基本无涉，因此本文不过多介绍。其余三位在长干寺的活动，或多或少都反映出寺院承担的功能，寺内营建的情况，因此在本节略做探讨。

（一）僧伽跋摩与长干寺译场

僧伽跋摩是刘宋时从印度来华的高僧，他在长干寺主持过译经活动，反映出刘宋时期长干寺承担有译场的功能。僧伽跋摩的事迹记载于《高僧传》卷三《宋京师奉诚寺僧伽跋摩传》中：

> 僧伽跋摩，此云众铠，天竺人也。……以宋元嘉十年，出自流沙，至于京邑。器宇宏肃，道俗敬异，咸宗事之，号曰“三藏法师”。……后道场慧观，以跋摩道行纯备，请住此寺……今之奉诚是也。……慧观等以跋摩妙解《杂心》，讽诵通利。先三藏（笔者注：指求那跋摩）虽译，未及缮写，即以其年九月，于长干寺招集学士，更请出焉。宝云译语，观自笔受，考核研校，一周乃讫。续出《摩得勒伽》《分别业报略》《劝发诸王要偈》及《请圣僧浴文》等。……既传经事讫，辞还本国。……元嘉十九年，随西域贾人舶还外国。[③]

从上述记载可知，天竺僧人僧伽跋摩于刘宋元嘉十年（433）来到建康。他与另一位先期到来的罽宾高僧求那跋摩俱被尊称为“三藏法师”。求那跋摩于元嘉八年不幸病逝，他主持翻译《杂心》的工作被迫中断。僧伽跋摩到来后，建康僧众得知他曾在天竺“综习斯经”，于是请求他完成求那跋摩未竟的事业。从元嘉十一年九月开始，僧伽跋摩在慧观、宝云、焦镜等人的帮助下，以长干寺为译场，用一年时间完成了《杂心》的翻译、校订。[④] 其后又译出了其他四部经书。僧伽跋摩等人在长干寺译出的经书，《高僧传》所记大多为简称。据靖迈《古今译经图纪》记载，它们分别是：“《阿毗昙毗婆沙论》（即《杂心》，一十四卷）、《萨婆多摩德勒伽毗尼》（十卷）、《大

---

① 《建康实录》卷二“嘉禾五年秋七月”条引《丹阳记》，第 44 页。

② 《高僧传》卷十三《唱导·宋长干寺释昙颖》，第 511 页。

③ 《高僧传》卷三《译经下·宋京师奉诚寺僧伽跋摩》，第 118—119 页。

④ 《出三藏记集》卷十收录有焦镜法师所撰《后出杂心序》，详细记载了僧伽跋摩与宝云、慧观等人翻译《杂心》的过程，焦镜本人亲身参与此事，因此记载最为准确。根据焦镜所记，译经工作开始于元嘉十一年九月，“周年乃迄”，与《高僧传》所记不同，今据焦镜所记改订（《大正藏》第 55 册，No.2145，第 74 页）。

勇菩萨分别业报略集》（一卷）、《龙树菩萨劝发诸王要偈》（一卷）、《请圣僧浴文》（一卷），总五部合二十七卷。”①

刘宋时期，长干寺作为僧伽跋摩等人的译场，为佛教事业的发展做出了切实的贡献。译经之时，高僧云集，说明寺内一定建有宽敞、合适的场所，推测译场很可能设于长干寺内的讲堂之中。《建康实录》记载，兴宁二年（364），晋哀帝诏建瓦官寺，寺内“止堂、塔而已”，② 说明东晋时期讲堂已是寺院必备的建筑，长干寺应不例外。

（二）法颖、玄畅与僧主机构

法颖是活跃于宋、齐两代的高僧，先后两次担任高级僧职。他在长干寺的活动，透露出该寺很可能承担了管理佛教事务的行政职能。法颖的事迹载于《高僧传》卷十一《齐京师多宝寺释法颖传》中：

> 释法颖，姓索，敦煌人。十三出家，为法香弟子，住凉州公府寺。与同学法力，俱以律藏知名。……元嘉末，下都止新亭寺。孝武南下，改治此寺。以颖学业兼明，敕为都邑僧正。后辞任，还多宝寺。……及齐高即位，复敕为僧主，资给事事有倍常科。颖以从来信施，造经像及药藏，镇于长干。齐建元四年卒，春秋六十有七。撰《十诵戒本》并《羯磨》等。③

从上述记载可知，法颖先后被刘宋孝武帝刘骏和齐高帝萧道成任命为“都邑僧正”和“僧主”，成为建康佛教事务的管理者。担任僧主之时，法颖在长干寺建立了“药藏”，药藏即药局，主管采办药物、免费分发僧众，是佛教内部的一种慈善事业。

法颖勤于著述，《高僧传》记载他“撰《十诵戒本》并《羯磨》等”，介绍得较为简略。而《历代三宝纪》记载，法颖从刘宋孝武帝大明年间开始至明帝泰始年间（457—471），先后撰写了《十诵律比丘戒本》一卷、《十诵律比丘尼戒本》一卷、《十诵律羯磨杂事并要用》一卷，三部著作问世后盛行江左，成为南朝僧尼持戒修行的重要依据。而法颖撰述这些作品的地点，全部都在“杨都长干寺”。④《开元释教录》也记载，法颖曾经“移住长干寺”。⑤

法颖常住的寺院本是多宝寺，而他却长期移住长干寺。药藏是带有公益性质的服

---

① ［唐］释靖迈撰：《古今译经图纪》卷三，《大正藏》第 55 册，No.2151，第 362 页。

② 《建康实录》卷八《哀皇帝》，第 233 页；《高僧传》卷五《义解・晋京师瓦官寺竺法汰》，第 193 页。

③ 《高僧传》卷十一《明律・齐京师多宝寺释法颖》，第 436 页。

④ 《历代三宝纪》卷十，第 93 页。

⑤ ［唐］智升撰：《开元释教录》卷五《总括群经录上之五》，《大正藏》第 55 册，No.2154，第 532 页。

务机构，需要有相应的人、财、物力作为支撑，法颖将它“镇于长干”，自然并非随意的选择。法颖撰写的三书皆为戒本，具有教内法规的性质，问世后“盛行江左”，成为僧尼修行的依据，其官方指令的色彩亦相当浓厚。上述种种迹象表明，法颖移住长干寺并不是他个人的喜好，而是出于工作需要。长干寺在南齐时期很可能是僧主的驻寺，同时也是建康佛教事务管理机构的所在地。

继法颖之后担任僧主的玄畅同样长住长干寺。玄畅[①]的事迹见于《高僧传》卷十三《齐上定林寺释法献传》所附《玄畅传》中：

> （法）献以永明之中被敕，与长干玄畅同为僧主，分任南北两岸。畅本秦州人，亦律禁清白，文惠太子奉为戒师。献后被敕三吴，使妙简二众；畅亦东行，重申受戒之法。时畅与献二僧皆少习律检，不竞当世，与武帝共语，每称名而不坐。……帝曰：“畅、献二僧，道业如此，尚自称名，况复余者？挹拜则太甚，称名亦无嫌。”自尔沙门皆称名于帝王，自畅、献始也。畅以建武初亡，春秋七十有五。献以建武末年卒，与畅同窆于钟山之阳。[②]

根据上述记载，玄畅于齐武帝永明年间（483—493），与上定林寺高僧法献同时被任命为僧主，分管建康南北两岸佛教事务。此处所指的两岸应指淮水（秦淮河）两岸——长干寺在秦淮以南，上定林寺在建康东郊的钟山，位于秦淮以北。法颖、玄畅前后两任僧主，皆常驻于长干寺，进一步说明长干寺很可能是齐代僧主固定的办公场所。总之，随着建康佛教事业的发展和长干寺地位的提升，东晋至南朝早期长干寺内的主要建筑绝非仅有两塔而已，佛殿、讲堂等建筑皆已具备。而且由于长干寺承担了行业管理和公益职能，该寺还应额外建设有办公场所和设施。

至于这一时期该寺的建筑布局，由于缺少必要的考古资料，还无法开展有效的研究。目前经过考古勘探和发掘证实，布局比较明确的同期佛寺遗址，主要有北魏洛阳永宁寺遗址和邺城赵彭城村东魏至北齐时期佛寺遗址，两者的布局并不相同。永宁寺

---

① 在《高僧传》中，还记载了另一位高僧玄畅。他是河西金城人（今甘肃兰州），本为北魏高僧玄高的弟子。因玄高被拓跋焘所杀，于刘宋元嘉二十二年（445）投奔南朝，先后入住荆州长沙寺和成都大石寺。南齐建元元年（479），玄畅在今四川茂县的齐后山，创建“齐兴寺”。齐武帝时，他受召入建康，但是到达建康不久，即于永明二年（484）去世，也葬于钟山（《高僧传》卷八《义解·齐蜀齐后山释玄畅》，第314—316页）。虽然两位玄畅法号相同，所处时代也极为相近，但是他们的出生地不同，一为金城，一为秦州，去世的时间也完全不符。因此他们并非同一个人，而应是同名的两位高僧。

② 《高僧传》卷十三《兴福·齐上定林寺释法献》，第489页。

是一个规整的长方形院落，四周有墙，四面各开一门，南北长 301 米、东西宽 212 米，寺中央以“九层浮图”为主体建筑，塔北设立佛殿。该寺的山门、寺塔和佛殿位于同一条中轴线上。[①]（图 10 左图）而赵彭城村北朝寺院具有多院落的结构特征，中间以方形木塔为中心，以方形壕沟围绕，是整个寺院的核心。方形中院的东南隅、西南隅各有一座大型院落，其中西南院北部中央建造大型佛殿。塔基与东南、西南两院呈“品”字形分布。[②]（图 10 右图）上述两座遗址皆位于北方平原地带，形制尚不一致；而长干寺所处的丘陵区域，其布局应该会更加灵活，随形就势。

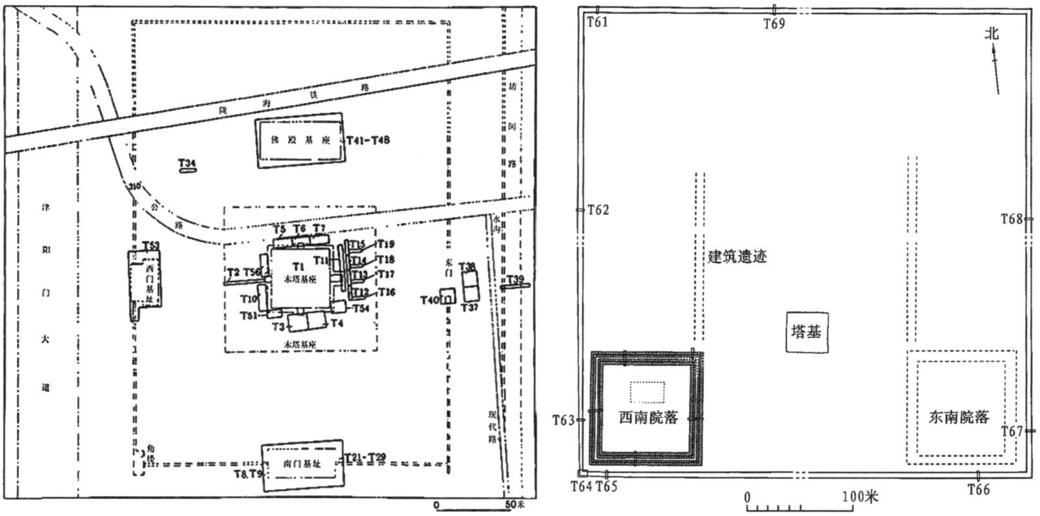

1　　　　　　　　　　2

图 10　洛阳北魏永宁寺遗址与邺城赵彭城北朝佛寺遗址平面图

① 中国社会科学院考古研究所：《北魏洛阳永宁寺 1979—1994 年考古发掘报告》第一章《寺院平面布局及主要建筑遗址》，北京：中国大百科全书出版社，1996 年，第 6—8 页。

② 中国社会科学院考古研究所、河北省考古研究所邺城考古队：《河北临漳县邺城遗址赵彭城北朝佛寺遗址的勘探与发掘》，《考古》2010 年第 7 期。

第二节　长干寺"阿育王像"的来源与性质

东晋成帝咸和年间（326—334），长干寺获得了一尊带有"阿育王第四女所造"铭文的金铜佛像（以下简称为"长干像"）。该像来源神秘，屡显神通，甚至能预测国之祸福，"自晋及陈，五代君王莫不亲敬"，[①]成为我国佛教史上著名的"瑞像"之一。[②]在著名的敦煌壁画中，也能找到以该像及其感应故事为主题的画作与榜题。更为重要的是，长干像问世前后，位于武昌的寒溪寺和荆州的长沙寺也获得了带有阿育王铭文的金铜菩萨像和佛像，皆宣称拥有神迹。由于造像者都直指阿育王，因此它们被统称为"阿育王像"。

东晋时期，长干像等三尊阿育王像成批出现，不仅在佛教典籍中留下了浓墨重彩的记载，也受到现代学者不小的关注。1995 年，四川成都出土了梁代石质阿育王像实物，学界普遍认为它们是受到长干像直接影响的产物。中外学者利用文献与考古资料，对阿育王像的起源、形制特征、流传情况、造像含义等问题进行了探讨。[③]不少学者深刻地洞见到，长干等像的出现带有强烈的政治色彩。但是，阿育王像的谜团并没有彻底解开，其中基础性、关键性的问题，比如它们到底是哪国铸造的？与阿育王到底有没有关系等，并未得到有效的解答。本节通过对相关文献和考古材料进行梳理和比对，希望对上述问题给出解答。

一、有关长干像的文献记载

长干像和其他两尊东晋阿育王像的记载，在《名僧传》《高僧传》《历代三宝记》《感通录》《广弘明集》《辩证论》《续高僧传》《法苑珠林》等南朝至唐代的佛教文献中辗转传抄，记录众多。其中，《名僧传》和《高僧传》是目前所知最早的记录，而《感通录》《法苑珠林》等唐代文献在前人的基础上进一步加工，提供的信息更为

---

① 〔唐〕释道宣撰：《释迦方志》第二卷，《大正藏》第 51 册，No.2088，第 971 页。

② 道宣在《集神州三宝感通录》卷中开篇称："自法移东汉、教渐南吴，佛像灵祥，充物区宇；而群录互举，出没有殊，至于瑞迹盖无异也。"因此所谓"瑞像"，就是带有"灵祥"和"瑞迹"的佛像。按日本学者小野胜年的说法："瑞像之所以为瑞像，是有光瑞、灵瑞的出现。瑞的意思是指神通、神变，还进一步地延续汉代以来的祥瑞、符瑞思想。"（《敦煌の释迦瑞像图》，《龙谷史坛》第 63 期，1970 年。）

③ 韩国学者苏铉淑在其论文《政治、祥瑞和复古：南朝阿育王像的形制特征及其含义》（《故宫博物院院刊》2013 年第 5 期）中对相关研究成果进行了较好的总结，可以参见其注释，文中不再赘述。

丰富，特别是补充了各像在东晋以后南朝至隋唐时期的经历。

有关长干像的记载首见于《高僧传》卷十三《慧达传》中：

又昔晋咸和中，丹阳尹高悝，于张侯桥浦里，掘得一金像，无有光趺，而制作甚工。前有梵书云，是育王第四女所造。悝载像还至长干巷口，牛不复行，非人力所御，乃任牛所之，径趣长干寺。尔后年许，有临海渔人张系世，于海口得铜莲花趺，浮在水上，即取送县。县表上上台，敕使安像足下，契然相应。后有西域五僧诣悝云，昔于天竺得阿育王像，至邺遭乱，藏置河边。王路既通，寻觅失所。近得梦云，像已出江东，为高悝所得。故远涉山海，欲一见礼拜耳。悝即引至长干，五人见像，嘘唏涕泣，像即放光，照于堂内。五人云："本有圆光，今在远处，亦寻当至。"晋咸安元年，交州合浦县采珠人董宗之，于海底得一佛光。刺史表上，晋简文帝敕施此像。孔穴悬同，光色一种。凡四十余年，东西祥感，光、趺方具。[①]

根据这段记载，长干像是在东晋成帝司马衍当政的咸和年间（326—334），于都城建康张侯桥下的河浦中被丹阳尹高悝首先发现，随后施予长干寺。《高僧传》没有介绍该像的大小，但是从它出水后需要用牛车运载来看，其重量和规格不会很小，估计像高应在一米以上。张侯桥位于长干里，与长干寺仅一街之隔。《建康实录》卷二引《丹阳记》称："大长干寺道西有张子布宅，在淮水南，对瓦官寺门，张侯桥所也。桥近宅，因以为名。"[②] 张侯桥下为淮水支流，称为"跃马涧"，因此长干像是从河水中被发现的，这本身就体现了该像的与众不同。

长干像出水后又展现了很多神异之处：首先，运载佛像的牛车不肯他往，自赴长干寺，显示该像具有自主意识，也就是具有神格；其次，佛像背后的头光和脚下的莲花座原本缺失，经过40余年，分别从当时中国最东端的临海县（今临海市）和最南端的合浦县被发现，辗转运送至建康，整座佛像最终成为完璧；第三，西域僧人感梦而来，叙述佛像出自天竺，本来藏于邺城，自行来到建康问世，再次表明佛像有灵。

长干像在东晋以后的情况，《感通录》进行了较为详细的补充：

此像花台有西域书，诸来者多不识。唯三藏法师求那跋摩曰："此古梵书也，是阿育王第四女所造。"时凡官寺（笔者注：应为瓦官寺之误）沙门

① 《高僧传》卷十三《兴福·晋并州竺慧达》，第478页。

② 《建康实录》卷二"嘉禾五年秋七月"条，第44页。

慧邃欲求摹写，寺主僧尚恐损金色，语邃曰："若能令佛放光、回身西向者，非余所及。"邃至诚祈请。中宵闻有异声，开殿见像，大放光明，转坐面西。于是乃许模之，传写数十躯，所在流布。至梁武帝，于光上加七乐天并二菩萨。至陈永定二年，王琳屯兵江浦，将向金陵，武帝命将溯流。军发之时，像身动摇不能自安。因以奏闻，帝检之有实。俄而锋刃未交，琳众解散，单骑奔北，遂上流大定，故动容表之。天嘉之中，东南兵起，帝于像前乞愿凶徒屏退。言讫，光照阶宇。不久，东阳、闽越皆平。……至德之始，加造方趺。自晋迄陈，五代王臣，莫不归敬。……及隋灭陈，举国露首面缚西迁，如所表焉。隋高闻之，敕送入京大内供养，常躬立侍。下敕曰："朕年老不堪久立，可令有司造坐像，形相使同其立，本像送大兴善寺。"……今见在，图写殷矣。[①]

根据上述记载，长干像一直流传至唐代，在南朝时期仍然屡屡展现神通。在上述记载中，有几点值得关注：

第一，以外国僧人求那跋摩为长干像铭文背书，进一步肯定该像为阿育王第四女所造。求那跋摩史有其人，《高僧传·求那跋摩传》记载，他出身罽宾王族，刘宋元嘉八年（431）来到建康，住祇洹寺，主持翻译了《四分羯磨》《优婆塞二十二戒》等多部佛经，"文艺详允，梵汉弗差"。[②]

第二，该像在南朝极受崇敬和欢迎，被各寺模仿、复制了数十件，广为流传。瓦官寺僧慧邃求摹写之事即为其中一例。

第三，梁武帝时期，为该像的背光增加了七乐天和二菩萨，体现出梁武帝对该像的重视，也说明该像在梁代经过改造。

第四，该像在陈代屡次预示战争胜负、国之吉凶，令其成为南朝镇国之重器。陈后主至德初年（583），为该像增添了方座，使之进一步加高。

第五，隋灭陈之后，隋文帝将该像迁至长安，入宫中供养，后又将其送往大兴善寺。通过隋文帝在此像面前不敢坐下、不堪久立的描述，我们可以明确长干像是一尊立姿佛像。

---

① 《集神州三宝感通录》卷中"东晋杨都金像出渚缘"条，第414页。

② 《高僧传》卷第三《译经下·宋京师祇洹寺求那跋摩》，第105页。

二、长干像的造型特征

长干像被迁往长安，唐代之后不知所终，未能流传至今。南京本地迄今尚未发现东晋南朝时期它的仿制品。但是该像的造型特征，我们可以通过敦煌壁画和成都出土的梁代石质阿育王像而了解。

敦煌第323窟开凿于初唐时期，在后室南北两壁的上部绘制了多幅“佛教史迹画”，或称“感应故事画”，其中南壁上部中间绘制了由四幅画面组成的一组故事画，其中除了一幅《金佛靠岸图》1924年被美国人华尔纳盗走之外，其余三幅尚存：[①]

第一幅《杨都金像出水图》：一座高大的金色佛像站立水中，放五色光，二小舟驶近以迎。画旁有榜题：“东晋杨都水中，昼夜常有五色光明出现于水上。鱼父云，善哉，我之善友得见光明，必是如来济育群生，发愿安之。度三月，令寻之，得一金铜古育王像，长丈六，空身不久，光趺而至。”（图11）

图11 敦煌第323窟南壁绘制的《杨都金像出水图》

第二幅《佛座出水图》：水中涌现一座放射光芒的束腰形仰覆莲座。（图12之左图）该图榜题为：“东晋海中浮一金铜佛趺，有光，舟人接得还至杨都，乃是育王像趺，勘之，宛然符合。其佛见在杨都西灵寺供养。”

① 壁画内容与榜题识读参考马世长《莫高窟第323窟佛教感应故事画》，《敦煌研究》1982年第1期，但略有修订。

第三幅《佛光出水图》：一座火焰形佛光涌出水面。（图 12 之右图）该图榜题为："东晋时交州合浦水中，有五色光现，其时道俗等见水发，皆称善哉。我背世之得见如是五色光现，应时寻之，得一佛，佛光艳。子驰勘之，乃杨都育王像之光。"

图 12　敦煌第 323 窟南壁绘制的《佛座出水图》（左）与《佛光出水图》（右）（局部）

"杨都"应为"扬都"，即东晋都城建康，当时又为扬州治所驻地。根据画面与榜题，这组故事画表现的就是长干像的故事。[①]初唐时期长干像不仅存世，而且仍有较大影响，因此 323 窟对长干像的表现虽有夸张，如称像高达"丈六"（高约 4.9 米[②]），但其主要造型特征应是可信的。从画面上看，该像为立姿，肉髻突出，右手上举施无畏印，左手下垂施与愿印，身着通肩袈裟，领口呈鸡心状，衣纹呈 U 形；脚下佛座为束腰形仰覆莲座；圆形头光，上部呈火焰状。这些特征在成都出土的阿育王像实物上大都有所体现。

1995 年，成都西安路南朝窖藏中出土一件残高 0.48 米的石质鎏金佛像。根据像背后的铭文"太清五年九月三十日佛弟子杜僧逸为亡儿李佛施敬造育王像……"判断，

---

① 榜题中的部分内容与《高僧传》《集神州三宝感通录》对长干像的记载有异。比如提及的鱼父、丈六金像等内容似与另外两尊东晋阿育王像有关；长干像的收藏地点也被误记为"杨都西灵寺"，但是其主体内容与对长干像的记载高度一致，因此学界一致认为该组感应画表现的主题应为长干像。

② 按唐代一尺等于 30.6 厘米计算。参见丘光明、邱隆、杨平：《中国科学技术史·度量衡卷》第十六章《唐代的度量衡》，北京：科学出版社，2001 年，第 330 页。

它是一件制作于梁太清五年（551）自铭明确的阿育王像。[①] 该像头部有较大的肉髻，脸和身体较瘦削，高鼻深目，唇上有八字胡须，身穿通肩式袈裟，右领反搭于左肩后，胸前成鸡心状。双手已残，从双手残断情况分析，原先右手施无畏印，左手施与愿印是可能的。赤脚立于仰覆莲座上。佛光近椭圆形，已残，正面刻画多尊坐佛，背面有仕女群像。（图 13）

图 13　成都西安路出土的梁代阿育王像（根据《简报》内容改绘）

另外，四川博物院还收藏有七件清代光绪年间出土于成都万佛寺遗址的石质阿育王像残件，包括单体立像五件，头像两件，造型特征相同。其中一件立像（编号 WSZ24）的背后有铭文“益州总管柱国赵国公招敬造阿育王像一躯”，可知此像为北周保定二年至五年（562—565）担任益州总管的宇文招所作。该像头部、双手已失，残高 1.32 米，其造型与衣饰皆与成都西安路出土的梁代阿育王像相近。而编号 WSZ29 被推定为阿育王像头像，螺髻硕大、唇带八字胡，亦与西安路出土的阿育王像相近。[②]（图 14）

① 成都市文物考古工作队、成都市文物考古研究所：《成都市西安路南朝石刻造像清理简报》，《文物》1998 年第 11 期。

② 袁曙光：《四川省博物馆藏万佛寺石刻造像整理简报》，《文物》2001 年第 10 期。

图 14　四川博物院藏“宇文招造”阿育王像和推断为阿育王像的佛头像

王剑平、雷玉华将成都阿育王像的特征总结为以下五点：1. 硕大的束发状肉髻；2. 明显的八字形胡须；3. 杏仁状睁开的双眼；4. 通肩袈裟，衣纹呈“U”字形；5. 通过造像断痕，推断左手握袈裟一角，右手施无畏印。① 他们认为：“阿育王像继承了犍陀罗地区创始期佛陀像的特征。这些佛像经过中亚、西域传入中原地区，后来流传江东，并沿长江水路传入四川地区。”② 日本学者金子典正认为，成都阿育王像诸特征与现存四世纪五胡十六国时期佛像极为相似，是以犍陀罗风格显著的四世纪中国佛像为底本而造的。③ 韩国学者苏铉淑总结指出，金子典正与王剑平、雷玉华的观点是统一的，成都阿育王像整体上具有犍陀罗造像风格，但犍陀罗的影响是间接的。成都像以四世纪佛像为底本进行创作，反映了复古的理念。而这个底本就是以长干像为代表的东晋时期阿育王像。④

综上所述，通过 323 窟壁画和成都出土的阿育王像实物，我们可以了解到长干像的一些造型特征。它应具有早期犍陀罗造像艺术的风格，但是还受到当时北方十六国

① 对于第 5 点，笔者持不同意见，左手施与愿印的可能性更高。

② 王剑平、雷玉华：《阿育王像的初步考察》，《西南民族大学学报》2007 年第 9 期。

③ 金子典正：《中国四川省出土阿育王像に关する调查研究——阿育王像说话の成立と南北朝时期の造像な中心に》，《鹿岛美术财团年报》第 20 别册，2002 年，第 363—369 页。

④ ［韩］苏铉淑：《政治、祥瑞和复古：南朝阿育王像的造型特征及其含义》，《故宫博物院院刊》2013 年第 5 期。

金铜造像的影响。这就意味着，长干像已经带有中国造像的风格，而不是直接来源于印度。

三、“寒溪像”与“长沙像”的相关记载

要想深入探究长干像的相关问题，有必要将它与另外两尊东晋阿育王像结合起来考察。根据另外两像最初入藏的地点，本文将它们称为“寒溪像”和“长沙像”。寒溪像的相关记载目前最早见于《高僧传》卷六《慧远传》中：

> 又昔浔阳陶侃经镇广州，有渔人于海中见神光，每夕艳发，经旬弥盛。怪以白侃，侃往详视，乃是阿育王像，即接归，以送武昌寒溪寺。寺主僧珍尝往夏口，夜梦寺遭火，而此像屋独有龙神围绕。珍觉，驰还寺，寺既焚尽，唯像屋存焉。侃后移镇，以像有威灵，遣使迎接。数十人举之至水，及上船，船又覆没，使者惧而返之，竟不能获。……及（慧）远创寺既成，祈心奉请，乃飘然自轻，往还无梗。[①]

根据上述记载，寒溪像发现于广州的海中，经陶侃之手入藏武昌寒溪寺，有遇火不焚、龙神围绕、轻重自如、择人而处等神通。据《晋书·陶侃传》，陶侃进驻广州的时间是在晋元帝大兴初年，“太兴初（318），进号平南将军，寻加都督交州军事……及王敦平（324），迁都督荆、雍、益、梁州诸军事。”[②]因此，此像问世的时间应是在318—324年之间，早于长干像。不过，《高僧传》没有记载此像的材质、铭文、表现主题等信息，对此《感通录》给予了补充：

> 东晋庐山文殊师利菩萨像者。昔有晋名臣陶侃，字士衡，建旗南海。有渔人每夕见海滨光，因以白侃。侃遣寻之，俄见一金像凌波而趣船侧。检其铭勒，乃阿育王所造文殊师利菩萨像也。……沙门慧远敬伏威仪，迎入庐岫。……像今在山东林寺重阁上。[③]

通过《感通录》的补充，我们明确知道，寒溪像是一尊带有阿育王造铭文的金铜文殊菩萨像。

有关长沙像的记载保留在两部梁代僧史——《名僧传》和《高僧传》的《昙翼传》

---

① 《高僧传》卷六《义解三·晋庐山释慧远》，第213—214页。

② 〔唐〕房玄龄等撰：《晋书》卷六十六，《陶侃传》，北京：中华书局，1974年，第1773页。

③ 《集神州三宝感通录》卷中“东晋庐山文殊师利菩萨像缘”条，第417页。

之中。相比而言，《名僧传》成书更早，内容也较《高僧传》详细。《名僧传》不仅记载了昙翼获取长沙像的经过，而且记载了获像之前，昙翼曾在长沙寺铸造丈六金像的情况：

（昙翼）后还长沙寺……又铸丈六金像，先契二匠，便设大会，愿无鲠妨，四辈闻知，皆乐随喜。……每叹："寺足众僧，形象尚少。尝闻阿育王多造佛像，随缘流布，而独不至此，岂非精诚未诣邪？"于是弥致恳恻。永和十九年二月八日夜，忽有像现城北，身光照夜，明若晨曦，阖洲惊骚，远近云集。时白马寺遣迎，百人展力，折不能动。翼曰："此必阿育王像，当往长沙寺，非强力所能移。"佥曰："请效甚验。"翼乃稽首致敬，命弟子擎捧，才有五人，飘然轻举。……罽宾禅师僧伽难陀从蜀下，入寺礼拜，云是外国像。寻觅铭题，佛光果有胡书，读曰："阿育王造也。"[①]

根据上述记载，长沙像是晋穆帝司马聃当政的永和年间（345—356）突然出现于荆州城北的，也有轻重自如，自主择寺的神通，最终为长沙寺所得。而且该像佛光上也有梵文铭文，经罽宾禅师僧伽难陀释读为“阿育王造”。但是该段记载有明显的错误，永和仅有 12 年，不可能有 19 年。另外罽宾禅师僧伽难陀也难以考证，《名僧传》目录中记载了僧伽提婆、僧伽跋澄、僧伽跋摩、僧伽达多、僧伽罗多哆等多名外国僧人，[②] 但没有对僧伽难陀的记载。

《高僧传》对长沙像的记载与《名僧传》类似，但是有两处重大修改或补充：第一，将此像出现的时间修改为孝武帝太元十九年（394）；第二，增加了昙翼去世后，带有铭文的像光也随之消失的记载——“（昙翼）终日，像圆光奄然灵化，莫之所之”。另外，还删去了昙翼主持铸造丈六金像的记载。《感通录》则对该故事进行了更大幅度的修改与补充：

永和六年岁次丁未……二月八日夜，有像现于荆州城北，长七尺五寸，合光趺高一丈一尺，皆莫测其所从也。初永和五年，广州商客下，载欲竟，恨船轻。中夜，觉有人来奔船，惊共寻视，了无所见，而船载自重不可更加。……才泊水次，夜复觉人自船登岸，船载还轻。及像现也，方知其非时。大司马桓温，镇牧西陕，躬事顶拜，倾动邦邑。诸寺僧众，咸竞迎引，铿然不动。……

① 《名僧传抄》中保留的《名僧传第六 · 昙翼》，《卍续藏》第 77 册，No. 1523，第 352 页。

② 见于《名僧传抄》保留的《名僧传目录》。

> 翼烧香拜请，令弟子三人捧之，飒然轻举，遂安本寺，道俗庆悦。至晋简文咸安二年，始铸花趺。……有罽宾僧伽难陀禅师……便看像光背有梵文曰："阿育王造也。"时闻此铭，更倍钦重。……及病将棘，像光忽逝。翼曰："佛示此相，病必不损，光往他方复为佛事。"旬日而终，后僧拟光更铸。中大通四年三月……届于金陵，去都十八里，帝躬出迎。……留殿三日，竭诚供养……敕于同泰寺大殿东北，起殿三间两厦，施七宝帐座，以安瑞像。……太清二年，像大流汗，其年十一月，侯景乱阶。大宝三年贼平，长沙寺僧法敬等，迎像还江陵，复止本寺。……贞观六年六月，大旱，都督应国公武蕿迎像。……今见在江陵长沙寺。①

按照《感通录》的说法，该像最早于永和五年（349）神秘地出现于广州，自行搭客船到达荆州，于第二年二月八日示现，为长沙寺所得。梁武帝时期该像被迎入建康，安放于同泰寺。侯景之乱后又被迎回江陵，一直保存至唐代。《感通录》给出了该像的具体数据——佛像本身高七尺五寸，加上光趺后高一丈一尺，按照唐代常用尺一尺等于 30.6 厘米换算，佛像本身高达 2.3 米，加上像光与底座后，通高达到 3.37 米，是一尊体量很大的造像。

四、"长干三像"相关问题分析

以上我们对长干、寒溪、长沙三像（以下简称为"长干三像"）的文献材料进行了一次较为全面的整理，透过这些充满神秘色彩的记载，对于长干三像的真伪、铸造地点、造像作用等问题，我们需要深入地分析和判断：

（一）长干三像的真伪

长干三像全部流传至唐代，分藏于各寺，当时的僧俗信众可以直接见到它们，因此这三尊金铜佛造像是真实存在的。而且成都出土的石质阿育王像实物证明，这种题材的佛造像一度相当流行。

佛教造像上的铭文，本是判定佛像制作年代、制作者、供养人等信息的重要依据。长干三像全部带有铭文，宣称制作者为阿育王或是其第四女，表明其制作年代应为公元前三世纪。然而这些铭文的存在，反向揭露出它们伪作的身份。现代佛学和考古学

① 《集神州三宝感通录》卷二"东晋荆州金像远降缘"条，第 415—416 页。

研究已经确认，在阿育王的时代，为了突出佛的神性和完美，主张佛具有“不可像貌”性，反对直接表现佛的形象。当时人们主要使用空座、伞盖、圣树甚至佛的脚印等象征物来表现佛，对佛的崇拜则通过建塔来实现。[①] 因此，阿育王的时代没有佛像。世界上最早的佛像诞生于公元一世纪，是从印度西北部的犍陀罗和北部的秣菟罗几乎同时起源的。[②] 在此之前，世界范围内迄今没有发现过任何一尊佛造像。

依据现代学术常识，我们可以明确判断，任何带有“阿育王造”或是“阿育王某女造”铭文的佛造像皆为伪作，与真正的阿育王无关，长干三像自然不能例外。其实，长沙像带有铭文的佛光随着昙翼逝世而消失的记载，已经显露出铭文的真伪。让如此关键的物证消失，销毁证据的意图十分明显。

（二）铸造地点分析

在长干三像的记载中，反复提及海和临海地区。长干像佛光发现于东海临海县（今临海市），佛座发现于交州合浦县，寒溪像发现于广州海中，长沙像也是首现于广州。这些记载都在暗示，长干三像来源于海外，从海路进入中国。东晋南朝时期，我国确有从海外输入佛像的记录，比如《梁书》记载，东晋安帝义熙初年（405），师子国（今斯里兰卡）遣使献玉像，经十年至建康，“高四尺二寸，玉色洁润”，被安置于瓦官寺，与戴逵雕塑的佛像、顾恺之绘制的维摩诘像并称为该寺“三绝”。梁天监十八年（519），扶南国（今柬埔寨）国王留陁跋摩遣使向梁朝赠送来自天竺的旃檀瑞像。[③] 这些从海外输入的佛像皆被看作国之重礼，来源与输入经过清楚地载见史册。

反观长干三像，在来源和输入路线的问题上除了用暗示的方法，还统一表现为用神迹代替事实——寒溪像是海上放光，被渔人发现，然后金像凌波，自行赴船；长沙像是突然出现于广州，自行搭船，再突然降临荆州；长干像更是神奇，主体佛像号称西域五僧从天竺传至邺城，尚属可能，但从邺城至建康则全凭神力，而且莲花座和背光又分别出现于相隔数千里的东海与南海。这种故弄玄虚的方式反而说明，长干三像皆没有从海外输入的证据，其在国内运输的路线也不可信。由此我们判断，长干三像

---

① ［日］高田修著，高桥宣治、杨美莉译：《佛像的起源（上）》第二章《佛像起源前》，北京：中国书店出版社，2010年。

② ［日］高田修著，高桥宣治、杨美莉译：《佛像的起源（下）·结论》，北京：中国书店出版社，2010年，第571页；李崇峰：《犍陀罗、秣菟罗与中土早期佛像》，《佛教考古：从印度到中国Ⅱ》，上海：上海古籍出版社，2014年，第737页。

③ 《梁书》卷五十四《扶南国传》《师子国传》，第790—800页。

应为本国铸造，而且大概率为各寺所在的当地铸造。

东晋时期，我国金铜佛造像的制作形成了一个高潮。前引《名僧传》记载，昙翼在荆州长沙寺“铸丈六金像”，表明当地有能力铸造金铜佛像。另外，《法苑珠林》卷二十一记载，孝武帝宁康三年（375），襄阳檀溪寺沙门释道安“于郭西精舍，铸造丈八金铜无量寿佛，明年季冬，严饰成就”。[①] 东晋太元二年（377），沙门支慧护“于吴郡绍灵寺建释迦丈六金像，于寺南傍高凿穴，以启镕铸”。[②]《晋书》卷十也记载，晋恭帝“深信浮屠道，铸货千万，造丈六金像，亲于瓦官寺迎之”。[③] 考古学研究也证明，东晋十六国时期我国金铜佛造像大量出现，目前考古出土和世界各地收藏的这一时期的金铜佛像实物已达30余座，远超前代。[④] 现藏于美国旧金山亚洲艺术博物馆，后赵建武四年（338）制作的禅定佛像，是我国现存最早的有确切纪年的金铜佛像，其制作年代相当于东晋成帝咸康四年。该像高39.7厘米，已经属于体形较大的金铜造像。[⑤] 总之，无论是历史记载还是实物证据都支持，东晋时期我国完全有条件制作长干三像这样的金铜造像，而且荆州、襄阳、吴郡等当时的重要城市和发达地区皆有条件自行铸造。因此我们推测，武昌的寒溪像和荆州的长沙像应该是当地铸造的。而长干像的情况具有一定的特殊性：它有可能于建康本地铸造，而建康作为国都能够调动全国的资源，长干像的不同部分也有可能被分配给不同的地区制作，然后运至建康组合成像。这或许是该像分现三地，最终合璧这一“神迹”的原始情况。

（三）祝圣与祥瑞

长干三像皆为本国铸造，为何要托名阿育王，又为何千方百计地使它们披上神异的外衣？在这个问题上，已有多位学者进行了很好的研究。

长干三像具有美国宗教学家米尔恰·伊利亚德所称的“神显”（hieophany）的性质，“神显”是指能够显示出神圣的事物。通过它们，人们可以体验到神圣；神显还可以将空间神圣化，即“祝圣”。[⑥] 段玉明指出，寺院是典型的“神圣空间”，但是寺

---

①② 《法苑珠林》卷第十三《敬佛篇第六》，《大正藏》第53册，No. 2122，第384、386页。

③ 《晋书》卷十《安帝恭帝纪》，第270页。

④ 韩茗：《三国南晋南北朝铜器的考古学研究》第五章《青铜丧葬器具和金铜佛像》，南京师范大学博士后研究工作报告，2020年。

⑤ 金申：《十六国时期的铜佛造像》，《佛教美术丛考》，北京：科学出版社，2004年，第1页。

⑥ 参见［美］米尔恰·伊利亚德著，晏可佳、姚蓓琴译：《神圣的存在》第一章《初论：神圣的结构和形态》，第五章《圣地：神庙、宫殿、“世界中心”》，桂林：广西师范大学出版社，2008年。

院神圣性的获得，并不是本有的结果，而是建构的产物。他通过梳理《高僧传》的记载，将我国早期寺院空间神圣性的获得方式归为神圣显示、神圣借用、神僧效应等三种。长干寺、寒溪寺、长沙寺就是借助阿育王像的力量为本寺祝圣，从而获得超出一般寺院的“神圣空间”的地位。[①] 为了增强祝圣的力度，自然要千方百计地增强阿育王像的神圣性。

段玉明从为寺院祝圣的角度揭示了长干三像的作用，而苏铉淑和巫鸿则看到了长干三像对于东晋政权的作用。苏铉淑指出，佛教传入后，中国出现了与过去大为不同的新祥瑞，即以瑞像和舍利塔为代表的佛教祥瑞，它们被皇权积极利用，遂成为王朝的祥瑞。“这些佛教祥瑞需要从印度传来的圣物才能获得祥瑞的资格，而阿育王像就具备此一条件。”[②] 巫鸿则对长干像故事的政治隐喻进行了更为深入的解读，他认为长干像在邺城消失，然后在建康出现的记载，是要说明北方被异族政权统治后，佛教中心已经随着晋室的南迁而转移到了南方，人们只有在南方才能找到年代最久远和最为尊贵的佛教遗物。长干像“开始时残缺不全的状态象征了国家的分裂，而其残缺部分在南方的重新发现，直至整个尊像在南方的复原则象征了晋王室统一和统治中国的天赋权利”。[③]

通过上述学者的分析可知，东晋时期长干三像的出现是精心谋划的产物。在这场大戏之中，寺院与东晋政权形成了共谋、共生的关系：政权收获了想要的吉兆，收获了民心——“扬都翕然观拜，悟者甚众”“传写数十躯，所在流布”“躬事顶拜，倾动邦邑”；[④] 而寺院收获了瑞像、盛名、神圣空间和政府的支持。除了寒溪寺其后的情况不明外，与阿育王像相关的长干寺、长沙寺和东林寺都发展成为东晋南朝时期具有重要影响力的大寺。就长干寺而言，《历代三宝纪》记载，长干像合璧完成之后，简文帝随即下令为该寺修建一座三层塔，实现了该寺自西晋以来希望恢复寺塔的夙愿。[⑤]

总之，长干三像是外来的佛教文化与中国传统的祥瑞政治相结合的产物，它们都

---

① 段玉明：《论中国早期寺院空间神圣性的获得——以〈高僧传〉为中心的考察》，陈金华、孙英刚主编：《神圣空间——中古宗教中的空间因素》，上海：复旦大学出版社，2014 年，第 254—298 页。

② ［韩］苏铉淑：《政治、祥瑞和复古：南朝阿育王像的造型特征及其含义》，《故宫博物院院刊》2013 年第 5 期。

③ ［美］巫鸿：《再论刘萨诃——圣僧的创造与瑞像的发生》，《仪礼中的美术：巫鸿中国古代美术史文编》，上海：生活·读书·新知三联书店，2005 年，第 435 页。

④ 《集神州三宝感通录》卷中，《大正藏》第 52 册，No.2106，第 414 页。

⑤ 〔隋〕费长房撰：《历代三宝纪》卷三，《大正藏》第 49 册，No. 2034，第 38 页。

是本国铸造的，而非来自域外，也与阿育王毫无关联。它们的出现既有利于提高寺院的神圣性，又有利于巩固东晋政权的合法性，客观上也推动了东晋南朝时期佛教的进一步发展。

第三节 刘萨诃发现舍利与长干寺地位的确立

在阿育王像完成合体，寺塔得到复建后不久，长干寺在东晋时期又迎来了一次重大机遇。来自北方的僧人慧达（俗名刘萨诃）在长干寺发现了佛舍利、佛发、佛爪等圣物，轰动南北。刘萨诃发现的佛舍利被僧俗信众认定为阿育王送来的佛陀真身舍利，长干寺从此被公认为瘗藏有真身舍利的中土佛教圣地，对其今后的发展产生了极为重要的影响。本节希望较为深入地探讨一下这份舍利的发现过程和它可能的来源，因为在这份舍利和其发现者刘萨诃身上，与前述阿育王像类似，还存在不少疑点需要探索和澄清。

一、刘萨诃其人

刘萨诃是中国佛教史上的传奇人物，按孙修身的总结，他“由‘纵横不理’的凡夫俗子，出家为僧，被人们推向至高无比的地位，在佛教的文献中，被称作‘苏（萨）诃圣’，观世音菩萨‘假形化俗’，‘刘师佛’‘刘摩诃（刘大菩萨之意）’，‘佛教第二十二代宗师’等等，其影响可谓大矣”。[①]

对于刘萨诃的记载涉及众多文献，如《法显传》《冥祥记》《高僧传》《梁书》《南史》《法华传记》《感通录》《广弘明集》《续高僧传》《释迦方志》《道宣律师感通录》《佛祖统记》《太平寰宇记》等，以及伯希和从莫高窟收集、现藏于巴黎国民图书馆东方部的敦煌遗书《刘萨诃和尚因缘记》三种（P.2680、P.3570、P.3727，以下简称为《因缘记》）。[②] 根据文献记载，刘萨诃出身于稽胡族，稽胡是魏晋南北朝时期于陕西、山西交界地带，以及黄河两岸山区形成的，由当地人、匈奴和西域胡人等多民族糅合

① 孙修身：《从凡夫俗子到一代名僧的刘萨诃》，《文史知识》1988 年第 8 期。

② 关于《刘萨诃和尚因缘记》的相关情况，参考陈祚龙：《刘萨诃研究——敦煌佛教文献解析之一》，台北：《华冈佛学学报》第三卷，1973 年，第 33—56 页。

而成的一支“杂胡”，以游牧、狩猎为业。[①]刘萨诃的名字在文献中有多种写法，比如《冥祥记》写作“萨荷”“屑荷”，《高僧传》写作“萨河”，《梁书》《南史》写作“萨何”，《因缘记》写作“萨诃”，《续高僧传》写作“窣荷”等，在《感通录》中同时有“萨荷”“萨何”“萨诃”“苏和”四种写法。据考证，这些写法溯其本源，都是对稽胡语“蚕茧”发音的不同音译。[②]本书按《因缘记》，将他称作刘萨诃。

在各种史料记载中，刘萨诃的一生行脚不停，游历四方，足迹遍布大江南北、黄河上下，甚至远赴过西域和天竺。同时，他又充满了传奇色彩，不仅屡获奇遇，而且能够预测未来，在江东和西北两地享有盛名，被称圣、封神。综合各种文献记载和学者考证，刘萨诃大约出生于东晋穆帝永和元年（345），[③]一生经历了以下几个主要阶段和重要事件：

一、根据《冥祥记》和《因缘记》，31岁之前，刘萨诃是一个出身巨富之家、尚武好猎、不信佛法之人，豪奢乡里，还曾一度从军，驻守襄阳。

二、31岁之时，他得暴病而假死，其后死而复苏，从此出家为僧，去各处巡礼，寻找“阿育王塔”旧迹。据说他在假死期间游历了十八层地狱，目睹了种种残酷惨烈的惩罚，最后受观音菩萨开导而接受佛法。观音告诉他：“洛阳、临淄、建业、鄮阴、成都五处并有阿育王塔，又吴中两石像，育王所使鬼神造也，颇得真相，能往礼拜者，不堕地狱。”[④]

三、根据《高僧传》，在东晋孝武帝宁康至太元年间（373—396），他巡游至江东，先在长干寺发现佛舍利，接着去吴县礼拜石像，然后在鄮县（今浙江省宁波市鄞州区）发现了另一处阿育王塔旧迹。

四、根据《法华传记》，东晋安帝隆安二年（398）刘萨诃返回北方，到达西北羌地，“于北泷上掘甘草，于时羌饿，捕人食之，达为羌所得……时诸羌散走，幸得太平。”[⑤]

五、根据《法显传》和《因缘记》，安帝隆安四年至元兴二年（400—403），刘

① 林幹：《稽胡（山胡）略考》，《社会科学战线》1984年第1期。
② 尚丽新：《高僧刘萨诃的传说》，《文史知识》2006年第5期。
③ 陈祚龙：《刘萨诃研究——敦煌佛教文献解析之一》，《华冈佛学学报》1973年第3期。
④ 《法苑珠林》卷八十六引《冥祥记》，《大正藏》第53册，No.2122，第919页。
⑤〔唐〕僧祥撰：《法华传记》卷六《讽诵胜利》“晋沙门释慧达”条，《大正藏》第51册，No.2068，第76页。

萨诃远赴天竺求法，与另一位高僧法显在西域和印度多次相遇。[①]

六、根据《续高僧传》，北魏太武帝太延元年（435），刘萨诃在凉州番禾郡望御山（今甘肃省永昌县）发出预言：“此崖当有像现，若灵相圆备，则世乐时康，如其有阙，则世乱民苦。”[②] 80多年之后，刘萨诃的预言应验，北魏孝明帝正光元年（520），山中果然出现无头石像，随后北魏衰亡。北周初年，世治民安，佛头出现在城西七里涧中，安于像上，恰好合适。北周末年，又逢乱世，像首自动落下。番禾瑞像的传说，自北周起，历经隋、唐、五代，在北方备受重视。在敦煌第203、300、323、231、237、98、61、55、72等多个唐至五代的洞窟中，都有表现番禾瑞像的壁画内容。[③]

七、根据《因缘记》，刘萨诃在途经敦煌时，还曾预言莫高窟将来“因成千龛者也”。

八、根据《续高僧传》和《因缘记》，刘萨诃最终在酒泉迁化。迁化之后，有舍利应现。据陈祚龙考证，刘萨诃迁化的时间大约在北魏太延二年（436），俗寿约为92岁。

以上是刘萨诃生平的主要经历，据此我们看到，刘萨诃是一位矢志不渝，求索不断，同时际遇非凡的大德高僧。但是，对于各种文献记载的刘萨诃的种种传奇经历，史家观点不一：孙修身认为，在敦煌遗书等材料的帮助下，“经过研究和讨论，萨诃和尚的生平线索基本清晰地显现出来”，他一生中南下巡礼、西行印度、原籍传道、敦煌留迹等事迹都是基本可考、可信的。[④] 而巫鸿认为，“文献和艺术中的刘萨诃更多是一个传奇式的虚构，而非真实的历史人物”。[⑤] 陈祚龙认为，“我们应可确言：东晋元魏间，当时诚有一位名叫刘萨诃的‘凡夫’。不过，自他死后，只因他的‘行谊’，一再经人故意加以‘宣演’，甚至于有心‘以讹传讹’，结果他方由‘凡夫’而成为‘鬼怪’，由‘鬼怪’而成为‘仙佛’，以至成为‘菩萨’的‘化身’”。[⑥] 尚丽新认为，“关于刘萨诃的全部史实，莫过于此：一个活动于4世纪下半叶至5世纪初的游方僧人，在江东、黄河两岸稽胡族的聚居地、河西走廊留下了他的足迹的传说。从一开始，刘

① 关于刘萨河西行天竺的情况，史苇湘《刘萨诃与敦煌莫高窟》（《文物》1983年第6期）和孙修身《刘萨诃和尚事迹考》（《1983年全国敦煌学术研讨会论文·石窟艺术论（上）》，兰州：甘肃人民出版社，1985年，第272—310页）两文的考述最为精详，可资参阅。

② 《续高僧传》卷二十五《魏文成沙门释慧达传》，第644页。

③ 据史苇湘《刘萨诃与敦煌莫高窟》和孙修身《刘萨诃和尚事迹考》。

④ 孙修身：《从凡夫俗子到一代名僧的刘萨诃》，《文史知识》1988年第8期。

⑤ ［美］巫鸿：《再论刘萨诃——圣僧的创造与瑞像的发生》，《仪礼中的美术：巫鸿中国古代美术史文编》，上海：生活·读书·新知三联书店，2005年，第431页。

⑥ 陈祚龙：《刘萨诃研究——敦煌佛教文献解析之一》，《华冈佛学学报》1973年第3期。

萨诃材料就是史实与传说的混合物。史实的成分少，传说的成分大，而且越到后期，传说的成分越大，甚至仅仅只是传说”。[①]

总之，目前大部分的史学研究者认为，刘萨诃是一个曾经存在过的真实的历史人物，但是史料记载的他的种种经历却未必全是事实。本节无意重新梳理和考证刘萨诃一生的事迹，鉴于他在长干寺的历史上留下了不可磨灭的印迹，本节对其巡礼江东的情况进行探究，看一看他的这一段人生多少是史实，多少是传说。

二、刘萨诃发现长干寺舍利的经过

关于刘萨诃在长干寺发现舍利的经过，《高僧传》《感通录》和《梁书》等皆有记载，但相互之间略有不同。《高僧传·慧达传》记曰：

> 释慧达，姓刘，本名萨河，并州西河离石人。少好田猎。年三十一，忽如暂死。……备见地狱苦报，见一道人云是其前世师，为其说法训诲，令出家，往丹阳、会稽、吴郡觅阿育王塔像，礼拜悔过，以忏先罪。既醒，即出家学道，改名慧达。精勤福业，唯以礼忏为先。晋宁康中，至京师。先是，简文皇帝于长干寺造三层塔，塔成之后，每夕放光。达上越城顾望，见此刹杪独有异色，便往拜敬，晨夕恳到。夜见刹下时有光出，乃告人共掘，掘入丈许，得三石碑。中央碑覆中，有一铁函，函中又有银函，银函里金函，金函里有三舍利，又有一爪甲及一发。发伸长数尺，卷则成螺，光色炫耀。乃周敬王时阿育王起八万四千塔，此其一也。既道俗叹异，乃于旧塔之西，更竖一刹，施安舍利。晋太元十六年，孝武更加为三层。[②]

《感通录》对此记载为：

> 孝武太元末，有并州西河沙门刘慧达，本名屑荷，见于僧传。来寻古塔，莫知其地。乃登越城四望，独见长干有异气，便往礼拜而居焉。时于昏夕每有光明，迂记其处，掘之。入地丈许，得三石碑，长六尺。中央一碑凿开方孔，内有铁、银、金三函相重。于金函内有三舍利，光明映彻。及爪甲一枚，又有一发，伸可数尺，旋则成螺，光彩照曜，咸以为育王之所藏也。即从就

① 尚丽新：《“敦煌高僧”刘萨诃的史实与传说》，《西南民族大学学报（人文社科版）》2007年第4期。

② 《高僧传》卷十三《兴福·晋并州竺慧达》，第477—478页。

塔北，更筑一塔，孝武加为三层。故寺有两塔，西边是育王古塔也。[①]

《梁书》对此事的记载为：

其后西河离石县有胡人刘萨何，遇疾暴亡，而心下犹暖，其家未敢便殡，经十日更苏。……见观世音语云："汝缘未尽，若得活，可作沙门。洛下、齐城、丹阳、会稽并有阿育王塔，可往礼拜。"……因此出家，名慧达。游行礼塔，次至丹阳。未知塔处，乃登越城四望，见长干里有异气色，因就礼拜，果是阿育王塔所，屡放光明。由是定知必有舍利，乃集众就掘之，入一丈，得三石碑，并长六尺。中一碑有铁函，函中有银函，函中又有金函，盛三舍利及爪、发各一枚，发长数尺。即迁舍利近北，对简文所造塔西，造一层塔。十六年，又使沙门僧尚加为三层。[②]

上述三种记载，主体内容高度一致，仅个别地方略有差异。根据这些记载，我们可以梳理出刘萨诃在长干寺发现舍利的基本过程。

首先，除了《感通录》省略之外，《高僧传》和《梁书》都提及了刘萨诃暴病假死，地狱冥游的经历，将这一经历当作他出家为僧，四处巡礼阿育王塔的机缘。只是在《高僧传》中，刘萨诃遇到的是其前世师，该道人要他礼拜的地点只提及了丹阳、会稽、吴郡三处；而《梁书》与前引《冥祥记》类似，刘萨诃遇到的是观世音菩萨，命他前往洛下、齐城、丹阳、会稽四处地点；在《冥祥记》中提到的巡礼地点最多："洛阳、临淄、建业、鄮阴、成都五处并有阿育王塔，又吴中两石像。"

其次，刘萨诃从北方南下巡礼，沿途很可能经过洛阳和临淄，礼拜当地的古塔遗迹，然后再至建康。不过在目前的各种史料中，皆未提及刘萨诃在洛阳和临淄两地的活动，也未提及他在成都的活动，这说明他在上述三地并未取得重要发现，或有什么特殊的经历。

第三，刘萨诃到达建康后，在越城上登城四望，发现长干寺"刹杪独有异色""屡放光明"，然后带人掘出舍利。这种说法实在过于玄妙，较为可能的情况是：刘萨诃是一个了解佛塔建筑结构的人，知道塔基下建有地宫，他通过观察长干寺的地形、地貌和寺院布局，确定了长干寺旧塔塔基的位置，从而带人发掘，找到了塔下的舍利容器和瘗藏的舍利。不过对于刘萨诃发现舍利的地点，三种史料的记载似有不同：《高

---

① 《集神州三宝感通录》卷上 "东晋金陵长干塔"条，《大正藏》第 52 册，No.2106，第 405 页。

② 《梁书》卷五十四《扶南国传》，北京：中华书局，1973 年，第 791 页。

僧传》明确指出，刘萨诃发现的舍利就位于简文帝所建的三层塔之下；而《感通录》和《梁书》并未明确提及简文塔，所谓的“屡放光明”之处既可能是简文塔下，也有可能是其他地方。另外，刘萨诃到达建康的时间，史料之间也有分歧：《高僧传》记载为东晋孝武帝宁康中（374）；而《感通录》记载为孝武帝太元末年（390—396）；《梁书》没有明确记载，只是表示应在太元十六年（391）之前。

第四，关于发掘的过程，三种史料都指出，入地丈许，发现了三块“石碑”。比对三种材料，以《感通录》交代得最为清晰，“石碑”的长度为六尺，中间的那块“石碑”凿有方孔，以容纳其他函具。笔者认为，刘萨诃发现的所谓“石碑”，就是长方形的石板，它们并非平行排列，而是上下叠置。其中上、下两块保持完整，中间的一块中部被凿空，组合而成一个石函。按两晋时期一尺等于 24.2 厘米计算，对这个石函的高度和宽度虽无记载，但长度约为 1.45 米。在这个石函之中，又依次层层套置了铁函、银函和金函。（图 15）

第五，刘萨诃发现的舍利圣物，三种史料记载完全一致，包括三颗舍利子、一枚爪甲和一卷螺发。螺发伸长时可达数尺，卷曲时呈螺旋状。对于这些舍利圣物，当时的僧俗信众一致认为是真身舍利，而且“咸以为育王之所藏也”。

第六，舍利圣物出土后，刘萨诃获得了建康僧俗信众和东晋政府的鼎力支持，很快就在简文帝所建塔的西北部，新建了一座单层塔，将发现的舍利重新瘗藏于新塔之下。该塔的材质没有明确记载，推测与简文帝所建塔一致，也是一座木质塔。《高僧传》和《梁书》都记载，太元十六年（391），孝武帝下令将该塔加高为三层，与简文帝所建塔保持一致。

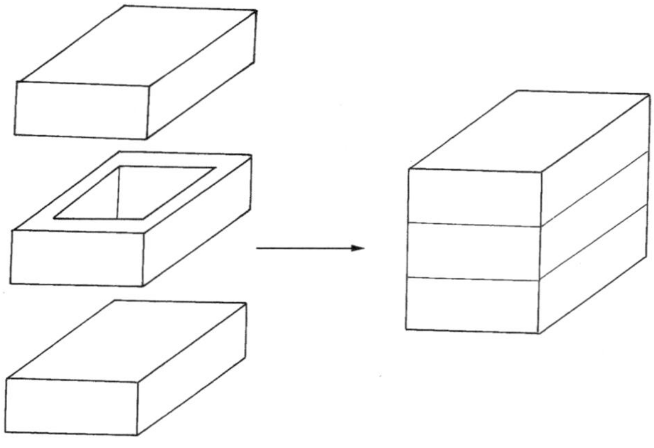

图 15　刘萨诃发现的组合式舍利石函示意图

对比上述三种史料，虽然在刘萨诃抵达建康的时间，舍利是否位于简文帝所建塔之下等处记载不一致，部分情节也涉及玄妙，如登城望气，舍利放光等，但是刘萨诃发现舍利的基本过程、塔下地宫的结构、舍利的种类等主要事实，三种史料的记载都是一致和清楚的。更为关键的是，约160年后梁武帝改造长干寺塔，从刘萨诃所建塔的地宫中取出了瘗藏的舍利，从而证实刘萨诃在长干寺发现舍利真实存在过，并不是凭空编造的神话。

三、长干寺舍利来源与刘萨诃事件真相解析

对于刘萨诃发现长干寺舍利事件，在不同的时代条件下，自然有不同的理解，当代学者之间也有不同的看法。其中的一个核心问题是，刘萨诃所发现的这些舍利究竟从何而来？对此，大概有四种不同的分析和解答。

第一种是上述三种史料一致采信的，也是刘萨诃本人到处宣扬的——舍利圣物直接来自阿育王。他们认为，阿育王在周敬王时代（前519—前476）通过役使鬼神很早就将真身舍利送至长干里，并建塔供养。该塔在东吴孙綝之乱中被毁，塔基与舍利从此不被人知。直至刘萨诃来到建康，“见长干有异气”，舍利“屡放光明”，从而发现阿育王塔原址，令舍利圣物重见天日。这一套说辞在当时被僧俗信众普遍接受、亦被佛教典籍广泛记载和传播，但是这种以神话为史实的做法不可能被现代人所认可。

第二种是冉万里在《中国古代舍利瘗埋制度研究》中所提出的。他认为：“长干寺阿育王塔建于东晋简文帝年间（371—372），慧达于东晋宁康年间（373—375）至京师建康，并掘出该塔塔基中所瘗埋的舍利、佛爪、佛发及舍利容器等”①——也就是说，冉先生认为刘萨诃掘出的舍利来自于东晋时期的简文帝。这种情况发生的可能性极低。因为这些舍利圣物如果是简文帝时期瘗埋于塔下，长干寺与建康僧俗信众对它们的来源、入藏过程无疑十分清楚，刘萨诃将它们重新掘出，不可能产生轰动效应。

第三种是笔者在前文论述“东吴长干寺塔与真身舍利”关系时提出的，“东吴长干寺是由东竺使团主导创建的，她们比国人更加深刻地了解塔与舍利的内在联系，更能遵守佛教建塔仪轨，也更有条件从印度携带舍利圣物至建业建塔供养。东吴长干寺塔虽然不是阿育王所建，但是该塔拥有来自印度的真身舍利却是可能的”。因此笔者

① 冉万里：《中国古代舍利瘗埋制度研究》第一章《早期的舍利瘗埋制度》，北京：文物出版社，2013年，第11页。

认为，刘萨诃在建康寻找阿育王塔的过程中，在长干里找到了东吴长干寺塔的塔基，从中掘出了东竺使团从印度携至建业并瘗藏于塔下的舍利圣物。

虽然笔者相信第三种答案为长干寺舍利找到了可信的源头，也为刘萨诃事件找到了合乎逻辑的解释，但是前述“长干三像”事件提醒我们，东晋政权有利用佛教创造新祥瑞的动机和先例，因此我们不得不考虑是否还存在第四种可能，即该事件是东晋政权与长干寺、刘萨诃合作而成的又一场祥瑞大典，只是其中的主角从阿育王像换成了阿育王送来的真身舍利。在此次事件中，刘萨诃与长干寺、东晋政权密切合作是有迹可循的。比如，刘萨诃在长干寺“集众就掘”，无论发掘点是否在简文帝所建塔之下，都需要得到长干寺和东晋政府的同意或默许；舍利出土之后，刘萨诃能够迅速地聚集人、财、物力，在长干寺内新建佛塔，没有长干寺和政府的支持也是不可能的；新塔建成之后，孝武帝很快将其加高为三层，对刘萨诃的支持更加公开。

还有不容忽视的一点，刘萨诃在东晋政权境内并非只发现了一处“阿育王塔”遗迹，继长干寺发现舍利之后，他在会稽郡鄮县（今浙江省宁波市鄞州区）也有重大收获。对此，《高僧传·慧达传》记载道：

> 顷之，进适会稽，礼拜鄮塔。此塔亦是育王所造，岁久荒芜，示存基跖。达翘心束想，乃见神光焰发，因是修立龛砌，……后郡守孟凯复加开拓。①

《感通录》卷上“西晋会稽鄮塔”条同样有记载：

> （刘萨诃）至会稽海畔。山泽处处求觅，莫识基绪。达悲塞烦惋，投告无地。忽于中夜闻土下钟声，即迂记其处，剡木为刹。三日间忽有宝塔及舍利从地踊出。灵塔相状青色，似石而非石，高一尺四寸、方七寸，五层露盘，似西域于阗所造。面开窗子，四周天铃，中悬铜磬，每有钟声，疑此磬也。绕塔身上并是诸佛菩萨金刚圣僧杂类等像，状极微细，瞬目注睛乃有百千像现，面目手足咸具备焉。……梁祖普通三年，重其古迹建木浮图，堂殿房廊周环备满，号阿育王寺。②

综合上述两条，刘萨诃在会稽郡鄮县山上，发现了一座废弃的塔基，从中出土了一座小型宝塔，它们也被认为是阿育王塔遗迹。出土的小塔造型为方形，顶部装有五层露盘（即相轮），四面开窗，四周悬铃，内部还装有铜磬。塔高一尺四寸、方七寸，

① 《高僧传》卷十三《兴福·晋并州竺慧达》，第479页。

② 《集神州三宝感通录》卷上“西晋会稽鄮塔”条，《大正藏》第52册，No.2106，第404页。

按晋尺一尺等于24.2厘米换算，高约33.9厘米，边长16.9厘米。该塔的造型特征，与后世吴越国王钱弘俶所造阿育王塔，以及大报恩寺遗址北宋地宫出土的七宝阿育王塔非常接近，应是后世这种塔的原型。与该塔同时出土的还有舍利，但因舍利藏于塔内，《感通录》没有交代舍利的性状和数量。由此可知，刘萨诃发现的鄮县塔实际上是一座塔形舍利函。

刘萨诃发现鄮县塔之后，据《佛祖统纪》记载："乃即其地建刹奉塔（今阿育王山舍利殿，即其处也）"，东晋安帝又下令为"鄮山造塔亭、禅室，度二七僧住持守护。"① 也就是说，鄮县塔问世之后，在东晋政权的支持下，鄮山上很快兴建了一座寺院。到了梁武帝时期，该寺的规模和地位得到进一步提升。《感通录》记载，梁武帝为该寺新建"木浮图，堂殿房廊周环备满"，并正式赐号为阿育王寺。《梁书》也记载，"（大同）二年，改造会稽鄮县塔，开旧塔出舍利，遣光宅寺释敬脱等四僧及舍人孙照暂迎还台，高祖礼拜竟，即送还县，入新塔下。此县塔亦是刘萨何所得也。"②

刘萨诃在巡礼江东的过程中，接连发现两处阿育王塔遗迹和舍利，这种概率很难用幸运来解释。与"长干三像"事件类似，长干寺和鄮县塔事件发生之后，刘萨诃、长干寺、鄮县寺，以及东晋政权都实现了多赢——刘萨诃声名鹊起，成为南北知名的神僧；长干寺和鄮县阿育王寺成为拥有真身舍利的中土名寺；而东晋政权的合法性进一步得到加持，阿育王和佛陀成了它的守护者。从这一角度分析，我们确实可以合理怀疑，刘萨诃在长干寺和鄮县的发现都是他与东晋政权合作的产物，与长干三像一样，是政治与宗教相结合而催生的新祥瑞。

综上所述，对于刘萨诃发现长干寺舍利以及相关的鄮县塔事件，可以有四种答案解析其背后的历史真相。其中的第一种和第二种，笔者认为可以排除，而第三种和第四种各有合理之处，依据现有的证据材料，暂时无法排除其中任何一种。不过，在承认两者皆有可能的前提下，笔者仍然倾向于认为第三种答案更具合理性，主要理由有两点：

首先，第三种答案有可靠的史料支持，《梁书》《三国志》等正史对东吴长干寺的记载，《齐上统师传》对东竺国比尼丘僧团到达吴地的记载，《高僧传》《梁书》

① ［宋］志磐撰：《佛祖统记》卷五十三《历代会要志》"鄮山舍利"条，《大正藏》第49册，No.2035，第461页。

② 《梁书》卷五十四《扶南国传》，第792页。

对于刘萨诃发现舍利过程的记载等，形成了完整的证据链条；而第四种答案是我们主观进行的推测，虽然其内在逻辑自洽，但并没有任何直接的史料支持。

其次，刘萨诃巡礼完江东之后，既没有在江南两寺内久居，也没有通过东晋政权谋取僧职，而是很快返回北方，继续跋山涉水，还冒险前往西域和印度巡礼，以后长期在河西活动，与南方政权再无瓜葛。从他一生的表现来看，刘萨诃确实是一位信仰坚定、矢志不渝的高僧，且与北方政权的关系更为密切。因此，第四种答案对于他与东晋政权合谋，为其合法性张目且为自身博取高名的推测，与事件后刘萨诃的表现和境遇不符，可能性并不高。

四、刘萨诃、道宣与长干寺地位的确立

刘萨诃在长干寺掘出的舍利，在当时的历史条件下，出土后被上下一致认定为阿育王送来的真身舍利。在刘萨诃的主导下，长干寺再建一座新塔，将舍利重新瘗藏于塔下，该塔同样也被称为“阿育王塔”。

据前文考证，刘萨诃发现的长干寺舍利很可能源自东竺使团，确有可能为佛陀荼毗后产生的真身舍利。然而东吴长干寺创寺不久即遭毁灭，东竺使团又离华返国，事迹不为人知，导致它的重要价值一直被埋没。刘萨诃找到这份舍利之后，利用阿育王造八万四千塔的故事，直接宣称舍利来自阿育王，从而获得了上至皇帝、下至普通信众的一致认可，为这份舍利确立了神圣的地位。长干寺也由此从众多寺院中脱颖而出，成为南方仅有的两座拥有真身舍利的寺院之一，受到东晋、南朝历代帝王的重视，逐步发展成为在全国极具影响力的大寺。因此，如果说东竺使团对于这份舍利的传入、长干寺的建立有开创之功的话，那么刘萨诃让舍利重新问世，价值得到举世认可，无疑堪称再造之功。

初唐时，道宣撰写《集神州三宝感通录》，将唐代以前全国发现有真身舍利的佛塔和寺院汇总起来，总计19处，认定这些塔皆为阿育王所建，所奉舍利为真身舍利。（表1）其后，另一位著名的史僧道世在撰写《法苑珠林》时，又将道宣的观点和总结完整收录。[①] 经过他们两位的记载和宣扬，中国共有19处古塔和寺院瘗藏有真身舍利，几成中国佛教史的定论。而这19处被点名的古塔及寺院，包括长干寺和鄮县阿育王寺在内，皆成为中国享有崇高地位的佛门圣地。因此，道宣对长干寺佛教和历史地位的确立同样发挥了极为重要的推动作用。

① 《法苑珠林》卷三十八《敬塔篇》，《大正藏》第53册，No.2122，第584页。

表 1　中国瘗藏真身舍利的 19 座“阿育王塔”

序号	塔名	序号	塔名
1	西晋会稽鄮县塔	11	周晋州霍山南塔
2	东晋金陵长干塔	12	齐代州城东古塔
3	石赵青州东城塔	13	隋益州福感寺塔
4	姚秦河东蒲阪塔	14	隋益州晋源县塔
5	周岐州岐山南塔	15	隋郑州超化寺塔
6	周瓜州城东古塔	16	隋怀州妙乐寺塔
7	周沙州城内大乘寺塔	17	隋并州净明寺塔
8	周洛州故都西塔	18	隋并州榆社县塔
9	周凉州姑臧故塔	19	隋魏州临黄县塔
10	周甘州删丹县故塔		

（选自《集神州三宝感通录》卷上和《法苑珠林》第三十八卷）

不过在 19 座“阿育王塔”的排列顺序上，道宣犯有明显的错误。这 19 座塔基本上是按照发现舍利或相关遗物的时间早晚排列的，道宣将“东晋金陵长干塔”排在第二位，将同样为刘萨诃发现的“会稽鄮县塔”以“西晋”的名义排在第一位，因为道宣认为该塔及其舍利是刘萨诃于西晋时期发现的。《感通录》对此记载道：“晋太康二年，有并州离石人刘萨何者，生在畋家，弋猎为业，得病死。……既醒之后，改革前习，出家学道，更名慧达。”[①] 按照道宣的记载，刘萨诃得病假死是在西晋武帝太康二年（281），那么他出生之年须再往前提 30 年，即东吴孙权太元元年（251）。按照道宣本人所撰《续高僧传 · 慧达传》的记载，北魏太武帝太延元年（435），刘萨诃还在凉州发出 “番禾瑞像”的预言，即使他于第二年迁化，其寿命也将达到 186 岁。按照道宣的记载，刘萨诃抵达鄮县的时间约为太康三年（282），而他到达建康发现长干寺舍利的时间为孝武帝太元末年（390—396），两者相差了约 110 年。由此可见，道宣对于鄮县塔和长干寺舍利发现时间的记载颠倒错乱、不可凭信。在此问题上，应以《高僧传 · 慧达传》的记载为基本依据。慧皎记载，刘萨诃是东晋“宁康中”（373—375）到达建康，发现长干寺舍利；然后东游吴县（今江苏省苏州市）礼拜石佛，并在吴县通玄寺居住了三年；然后再东游会稽，发现鄮塔。由此推算，刘萨诃发

① 《集神州三宝感通录》卷上 “西晋会稽鄮塔”条，《大正藏》第 52 册，No.2106，第 404 页。

现鄮县塔的时间应为东晋太元五年（380）前后。

如果严格按照发现舍利或者其他育王遗物的时间早晚进行排名，“石赵青州古城寺塔”（即表1中的“石赵青州东城塔”）应该名列第一。按《感通录》记载，石赵时期（319—351），石勒、石虎父子在邺城建塔而缺少承露盘。佛图澄告诉石氏父子，青州临淄古城内有阿育王寺、塔遗迹，“犹有佛像、露盘在深林巨树下”，于是组织人力进行发掘，“入地二十丈获之”。[①]《感通录》没有明确记载佛图澄从塔下掘出了舍利，但是据《续高僧传·释僧妙传》，僧妙在北周时曾奉旨对佛图澄建造的邺城白马寺塔进行改造，于塔下“掘得舍利三粒，一赤一白一青，宝瓶盛之”。[②]这三颗舍利很可能是石虎和佛图澄从临淄古塔下掘出，并重新瘗藏于白马寺塔下的。长干寺舍利紧随其后，发现于东晋宁康年间，仍然名列第二，而会稽郡鄮县塔舍利发现于东晋太元年间，应该名列第三。

① 《集神州三宝感通录》卷上“青州古城寺塔”条，第406页。

② 《续高僧传》卷八《周蒲州仁寿寺释僧妙传》，第486页。

第四章　南朝梁、陈时期的长干寺

南朝梁、陈时期，是六朝长干寺发展的第三个阶段。在这一时期，长干寺经历了大起大落的过程。首先齐梁嬗代之际，长干寺遭到了严重的破坏，这是该寺历史上第二次遭受毁寺之灾。梁代建立后，很快予以恢复，并且赐名为阿育王寺。在梁武帝的支持下，长干寺又得到大规模的改建和扩建，迎来了六朝时期发展的顶峰。可惜盛极而衰，在梁武帝晚期的侯景之乱中，该寺很可能又一次遭受了严重的破坏。陈代，长干寺再度得到一定程度的恢复。但是随着隋灭陈之战的到来，六朝长干寺330余年的发展历程最终走到了尾声。

梁武帝萧衍与长干寺的关系是本章探讨的重点。长干寺走向鼎盛离不开梁武帝的扶持，而梁武帝同样需要长干寺给予的支持。在长干寺变身为阿育王寺的背后，寄托了萧衍孜孜以求成为中国阿育王的梦想。

第一节　梁武帝与阿育王寺

南齐永元二年（500）冬，萧衍起兵反齐。第二年九月，他的部队抵达建康，夺占越城，与齐帝萧宝卷的军队在长干里一带反复激战。萧宝卷下令，“烧（秦淮）南岸邑屋以开战场。自大航（朱雀航）以西、新亭以北，荡然矣。”十月，萧宝卷的部队最终战败，“一时土崩，投淮死者，积尸与航等”。[①] 长干寺紧邻越城、朱雀航，处于战场的中心区域，在此次战争中必然遭受巨大的损失和破坏。不过劫后不久，长干寺

① 《梁书》卷一《武帝上》，北京：中华书局，1973年，第12页。

就迎来了复建的诏令。天监元年（502），刚刚夺取胜利、建立梁朝的萧衍，专门下诏“立长干寺”，[①]使该寺迅速得到恢复。

一、梁武帝对阿育王寺的改造

梁武帝时期，下令将长干寺改称为“阿育王寺”，这是长干寺历史上第一次被皇帝赐予新额、更改寺名。长干寺被赐予新额的时间，史料中没有明确记载。大同三年（537）八月，梁武帝亲临长干寺举办无碍法会，观舍利，大赦天下，在其所下诏书中已经明确使用“阿育王寺”的名称——“今出阿育王寺，说无碍会，耆年童齿，莫不欣悦”。[②]说明在此之前，长干寺已被改赐新额。

从大同三年至大同十一年（537—545），梁武帝下令对阿育王寺进行了大规模扩建和改造，对此《梁书》有详细的记载：

> （大同）三年八月，高祖改造阿育王寺塔，出旧塔下舍利及佛爪发。……（挖掘地宫过程，此略）……至其月二十七日，高祖又到寺礼拜，设无碍大会，大赦天下。是日，以金钵盛水泛舍利，其最小者隐钵不出，高祖礼数十拜，舍利乃于钵内放光，旋回久之，乃当钵中而止。高祖问大僧正慧念：“今日见不可思议事不？”慧念答曰：“法身常住，湛然不动。”高祖曰：“弟子欲请一舍利还台供养。”至九月五日，又于寺设无碍大会，遣皇太子王侯朝贵等奉迎。是日，风景明和，京师倾属，观者百数十万人。所设金银供具等物，并留寺供养，并施钱一千万为寺基业。至四年九月十五日，高祖又至寺设无碍大会，竖二刹，各以金罂，次玉罂，重盛舍利及爪发，内七宝塔中。又以石函盛宝塔，分入两刹下，及王侯妃主百姓富室所舍金银镮钏等珍宝充积。十一年十一月二日，寺僧又请高祖于寺发《般若经》题，尔夕二塔俱放光明，敕镇东将军邵陵王纶制寺大功德碑文。
>
> ……敕市寺侧数百家宅地，以广寺域，造诸堂殿并瑞像周回阁等，穷于轮奂焉。其图诸经变，并吴人张繇运（笔者注：应为张僧繇）手。繇，丹青之工，一时冠绝。[③]

---

① 《建康实录》卷十七《高祖武皇帝》天监元年“立长干寺”条，672页。

② 〔梁〕萧衍撰：《出古育王塔下佛舍利诏》，《广弘明集》卷十五《佛德篇第三》，《大正藏》第52册，No.2103，第203页。在此诏书前，道宣加有一段按语，称梁武帝发此诏书的时间为“大同四年八月”，而《梁书》记载此事发生于大同三年，今据《梁书》卷五十四改。

③ 《梁书》卷五十四《扶南国传》，第793页。

通过上述记载，梁武帝对阿育王寺的改造包括以下两个方面：

其一是改造寺内两座阿育王塔，重新瘗藏舍利。大同三年八月，东晋时期刘萨诃瘗藏的舍利被从旧塔下取出，武帝迎至宫中供养。第二年九月，两塔地宫改建完成，武帝主持仪式，将舍利圣物分为两份，用两套金罂、玉罂、七宝塔、石函等舍利容器重新盛装，分别送入两塔地宫。地宫改建完成之后，继续进行两塔地上部分的改造工作。《梁书》没有介绍改造后阿育王塔的形制特征，不过唐代中期许嵩撰写《建康实录》时，曾对长干寺旧址进行过实地考察，当时长干寺仍有一塔尚存，许嵩记载称："今见有石塔三层，高一丈二尺，周围八尺，形状殊妙，非人工焉。"① 由此可知，梁武帝应是将长干寺原先的两座木塔改造成了石塔，塔的大小与层级可能与原先保持一致。按照唐代常用尺，一尺等于 30.6 厘米计算，② 改造后的阿育王塔高度为 3.67 米；塔平面为方形，底部周长 2.44 米、每边边长 0.61 米。

2006 年 11 月，南京市考古工作者在江宁区江宁镇胡村发现一座南朝晚期砖室墓，该墓的内部装饰带有浓厚的佛教色彩，所用的墓砖不少带有莲花、忍冬、飞天等佛教纹样。最为特殊的是，在该墓的后壁用砖拼出了两座三层塔的造型。（图 16）在两塔之间还拼出了一个倒置的三角形，上有一座单层塔式建筑，表现的很可能是佛教世界中的须弥山。③ 该墓后壁的双塔图在现实世界中可能有所对应。检索史料，六朝时期南京的寺院虽多，但是建有双塔的仅有三处：其一是建初寺，东吴时期康僧会为该寺首建一塔，东晋时期平西将军赵诱"于寺东更立小塔"，④ 因此建初寺虽有双塔，但一大一小；其二是湘宫寺，《南齐书·虞愿传》记载："（齐明）帝以故宅起湘宫寺，费极奢侈。以孝武庄严刹七层，帝欲起十层，不可立，分为两刹，各五层。"⑤ 第三即是长干寺双塔，各三层。胡村墓后壁的双塔图与长干寺双塔的层级、造型最为吻合，因此很可能取材于长干寺双塔。

其二是扩大寺院规模。梁武帝下令收买阿育王寺侧数百户的宅地，增加寺院面积，在扩大的区域内为长干寺新建了多座堂、殿，尤其是建造了"瑞像周回阁"。该建筑应为环绕式的阁道，墙壁上由张僧繇主笔，满绘经变故事，冠绝一时。张僧繇是梁代

① 《建康实录》卷十七《高祖武皇帝》天监元年"立长干寺"条，第 673 页。

② 根据《中国科学技术史·度量衡卷》第十六章《唐代的度量衡》中对唐尺的考证，第 330 页。

③ 南京市博物馆：《南京市江宁区胡村南朝墓》，《考古》2008 年第 6 期。

④ 《高僧传》卷一《译经上·魏吴建业建初寺康僧会》，第 18 页。

⑤ 〔梁〕萧子显撰：《南齐书》卷五十三《虞愿传》，北京：中华书局，1972 年，第 916 页。

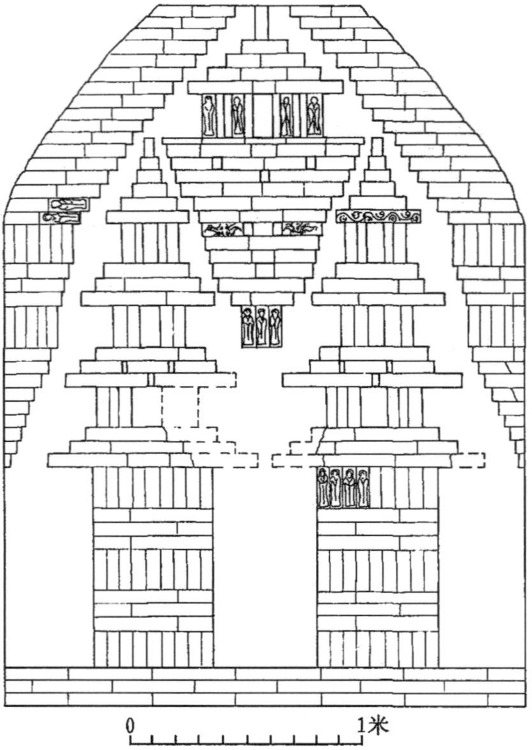

图 16 胡村南朝墓后壁正视图

的绘画圣手，画龙点睛的成语即来源于他的故事。张僧繇善于吸取天竺技法，作品富有层次性和立体感。《建康实录》记载，梁武帝第六子、邵陵王萧纶在建康创建一乘寺，“寺门遍画凹凸花，代称张僧繇手迹，其花乃天竺遗法，朱及青绿所成，远望眼晕如凹凸，就视即平，世咸异之，乃名‘凹凸寺’”。[①] 张僧繇也是最受梁武帝重视的御用画师，张彦远《历代名画记》记载：“张僧繇，上品中。吴中人也，天监中为武陵王国侍郎，直秘阁，知画事，历右军将军、吴兴太守。武帝崇饰佛寺，多命僧繇画之。”[②]

对阿育王寺的改造和升级，梁武帝高度重视，全程参与，全力推动。他不仅亲自参与双塔地宫的改建，亲自迎送舍利，而且三次亲临阿育王寺，举办无碍大会。每次无碍大会，“京师倾属，观者百数十万人”。最后一次，萧衍还亲自在阿育王寺登坛，为大众讲解《般若经》。通过这些活动，阿育王寺的地位和社会影响力达到顶峰。梁武帝还对该寺慷慨布施，仅大同四年九月第二次举办无遮大会时的布施就有：“所设

① 《建康实录》卷十七《高祖武皇帝》“大同三年置一乘寺”条，686 页。

② 〔唐〕张彦远撰：《历代名画记》卷七，杭州：浙江人民美术出版社，2011 年，第 119—120 页。

金银供具等物，并留寺供养，并施钱一千万为寺基业。”在他的带动下，建康的王公贵族、百姓富室皆争相表现。太子萧纲带头响应，捐钱一百万，帮助阿育王寺“大厦方构”“高塔将表”。[①] 阿育王寺两座地宫之中“王侯妃主百姓富室所舍金银镮钏等珍宝充积”。阿育王寺的经济实力得到了极大的提升。

改造工程于大同十一年底（545）正式结束。其年十一月，武帝命自己的第六子邵陵王萧纶出面撰作《阿育王寺大功德碑》，记录此次改造过程，颂扬其功德。很可惜这篇碑文未能流传下来，否则将提供更多有用的信息。

在《梁书》的记载中，还有一处细节不应忽视。大同三年八月，舍利从旧塔下出土后，武帝曾问大僧正慧念：“今日见不可思议事不？”慧念答曰：“法身常住，湛然不动。”武帝曰：“弟子欲请一舍利还台供养。”这段对话表明，梁武帝是经慧念同意才将舍利迎请入宫的。慧念的身份如果仅仅是大僧正，武帝似乎并不需要向他请求，而慧念如果是当时的长干寺主，则有此必要。因此通过这一段对话我们发现，梁代的大僧正很可能兼任阿育王寺（长干寺）主，常驻该寺。也就是说，梁代与齐代一样，很可能将佛教事务的管理机构设立于阿育王寺内。

二、梁武帝重视阿育王寺的原因

梁武帝是中国历史上公认的溺佛最深、崇佛最力的皇帝。就其个人而言，他坚持礼佛诵经，严格守持戒律，长期素食，禁绝房事，甚至废除了宗族血祀——“祭其祖祢，不设牢牲”，[②] 完全是一位虔诚佛教徒的做派。就其作为帝王而言，他利用皇权扶持僧团，优待僧尼；广建佛寺，盛造佛像；组织译经，编撰典籍；大办法会，慷慨布施。因此，汤用彤评价萧衍“在位四十八年，几可谓以佛化治国”。[③]

广建佛寺是萧衍崇佛的突出表现之一，“南朝四百八十寺，多少楼台烟雨中”是中国家喻户晓的名句。据《南史·郭祖深传》记载，郭祖深曾上书梁武帝，切谏佞佛之害，在其条陈中称：“都下佛寺五百余所，穷极宏丽。僧尼十余万，资产丰沃。所在郡县，不可胜言。”[④] 可见梁代建康佛寺数量之多，绝非虚言。经历代学者梳理，在南朝建

① 〔梁〕萧纲撰：《奉阿育王寺钱启》，《广弘明集》卷十六，《大正藏》第 52 册，No. 2103，第 209 页。
② 《魏书》卷九十八《岛夷萧衍传》，第 2187 页。
③ 《汉魏两晋南北朝佛教史》第十三章《佛教之南统·梁武帝》，第 337 页。
④ 〔唐〕李延寿：《南史》卷七十《郭祖深传》，北京：中华书局，1975 年，第 1721 页。

康500余所寺院中，建于梁代、名称可考的至少有一百零七所。[①] 它们绝大多数创建于梁武帝时期。不过，梁代建康的寺院数量虽多，单座寺院的规模往往并不大。检索史料，被梁武帝投入心力和巨资、大兴土木的寺院只有大爱敬寺、大智度寺、同泰寺和阿育王寺四所，它们真正受到梁武帝的重视与青睐。

大爱敬寺是梁武帝为纪念其父萧顺之所建，创于普通元年（520）。[②] 寺院位于钟山北涧，道宣如此记载该寺的宏阔壮丽："创塔包岩壑之奇，宴坐尽林泉之邃。结构伽蓝，同尊园寝，经营雕丽，奄若天宫。中院之去大门，延袤七里。廊庑相架，檐溜临属。旁置三十六院，皆设池台，周宇环绕。千有余僧，四事供给。中院正殿有旃檀像，举高丈八……及终成后乃高二丈有二，相好端严，色相超挺。……帝又于寺中龙渊别殿，造金铜像举高丈八，躬伸供养。"[③]

大智度寺是梁武帝为纪念其母张尚柔所建，建造时间估计与大爱敬寺同时。该寺位于青溪西岸建阳门路东，处于"朝市之中途，川陆之显要"的重要位置。寺内"殿堂宏壮，宝塔七层。房廊周接，华果间发。正殿亦造丈八金像，以申追福。"梁武帝在寺内安置了"五百诸尼，四时讲诵"。寺成之日，梁武帝告诉众人："建斯两寺，奉福二皇，用表罔极之情，以达追远之思。"[④]

同泰寺，与台城相依，梁武帝创于大通元年（527）。"寺在宫后，别开一门，名大通门，对寺之南门，取返语以协'同泰'为名。帝晨夕讲议，多游此门。"[⑤]《建康实录》引《舆地志》记载，该寺"置四周池堑，浮图九层，大殿六所，小殿及堂十余所。宫各像日月之形，禅窟禅房山林之内，东西般若台各三层。筑山构陇，亘在西北，柏殿在其中，东南有璇玑殿，殿外积石种树为山。有盖天仪，激水随滴而转。"[⑥]

阿育王寺的营建情况前文已述。在上述四所寺院中，前三所皆为梁武帝新创，对他本人而言皆有特殊的意义——大爱敬寺与大智度寺是武帝为纪念父母、报父母之恩而建；同泰寺紧邻宫城，是他自身修行的场所，可谓武帝为自己所建；阿育王寺是唯一的一所前代遗留又被武帝大力改造的寺院。那么该寺对于梁武帝有什么特殊的意义呢？笔者认为梁武帝重视阿育王寺，主要出于两方面的原因：其一是真身舍利崇拜，

---

① 蒋少华：《六朝建康佛寺考》，《长江文化论丛（第八辑）》，南京：南京大学出版社，2012年，第129—140页。

② 《建康实录》卷十七普通元年"置大爱敬寺"条，第679页。

③④ 《续高僧传》卷一《释宝唱传》，第427页。

⑤⑥ 《建康实录》卷十七大通元年"帝创同泰寺"条，第681页。

其二是阿育王崇拜。

梁代的建康实际上拥有多份舍利：法献于刘宋末年从西域于阗带回一枚佛牙舍利，后供奉于上定林寺。[①] 盘盘国于“梁中大通元年、四年，其王使使奉表累送佛牙及画塔，并献沉檀等香数十种。六年八月，复遣使送菩提国舍利及画塔图”。[②] 波斯国亦于“中大通二年，遣使献佛牙”。[③] 但是这些新近传入的舍利未能产生重要影响，法献佛牙直至陈武帝登基，为佛牙举办无遮大会后才广受重视。[④] 其他几枚舍利，入供以后皆不知踪迹。梁代影响最大的依然是被公认为真身舍利的长干寺舍利。

梁武帝对这份舍利的重视是显而易见的——阿育王寺工程的重点就是改造双塔，其目的很可能是让梁武帝亲眼见到这份真身舍利，并迎请入宫。梁武帝在阿育王寺举办过四次盛大法会，其中三次直接与舍利有关。梁武帝给予阿育王寺最大的一次布施，也发生在迎请舍利入宫之际。因此，真身舍利崇拜应是梁武帝重视阿育王寺的原因之一。

梁武帝对于阿育王的崇拜也有相当突出的表现。天监十一年（512），扶南国高僧曼陀罗和僧加婆罗在建康主持翻译十卷本《阿育王经》，梁武帝于译经首日亲临寿光殿译场，“躬自笔受”。[⑤] 中大通四年（532），梁武帝不远千里，将荆州长沙寺相传为阿育王所造的阿育王像迁入建康，于“同泰寺大殿东北起殿三间两厦，施七宝帐座以安瑞像”。[⑥] 更为重要的是，阿育王护持佛教的许多做法，如广建寺院、大量布施、扶持僧团、组织法会、整理编撰典籍等，皆被梁武帝继承和效仿。长干寺和鄮山寺是南朝范围内仅有的两座获得“阿育王舍利”，且被认为是阿育王所创的寺院，梁武帝于大同年间先后对它们进行改造，并正式赐名为阿育王寺。这些举措毫无疑问是在显示对阿育王的崇敬之情。在两座阿育王寺之中，长干寺位于都城，自然更受重视。

阿育王在佛教中常被称为“转轮王”或“转轮圣王”。在中国历史上有多位崇信佛教的皇帝，以阿育王为榜样，梦想成为中国的转轮王。梁武帝是其中最早的一个，其后还有隋文帝、武则天，以及五代时期吴越国王钱弘俶等等。尽管萧衍并未直接将

① 《高僧传》卷十三《齐上定林寺释法献》，第 488—490 页。

② 《南史》卷七十八《夷貊上·盘盘国》，第 1958 页。

③ 《梁书》卷五十四《诸夷·波斯国》，第 815 页。

④ 〔唐〕姚思廉：《陈书》卷二《高祖纪下》，北京：中华书局，1972 年，第 34 页。

⑤ 《历代三宝纪》卷十一，第 98 页。

⑥ 《集神州三宝感通录》卷中“东晋荆州金像远降缘七”条，《大正藏》第 52 册，No.2106，第 415 页。

自己称作转轮王，但是他效法阿育王“以佛化治国”的种种举措，使得众人皆能揣测到他的真实想法。太子萧纲在所作《启奉请上开讲》中称：“伏惟陛下，玉镜宸居，金轮驭世，应迹有为，……驱十方于大乘，运万国于仁寿。……伏希复转法轮，未回听卑之恩，尚绝愚臣之愿。”[①]明确将其父比作转轮王。梁代晚期臣下向武帝奏表上书时，常称呼他为“皇帝菩萨”，萧衍坦然受之。[②]按照《修行本起经》的说法，“皇帝”与“菩萨”身份兼具之人，即是转轮王。[③]因此，汤用彤对于梁武帝的评价可谓一语中的：“盖其弘法，似阿输迦（即阿育王），而且或以之自比也。”[④]。

总之，梁武帝将长干寺改名为阿育王寺，投入巨资进行改造，多次举办盛大法会，极力扩大它的规模和社会影响，一方面自有致敬阿育王之意，但更重要的是在宣示：他就是阿育王的继承者，是当世的转轮圣王。笔者认为，这是梁武帝重视阿育王寺深层次的原因。在梁武帝倾力打造的四所寺院中，大爱敬寺和大智度寺承担了报父母之恩的功能；同泰寺承担了日常修行的功能，而阿育王寺最为特殊，承担了实现其理想的功能。

三、侯景之乱对阿育王寺的影响

在梁武帝的治理下，南朝社会保持了40多年的稳定，经济、文化发展达到鼎盛。《梁书·武帝纪》评价曰：“征赋所及之乡，文轨傍通之地，南超万里，西拓五千。其中瑰财重宝，千夫百族，莫不充牣王府，蹶角阙庭。三四十年，斯为盛矣。”[⑤]《南史·武帝纪》亦评价称：“自江左以来，年逾二百，文物之盛，独美于兹。”[⑥]梁都建康也迎来了六朝时期城市发展的最高峰，据《资治通鉴》引《金陵记》称：“梁都之时，户二十八万。”[⑦]按户均五人计，其时建康人口已达140余万。

然而正如《梁书·武帝纪》所言：“及乎耄年，委事群幸，……朝经混乱，赏罚无章。”[⑧]

---

① 〔梁〕萧纲撰：《启奉请上开讲》，《广弘明集》卷十九，《大正藏》第52册，No.2103，第235页。

② 《魏书》卷九十八《岛夷萧衍传》，第2187页。

③ 《修行本起经》卷上《菩萨降身品第二》称：“能仁菩萨，化乘白象……当为转轮飞行皇帝，出家学道，当得作佛，度脱十方。”《大正藏》第3册，No.0184，第463页。

④ 《汉魏两晋南北朝佛教史》第十三章《佛教之南统·梁武帝》，第338页。

⑤ 《梁书》卷三《武帝纪下》，第97页。

⑥ 《南史》卷七《梁本纪中》，第226页。

⑦ 〔宋〕司马光编著：《资治通鉴》卷一六二《梁纪十八·武帝太清三年》“高祖之末”条引《金陵记》，北京：中华书局，1956年，第5018页。

⑧ 《梁书》卷三《武帝纪下》，第97页。

《南史·武帝纪》同样批评武帝“留心俎豆，忘情干戚，溺于释教，弛于刑典。既而帝纪不立，悖逆萌生，反噬弯弧，皆自子弟，履霜弗戒，卒至乱亡”。[①]梁武帝执政晚期，沉溺佛教，疏于治国，毫无节制地宽纵贵族子弟，在统治集团内部造成了严重的隐患，最终在侯景之乱的冲击下，亲手葬送了自己开创的王朝，同时给南朝的人民，以及都城建康带来了严重的损害。

梁太清元年（547），据守河南十三州的东魏大将侯景叛魏投梁，萧衍接纳了侯景，并任命他为大将军、河南王。不久，东魏出兵击败梁朝援军和侯景所部，收复河南，侯景败退至寿阳。其后萧衍欲与东魏讲和，并打算交出侯景。548年八月，侯景于寿阳起兵叛梁，突袭建康。在萧衍之侄萧正德的帮助下，叛军轻易渡过长江，朱雀航、石头城、白下城等要塞守军不战而逃。从当年十月起，侯景围攻台城（宫城），而手握重兵的宗室诸王却在建康外围彼此猜忌，按兵不动，坐视台城于549年三月沦陷。侯景攻占建康后，萧衍于五月忧愤而死。侯景先后操纵萧正德、萧纲、萧栋为帝，并于大宝二年（551）自立为帝。与此同时，萧氏诸王在长江中游自相残杀，最终萧绎胜出。552年三月，萧绎派王僧辩领兵收复建康。侯景东逃，随即被杀。

侯景之乱前后历时五年，以建康为中心的江南腹地遭受了惨重的破坏。侯景叛军进攻台城期间，“乃纵兵杀掠，交尸塞路，富室豪家，恣意裒剥。……引玄武湖水灌台城，城外水起数尺，阙前御街并为洪波矣。又烧（玄武湖）南岸民居营寺，莫不咸尽”。[②]太清三年（549）十二月，百济国使臣不知梁朝发生动乱，来到建康，见到昔日繁华的城邑已成丘墟，不禁痛哭流涕。承圣元年（552），王僧辩领军平定侯景，建康竟然再一次遭受劫难。《梁书·王僧辩传》记载：“僧辩令众将入据台城。其夜，军人采梠失火，烧太极殿及东西堂等。时军人掳掠京邑，剥剔士庶，民为其执缚者，袒衣不免。尽驱逼居民以求购赎，自石头至于东城，缘淮号叫之声，震响京邑。”[③]除了直接的破坏与杀戮外，侯景之乱还引发了江南罕见的饥馑，人口大减。《南史·侯景传》记载，大宝元年（550），“时江南大饥，江、扬弥甚，旱蝗相系，年谷不登，百姓流亡，死者涂地。父子携手共入江湖，或弟兄相要俱缘山岳。芰实荇花，所在皆

① 《南史》卷七《梁本纪中》，第226页。

② 《梁书》卷五十六《侯景传》，第843—844页。

③ 《梁书》卷四十五《王僧辩传》，第628页。

罄，……于是千里绝烟，人迹罕见，白骨成聚，如丘陇焉”。[①]《陈史·鲁悉达传》：“侯景之乱，……时兵荒饥馑，京都及上川饿死者十八九。”[②]《魏书·萧衍传》也记载：“始景渡江至陷城之后，江南之民及衍王侯妃主、世胄子弟为景军人所掠，或自相卖鬻，漂流入国者盖以数十万口，加以饥馑死亡，所在涂地，江左遂为丘墟矣。”[③]至王僧辩收复建康时，“都下户口百遗一二，大航南岸极目无烟”。[④]

侯景之乱是南京历史上著名的灾难之一，所造成的危害和影响可以说仅次于20世纪30年代发生的侵华日军南京大屠杀事件。在侯景之乱中，交战最为激烈、破坏最为惨重的是位于秦淮以北的宫城区，导致台城尽毁。其后的梁元帝萧绎以建康残破为由，拒绝在建康立都。阿育王寺位于秦淮以南，相距台城约六里，该寺在这场劫难中遭受了怎样的破坏，史料中没有直接的记载，但是“大航南岸极目无烟”，说明在此过程中僧人逃尽、寺不成寺是毫无疑问的。

即使在这场动乱中没有遭受灭顶之灾，侯景之乱给阿育王寺带来的冲击和影响也远不止于此。佛教作为一种文化事业，其兴盛离不开所在城市的繁荣和国家的强大，“南朝四百八十寺”是与梁武帝鼎盛时期的国力相联系的。侯景之乱不仅给建康城市的发展造成了无可挽回的损失，使之倒退数十年；更对南朝的社会结构、经济基础造成了致命性打击，使南朝政权在南北对峙中优势丧尽，从此一蹶不振，苟延残喘。阿育王寺作为南朝寺院中的佼佼者，其最终覆亡的命运也由此注定。

第二节　陈代的长干寺

侯景之乱以后，南朝丧失大片疆域：位于长江上游的梁、益二州归入西魏；长江中游的荆州一度为萧绎占领、并在此称帝，但554年亦为西魏所灭；长江下游的江北诸郡全部沦陷于东魏。在梁末的混乱中，出身寒门的陈霸先以军功起家，永定元年(557)于建康称帝，建立陈朝。经过陈霸先（陈武帝）和其侄陈蒨（陈文帝）两代的努力，陈朝勉强稳定了北至长江、东至三峡峡口的东南一隅，成为南朝中实力最弱、版图最

① 《南史》卷八十《侯景传》，第2009页。
② 《陈书》卷十三《鲁悉达传》，第198页。
③ 《魏书》卷九十八《岛夷萧衍传》，第2187页。
④ 《南史》卷八十《侯景传》，第2014页。

小的一代王朝。

陈代，建康城逐步有所恢复。陈武帝永定二年（558），重建了宫城中的太极殿。[①]陈文帝天嘉年间（560—565），“盛修宫室，起显德等五殿”。[②]天嘉六年（565），重新修复了沟通都城南北交通的枢纽——朱雀航。[③]陈宣帝时期，复建了太子居住的东宫和礼制性建筑明堂。[④]陈后主时期，改筑孔子庙、建“齐云观”，又在宫城中修建了临春、结绮、望仙等三阁。[⑤]不过，陈代的兴筑只是六朝建康城的一次回光返照，规模远逊于前代。

陈代诸帝同样崇佛。永定元年冬十月陈武帝登基，“庚辰，诏出佛牙于杜姥宅，集四部设无遮大会，高祖亲出阙前礼拜。”这枚佛牙舍利是齐末法献从于阗国获得，传原先出自乌缠国。梁代供奉于定林上寺，普通三年（522）一度失踪，后为摄山庆云寺沙门慧兴、慧志获得。[⑥]陈武帝于登基之际命佛牙重新出世，并为此举办无遮大会，明显是效仿梁武帝，借助佛教宣示天命。永定二年四月，陈武帝还一度“幸大庄严寺舍身”，其后“群臣表请还宫”。[⑦]唐法琳《辩正论》记载：“陈世五主……国家新寺一十七所，百官造者六十八所，郭内大寺三百余所。”又引《舆地图》称：“都下旧有七百余寺。属侯景作乱，焚烧荡尽。有陈大统国及细民备皆修造，连甍接栋，栉比皇居，表塔相望，星罗治下，书经造像不可纪言。”《辩正论》还记载，陈武帝“修治故寺三十二所”，陈文帝“修治故寺六十所”，陈宣帝“修补故寺五十所”。[⑧]陈朝起于废墟，内忧外患，财力有限，不可能将梁代故寺全部修复，但是如《辩正论》所记，陈代诸帝逐步修补故寺，使建康佛寺规模略复旧观还是有可能的。《南史》也记载，陈后主曾“自卖于佛寺为奴”，又“于郭内大皇佛寺起七层塔”。[⑨]

长干寺在陈代恢复了旧称，然而有关这一时期长干寺的记载相当有限。陈代曾任左光禄大夫、太子少傅的徐陵撰写过一篇名为《长干寺众食碑》的碑记，其中称：“于

---

① 《陈书》卷二《高祖纪下》，第 37 页。

② 《隋书》卷二十二《五行志上》，第 631 页。

③ 《陈书》卷三《世祖纪》，第 59 页。

④ 《陈书》卷五《宣帝纪》，第 83 页、84 页。

⑤ 《陈书》卷七《后主纪》，第 112 页；《南史》卷十《后主纪》，第 307 页；《陈书》卷七《后主沈皇后传》，第 131 页。

⑥ 《陈书》卷二《高祖纪下》，第 34 页；《高僧传》卷十三《齐上定林寺释法献传》，第 489—490 页。

⑦ 《陈书》卷二《高祖纪下》，第 37 页。

⑧ 〔唐〕释法琳撰：《辩正论》卷三《十代奉佛上篇》，《大正藏》第 52 册，No.2110，第 503 页。

⑨ 《南史》卷十《后主纪》，第 307 页；

是思营众业，愿造坊厨，庶使应供之僧，皆同自然之食。升堂济济，无劳四辈之频；高廪峨峨，恒有千食之糒。……甲第王侯之门，莫不供施相高，资储转众。”[①] 通过此条可知，陈代的长干寺曾努力营造厨房和粮食仓库，以确保寺内僧众得到正常供食，而高门贵族也愿意给予布施。前引《感通录》对长干寺阿育王像的记载中，多次提及长干像预测陈朝国之祸福，并且提及“沙门慧晓长干领袖，行化所及，事若风移。乃建重阁，故使藻画穷奇，登临极目”。[②] 说明在慧晓的主持下，陈代长干寺新建了一座绘画精美的高阁，可供登临远眺。《陈书》还记载，至德三年（585）十一月辛巳，陈后主“舆驾幸长干寺，大赦天下”。[③] 通过以上数条记载可以看出，长干寺在陈代保持了江南大刹的地位，依然受到皇室的重视，拥有较大的寺院规模，一度还有所增建。

坚持了34年之后，陈朝最终未能抵御住已经统一北方的隋朝大军。陈后主祯明二年、即隋开皇八年（588），隋文帝杨坚以晋王杨广为统帅，组织50余万大军，兵分八路，从长江上、中、下游同时攻陈，于开皇九年（589）正月攻占建康，陈朝覆灭。随之而来的，是长干寺伴随建康城再一次遭受灭顶之灾。《建康实录》记载：“陈亡，寺内殿宇悉皆焚烬。”[④]2008年，从北宋长干寺地宫中出土的宋代《金陵长干寺真身塔藏舍利石函记》也记载：“洎平陈之日，兵火废焉。旧基空列于榛芜，峞级孰兴于佛事。”经过此次毁寺，长干寺终结了自东吴以来三起三落的发展历程，也为六朝这个重要的时代画上了休止符。其后长干寺与建康城一起，经历了一个长达400余年的漫长低谷期，在沉寂中默默等待复兴的机遇。

---

① 〔南朝陈〕徐陵撰：《徐孝穆集》卷四，北京：商务印书馆，1937年，第164—167页。

② 《集神州三宝感通录》卷中“东晋杨都金像出渚缘”条，第414页。

③ 《陈书》卷六《后主纪》，第112页。

④ 《建康实录》卷十七《高祖武皇帝》天监元年“是岁……立长干寺”条，第673页。

第五章　隋唐五代时期的长干寺遗址

隋平陈之役后，长干寺遭受了历史上第三次毁寺之灾。此次毁寺与前两次有明显的不同——长干寺第一次毁于孙綝之乱，两晋时期得到复建；长干寺第二次毁于齐梁嬗代之际，次年梁武帝即下诏复建。此次被毁之后，长干寺沦为废墟长达420年，变成了一处真正意义上的遗址。六朝时期的长干寺能够屡毁屡建、快速复兴，关键在于它所依托的建康城持续繁荣，前后相延的南朝政权不断给予鼎力支持；而隋唐时期长干寺之所以沦为遗址，复兴无望，关键在于失去了政权的庇护，具有故都身份的建康城遭到了有意的摧毁和长期的压制。

隋唐时期长干寺虽为遗址，但经历的大事不少，不仅寺院被毁，还多次遭受剥夺圣物之痛。长干寺著名的阿育王像被隋文帝西迁入京，两塔地宫也先后被打开，舍利圣物分别迁往京城和润州。本章将重点对上述事件进行梳理，探讨隋唐时期长干寺多次遭受劫难背后复杂的政治因素。

第一节　隋代对长干寺的破坏与掠夺

公元589年隋灭陈，结束了自西晋末年以来南北近300年的分裂状态，国家重新得到统一，人民得到安定，民族融合、经济发展得以更好地实现。然而隋灭陈之后，隋文帝杨坚下令对建康城采取了极其野蛮、粗暴的“平荡耕垦”政策，六代名都毁于一旦，包括长干寺在内的无数名胜灰飞烟灭，在中国历史上留下了惨痛的伤痕。

一、建康城与长干寺的毁灭

平陈之役中，由于陈朝上下君荒臣嬉，极度腐败，隋军在进攻建康的过程中，除了与陈军在城东白土岗发生过一次较为激烈的战斗之外，其余各处的建康守军几乎全部望风而降。尤其是陈朝大将任忠在城南石子冈主动迎降，引导隋军长驱直入朱雀门。有人欲战，任忠大喊："老夫尚降，诸军何事！"于是众军皆散。[①] 由此可知，此役之中，建康城并没有因为战争而发生较大的破坏。长干寺所处的城南一带也没有发生过激烈的战事。

然而平陈之后，隋文帝下诏"建康城邑宫室并平荡耕垦"。[②] 在这条严酷的指令之下，昔日恢宏壮丽的建康城池、宫殿、园林等各种代表都城的标志性建筑全部遭到毁除。东晋、南朝一向以文化正统为傲，历代皆高度重视礼制与文化建设，建康兴建的太庙、太社、太学、辟雍、明堂等重要设施，也全部被毁。[③] 隋朝的将作大匠宇文恺曾来到建康考察，对被毁的南朝明堂有过真实的描述："平陈之后，臣得目观，遂量步数，记其尺丈。犹见基内有焚烧残柱，毁斫之余，入地一丈，俨然如旧。柱下以樟木为跗，长丈余，阔四尺许，两两相并，凡安数重。"[④]

近20年来，南京考古工作者对六朝建康城址进行了艰苦的探索，已经明确了宫城的所在地，发现了城墙、道路、涵洞、城壕、房址等多处遗迹，但是几乎所有遗迹都是残损严重，只剩基础部分，甚至仅存部分痕迹。2008年，考古工作者在大行宫东箭道（建康宫城核心区）发现一道长约25米、宽达18米的夯土城墙基址，经发掘确认，它是东晋南朝时期建康宫城的东墙遗迹。[⑤] 依托该遗址，南京市新建了六朝博物馆，作为介绍南京六朝文化的重要基地。宫城东墙遗迹是该馆保护和展示的重点，现已成为六朝建康城遗址的一个象征。该段城墙残存的夯土基础高度不足0.5米，夯土两侧的包砖部分最多残存3层砖。这种保存状况正是当年"平荡耕垦"政策的直接证明。

长干寺是江南历史最悠久，规模、地位最出众的寺院之一，受到东晋南朝历代帝王的重视。因而它虽然只是一座寺院，却与建康宫殿、城邑一起，被隋军有意识地重

---

① 〔宋〕司马光编著：《资治通鉴》卷一七七《隋纪一》"文帝开皇九年"条，北京：中华书局，1956年，第5508页。

② 《资治通鉴》卷一七七《隋纪一》"文帝开皇九年"条，第5516页。

③ 关于东晋、南朝礼制与文化设施的详细情况，可参阅贺云翱著：《六朝瓦当与六朝都城》第七章《都城内主要礼制建筑与太学》，北京：文物出版社，2005年。

④ 〔唐〕魏徵、令狐德棻撰：《隋书》卷六十八《宇文恺传》，北京：中华书局，1973年，第1593页。

⑤ 南京市考古研究院内部资料，感谢贾维勇副研究员提供的帮助。

点毁除了。根据《建康实录》的记载，经过隋军的“平荡”，长干寺除了一座三层石塔，寺内所有殿宇全部焚烬。[①] 而《感通录》也有记载：“今润州江宁故地但有砖基三层并刹佛殿，余则榛木荒丛，非人所涉示。……而草深人希，惟有恶兽于中产育。”[②] 这段文字真实地描述了长干寺沦为废墟之后的惨状：除了一座“刹佛殿”（有可能即是指塔），其他所有建筑全部不存，仅剩下砖砌的基础，原本兴盛的寺院变成了草木丛生、野兽出没之地。

二、长干寺阿育王像与舍利的西迁

除了寺院本体遭到蓄意的毁灭之外，长干寺名动南北的两项镇寺之宝也先后被杨坚父子有意识地迁往长安。首先遭到外迁的是长干寺阿育王像。长干像铸造于东晋咸和年间，传至陈末已有250余年。前文已述，它是东晋政权精心打造的一件政教合一的祥瑞，为其附着了种种神异的色彩，以此显示佛陀之力护佑南方。其后历代南朝政权皆对该像推崇备至，将其抬升至镇国重器的高度——“自晋迄陈，五代王臣，莫不归敬”。[③] 对于这件意义特殊的金铜佛像，隋文帝给予了特殊的“关照”。《感通录》记载：

> 及隋灭陈，举国露首面缚西迁，如所表焉。隋高闻之（即阿育王像），敕送入京，大内供养，常躬立侍。下敕曰：“朕年老不堪久立，可令有司造坐像，形相使同其立，本像送大兴善寺。”像既初达，殿大不可当阳，乃置北面。及明，乃处正阳。众虽异之，还移北面。至明，还南如初，众咸愧谢轻略。[④]

隋灭陈之后，杨坚一方面下令将长干寺原址变成废墟，同时又下令将长干像送入长安。虽然该像一度被杨坚放在宫中供养，但是不久之后即找借口将它送往大兴善寺。由此不难看出，杨坚并不是因为喜欢才将该像不远千里运至长安，而是不允许这件南朝的镇国之器继续留在建康。长干像到达大兴善寺之后，寺僧以像小不可以当阳为理由，违反佛像坐北朝南放置的通例，故意将此像面北放置，其用意不难猜测，就是要让这件南方来的佛像代表南朝，朝拜北方的天子。这种做法应该不是寺僧擅自所为，而是得到了隋文帝的授意，其目的是进一步从精神上，甚至法术上压制南方政权的复兴。

---

① 《建康实录》卷十七《高祖武皇帝》天监元年“立长干寺”条，第673页。

② 《集神州三宝感通录》卷上 “东晋金陵长干塔”条，第405页。

③④ 《集神州三宝感通录》卷中“东晋杨都金像出渚缘”条，第414页。

其后遭难的是真身舍利、佛发、佛爪等长干圣物，它们被杨广劫往长安日严寺。道宣曾长住该寺，因此《感通录》对此事件的记载相当详细：

> 余本住京师曲池日严寺，寺即隋炀所造。昔在晋蕃，作镇淮海，京寺有塔未安舍利，乃发长干寺塔下取之入京，埋于日严塔下，施铭于上。于时江南大德五十余人咸言，京师塔下舍利非育王者，育王者乃长干本寺，而不测其是非也。至武德七年日严寺废，僧徒散配，房宇官收，惟舍利塔无人守护，寺塘属官，事须移徙。余师徒十人配住崇义，乃发掘塔下得舍利三枚，白色光明，大如黍米，并爪一枚，少有黄色，并白发数十余。有杂宝瑠璃古器等，总以大铜函盛之。检无螺发，又疑爪黄而小如人者，寻佛倍人爪赤铜色，今则不尔。乃将至崇义寺佛堂西南塔下，依旧以大石函盛之，本铭覆上埋于地府。①

另外，《续高僧传》也提供了重要的补充信息，比如《释彦琮传》记载：

> （开皇）十二年，敕召入京，复掌翻译，住大兴善，厚供频仍。时文帝御宇，盛弘三宝。每设大斋皆陈忏悔，帝亲执香炉，琮为宣导。畅引国情恢张皇览，御必动容竦顾，欣其曲尽深衷，其言诚感达如此类也。炀帝时为晋王，于京师曲池营第林，造日严寺，降礼延请，永使住之。②

《释智矩传》记载：

> 开皇十九年，（智矩）更移关壤，敕住京都之日严寺，供由晋国，教问隆繁，置以华房。③

综合以上数条，开皇年间，时为晋王的杨广在长安曲池营造日严寺。该寺为杨广的“第林”，即府第之内的家寺。据宋敏求《长安志》记载，日严寺位于隋唐长安城青龙坊西南隅。④ 为了使日严寺塔下有舍利供养，杨广利用他担任扬州总管，坐镇江淮的便利条件，下令将长干寺中的一座阿育王塔地宫打开，将塔下瘗藏的舍利圣物迁往长安，瘗藏于日严塔下。日严寺的营建大约从开皇十二年（592）开始，开皇十九年（599）智矩正式受敕入住，说明该寺已经建成。因此，长干寺阿育王塔地宫被重新打开、舍利西迁的时间应在592—599年之间。

---

① 《集神州三宝感通录》卷上 “东晋金陵长干塔”条，第405页。

② 《续高僧传》卷二《隋东都上林园翻经馆沙门释彦琮传》，第436页。

③ 《续高僧传》卷十一《隋西京日严道场释智矩传》，第509页。

④ 〔宋〕宋敏求撰，〔清〕毕沅校正：《长安志》卷八《唐京城二》，《中国方志丛书·华北地方》第290号，台北：成文出版社有限公司，1970年，第202页。

值得关注的是，开皇后期的十年正是杨广处心积虑谋夺太子之位的关键时期。在此期间，他想尽办法博取其父杨坚和其母独孤皇后的欢心。杨坚与独孤氏皆崇佛，以佛显孝、以佛表忠即成为杨广夺嫡的重要手段。开皇十一年（591），杨广受菩萨戒，他为自己取“戒名为孝,亦名制止”,并且作疏公开宣称要“以此胜福,奉资至尊、皇后”。[①]《续高僧传·昙崇传》记载，杨坚夫妇以清禅寺高僧昙崇为师，时常将他接入大内讲经。在昙崇面前，杨坚自称“师儿”，独孤皇后自称“师女”。见此情况，杨广不惜代价地成为清禅寺的大施主——“晋王钦敬禅林，降威为寺檀越，前后送户七十有余，水硙及碾上下六具，永充基业”。开皇十一年，又为清禅寺“造露盘，并诸庄饰，十四年内方始成就，举高一十一级，竦耀太虚，京邑称最。尔后嚫遗相接，众具繁委。王又造佛堂、僧院，并送五行调度，种植树林等事”。[②]

在日严寺的营建上，同样体现出杨广深刻的用心。“日”即太阳，在人间象征帝王。“严”指父母，《周易·家人》篇曰：“家人有严君焉，父母之谓也。”[③]杨广将自己的家寺命名为“日严”，一方面是在赞颂杨坚夫妇如同上天之太阳，另一方面又在表明他修建此寺的目的并非为自己，而是为父母祈福。通过寺额，直白地向杨坚夫妇表达孝心和忠心。杨广还“降礼延请”高僧彦琮，使他长住此寺。彦琮是杨坚宠信的僧人，被杨广招揽入府后，自然会在杨坚面前为其“曲尽深衷”“言诚感达”。长干寺舍利是南朝极负盛名的圣物，杨广将它们重新掘出，迁往京城，不仅符合其父杨坚打压南朝、迁其重器的国策，又能直接为杨坚夫妇祈福服务。可以想见，这一举动无疑会得到杨坚夫妇的赞赏，成为他夺嫡之路上又一重要加分项。日严寺建成后不久，开皇二十年（600）十月，隋文帝即废黜长子杨勇，十一月“以晋王广为皇太子”。[④]杨广的苦心孤诣终见成效，而长干寺舍利不幸成为他夺取最高权力的一块踏脚石。

到了唐武德七年（624），日严寺被废，寺僧遭遣散。道宣师徒在迁徙之际，重新打开了日严塔地宫。他们确认塔下瘗藏的舍利圣物是“舍利三枚，白色光明，大如粟米，并爪一枚，少有黄色，并白发数十余”，其与刘萨诃最初发现的舍利圣物相当一致。这一情况可以说明两点：其一，梁武帝改造阿育王寺双塔时，并未将刘萨诃发

① 〔隋〕灌顶撰：《国清百录》卷二《王受菩萨戒疏》，《大正藏》第46册，No.1934，第803页。

② 《续高僧传》卷十七《隋京师清禅寺释昙崇传》，第568页。

③ 〔曹魏〕王弼注，〔晋〕韩康伯注：《周易》卷四，《四部丛刊》经部第2册，上海：商务印书馆，1929年，第34页。

④ 《隋书》卷二《高祖纪第二》，第45页。

现的舍利圣物分供，而是将真身舍利和发爪与其他舍利区分开来，分别放入了两塔地宫；其二，杨广在迁移长干寺舍利时做了细致的调查工作，准确地找到了瘗藏真身舍利的那座阿育王塔，将长干寺久负盛名的舍利圣物迁往了京师自家府邸。其后，道宣师徒将长干寺舍利迁至崇义寺，在该寺的西南塔下重新瘗藏。崇义寺是武德二年（619）唐高祖李渊第五女桂阳公主为驸马赵慈景所立，位于长安西市以南的长寿坊，[①] 具体位置在该坊十字街的西北部。[②] 经过众多学者的多年研究，唐代长安城的里坊布局已经相当清楚，崇义寺的位置也相对明确。（图 17）我们期待西安的考古工作者能够有机会确认并发掘崇义寺遗址，让千里播迁、充满传奇的长干寺真身舍利有朝一日再度面世。

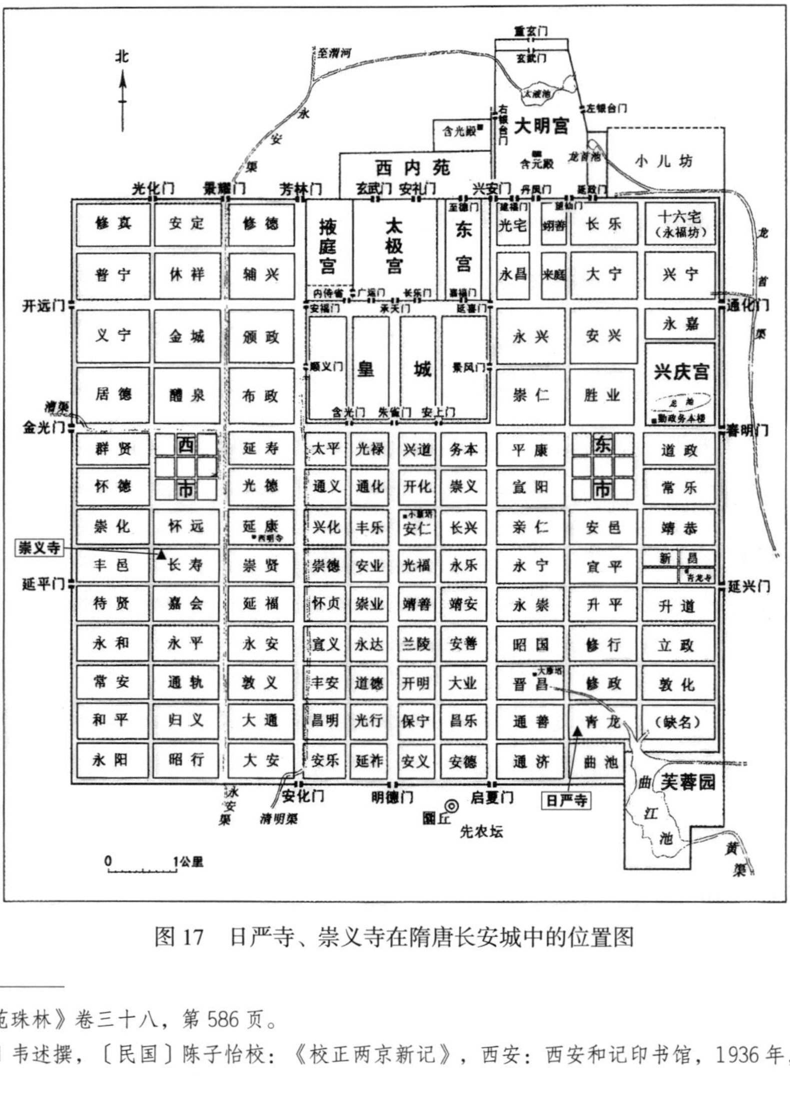

图 17　日严寺、崇义寺在隋唐长安城中的位置图

① 《法苑珠林》卷三十八，第 586 页。

② 〔唐〕韦述撰，〔民国〕陈子怡校：《校正两京新记》，西安：西安和记印书馆，1936 年，第 15 页。

三、从建康到蒋州——隋对建康城的全方位打压

除了“平荡耕垦”将建康城变成废墟之外，隋王朝还通过降低城市地位，阻断经济命脉，破坏文化基础等一系列手段，系统性地压制建康，使之无法得到恢复和发展的机遇。

东晋、南朝时期，建康不仅是国都，还是扬州州治、丹阳郡治、建康与秣陵县治的所在地。扬州是六朝政权的帝畿，拥有“全吴之沃”。[①]以东晋时期为例，下辖丹阳、宣城、吴、吴兴、会稽、东阳、新安、临海、永嘉、义兴、晋陵等十一郡。扬州刺史在建康的治所有两处：一为西州城，一为东府城，分别位于宫城的东、西两侧，州治在此两城间经常转换。丹阳郡是扬州下辖的首郡，东晋时期下辖建康、秣陵、丹阳、永世、溧阳、湖熟、江宁、句容等八县。丹阳郡城位于淮水之南，与长干寺相距很近。建康与秣陵是附郭县，以淮水为界，在建康也各有治所。[②]隋灭陈后，西州城、东府城、丹阳郡城与建康宫城同遭毁除，南朝原有的行政体系和名称也遭废除。隋文帝下令废丹阳郡，以及建康、秣陵等县，以石头城为治所设置蒋州，下辖江宁、当涂、溧水三县，建康故城变成江宁县辖地。与之同时，隋文帝下令在江北的广陵设立扬州总管府，先后命宗室秦王杨俊和晋王杨广坐镇，就近监视陈朝旧境，管理江南军政事务，剥夺了建康作为扬州治所的传统地位。

六朝建康城的东部、句容县境内有一条重要的人工运河，名为“破冈渎”。它是东吴赤乌八年（245）孙权下令开凿，作用是打通建业与太湖流域的水运通道，保障三吴地区的粮食、财赋能够源源不断地输往都城。破冈渎建成后，一直是维系六朝建康城经济繁荣的大动脉。平陈之后，隋政府下令废除此渎，从而掐断了建康获取外部资源的重要途径。[③]大业六年（610），大运河全线贯通，江南财赋直达洛阳，对于建康更是釜底抽薪之举。

隋灭陈后，不仅将南朝太庙、太社、太学、明堂等重要礼制和文化建筑毁除，而且对于南朝相当兴盛的佛教文化也进行了重点打击。《续高僧传·慧觉传》记载：“隋朝克定江表，宪令惟新，一州之内止置佛寺二所，数外伽蓝皆从屏废。”[④]根据《辩

---

① 〔梁〕沈约撰：《宋书》卷五十四《沈昙庆传》，北京：中华书局，1974年，第1540页。

② 关于上述各城的具体位置，可参阅胡阿祥、李天石、卢海鸣编著：《南京通史（六朝卷）》第四章《建康地方行政区划与州郡县城》，南京：南京出版社，2009年，第138—172页。

③ 《建康实录》卷二《太祖下》“赤乌八年八月”条，第53页。

④ 《续高僧传》卷十二《义解篇八·隋江都慧日道场释慧觉传》，第516页。

正论》的记载，陈时有寺“一千二百三十二所”，其中仅建康就有“寺三百余所”。[①] 隋平陈之后，收取南朝“州四十二，郡一百九，县四百三十八。”[②] 按照上述政策，陈朝旧地可以保留下来的佛寺总数不足 90 所，其余 1100 余所全部毁废，仅建康就将废除佛寺 300 余处。因此，即使长干寺没有被当作建康的象征而遭毁除，在此项政策下也难逃厄运。开皇十二年（592），僧人慧文等人记录了蒋州毁寺的实际情况：“伏见使人赍符坏诸空寺，若如即目所睹，全之与破。及有僧无僧，毁除不少。”[③]“近年寇贼交横，寺塔烧烬。”[④] 中国历史上有著名的“三武灭佛”事件，杨坚在陈朝故地推行的政策，实际上等同于开展了一次严厉的灭佛运动。

吊诡的是，杨坚在中国历史上还是一位以崇佛闻名的皇帝。开皇三年（583），为庆祝大兴新都落成，他一下子拿出 120 个建寺名额，下诏称：“有能造者，便任取之。”[⑤] 开皇十年（590），为庆祝国家“廓清百越，文轨大同”，杨坚又下诏：“有乐出家者，并听！”[⑥] 一时之间新度之僧达到 50 余万人。杨坚的作为看似矛盾，其实不然。杨坚崇佛主要在北方，抑佛主要在南方，他推行的双面政策无非是想确保北方的文化发展更好地压倒南方。

在隋王朝军事、政治、经济、文化多方面的打击下，建康城市发展倒退了 300 余年，回到了东吴建都之前的农耕状态，建康人口也迅速流失。梁代建康人口顶峰时有“户二十八万”，近 140 万人。[⑦] 而隋代蒋州三县人口总计“户二万四千一百二十五”，仅剩约 12 万人。[⑧]

客观而言，隋平陈之后，采取相应的措施打击、防范分裂势力，维护来之不易的和平统一局面，本是极有必要的。然而，隋王朝对建康城采取的“平荡耕垦”政策，不仅极其野蛮，而且极为幼稚，暴露出杨坚集团缺少政治智慧和文化自信。国家能否稳定和统一，关键在于政策是否合乎民心。如果政策得当，远人可以来朝；政策失当，兄弟可以为仇，这是中国历史早就证明的基本常识。隋王朝希望通过毁灭、打压一座

① 〔唐〕法琳：《辩正论》卷三《十代奉佛上篇》，第 503 页。
② 《隋书》卷二《高祖纪下》校注二，第 32 页。
③ 《国清百录》卷二《蒋州僧论毁寺书》，第 804 页。
④ 《国清百录》卷二《述蒋州僧书》，第 804 页。
⑤ 《长安志》卷十《唐京城四》，第 208 页。
⑥ 《续高僧传》卷十《隋彭城崇圣道场释靖嵩传》，《大正藏》第 50 册，No. 2060，第 501 页。
⑦ 《资治通鉴》卷一六二《梁纪十八》武帝太清三年“高祖之末”条引《金陵记》，第 5018 页。
⑧ 《隋书》卷三十一《地理志下・扬州丹阳郡》，第 876 页。

名城的方式维护国家的长治久安，无异于缘木求鱼，只会助长仇恨，留下隐患。陈亡之后不到两年，南朝旧境就爆发了大规模的反隋暴动。陈亡之后不到 30 年，隋王朝就在遍地烽烟中崩溃瓦解。尤为可笑的是，灭亡之前隋炀帝还曾计划占据建康故都，与北方政权划江而治。

遗憾的是，隋王朝平荡耕垦、全面打压建康的政策不仅得到了贯彻实施，而且被其后的唐王朝承袭，造成六朝之后的蒋州长期维持在小邑、废都的状态。也正是在这一过程中，长干寺与南京的密切关系得到了反向的证明——长干寺因为南京的毁灭而毁灭，因为城市发展受阻而长期沦为遗址。在南都恢复活力之前，长干寺都无法看到复兴的曙光。

第二节 长干寺舍利播迁京口

唐代南京的名称和行政区划多次变更，城市地位时有起伏，但总体上仍然受到强烈的防范与压制。与此同时，南京周边的润州（今江苏省镇江市）借助大运河开通的良机，在唐王朝的扶持下强势崛起，取代南京，成为这一时期江南地区最重要的城市。在此历史背景下，长干寺遗址于中唐时期再一次遭到打击。该寺残存的另一座阿育王塔地宫被打开，瘗藏的舍利外迁润州北固山。这一事件的主导者，是中晚唐时期的著名人物李德裕。

一、唐朝对建康故地的压制与润州的崛起

大业三年（607），隋炀帝恢复郡县制，改蒋州为丹阳郡，仍以石头城为治所。① 大业十四年（即唐武德元年，618），时在江都的隋炀帝见中原已乱，无心北归，谋划以丹阳立都，下令“治丹阳宫，将徙都之”，② 后因将士叛逃而未成功。同年杜伏威、辅公祏率领起义军占领江淮地区，“移居丹阳，进用人士，大修器械，薄赋敛”，③ 成为一支重要的割据力量。武德二年（619），杜伏威向唐朝称臣，受封为吴王。武德三年（620），唐朝再改丹阳郡为扬州，下辖江宁、溧水、丹阳、溧阳、安业五县。

① 《隋书》卷三《炀帝纪上》“大业三年夏四月”条记曰：“壬辰，改州为郡。”第 67 页。

② 《资治通鉴》卷一百八十五《唐纪一》“唐高祖武德元年”条，第 5776 页。

③〔后晋〕刘昫等撰：《旧唐书》卷五十六《杜伏威传》，北京：中华书局，1975 年，第 2267 页。

其后省安业县，增补句容、延陵两县。[①] 武德六年（623），杜伏威入朝，辅公祏留守丹阳。同年七月，辅公祏叛唐，称帝，“自称宋国，于陈故都筑宫以居焉，署置百官”。[②] 第二年被唐军平定。

隋末唐初，建康故地再次被反叛势力占据、成为割据中心的情况，促使李唐王朝重拾前隋旧策，继续对建康故地进行压制。武德九年（626），唐政府待江南全部平定之后，对南京及其周边地区的行政区划进行了重大调整：在江北另设扬州，治所移至江都（今扬州市），将原扬州下辖的江宁、延陵、句容三县划归润州，将丹阳、溧水、溧阳三县划归宣州（治所在今安徽省宣城市）。[③] 至此，建康故地不设州一级行政建置，仅设江宁一县，南京的城市地位降至六朝以来的最低点。六朝古都的急剧衰落和沧海桑田的变化，在唐代引发众多文人的感怀，初唐四杰之一的王勃就曾写道：“昔时地险，尝为建业之雄都；今日太平，即是江宁之小邑。”[④]

安史之乱期间，江宁的地位一度有所提升。唐肃宗乾元元年（758），于江宁置昇州，以句容、江宁、当涂、溧水四县属之，同时在昇州设置浙江西道节度使。[⑤] 然而这只是危急关头唐王朝拉拢六朝故地、防止其倒向叛军的权宜之计。《太平寰宇记》指出：“肃宗以金陵自古雄据之地，时遭艰难，不可以县统之。因置昇州，仍加节制，实资镇抚。时人艰弊，力难兴造，因旧县宇以为州城。禄山平后，复废州，依旧为县。”[⑥] 昇州设立后仅存在了四年，上元二年（761）废，同年改江宁县为上元县，仍隶润州。[⑦] 昇州被废后，创设不久的浙西节度使随即将治所迁至润州。

润州在秦汉时称为丹徒县，孙吴时于丹徒西乡建京口镇（今镇江市区），刘宋时又在京口设南徐州，因此丹徒、京口、南徐皆为润州和现代镇江市的代称。京口与建康相距仅60公里，是距离南京最近的一座重要城市。六朝时期，京口乃是拱卫建康的重镇。刘裕曾言：“京口要地，去都密迩，自非宗室近戚不得居之。”[⑧] 顾祖禹总结六朝建康与京口关系时称：“建业之有京口，犹洛阳之有孟津。自孙吴以来，东南

---

① 〔宋〕欧阳修、宋祁撰：《新唐书》卷四十一《地理志五》，北京：中华书局，1975年，第1057页。
② 《旧唐书》卷五十六《辅公祏传》，第2269页。
③ 《新唐书》卷四十一《地理志五》，第1057页。
④ 〔唐〕王勃：《江宁吴少府宅饯宴序》，《文苑英华》卷718，北京：中华书局，1982年，第3713页。
⑤ 《旧唐书》卷四十《地理志三》，第1584页。
⑥ 《太平寰宇记》卷九十《江南东道二》，第1782页。
⑦ 《新唐书》卷四十一《地理志五》，第1057页。
⑧ 《南史》卷十七《刘康祖传》，第490页。

有事，必以京口为襟要。”[①] 隋开皇十五年（595），以京口为治所，初置润州，后废。大运河开通以后，京口位于大运河江南段与长江的交汇点，扼守南北漕运的咽喉，地理位置的重要性日益突出。武德三年（620），唐政府以丹徒县设润州，仍以京口为治所。武德八年增补丹阳县，九年将江宁、句容、延陵三县划入，润州辖境至此确定。乾元元年（758）设立的浙江西道，在昇州被废后迁治于京口，长官或称节度使，或称观察使，管辖润、常、苏、湖、杭等五州之地。[②] 唐代中晚期，全国经济重心南移，“天下以江淮为国命”，[③] 浙西节度使和以扬州为治所的淮南节度使管辖的地区，成为唐王朝最主要的财赋来源，备受重视。

二、镇江甘露寺铁塔地宫的考古收获

北固山位于京口东北部，缘江而立，古丹徒水道的入江口即在此山下。此山由北、中、南三座山峰组成。东汉建安十四年（209），孙权于北固山南峰建城，号曰“京城”，又称“铁瓮城”，“京口”之名由此而来。[④] 此城一直沿用至唐代，成为润州州治所在。

甘露寺建于北固山之北峰。该寺的创建年代有两说：元《至顺镇江志》引《图志》称：“寺建于三国甘露年间”，即吴末主孙皓主政时期。[⑤] 这种说法的可信度不高，一是因为该条史料出现的年代太晚，又缺乏佐证；二是因为孙皓本身是一个反佛的皇帝。《高僧传·康僧会传》记载：“孙皓即政，法令苛虐，废弃淫祠，乃及佛寺，并欲毁坏。”[⑥] 另一种说法认为该寺是唐代名臣李德裕所创建，如张彦远《历代名画记》称：“宰相德裕镇浙西，创立甘露寺。”[⑦]《嘉定镇江志》也记载：“（甘露寺）唐宝历中李德裕建，以资穆宗冥福，时甘露降此山，因名。”[⑧] 这种观点得到多条史料的

---

① 〔清〕顾祖禹辑著：《读史方舆纪要》卷二十五《江南七·镇江府》，上海：商务印书馆，1936 年，第 1175 页。

② 《旧唐书》卷三十八《地理志一》，第 1391 页。

③ 〔唐〕杜牧撰：《樊川文集》卷十六《上宰相求杭州启》，上海：上海古籍出版社，1978 年，248 页。

④ 〔唐〕李吉甫撰：《元和郡县图志》卷二十六五《江南道一》“润州”条，《丛书集成初编》第 3090 册，北京：商务印书馆，1937 年，第 649 页。孙权所建之城又称“铁瓮城”，其遗址经镇江市考古工作者多年的考古发掘，始建年代证实为三国时期。参见刘建国：《古城三部曲——镇江城市考古》第二章第一节《孙权建造铁瓮城》，南京：江苏古籍出版社，1995 年。

⑤ 〔元〕俞希鲁撰：《至顺镇江志》卷九《僧寺》“甘露寺”条，《中国方志丛书·华中地方》第 171 号。台北：成文出版社，1975 年，第 520—521 页。

⑥ 《高僧传》卷一《魏吴建业建初寺康僧会传》，第 16 页。

⑦ 《历代名画记》卷三，第 62 页。

⑧ 〔宋〕卢宪撰：《嘉定镇江志》卷八《僧寺》“丹徒县甘露寺”条，《中国方志丛书·华中地方》第 429 号，台北：成文出版社，1983 年，第 2878 页。

支持，较为可信。

甘露寺有一座建于北宋熙宁年间的铁质仿木楼阁式塔，一直保留至今，原高九级，现存塔座和四级塔身，2013年被列为全国重点文物保护单位。1960年，镇江市对这座铁塔进行维修的过程中，于塔下发现地宫。地宫中出土了多份舍利，以及大量唐、宋时期的供养器物。地宫中还出土了多方带有铭文的石刻材料，清晰地揭示了甘露寺唐代创建、宋代复建的经历，以及地宫中舍利的来源。[①]

考古发现的铁塔地宫是典型的竖穴砖石室地宫，构筑于塔座之下3.42—4.22米深处。它平面呈长方形，东西长0.97米、南北宽0.86米、深0.8米，由19层青砖平铺砌成，底部铺设石板，顶部以三层石板封护。（图18）地宫中除了多块唐、宋石刻，其余的器物皆放置于一个长0.89米、宽0.62米、高0.6米的大石函中。大石函内又分别放置了两套舍利瘗藏容器，分别由小石函、银椁和金棺套置组成。根据相关铭文，两套石函内分别放置了来自上元县禅众寺和长干寺的舍利。地宫中出土唐、宋两个时期供养的各种质地的器物2500余件。

地宫中出土了多份石刻铭文，为我们了解甘露寺地宫、塔和寺院的营建过程提供了珍贵的第一手资料。其中，最主要的石刻有三份，现择要录于下：

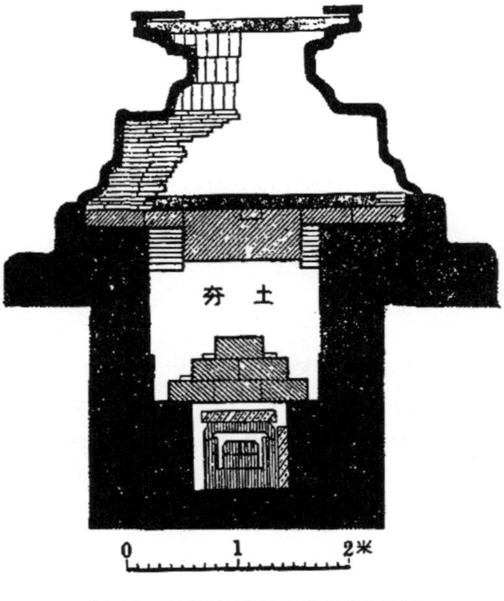

图18　甘露寺塔基与地宫剖面图

① 江苏省文物工作队镇江分队、镇江市博物馆：《江苏镇江甘露寺铁塔塔基发掘记》，《考古》1961年第6期。

1. 唐代《李德裕重瘗长干寺阿育王塔舍利记》，方形，函状，由两块边长 19 厘米、厚 4 厘米的青石制成。函盖与函身的正面分别刻有铭文（图 19）：

图 19　《李德裕重瘗长干寺阿育王塔舍利记》函盖与函身拓片

浙西道都团练观察处置等使、润州刺史、兼御史大夫李德裕，以长庆乙巳岁正月戊申日建塔。（函盖）

上元县长干寺阿育王塔舍利二十一粒，缘寺久荒废，以长庆甲辰岁十一月甲子移置建初寺，分十一粒于北固，依长干旧制造石塔，永护城镇，与此山俱。（函身）①

2. 唐代《李德裕重瘗禅众寺舍利记》，由一块边长 56 厘米、厚 10 厘米的方形青石制成，正面刻铭文（图 20）：

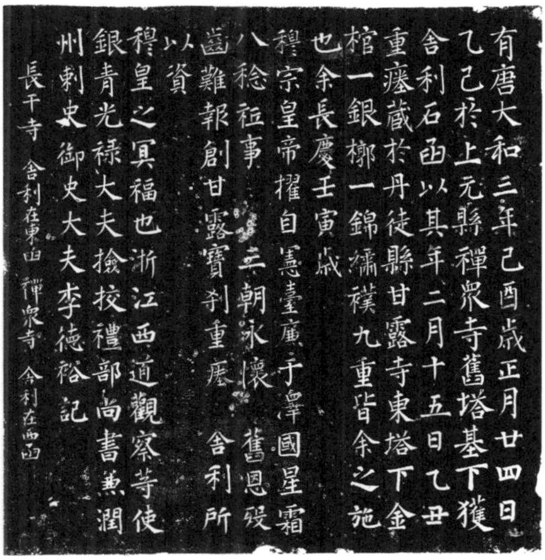

图 20　《李德裕重瘗禅众寺舍利记》拓片

① 镇江博物馆编著：《镇江博物馆藏佛教文物》，文物出版社，2015 年，第 51—52 页。

有唐大和三年己酉岁正月廿四日乙巳，于上元县禅众寺旧塔基下获舍利石函。以其年二月十五日乙丑，重瘗藏于丹徒县甘露寺东塔下。金棺一、银椁一、锦绣襆九重，皆余之施也。余长庆壬寅岁，穆宗皇帝擢自宪台，廉于泽国，星霜八稔，祗事三朝，永怀旧恩，没齿难报。创甘露宝刹重瘗舍利，所以资穆皇之冥福也。浙江西道观察等使、银青光禄大夫、检校礼部尚书兼润州刺史、御史大夫李德裕记。长干寺舍利在东函，禅众寺舍利在西函。[①]

3. 宋代《润州甘露寺重瘗舍利塔记》，由一块宽 88 厘米、高 66 厘米、厚 10 厘米的青石制成，正面刻铭文（图 21）：

图 21　宋代《润州甘露寺重瘗舍利塔记》拓片

润州甘露寺重瘗舍利塔记　住浮玉沙门务周撰

唐大和己酉岁，丞相卫国李公持节是邦，得长干、禅众二寺旧塔基下所藏舍利，各以金棺、银椁，重瘗藏于北固山甘露寺之东偏而塔焉。厥后星霜屡变，世代陵迟，塔既隳摧，事亦暧昧。寺僧屋于是地，以为至卑至陋污亵之所。方今天子即位之二年，在熙宁之己酉岁，大新法度，兴崇寺宇，天下之人莫不向风而钦奉。寺之主者，欲去故弊，张大其居，眷其地势之高隆，不能宏壮厥事，遂用工去其土而平之。基将成，迅风骤雨，一夕暴作，其基

① 镇江博物馆编著：《镇江博物馆藏佛教文物》，文物出版社，2015 年，第 49 页。

> 复从而颓圮。载募夫力，相与经营。一日，忽有数金出于地，夫力利其金，不计其工多少而取之。其地愈下，而其金愈多，几至丈寻，果见石函一所。既惊且疑！遂具佛事，集徒众，焚香而启之。迺见卫公所藏之舍利与其亲笔志文，粲然如新。其舍利色莹质明，香气芬馥，祥光发现，晃于朝日，乃知是浮图之故址也。南徐古为形胜之地，风俗醇厚，率多善人，闻是胜缘，悉来擎跪。焦君巽者，赀力既厚，善心尤笃，悟身不实，犹若浮沤，庆此难遭，如龟值木。遂乃择良匠，冶黑金，为浮图九级，即其故址而藏焉。起于丙辰之仲夏，成于戊午之孟夏，其所费之资二百余万。浮图成，远近之人咨嗟赞叹，稽首而围绕。……谨记其塔成所藏之岁月云耳，时元丰元年四月八日记。①

根据以上石刻铭文材料，我们可以清晰地还原出长干寺和禅众寺两份舍利从上元县迁至丹徒县，以及甘露寺唐代初建、宋代复建的基本过程：

首先，唐穆宗长庆三年（823），时任浙江西道观察使、润州刺史等职的李德裕，以长干寺久已荒废为由，将该寺仅存的另一座阿育王塔地宫打开，共发现舍利 21 枚。他下令将其中的 10 枚移置于上元县本地的建初寺，当年十一月，将另外的 11 枚迁至北固山，于第二年（824）正月依照该塔原有的式样，在北固山上建造一座石塔。他建塔的目的，是要“永护城镇，与此山俱”，即让来源于长干寺的舍利成为润州和北固山的守护者。

其次，到了唐文宗大和三年（829）正月，李德裕又打开了上元县禅众寺旧塔基下的地宫，从中掘出舍利石函。据《建康实录》卷三记载，禅众寺位于上元县城南二里的七战巷附近。②而同书卷五又称，禅众寺在县东南三里圣火巷以北。③因此，禅众寺应在唐代上元县城的东南方向，二里至三里之间。唐代上元县治位于城西的冶城，约在今江苏省委党校附近。④由此推算，禅众寺大约在今南京城南三山街至船板巷一带。禅众寺在南朝陈代一度相当兴盛，被称为“大禅众寺”，涌现出慧勇、慧象等多位高僧。⑤许嵩在《建康实录》中多次提及禅众寺，在他生活的玄宗、肃宗时期，禅众寺仍存。

---

① 镇江博物馆编著：《镇江博物馆藏佛教文物》，北京：文物出版社，2015 年，第 73 页。

② 《建康实录》卷三《景皇帝》“是年遣察战往交趾”条按语，第 83 页。

③ 《建康实录》卷五《中宗元皇帝》“太兴三年秋七月”条按语，第 134 页。

④ 贺云翱：《六朝“西州城”史迹考》，《南京史志》1999 年第 3 期。

⑤ 《续高僧传》卷七《陈杨都大禅众寺释慧勇传》，第 478 页；〔唐〕法藏集：《华严经传记》卷三《讲解下》，《大正藏》第 51 册，No.2073，第 163 页。

李德裕下令掘出禅众寺旧塔基下舍利石函后，于当年二月十五日，将禅众寺舍利重新瘗藏于丹徒县（今丹徒区）甘露寺东塔之下。这座“甘露寺东塔”就是长庆四年（824）他下令“依长干旧制”在北固山上所建的石塔。值得注意的是，李德裕初建石塔时并未提及甘露寺之名，他最初建塔之目的是要“永护城镇，与此山俱”。但是大和三年（829）他重瘗禅众寺舍利时，不仅明确提及甘露寺，称石塔为“甘露寺东塔”，而且表明“创甘露宝刹重瘗舍利，所以资穆皇之冥福也”。结合前引《嘉定镇江志》的记载可知，唐穆宗于长庆四年崩逝后，李德裕为了报答其擢拔之恩，随即在宝历年间（825—826）以北固山天降甘露为名，创建了甘露寺，为穆宗资求冥福。原已建成的石塔因此被称为“甘露寺东塔”。大和三年（829），李德裕将石塔地宫重新打开，将禅众寺舍利增入，并且手书志文，明确表达了他为穆宗皇帝祈福的心愿。

第三，到了200余年后的北宋时期，甘露寺仍存，但是李德裕所建之石塔早已被毁，原址被寺僧占用为厕所。神宗熙宁二年（1069），该寺住持想要扩建居所，雇工对塔基所在的高地进行降高、平整。工程进行过程中，工人不断从土中掘出金银器物，愈向下，器物愈多。发掘至一丈有余时终于发现了石函，瘗藏的舍利和李德裕亲笔撰写的志文，寺僧至此才知道这是唐代塔基和地宫的所在地。在焦巽等施主的帮助下，甘露寺耗资200余万，于熙宁九年至元丰元年（1076—1078），在原址新建了一座九级铁塔，并在塔下新建了一座砖石室地宫。在新建的地宫中，不仅原来唐代地宫瘗藏的舍利、供养器物、志文等遗物被重新纳入，还增加了宋代的供养器物，并且新刻了《润州甘露寺重瘗舍利塔记》，详细记载此事之原委。

甘露寺铁塔地宫是新中国佛教考古史上的一次重要发现，不仅地宫形制完整，出土遗物丰富，而且保存在地宫中的唐、宋石刻是相当宝贵的原始档案。依靠碑文，甘露寺从唐至宋建塔、建寺的过程一一呈现。甘露寺铁塔地宫的考古发现，对于长干寺的研究同样具有突出的价值。该地宫瘗藏的《李德裕重瘗长干寺阿育王塔舍利记》，揭示了长庆三年至四年，李德裕打开长干寺第二座阿育王塔地宫，将部分舍利东迁润州的史实。这段历史不见于其他文献记载，完全依赖于本次考古出土的实物证据才得以为今人所知。

三、李德裕东迁长干寺舍利的原因

甘露寺铁塔地宫出土的唐、宋石刻铭文，揭示了长干寺与禅众寺舍利从上元县迁往丹徒县的事实，但并没有交代清楚它们东迁的原因。《李德裕重瘗长干寺阿育王塔舍利记》称，长干寺舍利迁往北固山是“缘寺久荒废”；《李德裕重瘗禅众寺舍利记》回避了缘由，直接称“于上元县禅众寺旧塔基下获舍利石函”。但是“寺久荒废”和拥有“旧塔基”，两塔原有的舍利就应该被掘出并外迁吗？在上述事件中，当时的政治环境，以及李德裕本人的为政理念是非常关键的因素。

李德裕出身名门，勇于任事，一生历仕六朝，官至宰相、太尉，在唐代中晚期的政治舞台上颇有作为。处理与佛教的关系，是李德裕一生为政的重要方面，也是其遭后人毁誉的焦点之一。如果单看李德裕在创建甘露寺、塔过程中的表现，不少人会以为他是一个崇佛之人，然而如果通盘了解其一生的作为，他其实是一位主张严格控制佛教发展的官员。李德裕一生三镇浙西，担任浙西观察使（节度使）和润州刺史前后十余年。长庆二年至大和三年（822—829），李德裕首次主政浙西和润州。据《旧唐书·李德裕传》记载，在此任期内，他取得的一项重要成就是“四郡之内除淫祠一千一十所，又罢私邑山房一千四百六十，以清寇盗”。[①]

所谓“淫祠”是指不入国家祀典，民间私设的祠庙。[②]而“私邑山房”，唐代又称“招提”“兰若”，是指没有获得国家赐额，民间私设的寺院。《资治通鉴》记载：“元和二年，薛平奏请赐中条山兰若额为‘大和寺’。盖官赐额者为寺，私造者为招提、兰若，杜牧所谓‘山台野邑’是也。”[③]据张弓的研究，官给寺额的制度在唐代正式成熟，寺额除了原有的文化含义之外，还具备“颁额以控制寺数”的作用。[④]唐朝从玄宗时代起就对无额寺院进行清理。太极元年（712），玄宗尚未正式登基即发布敕令：“应凡寺院无名额者并令毁撤，所有铜铁佛像收入近寺。”[⑤]但是全国对于这条敕令的执行并不严格，各地皆保留了不少无额寺院。据《建康实录》，禅众寺在玄宗、肃宗时期仍然存在，很可能就属于上元县未被清理的无额寺院之一。另外，一些官员还会出面为无额寺庙请额，薛平奏请为中条山兰若赐额，即是其中一例。

不过，李德裕在浙西任上严格执行了上述敕令，严厉打击无额寺院，辖境内的“私

---

① 《旧唐书》卷一七四《李德裕传》，第 4511 页。

② 厉复超：《隋唐时期淫祠研究》前言，山东师范大学硕士学位论文，2011 年，第 3 页。

③ 《资治通鉴》卷二百四十八《唐纪六十四》“武宗会昌五年”条，第 8017 页。

④ 张弓：《汉唐佛寺文化史（上）》，《造设篇》之三《寺等·给额·寺名》，北京：中国社会科学出版社，1997 年，第 232 页。

⑤ 〔宋〕赞宁撰：《宋高僧传》卷二十六《唐东京相国寺慧云传》，《大正藏》第 54 册，No.2061，第 874 页。

邑山房”被他清除了1460所。此项行动成为他主政一方后的重要政绩，朝廷“优诏嘉之”。[①]长干寺在隋初已成废墟，仅剩一塔；禅众寺虽然唐代中期仍存，但未能获得政府赐额。因此，它们在李德裕治下皆被看作无额的“私邑山房”，先后遭到清理。两寺旧塔基之下的舍利被名正言顺地掘出，迁至李德裕直接坐镇的京口。

严厉打击和取缔无额寺院，贯穿了李德裕一生为官的轨迹。大和四年（830），李德裕调任剑南西川节度使，任内同样“毁属下浮屠私庐数千，以地予农”。[②]到了唐武宗会昌年间（841—846），李德裕为相，他配合武宗在全国开展了声势浩大的毁佛运动。据李德裕上奏的《贺废毁诸寺德音表》记载，全国“拆寺、兰若共四万六千六百余所，还俗僧尼并奴婢为两税户共约四十一万余人，得良田约数千顷”。[③]李德裕因此与唐武宗一起，成为唐代灭佛的关键人物，有“灭佛首辅”之称。[④]

实事求是地说，李德裕并不主张全面禁绝佛寺，而是要求对佛教进行严格限制，裁汰无额寺院，控制僧尼数量，同时利用佛教为封建统治秩序甚至其个人的需要服务。在创建甘露寺的过程中，他对佛教的真实态度表现得十分明显，他一方面将治下1400余所无额寺院全部清除，将长干寺和禅众寺旧塔下瘗藏的舍利掘出，同时又在自己坐镇之地创建新塔、新寺，最初是为了“永护城镇，与此山俱”，希望自己治下的京口安稳、永固；唐穆宗去世后，改为“所以资穆皇之冥福也”，以此报答皇帝对他的知遇之恩。在毁佛运动最高潮的会昌五年（845），李德裕向武宗建议在全国保留一定数量的寺院：“诸上州国忌日官吏行香于寺，其上州望各留寺一所，有列圣尊容，便令移于寺内；其下州寺并废。其上都、东都两街请留十寺，寺僧十人。”[⑤]润州甘露寺便是在李德裕的保护下，安然渡过了会昌之难。

综上所述，长干寺和禅众寺舍利在中唐时期东迁京口，与唐代对佛教的控制政策，以及李德裕本人的为政理念密切相关。也应看到，该事件与唐代南京城市地位的持续衰落同样密不可分。如果南京当时没有降为润州管辖的一个县，李德裕就无权随意将舍利迁往京口；如果昇州没有旋设旋除，浙西道仍以昇州为治所，长干寺或许不仅能够保住旧塔，还有可能早日获得复兴。

---

① 《旧唐书》卷一七四《李德裕传》，第4511页。

② 《新唐书》卷一百八十《李德裕传》，第5332页。

③ 〔唐〕李德裕撰：《李文饶文集》卷二十《祈告》，《四部丛刊》第716册，第3页。

④ 远山：《灭佛首辅李德裕》，《文史天地》2006年第10期。

⑤ 《旧唐书》卷十八《武宗本纪》，第604—605页。

长干寺第二座阿育王塔地宫打开后，出土 21 枚舍利。李德裕将其中的 11 枚迁至京口，建塔供奉。1960 年，甘露寺铁塔地宫考古发掘完成后，这 11 枚舍利入藏镇江博物馆，保存至今。而李德裕留在上元县的另外 10 枚舍利，在其后长干寺复兴的过程中可能发挥了重要作用。

第三节　五代时期的江宁城与长干寺

唐僖宗光启三年（887），以上元县为治所复立昇州，隶上元、句容、溧水、溧阳四县，南京地区由此摆脱了作为润州属县的低下地位。① 不过在黄巢起义的冲击下，此时的唐王朝已经四分五裂，陷入军阀混战之中。唐末至五代初期，昇州先后被张雄、冯弘铎、杨行密占据。唐昭宗天复二年（902），控制了江淮地区的杨行密受封为吴王，以广陵（今扬州）为都城，建立杨吴政权，昇州成为杨吴治下的重要区域。杨行密去世后，杨吴被权臣徐温、徐知诰父子控制，他们对昇州大加营建，作为图谋建政的大本营。武义二年（920），徐温改昇州为金陵府，自任金陵尹。② 天祚二年（936），金陵府升级为杨吴的西都。③ 天祚三年，徐知诰（其后改名为李昪）改金陵府为江宁府。④ 同年十月，于江宁接受吴主禅让，定都、建国，初定国号为“齐”，后改为“唐”，史称“南唐”。⑤

杨吴与南唐是五代十国时期重要的割据政权，前后建政 70 余年。它们控制的区域主要有两块：一是江淮平原，包括今天江苏、安徽两省长江、淮河之间的土地；二是长江以南地区，西至今天的江西省，东至太湖东部的江苏无锡、苏州一带，南至南岭。与当时中原地区战乱不息、剧烈动荡的情况相比，杨吴、南唐的统治区域保持了相对的稳定，尤其是江南地区未遭大的破坏，经济、文化逐步恢复。在这一阶段，南京再次得到了历史给予的发展机遇，迎来了新一轮城市建设的高潮，重新崛起。

---

① 《新唐书》卷四十一《地理志五》，第 1057 页。

②〔宋〕欧阳修撰，徐无党注：《新五代史》卷六十一《吴世家第一·杨行密》，北京：中华书局，1974 年，第 757 页。

③ 《资治通鉴》卷二百八十《后晋纪一》“后晋高祖天福元年”，第 9153 页。

④ 《资治通鉴》卷二百八十一《后晋纪二》“后晋高祖天福二年”，第 9169 页。

⑤ 《新五代史》卷六十二《南唐世家第二·李昪》，第 767 页。

一、江宁（金陵）城的复兴

杨吴至南唐时期，南京地区从昇州，发展成为杨吴西都金陵府，继而又成为南唐国都江宁府，城市地位迅速提升。作为京府，其所管辖的区域，从最初的四县，扩展至上元、江宁、句容、溧阳、溧水、广德、当涂、芜湖、铜陵、繁昌、六合等11个县，包括了今天安徽省东部的大片区域，位于长江以北的六合县（今六合区）也一度划入，江宁府出现了跨江而治的局面。①

杨吴时期，权臣徐温、徐知诰父子均有意在金陵建都，因此多次修筑、扩建金陵城垣，使金陵城在隋“平荡耕垦”320余年之后，以更大的规模重新屹立于建康故地。杨吴时期对金陵内外城垣的修筑前后共有三次：

一、杨吴天佑十一年（914），徐温以徐知诰为检校司徒，“始城昇州”，至十四年五月，“城成，（徐）温来观，喜其制度壮丽”。②《钓矶立谈》记载，经过此次维修，昇州“城湟浚整，楼堞完固，府属中外肃肃，咸有条理”。③此次所筑应为徐温驻节的牙城，即其后的南唐宫城。城完之后，徐温即迁治于昇州。

二、牙城修筑完成后，徐温命陈彦谦主持“营度外城、府署”。④又用时三年，至武义二年（920），“金陵城成”。⑤

三、杨吴太和四年（932），徐知诰在已筑金陵城的基础上，再次“广金陵城周围二十里”。⑥此次扩建主要是将城市规模向南部扩展，秦淮河故道被纳入城内，同时在城外开凿了新河作为护城河，与内河联通，从此秦淮分为内、外两道。经过此次扩建，原本作为一个整体的长干里被城墙和外秦淮河分隔为两块，长干里的北部被直接划入城内，南部留于城外，而原本与主城相距约六里的长干寺旧址则变成紧邻城市的正南门，地理位置的重要性更加突出，对该寺其后的发展影响深远。（图22）

杨吴时期修筑的江宁（金陵）府城，其后历经南唐、两宋，一直使用至元末。明初，朱元璋在此城的基础上大建南京城，将城市向北、向东扩展，但城南部的格局始终未

---

① 《南京建置志》第五章《杨吴南唐京府》，第93—100页。

② 〔宋〕陆游撰，胡阿祥、胡箫白点校：《南唐书》卷一《烈祖本纪》，《南京稀见文献丛刊》，南京：南京出版社，2010年，第216页。

③ 〔宋〕佚名撰：《钓矶立谈》，景印《文渊阁四库全书》第464册，台北：台湾商务印书馆，1986年，第45页。

④ 〔宋〕路振撰，〔民国〕潘其璇校：《九国志》卷二《陈彦谦传》，上海：商务印书馆，1937年，第32页。

⑤ 《资治通鉴》卷二百七十一《后梁纪六》“均王贞明六年”条，第8860页。

⑥ 《资治通鉴》卷二百七十八《后梁纪七》“明宗长兴三年”条，第9076页。

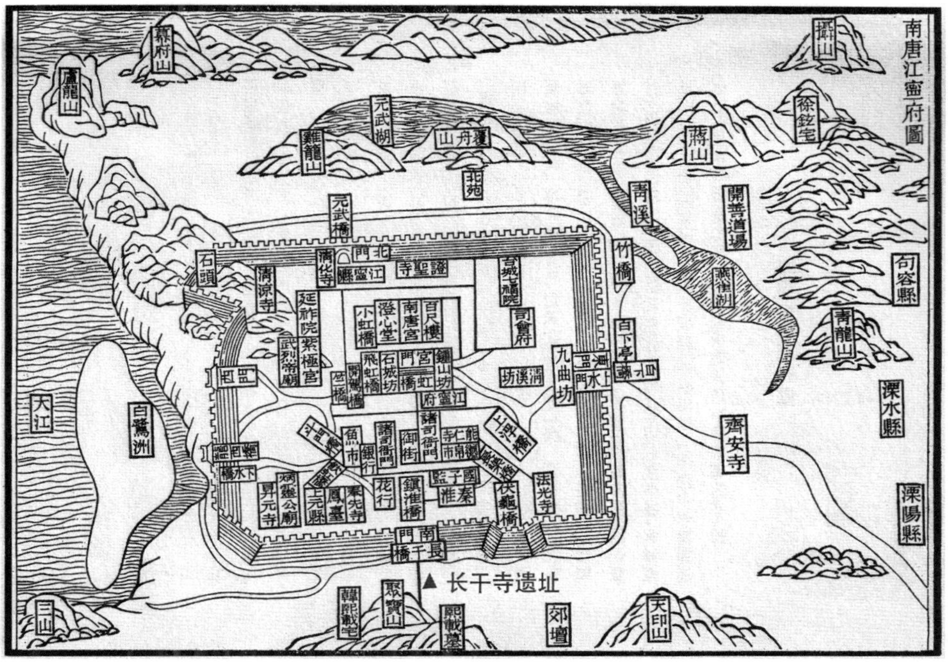

图 22　长干寺遗址与南唐江宁府城的关系
（底图为明・陈沂《金陵古今图考》中的《南唐江宁府图》）

改，一直延续至今。作为南唐国都，江宁城内宫殿、祠庙、衙署、苑囿、街市、作坊、居民区等建筑设施和功能区划纷纷落成，城市的规模已经远超六朝时期的建康城，繁荣程度也日益恢复。[①]

经过隋初的平荡耕垦，李德裕扫除私邑山房，以及唐武宗灭佛的一系列打击，原先极为兴盛的建康佛寺早已破坏殆尽，所剩无几。伴随着城市的复兴，杨吴、南唐时期在城内外新建、改建了多座寺院，金陵佛教同样呈现出复兴的局面，为其后南京佛教的再次繁荣奠定了基础。顺义二年（922），徐温下令以同泰寺基址之半，建立台城“千福院”。[②] 顺义四年，徐温又在石头城创建“兴教寺”；李昪时期将它改建为“清凉道场”，延请高僧休复居中讲经；后主李煜又为该寺添铸大钟，“追荐烈祖高皇帝脱幽出苦”。[③] 徐温之孙徐景运，于大和六年（934）在城南刘宋“报恩寺”旧址复建

① 关于杨吴、南唐时期金陵—江宁城建设更为详细的介绍，可参阅李天石、王淳航等编著：《南京通史（隋唐五代宋元卷）》第三章《五代十国时期南唐的首府——江宁府》，南京：南京出版社，2016 年，第 167—200 页。

② 〔宋〕周应合撰：《景定建康志》卷四十六《祠祀志三》“法宝寺”条，南京：南京出版社，2009 年，第 1126 页。

③ 《景定建康志》卷四十六《祠祀志三》“清凉广惠禅寺”条，第 1119 页；〔宋〕普济撰，苏渊雷点校：《五灯会元》卷八，北京：中华书局，1984 年，第 501 页。

了“报先寺”，南唐时将其改称为“兴慈寺”。[①]在江宁城西南部有著名的瓦官寺故址，顺义年间（921—927）徐温将它改建为“吴兴寺”，并建“吴兴阁”。昇元初年（937），李昪再将该寺改为“昇元寺”，阁称为“昇元阁”。此阁因山为基，高达十丈，成为金陵一大胜景。[②]《南唐书》记载，元宗李璟、后主李煜对佛教“好之遂笃，……宫中造佛寺十余，出金钱募民及道士为僧，都城至万僧，悉取给县官”。[③]

二、南唐时期长干寺的状况

南唐时期，随着江宁城及其佛教事业的恢复，长干寺的复兴开始出现曙光。复建一座久已荒废的寺院，天时、地利、人和三大条件缺一不可。五代时期江宁城的恢复，可以视为地利条件已然基本具备，那么天时与人和两大条件是否也已具备？透过两条史料，我们可以了解南唐时期长干寺的真实状况，并且从中发现一些端倪。

第一条史料来自北宋李之仪的《天禧寺新建法堂记》，该文记载：

> 江宁府天禧寺及长干道场，旧葬释迦真身舍利，后寺废。至南唐时为营，庐舍杂比，汙秽蹂践，无复伽蓝绪余。[④]

根据此条，南唐时期长干寺旧址被军队占用为营房，屋舍杂乱，污渍遍地，已经完全失去了寺院的样貌。另一条来自马令所撰《南唐书·浮屠传》，他记载了一位法名元寂、自号“酒秃”的南唐僧人与长干寺的特殊缘分：

> 僧元寂，姓高，自言高骈族人。昇元中，受业昇元寺。性爽悟，博通经藏。保大中，诏讲《法华经》，授左街僧录、内供奉、讲经论明教大师，赐紫。时法禁宽弛，僧尼坏戒律者甚众，元寂屡干宪法，有司惜其才，辄贯之。后主召入问《华严经》，元寂口说《梵行一品》，多赐金帛。由是益自恣，日以狂饮为事，大醉则十数小儿随之。元寂行歌于路曰：“酒秃酒秃，何荣何辱？但见衣冠成古丘，不见江河变陵谷。”与群儿互相应和，旁若无人。坐是落僧职，出居长干寺。常与狂生藉地酣饮，醉死于石子岗。[⑤]

---

① 《景定建康志》卷四十六《祠祀志三》“能仁禅寺”条，第1116页。

② 《景定建康志》卷二十一《城阙志二》“昇元阁”条，第515页。

③ 〔宋〕陆游撰：《南唐书》卷十五《浮屠传》，第351页。

④ 〔宋〕李之仪撰：《姑溪居士前集》卷三十七《天禧寺新建法堂记》，景印《文渊阁四库全书》第1120册，第569页。

⑤ 〔宋〕马令撰：《南唐书》卷二十六《浮屠传》，第176页。

根据此条，元寂本是一位出身名门、博通经藏的高僧，经常出入宫廷为皇帝讲解佛经，曾被授予南唐左街僧录的最高僧职，并享有明教大师的称号和赐紫的荣誉，达到了僧人生涯的顶点。然而他嗜饮成癖，屡破戒律，最终在后主时期被削去僧职，从高位跌落，不得不“出居长干寺”。从上一条记载可知，当时的长干寺已被军营占据，名存实亡，连“私邑山房”都算不上。元寂被迫借此地容身，并最终醉死于寺旁的石子岗上。

元寂的到来，并没有让长干寺得到恢复。但这条史料提醒我们，虽然被毁已近400年，长干寺的辉煌却并未被人遗忘。曾为高僧的元寂，落拓之时依然期望从这座废墟中获取庇护与慰藉。从他的身上，我们可以感受到长干寺对于僧俗信众的感召力，这是长干寺具备复兴所需人和力量的体现。

“不依国主，则法事难立。”① 东晋释道安的这句名言，讲透了寺院兴废与能否得到国家最高层支持之间的关系。南唐时期，金陵佛教虽然有所恢复，但是前后三代国主皆未关注到长干寺。长干寺的“天时”尚未具备，还需等待新时代的到来。

① 《高僧传》卷五《义解二·晋长安五级寺释道安》，第178页。

中篇

天禧寺研究

第六章　两宋时期的天禧寺

北宋开宝七年至八年（974—975），宋军联合吴越国攻灭南唐。在此过程中南京地区虽然发生了多次战斗，但是江宁城主体在这场战役中得以较好地保全，政权过渡也进行得较为平稳。北宋平定南唐后，改江宁府为昇州。天禧二年（1018），真宗复改昇州为江宁府，同时封皇子赵祯（即其后的宋仁宗）为昇王，江宁府成为昇王的封地，因此又称“昇国”。南宋建炎三年（1129），高宗南渡后，再改江宁府为建康府。两宋时期，虽然南京行政建置的名称多变，但是人们通常习称之为“金陵”。两宋时期，南京的城市地位虽然没有恢复到历史上的最高水平，但是社会稳定、人口稠密、经济发达，客观上为长干寺的复兴，以及持续发展创造了良好的条件。

有关天禧寺的文献史料并不丰富。通过2006年以来的考古工作，在大报恩寺遗址中新发现了宋代房址、水井、道路、塔基、护墙、夯土台基等多种类型的遗迹，成功发掘了未经盗扰的北宋长干寺地宫，从中出土了以感应舍利和佛顶真骨舍利为核心，以七宝阿育王塔为代表的北宋佛教珍宝群。尤其重要的是，地宫中出土了石刻碑文、錾刻铭文、墨书题记等多种文字材料，为我们了解北宋长干寺、塔的复建过程，提供了可靠而丰富的第一手材料。另外，1942年侵华日军占领南京期间曾经盗掘过大报恩寺遗址三藏塔地宫，从中出土了玄奘大师顶骨舍利，宋、元、明三代供养器物和多份铭文材料，日人谷田阅次撰写了发掘报告，为我们了解三藏塔的初建与改建提供了重要的记录。

本章主要利用考古出土的实物证据，结合文献记载，系统介绍真宗时期长干寺重建的基本过程，揭示核心建筑圣感塔的结构、功能、舍利瘗藏与供养，进而梳理两宋时期天禧寺扩建、改制、管理等多方面的情况。

第一节 从长干寺到天禧寺

一、《法堂记》与《石函记》

长干寺在宋真宗时期重建的情况，传世文献记载得相当有限，现存最主要的史料是北宋李之仪所撰的《天禧寺新建法堂记》（以下简称《法堂记》）。2008年，长干寺真身塔地宫考古发掘出土了众多当事人留下的文字材料，其中最重要的是题为《金陵长干寺真身塔藏石函记》的石刻碑文（以下简称《石函记》）。

撰写《法堂记》的李之仪是河北沧州无棣县人，神宗元丰年间进士，哲宗时期任枢密院编修。徽宗政和六年（1116），他受天禧寺住持慧严法师所嘱托撰写此文，记述元符二年至政和六年（1099—1116），南昌居士魏德宝夫妇为天禧寺新建法堂，购置寺产所做的大功德。《法堂记》也简要回顾了天禧寺前身长干寺在南唐和宋初的情况。当时已有一篇详细记述天禧寺及其前身长干寺兴废过程的《塔记》存在，因此李之仪在《法堂记》末尾曾表示："自余兴废本末则有《塔记》存焉，兹得以略。"可惜的是，《塔记》未能留存至今，《法堂记》反而成为考古材料出土之前少有的记录长干寺复建情况的文献。《法堂记》对南唐时期长干寺遗址状况的记载，前文已述。现将真宗时期长干寺重建情况的记载引录如下：

> 国初营废，鞠为榛莽。久之，舍利数表见感应。祥符中，僧可政状其迹，并感应舍利投进，有诏复为寺。政即其表见之地建塔，赐号圣感舍利宝塔。至天禧中，又赐今额。
>
> 寺拘山水形势，坐乙向辛，以越王台为案。塔之后，地势倾下，政失于迁就，不能培筑相因。始以北廊造院，为安僧之地。①

2008年，北宋长干寺地宫成功发掘。地宫出土的石函由六块石板拼合而成，《石函记》碑文镌刻于北壁石板的内侧（图23）。碑文详细介绍了大中祥符初年，演化大师可政得到宋真宗支持，与将仕郎、守滑州助教王文共为"导首"，率领僧俗信众，于六朝原址重建长干寺，新建高达二百尺的九级砖塔，并在塔下瘗藏佛顶真骨舍利这一重要历史事件。碑文除个别字迹缺损外，绝大部分保存完好，为我们了解北宋长干寺复建过程提供了翔实、可靠的第一手材料，堪称《塔记》失而复得。

---

① 《姑溪居士前集》卷三十七《天禧寺新建法堂记》，景印《文渊阁四库全书》第1120册，台北：台湾商务印书馆，1986年，第569页。

图23　北宋长干寺地宫出土的石函及北壁《石函记》碑文拓片

《石函记》碑文的完整内容，引录如下：

金陵长干寺真身塔藏舍利石函记　法主承天院住持圆觉大师赐紫德明述并书

我大牟尼师，嗣贤劫第四之大宝也，总法界为化封，以教理为命令，垂衣利物四十九年。大事记周，提河示寂，碎黄金相为设利罗，育王铸塔以缄藏耶。舍手光而分布，总有八万四千所，而我中夏得一十九焉。金陵长干寺塔，即第二所也。东晋出现，梁武再营。宝塔参空，群生受赐。洎平陈之日，兵火废焉。旧基空列于榛芜，崑级孰兴于佛事。每观藏录，空积感伤。

圣宋之有天下，封禅礼周，汾阴祀毕。乃有讲律演化大师可政，塔就蒲津，愿兴坠典，言告中贵，以事闻天，寻奉纶言，赐崇寺、塔。同将仕郎、守滑州助教王文，共为导首。率彼众缘，于先现光之地，选彼名匠，载建砖塔，高二百尺，八角九层，又造寺宇。□□进呈感应舍利十颗，并佛顶真骨，洎诸圣舍利，内用金棺，周以银椁，并七宝造成阿育王塔，以铁□□函安置。即以大中祥符四年太岁辛亥六月癸卯朔十八日庚申，备礼式，设阖郭大斋，闷于泉际，庶任名数，永镇坤维。

上愿崇文广武仪天尊道宝应章感圣明仁孝皇帝天基永固，圣寿遐延；太子诸王，福昌万叶；宰辅文武，赞国忠贞；三军兆民，乐时清泰；同缘众信，利集无疆；举事诸贤，功彰不朽；陵迁谷变，此善长存；地久天长，斯文永振。谨记。

塔主演化大师可政。助缘管勾赐紫善来、小师普伦。导首将仕郎、守滑州助教王文，妻史氏十四娘，男凝、熙、规、拯，孙男同缘、同会、三哥、四哥、五哥、七哥、八哥、九哥，孙女大娘、二娘、三娘、四娘、五娘、六娘，新妇蔡氏、许氏、杨氏、杨氏，出嫁一娘、三娘，亡女四娘，先考二郎，先妣程氏，继母陈氏，寄东京王廷旭。僧正赐紫守邈、宣慧大师齐吉、赐紫文仲、僧仁相，绍之。舍舍利施护、守正、重航、绍赟、智悟、重霸、守愿、尼妙善、宝性。砌塔都料应承裕并男德兴，王仁规。旋石函陆仁贞、仁恭。

《石函记》对于揭示真宗时期长干寺的重建具有不可替代的重要价值，然而它也存在明显不足。《石函记》撰写于长干寺复建之初，对于重建过程的“来龙”，尤其是复寺缘起、地宫建造、舍利瘗藏等情况叙述翔实，然而对于地宫建成之后的“去脉”则无法说明。因此，只有将《石函记》与《法堂记》，以及其他文献材料结合起来，才能对真宗时期从长干寺到天禧寺的复兴过程进行完整的梳理和深入的讨论。

二、真宗时期长干寺重建的基本过程

《法堂记》记载，真宗时期长干寺遗址“舍利数表见感应”，《石函记》也称遗址上出现了“现光之地”，两者都指称真宗时期长干寺遗址发生了舍利感应事件。僧人可政通过中贵，将此次事件上报真宗皇帝，并呈上“感应舍利”作为证据，由此得到了真宗的支持。《法堂记》记载“有诏复为寺”，《石函记》记载“赐崇寺、塔”，即给予长干寺官颁寺额允许其复建。可惜的是，两记都没有明确说明真宗下诏重建的具体时间，《法堂记》仅笼统地称“祥符中”。对于这个关键问题，我们需要通过其他线索寻证。

长干寺地宫出土各类供养器物一万余件。除了《石函记》之外，在七宝阿育王塔、银椁、金棺等金属器物上发现十余条錾刻铭文（表 2），并且在 20 余幅丝绸织物上发现有墨书题记（表 3）。它们多为施主捐资供养物品的记录和发愿文，不少带有时间落款。这些文字绝大多数写于大中祥符四年（1011），少量写于大中祥符三年，但是编号为

DG1:85的方格纹绮巾上由施主李德朝撰写的题记,却为我们提供了一个最早的年份“大中祥符二年十月”。因事涉关键，我们将其内容引录如下：

南赡部洲大宋国高邮军左厢仁义坊弟子李德朝，幸遇皇帝建金陵长干寺释迦如来第二所真身舍利塔，仅备名香随喜收葬。愿弟子德朝与眷属等永承帝荫，长受佛恩，宿生之罪业咸消，长劫之善缘增长，见生报福，寿命遐添，所造良因，皆从心愿。时大宋大中祥符贰年拾月日，弟子李德朝题。（图 24）

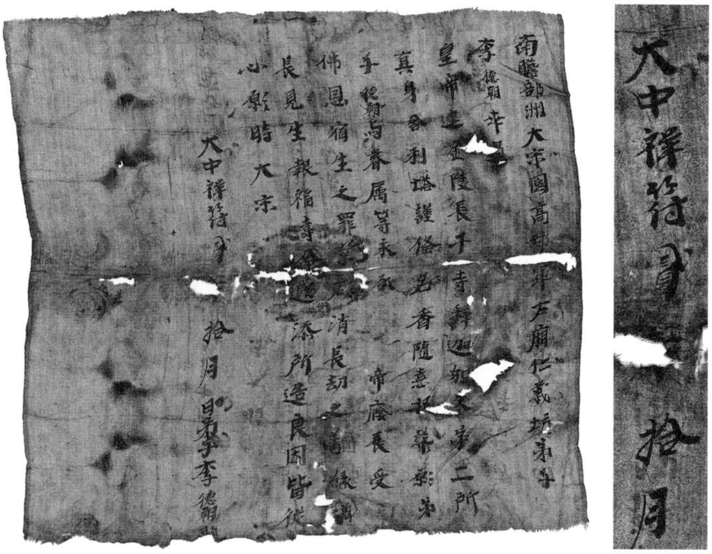

图 24　李德朝绮巾（DG1:85）与墨书的时间落款

在题记中,李德朝明确写道,由于幸运地遇到皇帝要建“金陵长干寺真身舍利塔”，他于大中祥符二年（1009）十月捐香供养，发愿祈福。李德朝是目前所知第一位向重建长干寺捐献物品的施主。由此确认，大中祥符二年是宋真宗下诏重建长干寺最为准确的年份，可以视为长干寺重生之年，距离六朝长干寺被毁，整整过去了420年。据此我们还可以推断，长干寺遗址“舍利数表见感应”发生的时段应为大中祥符元年至二年之间。

其后的营建情况，在《石函记》中有较为清楚的交代。可政得到真宗的批准后，与王文共同担任“导首”，率领金陵及周边地区的僧俗信众，于原址重建长干寺。重建工程的核心是新建高二百尺、八角九层的大型砖塔，塔址即位于原先发生舍利感应的“先现光之地”。在《石函记》中该塔被称作“真身塔”，在其他墨书题记中，它又被称为“释迦舍利宝塔”，说明建塔之初，塔的名称尚未正式确定。

建塔工程的第一步是建造地宫，地宫的基本功能是瘞藏和供养舍利。对于很多寺院来说，获取舍利殊为不易，但是可政主持下的真身塔地宫完全不存在这个问题，反而创造了一个奇迹。可政首先得到真宗的支持，由印度来华高僧施护出面，向长干寺捐赠了一枚“佛顶真骨”舍利，这是长干寺地宫瘞藏的核心之一，也是该塔最初被称为“真身塔”和“释迦舍利宝塔”的原因。同时，可政还将遗址上感应而生的“感应舍利”送入地宫，该份舍利对于长干寺重建意义重大，因此也成为地宫瘞藏的核心之一。此外，可政还得到教界同道的鼎力支持，僧人守正、重航、绍赟、智悟、重霸、守愿，尼妙善、宝性等，也分别向长干寺地宫捐赠了舍利，他们奉献的舍利被统称为“诸圣舍利”。由此，长干寺地宫十分罕见地汇聚了“佛顶真骨”“感应舍利”“诸圣舍利”等三大类、多达十八份的舍利圣物，成为迄今为止我国瘞藏舍利种类和数量最多的佛塔地宫。

可政重建长干寺塔，供养佛顶真骨的盛举，得到了金陵和周边地区僧俗信众的积极响应与广泛支持。他们争相布施，不仅解决了建塔、建寺的经费，地宫中还因此充积了数量众多的各类供养物品。考古发掘证实，地宫中瘞藏了金、银、铜、铁、陶瓷、玉、玛瑙、水晶、玻璃、丝绸、香料等各种质地的供养品一万余件。不少器物材质贵重，制作精美，体现了极高的工艺水平。根据地宫出土的文字材料，捐资供养者绝大部分是金陵、扬州、高邮、六合等地的基层官员、富裕市民和僧人，他们是支撑长干寺、塔重建的主要力量。大中祥符四年（1011）六月，地宫建成。六月十八日，可政主办“阖郭大斋”，正式封闭地宫。

地宫建成之后，长干寺塔继续建造。与之同时，寺院的建设同步进行。《法堂记》明确指出，可政重建的长干寺，寺院布局受到地形条件的限制——“坐乙向辛，以越王台为案”，即坐东朝西，正对越城，与一般寺院坐北朝南的传统格局明显不同。寺院主体位于真身塔的西部，可惜《石函记》对寺院的建设无法给予说明，《法堂记》也未详细介绍可政建寺的情况。不过，宋代寺院的建筑配置与空间布局已经形成了基本的规制，已有学者进行了较好的总结。根据王贵祥的研究，宋代寺院建筑群的轴线关系已经凸显，一般寺院都会在中轴线上设置三门（山门）、佛殿、法堂，法堂之后还可能设置毗卢阁、经藏阁，以及方丈、寝堂、官厅等建筑；在中轴线两侧，宋代寺院多会在三门以内、大殿两侧设置两庑或两廊，形成所谓“翼廊舒展”的格局，两廊还可能延伸至寺院的后部；在大殿之前通常会对称地设置双阁，有的是钟楼与经楼对置，有的是转轮藏阁与慈氏阁、钟楼与观音阁等建筑对置；在两廊之外，宋代寺院还出现以左右跨院组织空间的做法，如在一侧部署僧院、僧堂，在另一侧部署客院与斋堂等。①（图 25）

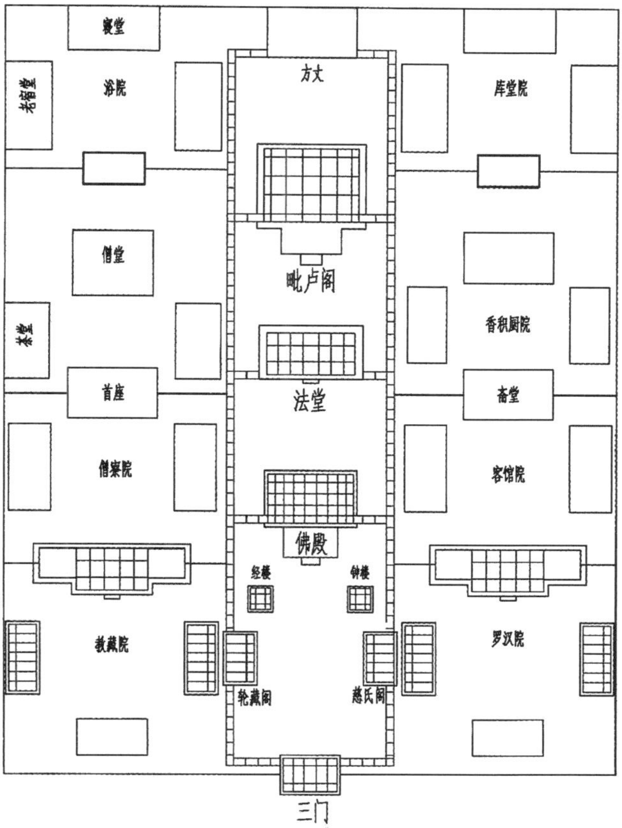

图 25　典型两宋佛教寺院建筑配置与空间关系示意图

根据上述宋代寺院建设和布局的基本规律，我们可以大概推知真宗时期长干寺重建后的基本情况：当时肯定建有三门、大殿等必备的主体建筑，它们坐东朝西，与真身塔依次排列在寺院的中轴线上；大殿之前推测建有对置的双阁，虽然它们的名称暂时无法考证。《法堂记》中提及了北廊，根据对称关系，无疑还建有南廊，它们应分布于大殿的两侧；在北廊之外，可政建造了供寺僧居住的僧舍。另外，《法堂记》记述慧严法师对天禧寺进行改造时称“移经藏于故院”，说明可政时期建有经藏殿，它很可能位于塔后。因此，虽然《法堂记》批评可政所建之长干寺“规模仅足，而狭陋

① 王贵祥：《两宋佛教寺院空间格局与建筑配置概说》，《中国建筑史论汇刊（第十二辑）》，北京：清华大学出版社，2015 年，第 132—133 页。

劣能庇风雨。事既不正，位亦不安”。但是我们必须客观地指出，可政抓住历史性的机遇，在较短的时间内使长干寺初具规模，实属不易。

在可政的主持下，真身塔于真宗天禧元年（1017）建成，前后用时九年。夏竦《大安塔碑铭》记载，天禧元年，东京护国禅院住持尼妙善，向真宗求建大安塔，真宗“特诏许之。会江宁府长干塔成，绘图来上，促召妙善于护国，将赐之”。[①] 这段记载不仅交代了真身塔的完工日期，而且记录了真宗将长干塔图赐给妙善，命其仿造，表明真宗对于可政所建的这座塔十分满意。长干寺的建设工程最迟也在第二年完工，因为天禧二年（1018），真宗用自己的年号为重建后的长干寺正式赐额为“天禧寺”。这是继梁武帝赐名阿育王寺之后，长干寺历史上第二次得到皇帝颁赐的新额。另外，真宗还将真身塔命名为“圣感舍利宝塔”，简称“圣感塔”。值得注意的是，真宗为长干寺、塔所赐的名称寓意明显。天禧即天降祥瑞、圣感即指舍利感应，表明长干寺和圣感塔之所以得到重建和赐名，舍利感应所代表的祥瑞是他最看重的因素。

三、宋真宗与长干寺

长干寺能够重新崛起于长干里，发挥关键作用的人物有两位：其一是后文将要重点研讨的演化大师可政，他是重建长干寺的推动者和核心领导者；另一位就是当时的皇帝宋真宗，他是重建长干寺的决策者，也是最大的支持者。

真宗赵恒是北宋第三位皇帝，从小生长于宫中，一生从未来到过金陵，与长干寺素无瓜葛。促使真宗与长干寺建立联系的，是发生在长干寺重建之前五年，相隔千里之外的另一个重要历史事件——澶渊之盟。景德元年（1004），辽国萧太后与辽圣宗率大军侵宋，真宗在宰相寇准的力劝下御驾亲征，两军在澶州（今河南省濮阳市）相遇，互有胜负，形成对峙局面。当年十二月（1005 年 1 月）双方订立和约：辽宋约为兄弟之国，宋每年送给辽岁币银 10 万两、绢 20 万匹，宋辽以白沟河为边界，史称“澶渊之盟”。该事件对真宗本人和大宋王朝的政治走向产生了深刻的影响，它引发的蝴蝶效应意外地成为推动长干寺重建的原初动力。

澶渊之盟是宋辽双方进入和平状态的转折点，后世史家往往给予积极的评价。但是宋王朝内部对此事件的看法，从一开始就有激烈的争议。《宋史·王旦传》对此有

---

① 〔宋〕夏竦撰：《文庄集》卷二十七《大安塔碑铭》，景印《文渊阁四库全书》第 1087 册，第 268 页。

生动的描述：

契丹既受盟，寇准以为功，有自得之色，真宗亦自得也。王钦若惎准，欲倾之，从容言曰："此《春秋》城下之盟也，诸侯犹耻之，而陛下以为功，臣窃不取。"帝愀然曰："为之奈何？"①

王钦若此论并非仅仅出于猜忌同僚，而是代表了当时相当一批官员和士人的看法，签订"城下之盟"的真宗因此内心极度不安。正如刘静贞所指出的，澶渊之盟后"该如何证明自己才是那唯一至尊的真命天子"，② 成为真宗必须面对的难题。最终，真宗接受了王钦若的建议，通过制造祥瑞、再受符命的途径，维护自己与大宋王朝的体面与安全：

钦若曰："唯有封禅泰山，可以镇服四海，夸示外国。然自古封禅，当得天瑞希世绝伦之事，然后可尔。"既而又曰："天瑞安可必得？前代盖有以人力为之者，惟人主深信而崇之，以明示天下，则与天瑞无异也。"帝思久之，乃可。③

景德五年（1008）正月三日，经真宗亲自出面预告，"天书"果然降临在皇宫的承天门，宣示"赵受命，兴于宋，付于恒，居其器，守于正，世七百，九九定"等内容，④ 为真宗统治的合法性背书。天书出现后，真宗下诏改元"大中祥符"，拉开了他亲自主导的三降天书、东封泰山、西祀汾阴、圣祖显灵等一系列"以神道设教"的政治活动。在皇帝和重臣的引导下，一时之间各地瑞祥纷呈："泰山下醴泉出""锡山苍龙见"，⑤ 灵芝、瑞草更是不断涌现。正是在这样的背景下，大中祥符元年至二年长干寺遗址"舍利数表见感应"，可政将此事件上报，为真宗承天受命再添一件来自佛界的重要祥瑞。长干寺发生舍利感应与真宗当时的政治需要高度契合，长干寺获准重建因此水到渠成，顺理成章。"舍利感应"是真宗瞩目长干寺，并赐额的直接原因。真身塔其后被赐名为圣感塔，也将其中的关联揭示得非常清楚。可政当然是长干寺发生感应事件的关键人物，但是一手营造"以神道设教"社会政治风气的真宗皇帝，才是该事件最大的推

① 〔元〕脱脱等撰：《宋史》卷二百八十二《王旦传》，北京：中华书局，1976 年，第 9544 页。

② 刘静贞：《皇帝和他们的权力——北宋前期》，台北：稻乡出版社，1996 年，第 118 页。

③ 《宋史》卷二百八十二《王旦传》，第 9544 页。

④ 〔宋〕李焘：《续资治通鉴长编》卷六十八《真宗·大中祥符元年》"正月乙丑"条，北京：中华书局，2004 年，第 1519 页。

⑤ 《续资治通鉴长编》卷六十九《真宗·大中祥符元年》"五月壬戌"条、"五月乙丑"条，第 1542 页。

动者和总导演。

真宗批准重建长干寺，成为该寺最大的支持者。在重建过程中，真宗又给予长干寺一项极为关键的支持。在地宫建设阶段，在已有感应舍利的情况下，真宗又为长干寺地宫添加了一份供养圣物——佛顶真骨舍利，这一举措对于长干寺此后的发展意义重大，其影响一直持续到当代。在《石函记》中，“施护”这个名字排列在捐献舍利诸人的第一位。在瘗藏佛顶骨舍利的鎏金银椁底部，发现有錾刻铭文：“大宋大中祥符四年辛亥四月八日，金陵长干寺奉真身舍利大卿施护佛顶骨。首座守正、通悟大师重航、尼宝性、比丘绍赟各奉舍利。赐紫守愿、普定银各五两，王氏银十两。”（图 26）。

图 26　瘗藏佛顶真骨舍利的鎏金银椁及其底部錾刻铭文拓片

通过这两条铭文，长干寺佛顶真骨舍利的直接来源是“大卿施护”。施护是北宋著名高僧，教界领袖。他是北天竺乌填囊国人，太平兴国五年（980）与另一位高僧天息灾共同来华。他们被太宗安排在开封太平兴国寺，主持译经活动。雍熙二年（985）因译经有功，他们被太宗任命为“朝请大夫、试鸿胪少卿”；其后，施护“累加试鸿胪卿、朝奉大夫，又试光禄卿”。[①] 这是银椁铭文中称他为“大卿”的原因。需要指出的是，《宋会要》明确记载，施护与天息灾来华时并未携带佛顶骨舍利——“至敦煌，其王固留不遣数月。因弃锡杖、缾盂，惟持梵夹以至”。[②] 因此，施护捐赠给长干寺的佛顶真骨舍利原本并非他所拥有。不过《佛祖统纪》记载，宋初先后有

① 《宋会要辑稿》之《道释二·释院》，第 9998—9999 页。

② 《宋会要辑稿·道释二》，第 9999 页。

多批僧人和使节从天竺来华，向宋廷进贡佛舍利、梵经等物。其中，进贡佛顶骨舍利的至少有三次：太平兴国七年（982），“成都沙门光远游西天还，诣阙进西天竺王子没徙曩表、佛顶印、贝多叶、菩提树叶，诏三藏施护译其表”。太平兴国八年（983），“沙门法遇自西天来，献佛顶舍利、贝叶梵经”。至道元年（995），“中天竺沙门迦罗扇帝来朝，进佛顶舍利、贝叶梵经”。①从天竺进贡入华的佛教圣物，无疑全部掌握在朝廷和皇帝手中。因此，长干寺地宫瘗藏的所谓“大卿施护佛顶骨”，其真正的来源和捐献者应是真宗本人。（图 27）只是真宗出于某种考虑不便于直接出面，才安排施护代为捐赠。

图 27　北宋长干寺地宫出土的“佛顶真骨”舍利（侧视图）

这枚佛顶真骨舍利在长干寺圣感塔地宫中瘗藏了一千年，2010 年通过考古发掘盛世重光。当代佛教高僧、台湾星云法师指出：“这可能是世界唯一仅存的佛顶骨。”②现在，这枚珍贵的佛顶骨舍利经国家文物与宗教部门批准，被南京市政府郑重瘗藏于南京南郊牛首山新建的“佛顶宫”之中，成为南京打造“佛教文化之都”的关键。

天禧二年（1018），长干寺重建工程基本完成之后，真宗又用赐额的方式给予长干寺重大支持。长干寺御赐新额曰“天禧”，固然与该寺舍利感应，天降祥瑞有关，更是直接来源于真宗新选的年号。用年号赐额，是真宗给予长干寺的殊荣，帮助这座

① 《佛祖统纪》卷四十三，第 398—401 页。

② 崔佳明：《星云法师：大报恩寺舍利可能是世上仅存的佛顶骨》，中国新闻社 2010 年 6 月 12 日电讯，中国新闻网（http://www.chinanews.com.cn/cul/news/2010/06—12/2340085.shtml）。

刚刚重生的寺院迅速提升了地位与影响力。

天禧二年二月，真宗还做出了一项重要决策："以昇州为江宁府，置军曰建康，命寿春郡王（皇子赵祯）为节度使，加太保，封昇王。"[①]江宁府由此成为昇王的封地。当年九月，赵祯被正式册封为皇太子。[②]四年之后，赵祯继位，即宋仁宗，江宁成为新帝的"龙兴之地"。天禧二年真宗正式册立太子，是否与当年天禧寺建成有关，无法过多揣测。但是将储君与江宁绑定，无疑显示了真宗对江宁的重视，也为天禧寺今后的发展创造了更好的条件。

总之，大中祥符年间真宗"以神道设教"、广求祥瑞，为长干寺复兴提供了历史性机遇，长干寺重建所需的天时、地利、人和三大条件终于具备。在长干寺重建的过程中，宋真宗发挥了极为重要的作用，他既是重建长干寺的决策者，又是长干寺佛顶骨舍利真正的捐赠者，还是天禧寺与圣感塔名称的赐予者。长干寺的复兴，不能忘记这位皇帝所做的贡献。

四、不可湮没的一代高僧——演化大师可政

宋真宗为长干寺复兴提供了历史性机遇，而看准并抓住这个机遇的关键人物是演化大师可政。可政的一生成就非凡，他亲自主持或参与建造了四塔一寺，佛顶真骨和玄奘顶骨两份舍利圣物经他之手流传至今。然而这样一位功绩卓越的高僧大德，在传统僧史中近于失载，仅在《景定建康志》《嘉靖惟扬志》等地方志，以及夏竦、李之仪、王铚等人的文集中，保存了一些零星线索。1942 年，日军盗掘三藏塔地宫，可政的名字与玄奘大师顶骨舍利同时出现；2008 年，北宋长干寺地宫得到发掘，可政的名字伴随佛顶真骨舍利再次问世。两塔地宫出土的实物证据，不仅揭示了北宋长干寺的复兴过程，也透露了可政的家世背景、成长经历，使我们有条件拂去历史的尘埃，为这位杰出的僧人补充立传。

（一）可政题记反映的个人与家族信息

在文献材料中，关于可政的本名、籍贯、家世、出家与受业经历等方面的信息完全是空白，未见任何记载。圣感塔地宫出土了可政亲笔撰写的墨书题记，使得上述状况有了较大的改善。

---

① 《续资治通鉴长编》卷九十一《真宗·天禧二年》"二月丁卯"条，第 2098 页。

② 《宋史》卷九《仁宗一》，第 175 页。

可政题记书写于一块正方形绢巾之上（编号为 DG1：207），出土时它被折叠成长条状，垫置于瘗藏佛顶真骨舍利的银椁之下。与之对应，载有王文题记的另一块绢巾（编号为 DG1：162）被放置于银椁顶部。两位“导首”的题记贴近佛顶骨舍利放置，是他们在长干寺、塔重建过程中担当核心的体现。其中，可政题记的内容是：

建塔主讲律临坛演化大师赐紫可政。先受业和尚金陵昇元寺长讲《上生经》《百法论》大德赐紫玄月。坛中和尚唐左街僧录演法大师昭谋，羯磨阇梨绍贤，教授阇梨知白，证戒阇梨法傥、处安、彦咸、崇节、德明、浩兴、道随。生身父高洪张洪，生身母禹氏十一娘。（图 28）

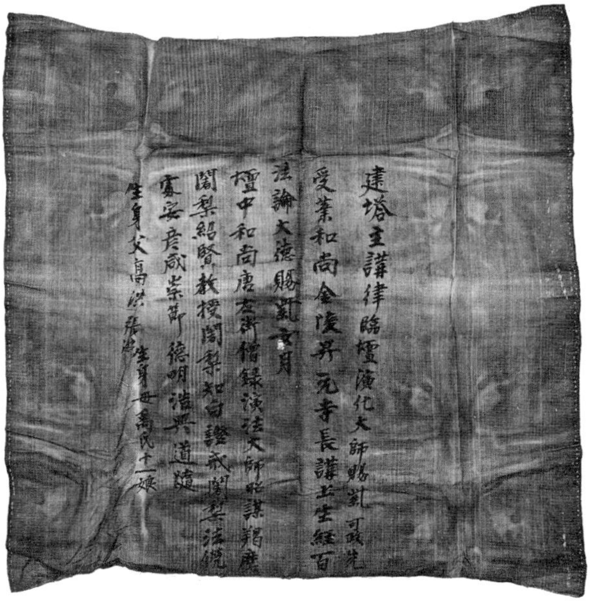

图 28　可政墨书题记

这份题记字数不多，提供的信息却很关键。首先可知，重建长干寺之时，可政完整的衔称是“讲律临坛演化大师赐紫”，既有大师称号，又获赐紫袍，除了僧职以外，可政已经得到了一个僧人可以获得的最高荣誉，而且他还能够临坛讲律，表明他出身于律宗，学问深厚。其次可知，可政出生、成长于南唐时期，自幼在金陵昇元寺出家，受业恩师是在昇元寺主讲《上生经》《百法论》的高僧玄月。昇元寺的前身就是六朝时期著名的瓦官寺，南唐昇元年间（937—943）改称昇元寺，北宋太平兴国年间（976—984）又改称为崇胜戒坛寺。[①] 题记中提到的“坛中和尚”“羯磨阇梨”“教授阇梨”“证

① 〔明〕葛寅亮撰：《金陵梵刹志》卷二十一《凤台山瓦官寺》，南京：南京出版社，2011 年，第 393 页。

戒阇梨”等十位僧人，是可政受具足戒时的十位导师。这一段记载表明，可政在昇元寺受到系统、严格的培养，为其一生的事业奠定了良好的基础。而可政也明显感恩自己受业成长的经历，将受业师和十位受戒导师的名字郑重写于题记之中。其中的一位受戒导师当时仍然健在，即《石函记》的作者，时任“昇州法主”、[①]承天院住持的圆觉大师德明。大中祥符年间，德明已经“年八十，习律为临坛大德五十年……江左僧众皆其受戒也”。[②]可政与德明保持了数十年的师生情谊，他邀请德明出面撰写《石函记》，不仅是因为他德高望重，更是有意识地将此荣耀归于恩师。

在题记的最后，可政写出了父母的姓名：父亲姓高名洪、字张洪，母亲为禹氏十一娘，由此可知可政俗姓高。在七宝阿育王塔上，我们还找到一条錾刻铭文：“扬州曾再遇舍银拾两打须大拿王变相，演化大师可政与母禹十一娘舍钱二贯五百文足，守仁、普伦。”可政与母亲共同舍钱参与打造七宝阿育王塔上的“须大拿王”变相，说明大中祥符年间可政生母尚在，同为信佛弟子，而其父很可能已经亡故。

可政在题记中详细介绍了自己出家受业的情况，将受业师和受戒师的名字完整记录下来，直至最后才用较少的篇幅介绍自己的生身父母，其他家族成员一概不提。而在另一位“导首”王文的题记中（见表3，DG1：162），几乎所有的内容都是介绍家族成员的情况。可政与王文在绢巾上撰写题记，放置于最接近佛顶骨舍利的地方，显然带有为题记上的人物祈福的目的。将两块题记的内容加以比较：可政最感激和关心的人，是带他走进佛门的受业师和受戒师，父母排在其次；而王文最挂念的是其家族成员。两者虽然都是信佛弟子，但是出家之人与在家信士之间的分别一目了然。

另外，可政与王文虽然皆称“导首”，但是综合来看，可政得到皇帝与僧俗两界的支持，全盘统筹，发挥的作用更大，而王文主要是从经济上提供支持，因此可政又被称为“塔主”，而王文又被称为“都劝首”。但是从两块绢巾的摆放位置来看，王文的居上为尊，可政的居下为次。这个小小的细节反映出可政为人谦让，善于团结他人的品性特征。有关可政的品性，王铚的《默记》还提供了一条感人的记载：

---

① 〔宋〕张敦颐撰：《六朝事迹编类》卷十一《寺院门》“能仁寺”条记载：“真宗皇帝赐昇州法主圆觉大师赐紫德明七言二韵诗一首，诗曰：精勤演律达真风，释子南禅道少同。奥旨筌蹄悟佛理，慧灯广布九围中。”南京：南京出版社，2007年，第111页。由此可知，德明拥有朝廷赐予的“昇州法主”封号。《石函记》中所称的“法主”，应指此意。

② 《宋会要辑稿》之《道释二·开坛受戒》，第9995页。

李后主手书金字《心经》一卷，赐其宫人乔氏。后入太宗禁中，闻后主薨，自内廷出其经，舍在相国寺西塔以资荐，且自书于后曰："故李氏国主宫人乔氏，伏遇国主百日，谨舍昔时赐妾所书《般若心经》一卷在相国寺西塔院，伏愿弥勒尊前，持一花而见佛"云云。其后江南僧持归故国，置之天禧寺塔相轮中。[①]

王铚所称的"江南僧"很可能就是可政。可政出生、成长于南唐时期，南唐是他的故国。当他从东京相国寺获得李后主手书金字《心经》，并且看到乔氏的题记之后，特意将该经带回金陵，供奉在他主持建造的塔顶相轮之中，既寄托了他本人对故国、故主的怀念，又帮助乔氏更好地实现了心愿。

总之，题记提供了以往缺失的可政出身、受业、品性、重建长干寺时的身份等信息，为进一步了解他一生的作为提供了基础。

（二）可政立志恢复长干寺缘由分析

大中祥符年间，可政抓住时机向真宗请求重建长干寺，一举成功，但是显而易见，重建寺院这等大事绝非可政临时起意，而是早有其志、多年酝酿的结果。根据可政题记提供的信息，我们能够对他立志恢复长干寺的缘由进行一些探索。

首先，可政自幼在金陵出家、受业的经历，对于他立志复兴长干寺肯定有直接的影响。昇元寺的前身即是六朝名寺瓦官寺。该寺与长干寺同属于长干里，直线距离不足一公里。杨吴开凿外秦淮河之后，两寺虽然变成隔河相望，但是依然抬眼可见，举足而至。因此，可政必定多次到访过长干寺遗址，对该寺的历史与现状有充分的了解。他的导师德明在《石函记》中写道："（长干寺）东晋出现，梁武再营。宝塔参空，群生受赐。洎平陈之日，兵火废焉。旧基空列于榛芜，嵬级孰兴于佛事。每观藏录，空积感伤。"——为长干寺昔日的辉煌而骄傲，为它毁于战火、沦为废墟而痛心疾首，这种感受肯定不是德明一人所有，而是金陵僧俗信众共同的心声。在这种氛围和教导中成长的可政，无疑会受到深刻的影响。

此外，还有两个因素对可政立志恢复长干寺可能也发挥了重要作用。其一，在昇元寺的东南侧还有一座重要的寺院，南唐称为奉先寺、宋代称为保宁寺。《景定建康志》认为，保宁寺的前身"为西竺康僧会建寺，名'建初'。晋、宋有凤翔集此山，因建

① 〔宋〕王铚撰：《默记》卷中，北京：中华书局，1981年，第25页。

凤凰台于寺侧。晋、宋更寺名曰‘祇园’，齐更名曰‘白塔’。唐初复名曰‘建初’，开元更名曰‘长庆’，南唐更名曰‘奉先’。本朝太平兴国中，赐额曰‘保宁’”。[①] 对于这段记载，已有多位学者指出了其中的错误。张学锋、蒋少华认为，通过六朝和唐代的历史文献，有充分的证据证明建初寺位于淮水（即内秦淮河）之北，而保宁寺位于淮水之南，因此建初寺不可能是保宁寺的前身。该寺的源头应是齐太祖萧道成于宋升明二年（478）所建的白塔寺。他们考证，建初寺的位置大致位于今中华路与长乐路交界处的中华中学与第一医院附近。[②]

张学锋等学者的考证颇有道理。建初寺自东吴初创建，一直到唐代中期始终存在，从未改名。许嵩的《建康实录》多次提及当时的建初寺，镇江甘露寺铁塔地宫出土的《李德裕重瘗长干寺阿育王塔舍利记》也明确记载，李德裕打开长干寺阿育王塔地宫，出土21枚舍利，其中的11枚迁住润州，另外的10枚则“移置建初寺”，[③] 这是该寺中唐时期依然存在的铁证。建初寺消失于晚唐时期，很可能毁于武宗灭佛运动，其后再未得到恢复。而由白塔寺发展而来的长庆寺，晚唐和五代时期依然存在。南唐保大八年（950），“改长庆寺曰‘奉先’，以资烈祖冥福”。[④]

2013年5月至2014年5月，南京市考古工作者在凤凰台东侧的花露岗发现了一组形制规整的晚唐至五代建筑基址。它们由五座建筑组成，其中规模最大的F3位于最北部，坐北朝南，平面呈“工”字形，东西长30.4、南北进深36.4米，由南、北两座五间三进的大殿和中间连接的廊道构成，南北两座大殿之间、廊道两侧，各有一座长方形院落。另外的四座建筑则两两相对，位于中间的F4和F6，皆为四间四进，南北长16.4、东西进深14.3米；位于最南端的F5和F7，皆为四间三进，南北长16.4、东西深8.1米。根据地层关系和出土遗物，它们的始建年代为晚唐至五代时期。[⑤]

---

① 《景定建康志》卷四十六《祠祀志三》“保宁禅寺”条，第1114页。

② 张学锋：《六朝建康城研究中的史料学问题——以建初寺的地点考证为例》，《南京晓庄学院学报》2012年第1期；蒋少华：《六朝江东佛教地理研究》第二章《六朝建康佛寺考》，南京大学硕士学位论文，2011年，第68—71页。

③ 江苏省文物工作队镇江分队、镇江市博物馆：《江苏镇江甘露寺铁塔塔基发掘记》，《考古》1961年第6期。

④ 〔清〕吴任臣撰，徐敏霞等点校：《十国春秋》卷十六《南唐二·元宗本纪》，北京：中华书局，2010年，第216页。

⑤ 南京市博物馆：《秦淮区胡家花园配套地块考古发掘》，南京市博物馆编印：《2013南京考古工作报告》，2014年，第66—69页。

图 29　南京花露岗遗址发现的晚唐至五代时期大型建筑基址
（南京市考古研究院提供）

该建筑群虽然受到的破坏较为严重，仅存基础部分，但是布局严谨，规模宏大，又与《景定建康志》标定的保宁寺位置吻合，考古队综合判断，这组建筑应为保宁寺的前身——晚唐长庆寺和南唐奉先寺的遗存。①

之所以论及保宁寺和其前身寺院的情况，是因为本次发现的保宁寺址与建初寺的推定地点相距极近，直线距离仅有 900 余米。晚唐建初寺被毁后，该寺的僧众很可能就近投奔未遭武宗灭佛之灾的长庆寺，两寺整合为一，这可能是导致《景定建康志》将两寺源头混淆的原因。如果唐代建初寺的僧众和物品经长庆寺—奉先寺一脉保存下来，那么南唐时期，德明、可政等人就可能亲眼见过出土于长干寺阿育王塔地宫的十枚舍利，从而为真宗时期发生舍利感应事件埋下伏笔。值得重视的是，在《石函记》

① 关于这组建筑的性质目前存在争议。张学锋先生利用《景定建康志》卷十五《疆域志一》“上元县”条和《太平寰宇记》卷九十《江南东道》“昇州江宁县”条的记载，考证这组建筑很可能是杨吴南唐时期上元、江宁两县合署办公的衙署（张学锋：《“近世都城”的出发——以南唐金陵城为例》，南唐二陵文物保护所编：《南唐历史文化研究文集》，南京：南京出版社，2015 年，第 89—90 页）。但是，上述两条史料皆明确指出，上元县治“徙凤台山西”（《景定建康志》卷十五《疆域志一》“上元县”条，第 351 页）；“徙县于凤台山西南一里”（《太平寰宇记》卷九十《江南东道》“昇州江宁县”条，第 1782 页）。而《景定建康志》标定的宋代保宁寺，以及本次考古发现的晚唐五代建筑遗址皆位于凤台山的东侧，因此，张学锋先生考证的结果不准确，考古队主张的晚唐长庆寺和南唐奉先寺遗址的判断是可信的。

的记载中，“感应舍利”的数量正好十枚，与李德裕遗留下来的长干寺舍利数量相同。这有可能是一种巧合，也有可能如本文所分析的，它们原本就是长干寺地宫出土的舍利，经建初寺—长庆寺—奉先寺这条渠道保存下来，真宗时期可政等金陵僧众借助它们，使长干寺获得了重建的机遇。事成之后，它们被重新瘗藏，回到长干寺新建的地宫之中。

另一个因素是，可政与前文介绍的南唐僧人元寂可能存在亲属关系。将马令《南唐书》记载的元寂情况与可政题记透露的出身信息加以比对，可以发现两人之间存在较多的共同点：首先，两人同姓。其次，元寂自称高骈族人，说明他很可能出生于扬州，而可政虽然在题记中没有写明，但是有迹象显示他的籍贯也是扬州——在后文中我们将重点讨论可政一生修建的四座塔，其中第一座“普惠塔”并非位于金陵，而是位于扬州大明寺。可政能够在扬州筹集到建塔所需的人、财、物力，说明他很可能原籍在此，有较为强大的家族背景和人脉资源可以利用。第三，他们都出身于昇元寺。元寂出家于烈祖李昪时期，元宗时期声名鹊起，得授左街僧录的高职。可政的年龄与辈分明显晚于元寂，如果他确实与元寂有亲属关系，那么可政离开扬州到昇元寺出家，得到众多高僧的眷顾就很容易理解，这些一定离不开元寂的提携与帮助。因此，元寂出居长干寺，并最终醉死于寺旁的不幸结局，无疑会给可政带来难以忘却的记忆，成为他立志复兴长干寺的又一重要驱动力。

（三）可政重建扬州大明寺塔

可政一生际遇非凡，极有作为。根据目前掌握的材料，他一生的功绩突出地表现在两个方面：一是不断建立事功，除了复建长干寺之外，还先后修建了四座塔，其中至少三座由他主持建造；二是保护、留存了多份舍利圣物。可政人生中最早经历的一件大事发生于北宋太宗端拱元年（988），他极为幸运地在终南山紫阁寺获得了玄奘大师顶骨舍利，于是千里迢迢将之请回金陵。不过，当时可政并没有条件建塔供养这份舍利，该心愿最终完成是在近40年之后。可政为玄奘顶骨舍利所建的“三藏塔”是他一生中所建的最后一座塔，因此我们将此内容放在后文叙述。

可政真正崭露头角是在宋真宗景德年间（1004—1007），他主持建成了人生中的第一座塔——扬州大明寺多宝塔。据《嘉靖惟扬志》记载：

> 宋景德中，僧可政复募民财建塔七级，名曰“多宝”。郡守王化基以闻于朝，赐名“普惠”。[①]

清人赵有成撰写的《重修栖灵寺并建地藏殿诸天楼碑记》，记载得更为详细：

> 景德元年，僧可政募民财，复建七级塔，名曰“多宝”，闻于朝，有泗洲大圣示现。[②]

扬州大明寺是一座历史悠久的著名寺院，因创建于南朝刘宋孝武帝大明年间（457—464）而得名。隋文帝仁寿元年（601），该寺建成了高达九层的“栖灵塔”，以供养文帝所赐的佛舍利。该塔成为隋、唐两代大明寺的象征，唐代许多著名诗人如李白、刘长卿、高适、刘禹锡、白居易等，都曾登临赋诗。唐代律宗大师鉴真也曾驻锡大明寺，传戒讲律，被称为“江淮化主”。其后鉴真六次东渡，开创了日本佛教律宗，书写了中日佛教交流史上的一段佳话。唐会昌三年（843），栖灵塔遭大火焚毁，大明寺也在其后的会昌法难中遭到严重破坏。杨吴时期，该寺得到恢复，并且重建了寺塔，但是南唐和宋初，该寺屡遭兵灾、火灾，寺塔再度被毁。[③]

景德年间（1004—1007），可政入主大明寺，他完全通过民间集资的方式，仅用三年的时间就建成了七级“多宝”塔，使大明寺恢复了宝塔参空的胜景。多宝塔的成功，充分展现出可政身具的杰出才能——他有很强的号召力和凝聚力，能够赢得各界的信任，有效动员各方力量参与建塔大业；同时又有很强的组织、协调和管理能力，才能在短短三年内顺利完成建塔的重任。毫无疑问，可政在真宗景德年间已经成长为德才兼备、能做大事的实干型、领袖型僧人。

多宝塔建成后，经郡守王化基上报，该塔被真宗正式赐名为“普惠塔”。通过此事，可政得到了朝廷和真宗的关注，为他随后接连参与和兴办大事创造了更为广阔的舞台。

---

① 《嘉靖惟扬志》是目前所知这条记载的最早出处，然而该志全本未能流传至今，现仅宁波天一阁藏有该志之残本，其中有关上述记载的部分已佚。不过，《嘉靖志》中的这条记载，清代的文献多次引用，现根据清李斗撰《扬州画舫录》卷十六（北京：中华书局，1960 年，第 373 页）和清赵之壁撰《平山堂图志》卷一（《中国方志丛书·华中地方》第 104 号，台北：成文出版社，1983 年，第 57—58 页）的记载互校，恢复了《嘉靖志》中的这条内容。

②〔清〕赵有成撰：《重修栖灵寺并建地藏殿诸天楼碑记》，江苏省政协文史资料委员会等编：《扬州宗教》，《江苏文史资料》编辑部，1999 年，第 357 页。

③ 扬州市政协文史与学习委员会、扬州大明寺编：《大明寺志》第二章《寺院沿革》，北京：中国文史出版社，2004 年，第 6—7 页。

（四）塔就蒲津

可政修建的第二座塔位于山西蒲津（以下称为蒲津塔）。可政蒲津建塔之事，未见于其他史料，仅《石函记》提供了关键的线索。《石函记》中写道：“圣宋之有天下，封禅礼周，汾阴祀毕。乃有讲律演化大师可政，塔就蒲津，愿兴坠典……”虽然仅有“塔就蒲津”四个字，但明白无误地说明了可政参与蒲津建塔的事实。

蒲津又称蒲坂津，位于今天山西省永济市西部的蒲州镇，宋代属永兴军路河中府河东县。蒲津的地理位置非常重要，它西临黄河，自古为出入关中的要津，历代在此处多次修建浮桥。唐开元十三年（725），为稳固浮桥，在黄河两岸各造四尊系桩铁牛，每尊重达 30 余吨。这些铁牛屹立于黄河岸边，成为蒲津的标志。1957 年，三门峡水库蓄洪致使河床淤积，铁牛被埋入河滩。1989—1991 年，黄河东岸的四尊铁牛被重新打捞出水。

蒲津地理位置的重要性还体现在它与汾阴比邻。汾阴是诞生于战国时代的古邑，因位于汾水之南而得名，现在属于山西省万荣县。宋代，汾阴称为宝鼎县，与蒲津同属河中府。汾阴是历代帝王祭祀后土神祇——女娲的场所。相传上古时期的黄帝、尧、舜，以及夏、商、周三代，都曾在汾阴扫地设坛，祭祀女娲。汉文帝后元元年（前 163）于此设立“汾阴庙”，汉武帝元鼎四年（前 113）改建为“后土祠”。西汉武、宣、成、哀四帝，东汉光武帝，以及唐玄宗等，先后至此祭祀后土。大中祥符三年（1010）真宗封禅泰山后不久，又拉开了祭祀汾阴的大幕——六月癸丑，知河中府杨举正上奏，“得本府父老、僧道千二百九十人状，请车驾亲祀后土”；[①] 七月辛丑，“文武官、将校、耆艾、道释三万余人，诣阙请祀汾阴后土”。[②] 真宗先是假意不许，表三上之后方才同意。大中祥符四年（1011）正月至二月，真宗与群臣奉天书，从开封出发抵达宝鼎，亲祀后土。祭祀完成后，真宗又从汾阴抵达蒲津，“度河桥，观铁牛”。[③]

西祀汾阴是真宗以神道设教系列行动的重要一环。虽然史书记载此事肇始于大中祥符三年六月河中府“状请”，实际上这项活动很可能与天书降临、东封泰山一样，在景德末年就已策划完成，从大中祥符元年逐次开始实施。有意思的是，可政修建“蒲津塔”的时间与北宋高层筹划、实施西祀汾阴的时间相当吻合。可政修建“蒲津塔”的时间《石函记》虽未明载，但是可以大致推定：景德年间可政忙于修建普惠塔，无

---

① 《续资治通鉴长编》卷七十三，第 1673 页。

② 《续资治通鉴长编》卷七十四，第 1681 页。

③ 《续资治通鉴长编》卷七十五，第 1712—1713 页。

暇分身，他参与“蒲津塔”的时间应该为大中祥符元年（1008）；而前引李德朝题记说明，大中祥符二年十月，可政已在高邮等地为重建长干寺奔波化缘。因此，可政参与的蒲津塔工程应该在大中祥符元年至二年之间完成。

可政修建的这座蒲津塔无论是地点的选择，还是建设周期的安排，皆与真宗西祀汾阴的活动丝丝入扣。而且在西祀汾阴发动过程中，无论是第一步“状请”，还是第二步“诣阙请”，僧人都是其中的活跃因素。由僧人出面建成一座塔，作为佛教界支持和迎接真宗“西祀汾阴”的实际行动，颇为顺理成章。更为明显的证据是，在《石函记》中，“封禅礼周，汾阴祀毕”本就与“讲律演化大师可政，塔就蒲津”连在一起叙述，对两者之间的关系并未掩饰。因此可政参与蒲津建塔，应该是为真宗西祀汾阴所服务的，是这一重大事件的组成部分。

可政在蒲津建造的到底是哪一座塔，《石函记》没有具体说明。但是既然该塔是为迎接真宗所建，那么在西祀汾阴的过程中，真宗很可能巡幸此处。检索史料，西祀汾阴过程中真宗在河中府唯一驾临的佛寺是开元寺，[①] 而且此寺正好位于蒲津。据《乾隆蒲州府志》记载，“开元寺在东关熏风巷东”。[②] 另外，该志之中还有一条记载值得关注：

> 重宣，虞乡赵氏子，为僧开元寺，坚持戒律，功行勤笃。宋真宗时与莱公寇准善，寇公言于上，赐紫衣以旌其德。咸平四年示寂，杨翰林大年为撰《塔铭》。[③]

重宣是蒲津开元寺的高僧，与宰相寇准关系深厚，并通过寇准获知于真宗，得到了赐紫的荣誉。重宣元寂，开元寺为其建塔，塔记由真宗时期的重臣知制诰杨亿撰写，重宣与蒲津开元寺在真宗君臣心目中的地位可见一斑。西祀汾阴时巡幸开元寺应是朝廷早已确定之事，为迎接真宗所建的塔也最有可能位于该寺之中。因此，可政参与建造的“蒲津塔”很可能就是这座“重宣塔”。据杨亿所作的《故河中府开元寺坛长赐紫僧重宣塔记》记载，重宣“以咸平四年四月庚戌示身有疾，殆至弥留……甲子奉全身阇维于南郭之外，得舍利三十余粒，以其年某月某日迁灵骨于其原，建浮图焉”。[④]

---

① 《续资治通鉴长编》卷七十五，第1713页。

② 〔清〕周景柱撰修：《乾隆蒲州府志》卷三，《中国地方志集成·山西府县志辑》第66册，南京：凤凰出版社，2005年，第94—95页。

③ 《乾隆蒲州府志》卷十四，第302页。

④ 〔宋〕杨亿撰：《武夷新集》卷六《故河中府开元寺坛长赐紫僧重宣塔记》，景印《文渊阁四库全书》第1086册，台北：台湾商务印书馆，1986年，第419页。

虽然重宣舍利塔开建于咸平四年（1001），但是建塔工程因各种原因久拖不成是相当常见的现象，这或许乃是可政前往蒲津的原因。

可政修建普惠塔展现出的才能，得到政府高层甚至真宗本人的认可。因此当西祀汾阴启动，急需完成蒲津塔工之时，可政很可能受到朝廷征召，远赴蒲津帮助建塔。在此工程中，可政即使不是建塔的主持者，至少也是重要的协助者。经过此事，可政与真宗君臣的关系无疑更近一层，为他随后谋求重建长干寺创造了极为有利的条件。我们推测，大中祥符元年末至二年初蒲津塔工完成后，可政迅速赶回金陵。他通过参与蒲津建塔，看清了政府高层的真实意图，于是在长干寺旧址主导了舍利感应事件，随即通过熟识的中贵，将感应舍利呈进，向真宗请求重建长干寺、塔。可政此举充分迎合了当时的政治形势，因此真宗欣然批准。

从景德元年（1004）到天禧二年（1018），可政一举完成了三座塔、一座寺院的建设重任，其间几乎毫无喘息的时间，他对佛教事业的奉献精神令人钦佩。更为重要的是，可政绝非只知埋首苦干，而是非常善于抬头看天，他能够成就大事绝非偶然。

（五）玄奘顶骨舍利东迁与三藏塔

长干寺真身塔（天禧寺圣感塔）是可政一生所建的第三座塔，关于此塔前文已有介绍，后面还将进行更为深入的探讨，在此不赘述。可政一生中所建的第四座塔名为“三藏塔”，又称“白塔”，位于天禧寺东侧山岗，塔下瘗藏了我国唐代著名高僧玄奘大师的顶骨舍利。可政获取玄奘顶骨舍利，将其东迁至金陵，并在天禧寺建塔供养的情况，在文献和出土实物的双重证据下，最终为世人所知。

《景定建康志》卷四十六记载：

> 白塔在（天禧）寺东，即葬唐三藏大遍觉玄奘大法师顶骨之所。金陵僧可政端拱元年得于长安终南山紫阁寺，俗呼为白塔，事俱《塔记》。①

1942年11月，侵华日军高森部队盗掘了大报恩寺遗址三藏塔地宫，从中出土了北宋仁宗天圣五年（1027）可政为奉安玄奘顶骨舍利所制作的石函，石函上有清楚的铭文：

> 大唐三藏大遍觉法师玄奘顶骨。早因黄巢发塔，今长干演化大师可政于长安传得，于此葬之，天圣丁卯二月五日。同缘弟子唐文遇，弟文德、文庆，弟子丁洪审，弟子刘文进，弟子张霭。②（图30）

---

① 《景定建康志》卷四十六《祠祀志三》，第1121页。

② 玄奘大师顶骨奉安筹备处编印：《唐玄奘大师骨塔发掘奉移经过专册》石函铭文拓片之一，1943年。

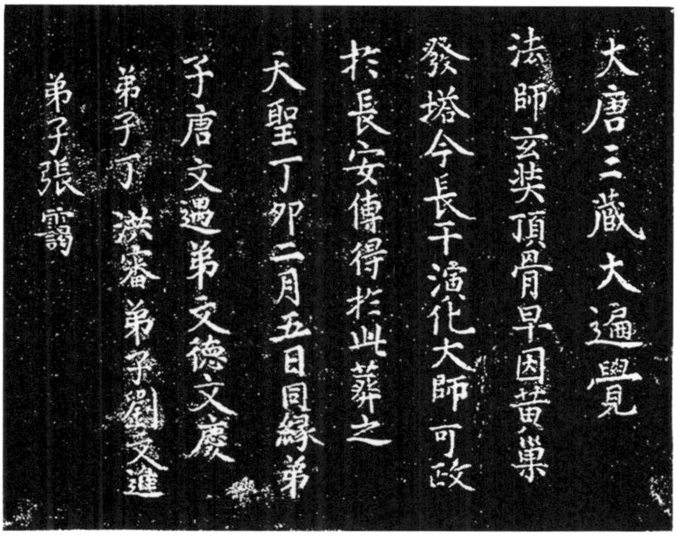

图 30　三藏塔地宫石函北宋天圣五年铭文

这两条分别来自文献和出土实物的材料，揭示了北宋太宗端拱元年（988），可政从终南山紫阁寺（今陕西省户县紫阁峪）得到玄奘大师顶骨舍利，辗转千里将它请至金陵的史实。根据《大唐大慈恩寺三藏法师传》和《大唐三藏大遍觉法师塔铭》等文献的记载，玄奘于唐高宗麟德元年（664）二月五日示寂陕西铜川玉华宫，初于长安东郊之白鹿原建塔安葬。白鹿原地近长安，且地势高耸，在皇宫内就能看到原上的玄奘舍利塔。总章二年（669），高宗以见塔伤感为由，下令将玄奘迁葬至长安以南30里的少陵原，重新建塔，并建“大唐护国兴教寺”。迁葬后的玄奘塔为五层、方形、仿楼阁式砖塔，高21米，至今犹存。唐肃宗曾为该塔亲自题写“兴教”二字塔额。不过，中唐以后该塔已经一度处于失修失管状态，“年岁浸远，塔无主，寺无僧，荒凉残委，游者伤目”。[①] 长庆、大和年间曾加修葺。唐末，黄巢占领长安期间该塔遭到盗掘，玄奘顶骨舍利由此流出。其后，辗转流传至距离兴教寺约30公里的终南山紫阁寺。

端拱元年，可政资历尚浅，他获得玄奘舍利之后，无力立即着手建塔，其后又被其他事务缠身。直至39年之后的宋仁宗天圣五年（1027），天禧寺大工基本完成之后，可政在施主唐文遇兄弟、弟子丁洪审、刘文进、张霭等人的帮助下，最终完成了为玄奘顶骨舍利建塔供养的心愿。值得注意的是，根据三藏塔石函铭文，玄奘顶骨舍利正

① 〔唐〕刘柯撰：《大唐三藏大遍觉法师塔铭》，光中法师主编：《大唐玄奘三藏传史汇编》，台北：佛陀教育基金会印制，2006年，第399页。

式入藏地宫的时间是天圣五年（1027）的二月五日，当日正是玄奘的祭日，距离玄奘圆寂363年整。这一奉安日期应是可政与弟子、信众、施主们精心选择的结果。

由于玄奘被尊称为“三藏大遍觉法师”，因此可政所建塔的正式名称应为“三藏塔”，不过金陵百姓仍习惯称它为“白塔”。从白塔之名可以判断，该塔的造型应为仿印度窣睹波式样的单层覆钵式塔，通体白色，以此纪念玄奘大师负笈天竺、学贯中西的非凡经历与成就。可政所建的三藏塔位于天禧寺的东岗，即该寺的后山之上。在日军打开的三藏塔地宫中，出土了宋、元、明三代的供养遗物和相关铭文，说明元、明两代都曾对此塔进行过大修。明太祖朱元璋时期，为了在天禧寺东侧新建西天寺，将该塔从天禧寺的东岗迁至南岗。其后的大报恩寺延续了这一格局，并以此塔为核心，修建了规模不小的三藏殿建筑群。

玄奘顶骨舍利东迁金陵，在南京长干里安然度过了近千年的时光，并最终从这里走向了世界多个国家和地区。玄奘顶骨舍利是可政获得，并保护下来的第一份佛教圣物，三藏塔却是可政一生所建的最后一座塔。

（六）可政与李迪联手创建“义井”

在修建三藏塔的同时，可政又与时任江宁知府的李迪联手，共同打造了一口义井。该井并非位于天禧寺之内，而是位于寺外官地，交通要道口。它建成后，为来往群众提供了一处便利的饮水场所。关于义井的事迹，在文献材料与考古收获中同样找到了双重线索。

《景定建康志》卷十九记载：“义井，在城南天禧寺侧。天圣五年，丞相李公迪所凿。”同时还收录了一篇由李迪本人撰写的《义井记略》碑文，其文曰：

> 相国陇西公赴镇江宁，思福黎庶，志在康济，常虑一物不得其所。有塔主大律师可政者，乃谓城之南隅，康衢四达，憧憧往来，朝及其夕，请官之隙地，特建义井，俾历炎酷，以济其众。公跃闻斯美，笔允其请。遂募其积善者唐文遇，出家帑以备其事。畚锸星聚，穿凿聿成，周砌翠珉，广覆华宇。洌洌其泉，纵铄金焦石，其源靡息。轮蹄绝虑，渔樵无患，老幼承惠矣。天圣纪号五载孟春月二十有六日记。银青光禄大夫、行尚书刑部侍郎（碑字缺）内堤堰桥道、提举江南东路兵甲、巡检公事、上柱国李迪。[①]

李迪是北宋名臣，真宗和仁宗时期两度受命为相，《宋史》称其“深厚有器局”，

① 《景定建康志》卷十九《山川志三》，第461页。

“公辅材也”。[1]天圣三年（1025），以行尚书刑部侍郎的身份出任江宁知府。通过《义井记略》可知，李迪担任江宁知府期间，可政向他提出建议，在城南交通要道之处由官府拨出空地，修建一座义井，以解决往来人畜饮水困难的问题。李迪对可政的建议非常赞同，立即批准。义井由唐文遇出资，很快建成。天圣五年孟春，李迪亲自为义井的落成撰写了记文。根据《景定建康志》的记载，这座义井就位于天禧寺之侧。

修建白塔与义井的主要捐资人皆为唐文遇，两项工程几乎同时进行。根据三藏塔地宫石函铭文的记载，唐文遇本为信佛弟子。我们推测他原先只是资助白塔的修建，而可政看到寺外人来人往，人畜饮水不便，于是动员他继续出资建井。由于建井需要占用官地，可政向知府李迪提出申请，得到了李迪的支持。最终官、民、僧携手，共同完成了这项善举。可政毕生忙于建塔、建寺，为佛教事业的发展不遗余力，但是他并没有忘记社会公益，仍然关心百姓疾苦。义井的修建，体现出这位高僧慈悲为怀，心系苍生的另外一面。

2007—2019年大报恩寺遗址考古发掘过程中，在遗址北侧发现了多处宋代遗迹。其中编号为L6的宋代道路，距离秦淮河岸约28米，东西走向，由中、左、右三股道组成，宽度达6.3米，两侧还修建有排水沟。是南京迄今发现的最为宽阔的宋代道路。（图31）根据其规模和走向，考古队判定它是宋代秦淮河南岸的主干道，也就是《义井记略》中所称的“康衢”。在L6南侧还发现一条进入天禧寺的斜坡踏道。

图31　天禧寺北侧发现的宋代道路L6

[1] 《宋史》卷三百一十、列传第六十九《李迪传》，第10171页。

在 L6 西端的南侧、天禧寺北院墙之外，考古队发现了一座编号为 J6 的古井。该井圆形，砖砌，现存深度 12.8 米。其结构分为上、下两段：下段井身直径达 1.8 米，深 9.7 米，所用砖规格统一，全部为宋代砖，不少砖的端面有“官样”“南”“西”“匠王俗”“南高琭”“高琭”“坴”“溧水□”“史詞”“□天瑞”“宋儒”“穆□”“五”“朱晃”“溧水孙琛”等正书或反书的模印文字。下段井身的砌法复杂而精致，平砌与侧立斜砌交替。（图 32）而上段井身变窄，直径 1.52 米，残深 3.1 米，所用砖规格与时代杂乱，既有明代砖，也有宋代和六朝砖，井身砌法简单、皆为平砌。该井的结构特点和用砖情况表明，该井经过两次修建：下段为北宋时期所建，而上段是明代加砌的结果。J6 下部所用砖，除了带有“官样”铭文的之外，绝大多数与天禧寺内其他宋代遗迹所用砖相同，其多样性的模印文字反映出该寺由不同施主捐资、捐砖修建而成的特征。（图 33）

图 32　J6 下段井身的砌造方法

图 33　J6 下段发现的“官样”铭文砖

J6 被发现后，考古队推断它很可能就是消失已久的北宋义井。主要理由是：第一，J6 发现于宋代天禧寺北侧院墙之外，紧邻 L6，与《景定建康志》记载的义井位置信息——“在城南天禧寺侧”、周边“康衢四达”完全相符；第二，J6 下段所用砖既有来自民间，且与天禧寺其他遗迹相同的砖，又有来自官府的“官样”砖，这与义井系由官民共建的背景相符，说明李迪当年不仅批给了建井的官地，还提供了部分官砖；第三，义井是李迪亲自批准修建，不仅带有官井的性质，在一定程度上还得体现出宰相的体面，因此必须讲求美观。J6 的下层砌法复杂多变，极具装饰效果，也完全符合这一要求；第四，该井在南京明清时期多部方志中皆有记载，说明它一直使用至大报恩寺时期。明代大报恩寺为了体现皇家气派，寺院地基在宋代天禧寺的基础上整体抬升了 3—5 米，而 J6 上部存在明代加建的情况，井身至少被加高了 3.1 米，确保在明清时期能够继续使用。综合以上判断，J6 是北宋义井的可能性极大。

义井建成之后，很快成为金陵名胜。《景定建康志》将它排在“景阳井”（即胭脂井，隋灭陈时陈后主与妃嫔藏身之井）和“龙天王井”（传说梁武帝皇后郗氏化身为龙之井）之后，位列金陵名井第三席。其后，南京历代方志对其史不绝书。清末大报恩寺被毁，该井才从民众的视野中消失。此次考古工作不仅让该井重见天日，更让这段官、民、僧联手建井的佳话接续流传。J6 现已成为大报恩寺遗址公园中最受欢迎的景点之一。

主持三藏塔和义井工程之后，在文献和实物材料中再未找到可政事迹的相关线索。仁宗天圣年间，可政无疑年事已高，其后他有可能长居天禧寺，并最终圆寂于此。

本节对可政一生的经历进行了梳理和考证，但是即便借助最新的考古成果，我们对他的了解依然有很多缺环，他生于何年，何时示寂，是否被建塔纪念？这些问题依然无法回答。但是正如《石函记》所说，“举事诸贤，功彰不朽；陵迁谷变，此善长存”，可政大师对佛教事业所做的贡献是不会被磨灭的。可政一生所建的四座塔，目前只发现两处，还有两处有待探索，这意味着今后还会有更多的考古材料问世，让我们有机会更加深入地了解这位杰出的宋代高僧。

第二节 天禧寺的核心——圣感塔

在天禧寺建筑群中，圣感塔不仅是最高、最突出的建筑，也是启动最早、投资最大、可政等创建者最为用心的建筑。2007—2008 年，考古队发现并确认了圣感塔的塔基和地宫。幸运的是，历经千年，地宫未经盗扰，出土了保存完整、种类丰富、制作精美的 1 万余件供养器物，真实地反映出北宋时期以新兴市民阶层为主的金陵及周边地区信众对佛教的尊崇，以及对长干寺重建的鼎力支持。前文介绍了天禧寺和圣感塔的重建过程，本节将重点关注圣感塔的构造、功能、塔基与地宫的形制，以及地宫珍宝群的相关情况。

一、圣感塔的构造

《石函记》对圣感塔的构造有简要但非常明确的记载："载建砖塔，高二百尺，八角九层。"由此可知该塔是一座平面为八边形、层数为九级的楼阁式砖塔。"二百尺"应是该塔高度的近似值，按照宋代一尺等于 0.314 米换算，[①] 该塔的高度约为 62.8 米。圣感塔采用的这种八边形楼阁式砖塔的形制，我国是在五代以后才逐渐成熟，自宋代开始推广流行的。与之时代、形制接近的实例有：建于五代后周显德六年（959）的苏州云岩寺塔，建于北宋太祖开宝三年（970）的杭州六和塔，建于开宝五年（972）的杭州皇妃塔（雷峰塔），建于大观二年（1108）的安徽泾县圣寿崇宁塔等。[②]

虽然记录圣感塔建造原委的《塔记》已经佚失，但是文献中留存了不少宋人描写圣感塔的诗作，其中有多首被《景定建康志》收录，从这些作品中不仅能感受到优美的文学意境，也能得到关于该塔构造、装饰和功能方面的信息。比如，朱存写道：

窣堵疑然镇梵宫，举头层级在云中。

金棺舍利藏何处？铎绕危檐声撼风。

由此可知，圣感塔檐角之下皆挂有铜铎，随风激荡，声闻四方。而曾极写道：

十丈祥光起相轮，铁浮屠镇法王坟。

只愁西域神僧至，夜捧长干刹入云。

① 《中国科学技术史·度量衡卷》第十七章《宋代的度量衡》，第 370 页。

② 参见罗哲文编著：《中国古塔概览》，北京：外文出版社，1996 年，第 58—65 页；张驭寰：《中国佛塔史》第五章、第六章，北京：科学出版社，2006 年。

据此可知，圣感塔顶部安装有铁质的相轮。苏颂的《次韵登长干寺塔》提供了更为丰富的信息：

九劫半依山，经营昔甚艰。
周遭严佛宇，直上俯天关。
登陟缘梯险，淹留布坐悭。
椽楹亦涂附，棂槛遍朱殷。
白日分明到，青云咫尺攀。
龙潭斜影落，鸟翼怯飞还。
基构从吴晋，声名动朔蛮。
灯燃时照耀，梵唱每循环。
往事稠重问，前期指顾间。
谁知息心处，香火老僧闲。

“九劫半依山”说明圣感塔依山而建，借助山体进一步提升了塔的高度与气势；“周遭严佛宇”说明该塔位于寺院的中心部位。“登陟缘梯险，淹留布坐悭”明确交代了塔内设有楼梯，可供人们登临；各层留有少量的空间，可供人停留。“椽楹亦涂附，棂槛遍朱殷”交代了塔上有“槛”、有“棂”，即开设有门和窗，可以由此观赏风景；塔上的椽子、柱子、窗棂和门槛等部位皆为木质且被涂成红色。“灯燃时照耀”则说明塔上在夜晚时分常常点燃灯火。夜间燃灯是圣感塔的一大特色，还有多首诗作对此进行描述。如周文璞写道：

云杪荧荧一塔灯，觉皇舍利宝烟凝。
山门推上三更月，似照前朝礼拜僧。

马野亭写道：

两山回处是为干，有塔亭亭高似山。
不但庄严增梵刹，可能形胜助城关。
灯明星斗挂林木，铃动天风吹佩环。
陌上行人遥见此，有时东往又西还。[①]

塔上能够燃灯与圣感塔的结构是紧密相关的。首先，该塔主体为砖构，防火性较强；其次，塔上各层开设门窗，灯光通过它们向外照射，才能形成“云杪荧荧一塔灯”的动人效果。贺铸在《题金陵长干寺塔庚午（1090）十二月赋》中写道：

---

① 以上诗作皆收录于《景定建康志》卷四十六“天禧寺”条，第1121—1122页。

南国长干古佛祠，浮图鸳瓦碧参差。

欲追东阁登高作，非复六朝全盛时。

檐角西风挂星斗，墙阴寒雨啸狐狸。

劫灰终换人间世，石甃金棺好护持。①

其中“浮图鸳瓦碧参差”一句，清楚说明该塔檐上的覆瓦为绿色，很可能使用的是绿色琉璃瓦。南宋诗人吴龙翰所作的《登长干寺塔》云：

金陵王气已销沈，几度凭阑愁满襟。

往事仅存南北史，伤情空费短长吟。

龙蟠故国山河壮，凤去荒台草木深。

旧物尚余吴塔在，夕阳移影照江心。②

该诗中提及“几度凭阑愁满襟”，说明塔上安装有栏杆，有栏杆就意味着塔上各层建有平座，③登临者可以通过塔门，适度走出塔外，在平座上凭栏远眺。另外苏颂在另一首《次韵游长干寺》中有以下几句：

刹仍存故里，龙复止深潭。

九级唯涂甓，千梁尽架楠。④

“九级唯涂甓”指圣感塔内部墙面上下全部涂绘有壁画。对此，明初主持重修圣感塔的黄立恭曾向明太祖报告：“（圣感塔）周回栏楯并九层图画仙灵俱各颓坏。”⑤由此清楚说明，圣感塔有“栏楯”，塔内各层都绘有佛教题材的壁画。

综合以上各条，圣感塔应是一座砖木混合结构的楼阁式塔，主体砖砌，但是门、窗、平座、栏杆、塔檐等部位仍然使用了木质构件。塔顶上安装有铁质相轮，塔檐上很可能铺设了绿色琉璃瓦。

二、圣感塔的功能

与六朝长干寺塔单纯作为舍利塔不同，重建后的圣感塔承载了多方面的功能。

---

① 〔宋〕贺铸：《庆湖遗老诗集》卷七，景印《文渊阁四库全书》第1123册，第259—260页。

② 〔宋〕吴龙翰：《古梅遗稿》卷三，景印《文渊阁四库全书》第1188册，第856页。

③ 平座是宋代建筑构造的术语，亦称鼓座，是指在建筑周围用木柱、梁额、斗拱等构件架设的平台。依位置不同，有楼阁平座、城头平座、地面平座、水中平座、塔身平座等多种类型。平座外缘一般设有勾阑以供人凭栏远眺。

④ 《景定建康志》卷四十六“天禧寺”条，第1121页。

⑤ 〔明〕朱元璋：《御制黄侍郎立恭完塔记》，《金陵梵刹志》卷三十一，第485页。

首先，瘗藏舍利依然是该塔最重要的功能。宋真宗为该塔赐名“圣感舍利塔”，朱存所谓“窣堵疑然镇梵宫”，曾极所说的“铁浮屠镇法王坟”等，强调的都是该塔的此项功能。圣感塔地宫共出土三大类、18 份舍利，是迄今我国瘗藏舍利种类最丰富、数量最多的佛塔地宫。

其次，“灯燃时照耀，梵唱每循环”，该塔具有燃灯供佛与祈福的功能。《法苑珠林》卷三十六引《迦叶诘阿难经》云：“燃灯供养照诸幽冥，苦痛众生蒙此光明，互得相见。缘此福德，拔彼众生，悉得休息。”[①]《妙法莲华经句解》卷七称：“以诸香油燃灯供养，所得功德亦复无量。”[②] 因此，圣感塔上通宵燃灯并不是为了夜间照明，而是出于深刻的佛教用意。通过塔身上下层层燃放灯明，圣感塔将自身变成了一座大型供灯，既可供养塔下瘗藏的舍利圣物，又为百姓祈福，守护全城的安宁。夜塔燃灯自北宋肇始，被元、明、清三代所继承，可政等人开创的这一善举影响深远，成为长干塔久负盛名的原因之一。

第三，该塔具有登高览胜的功能。圣感塔高达 61.8 米，是当时金陵城区最高的建筑物，站在塔上全城风光尽收眼底。前引苏颂《次韵登长干寺塔》即为登塔抒怀之作。苏颂还在《次韵约诸君游长干寺》中写道：“念往须勤到，登高已旧谙。低头小城市，举目遍春岚。”[③] 说明他多次登临圣感塔。对于天禧寺而言，圣感塔无疑是吸引信众和游客，提高寺院影响力、增加寺院收入的重要途径。

第四，该塔具有城市地标的功能。圣感塔位于金陵城的正南方，紧邻正南门。白日它高耸入云，远近可见；夜间塔上又燃起灯火，成为灯塔。因此，无论是白天还是夜晚，该塔都具有标定城市方位，引路导航的作用。马野亭诗作中所谓“陌上行人遥见此，有时东往又西还”，反映的正是圣感塔这一功能。

第五，该塔还是一座风水塔，被认为具有决定城市气运的作用。圣感塔占据金陵城的坤位，这是地理上最重要的位置之一。宋代堪舆之术兴盛，风水的观念深入人心，人们希望占据此位的建筑能够为城市的发展带来长久的好运。因此，《石函记》寄望此塔“庶任名数，永镇坤维”，能够使“皇帝天基永固，圣寿遐延；太子诸王，福昌万叶；宰辅文武，赞国忠贞；三军兆民，乐时清泰；同缘众信，利集无疆”。而马野亭所写“有

---

① 《法苑珠林》卷三十六《悬幡篇第三十二》，第 568 页。

② 〔宋〕释闻达：《妙法莲华经句解》卷七，《卍续藏》第 30 册，No.0604，第 609 页。

③ 〔宋〕苏颂：《苏魏公文集》卷六《律诗》，北京：中华书局，1988 年，第 59 页。

塔亭亭高似山，……可能形胜助城关”，以及苏颂在《次韵游长干寺》中所写的“先朝赐新额，此地建精蓝。亿载扶皇统，生民息战函”等诗句，都表达出相同的对圣感塔提升城市风水、改善国家和百姓命运的期待。

三、塔基与地宫的结构

圣感塔主体虽已不存，但它最底部的塔基，以及塔基中心处的地宫遗迹（考古编号分别为 TJ1 和 DG1）都得以保留。经过 2007—2008 年的考古发掘和相关研究，塔基和地宫的结构、时代和性质等重要问题都得到了较好的厘清。[①]

圣感塔基发现于大报恩寺遗址北区的中部，这里是整个遗址的最高点，老地名就称为“宝塔顶”。塔基与地宫均直接开口于表土层下，表面被多个近现代排水沟、防空洞和灰坑打破，破坏较为严重。（图 34）塔基仅残存最底部的基础部分，部片区域已残损不全；地宫表面遭到多个晚期坑破坏，但皆未深入，因此地宫未遭盗掘，内部保存完好。

塔基平面呈正八边形，从外至内由五层结构环绕而成，除了中心处的地宫外，其余四环的平面形状皆为八边形。（图 35）最外环是一圈基槽，破坏较严重，目前仅

图 34　地宫发掘前的塔基全景（自西向东拍摄）

① 圣感塔塔基与地宫考古发掘资料和初步研究成果皆已发表，请参阅南京市考古研究所：《南京大报恩寺遗址塔基与地宫发掘简报》，《文物》2015 年第 5 期；祁海宁、周保华：《南京大报恩寺遗址塔基时代、性质与相关问题研究》，《文物》2015 年第 5 期。

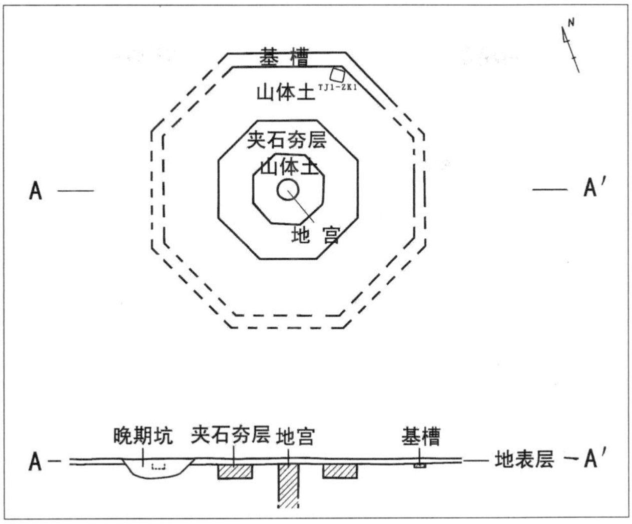

图 35　塔基平、剖面示意图

正北、东北和正东三边的局部得以保存。其中正北和东北部基槽保存状况较好，分别保存了 7.9 米和 6.4 米。基槽的宽度为 1.1 米，现存的深度为 0.8 米。基槽边壁和底部皆用石灰浆涂抹，槽内原先砌砖。在正北部基槽底部还残存 4 块，其中第一块完整，长 39 厘米、宽 18 厘米、厚 7 厘米；第四块残损，残长 38 厘米、宽 17.5 厘米、厚 7 厘米；第二、三块看似完整，却皆为两截断砖拼成，拼合后每块砖长 41 厘米、宽 17 厘米、厚 8 厘米。这些砖的规格在该遗址其他宋代遗迹中皆有发现，而且用砖规格略有差异的情况，也符合天禧寺用砖由多人捐赠、来源多样的特点。正北和东北两基槽交汇处保存完整，这是目前唯一保存的塔基最外层夹角。紧靠该夹角，发现一个柱坑（TJ1—ZK1），边长 0.55 米、残深 0.12 米，坑内以石灰浆涂抹，推测它属于塔底层副阶的柱础。从地宫中心到基槽（外侧）的垂线距离为 14.7 米，到塔基外角的直线距离为 15.9 米；由此推算出每边基槽完整的长度应为 12.1 米，塔基的最大径为 31.8 米。第一环的规模反映了塔下基座的范围。柱坑（TJ1—ZK1）的存在，说明该塔底层原先围绕塔身建有一圈回廊，即副阶。

第二环和第四环为两圈山体土，平面宽度分别为 6 米和 2.8 米，其中第二环可称为“外环山体土”，第四环可称为“内环山体土”。第三环的平面宽度为 3.7 米，内部包含上、下两层：上层以大小不等、形状不规则的麻石块与山体土混合夯筑而成，极为坚硬、致密，我们称为“夹石夯层”，深度 1.5 米；其下为山体土层，表面经过夯打，夯窝直径 4—5 厘米。（图 36）从第三环在塔基中所处的位置、以及独特的内

图 36　塔基第三环“夹石夯层”内部

部结构判断，其功能为承重，塔身应该建造在该环之上。

第五环即塔基中心，为圆形的地宫开口，直径 2.2 米。地宫的形制为圆形竖穴土圹式，从山体土中垂直下挖而成。地宫之内，共有 40 层堆积。除了第 37—39 层为两层夯土，中间夹一层平铺的铜钱外，其余的堆积从上至下皆以一层夯土、一层夹石夯层的方式有规律地填充。（图 37）夯土层厚薄不均，厚度从 0.08 米至 0.48 米不等；夹石层的厚度从 0.15 米至 0.25 米不等，所用石料与塔基第三环中所用石料相同。在距离地表 4.28 米的地宫中心部位，发现一块边长 0.9 米 × 0.92 米、厚 0.2 米的近方形覆石。覆石加工较粗糙，两角呈圆角，底部中心处凿有方形孔，方孔边长 0.16 米、深 0.1 米。与覆石近乎同深度、紧贴地宫壁，用单层青砖围砌一圈，呈箍状。砖箍下为圆形的生土二层台，地宫直径由此收缩至 2.05 米。我们推测，这一圈砖砌“围箍”和正中位置的覆石代表了地宫的正式入口。覆石下即为方柱状石函，石函高 1 .83 米，内藏铁函。石函周围同样以一层夯土、一层夹石夯层的方式填埋。在石函下，还有一个小型埋藏坑，其平面近圆形，直径 0.64 米、深 0.44 米。坑底放置一只青瓷壶，壶内装有一枚水晶球，壶口倒扣一只白瓷碗作盖，旁边另外正放一只青瓷碗。（图 38）地宫底部器物坑的用意暂时还不明确，但是该坑内出土的两件青瓷器具有明显的唐至五代时期青瓷的特征，推测是具有特殊含义的前代遗留物品。更有意思的是，青瓷壶的壶嘴朝向西方，方向 289° ，与天禧寺宋代建筑的方向，以及大报恩寺遗址北区中轴线的方向一致。

图 37　地宫内部夹石夯筑的情况

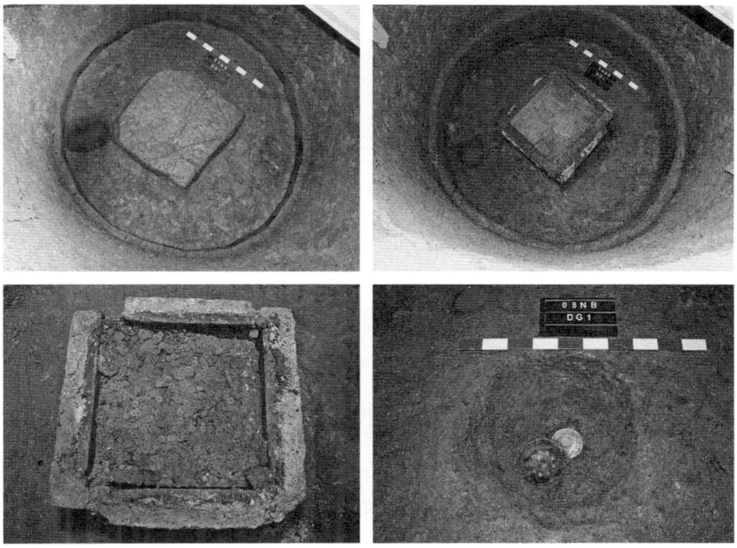

图 38　地宫内部发掘的主要过程节点（发现方形覆石→发现石函→发现铁函→底部埋葬坑）

地宫原始的开口位置已遭破坏，推测其上部可能已被削去约 1 米。从现存开口至埋藏坑底部，地宫总深度仍达 6.74 米，是国内目前发现的最深的佛塔地宫。而且该地宫中没有用砖、石砌筑宫室，采用的是最古老的竖穴土圹室地宫形制，这在全国发现的近 60 座宋代（含辽、金）地宫中仅此一例。（图 39）

通过对塔基用砖、地宫出土遗物年代的综合分析，这座塔基和中心处地宫的建造年代与性质是很明确的，它们是可政主持修建的北宋长干寺真身塔，即其后改名的天禧寺圣感塔的塔基与地宫。值得关注的是，该地宫的形制和使用的瘗藏容器——圆形

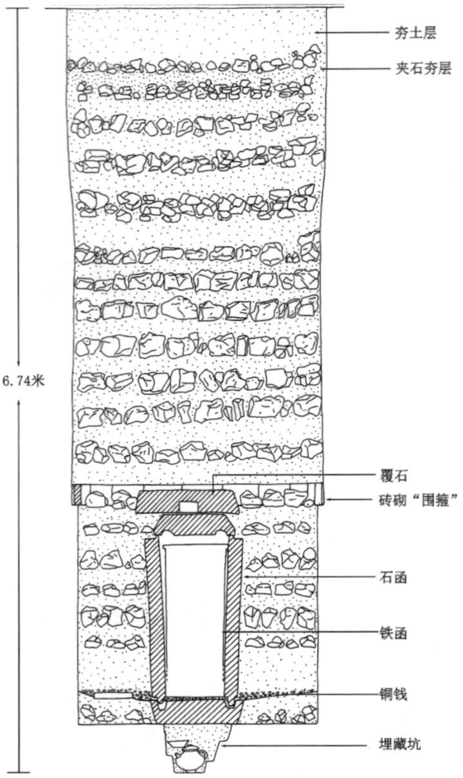

图 39　北宋长干寺地宫剖面图

竖穴土圹、距离地表 4.28 米处的方形覆石、石函、铁函、七宝阿育王塔、银椁、金棺等，与《梁书》记载的六朝长干寺古阿育王塔地宫的形制和瘗藏容器——“龙窟”“石䃸”，石函，铁函（壶），七宝塔，银函（坩），金函（镂罂）等高度类似。我们认为，北宋圣感塔地宫是可政等人刻意模仿六朝长干寺古阿育王塔地宫而建，保留了原始的竖穴土圹式地宫形制，因而才会形成在宋代佛塔地宫中仅此一例的特殊性。

四、地宫舍利瘗藏与供养情况

圣感塔地宫（DG1）未遭盗扰，从中出土各类文物 10000 余件，是继陕西扶风唐代法门寺地宫之后，我国发现的又一座佛门宝库。DG1 是一个以舍利供养为核心的瘗藏体系，地宫内放置的遗物本质上可以分为两大类：其一是舍利圣物，其二是供养器物。

DG1 出土舍利数量众多，瘗藏关系复杂，经过考古队的细致清理，先后发现的舍利多达 18 份，是我国迄今为止出土舍利份数最多的佛塔地宫。根据《石函记》，地宫中瘗藏的舍利共有三种：感应舍利、佛顶真骨舍利和诸圣舍利。（图 40）

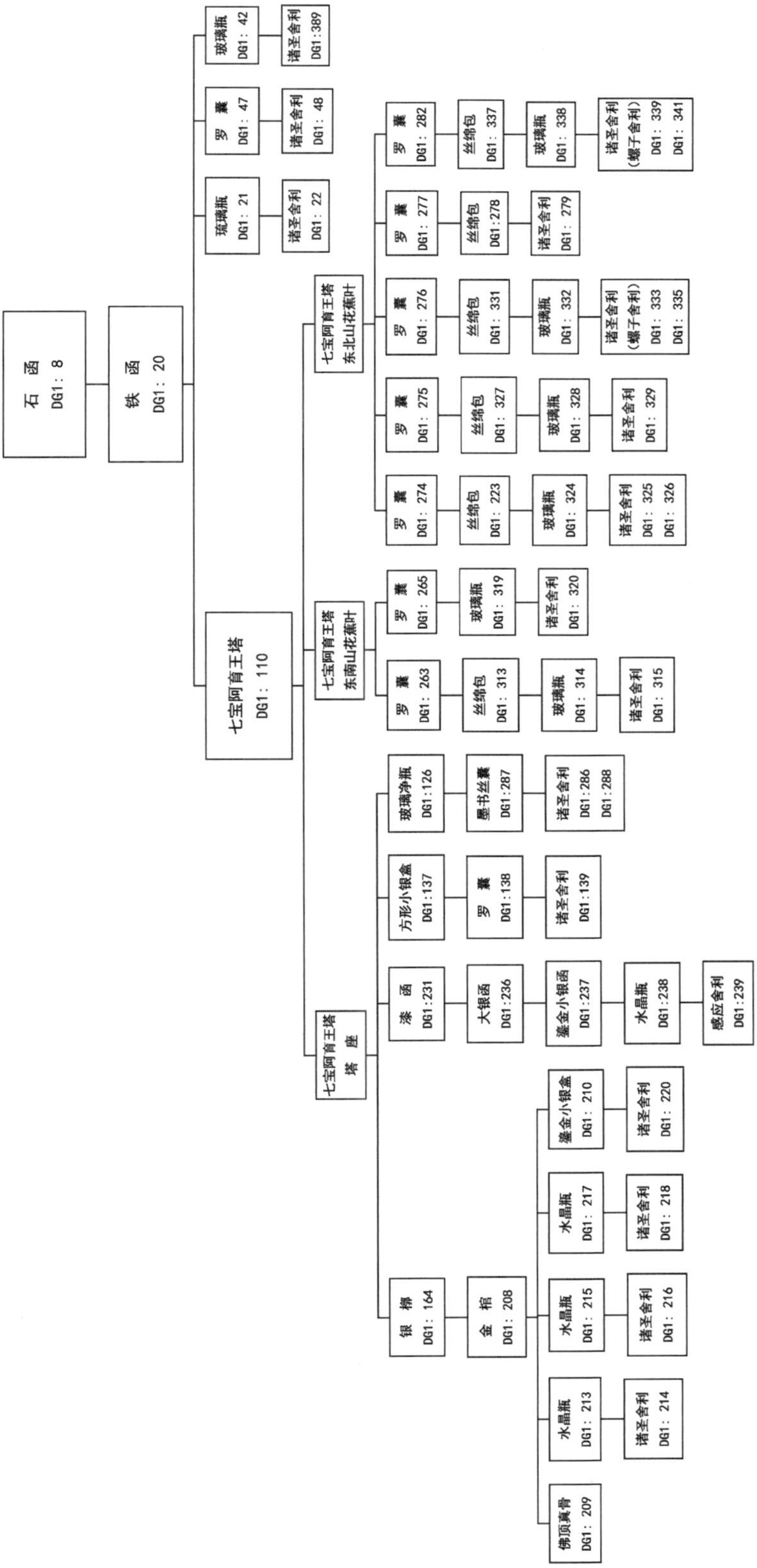

图 40 圣感塔地宫舍利与瘗藏容器系络图

感应舍利（编号为 DG1：239）在圣感塔地宫中受到最尊崇的对待，是地宫瘗藏与供养体系的核心之一。这表现在两个方面：其一，《石函记》记述舍利圣物时，将感应舍利置于首位——“进呈感应舍利十颗，并佛顶真骨，洎诸圣舍利”；其二，感应舍利的瘗藏容器多达七重，是地宫中使用瘗藏容器最多的一份舍利。感应舍利之所以如此受重视，与它曾经上呈给真宗皇帝，成为推动长干寺复兴的关键因素有直接关系。另外前文也曾分析，不排除这份舍利本为六朝长干寺地宫原物，经李德裕发塔，分供建初寺，辗转流传至北宋后，以感应舍利的名义重新回归原址。根据《石函记》，感应舍利本为“十颗”，但是考古队清理后发现现存 15 粒。推测在碑文刻成之后，由于某些原因又增添了五粒。感应舍利为颗粒状，大小不一，长 1 至 3 毫米。其中的两粒近于椭圆形，无色透明；其余为不规则形，呈现灰、黄、淡红、黑等多种颜色。（图 41）

图 41　瘗藏感应舍利的水晶瓶与感应舍利

佛顶真骨舍利（编号为 DG1：209），是 DG1 瘗藏与供养体系的另一个重要核心。在地宫中它受到五重宝函的保护与珍藏，可政、王文两位导首的墨书题记皆贴近它放置。佛顶骨舍利长 5 厘米、宽 3.5 厘米、高 3.4 厘米，形状不规则，隆起如小拳，表面布满小孔，内部聚含了大量红、白、灰、黄、黑等各色舍利子，出土时呈淡褐色，干燥后渐呈黄灰色。前文已述，该舍利应是北宋太宗时期从印度、中亚传入我国的多份佛顶骨舍利中的一份，由施护出面捐赠给天禧寺供养，但是幕后真正的捐赠者应为宋真宗。（图 42）

图 42　地宫中瘗藏的佛顶真骨舍利（顶视与底视）

关于佛顶骨舍利的大小、形状，在佛教典籍中有所记载。比如，《洛阳伽蓝记》《法显传》《大唐西域记》都记载了中亚那迦罗阿国（又称那竭国、那揭罗曷国，今阿富汗贾拉拉巴德）供养的一份佛顶骨舍利。《洛阳伽蓝记》引《道荣传》记曰："有佛顶骨，方圆四寸，黄白色，下有孔，受人手指，閦然似仰蜂窠。"①《法显传》称："骨黄白色，方圆四寸，其上隆起。"②《大唐西域记》卷二记曰："骨周一尺二寸，发孔分明，其色黄白。"③另外，《大唐西域记》卷一还记载了中亚迦毕试国（今阿富汗贝格拉姆）旧王伽蓝供养的一份佛顶骨："有如来顶骨一片，面广寸余，其色黄白，发孔分明。"④综合上述记载，佛顶骨舍利具有形如蜂窠，颜色黄白，发孔清晰等主要特征，圣感塔地宫佛顶骨舍利的形状、颜色，以及表面多孔的特点与上述记载相符合。在尺寸大小方面，圣感塔地宫佛顶骨与迦毕试国供养的佛顶骨舍利较为接近。

诸圣舍利共发现 16 份，每份的数量多寡不一。（图 43）它们是由僧俗信众捐赠，供养于地宫之中的舍利。《石函记》记载了多位捐献舍利的僧尼："舍舍利施护、守正、重航、绍赟、智悟、重霸、守愿、尼妙善、宝性。"除施护捐赠佛顶骨舍利外，其

① ［北魏］杨衒之撰，周祖谟校释：《洛阳伽蓝记校释》卷五《道荣传》，北京：中华书局，2010 年，第 206 页。

② ［东晋］释法显撰，章巽校注：《法显传校注》"那竭国"条，北京：中华书局，2008 年，第 38 页。

③ ［唐］玄奘、辩机撰，季羡林等校注：《大唐西域记》卷二"那揭罗曷国"条，北京：中华书局，1985 年，第 228 页。

④ 《大唐西域记》卷一"迦毕试国"条，第 155 页。

余僧尼捐赠的舍利都被归于诸圣舍利。另外，部分诸圣舍利应为俗家信众捐赠，比如，编号为 DG1：137 的小银盒内瘗藏有舍利，在盒体上刻有“王仁规”的姓名，表明该份舍利很可能是名为王仁规的居士所奉。（图 44）又如，编号为 DG1：42 的玻璃瓶中瘗藏有十颗舍利，并发现墨书纸片，纸片上的题记清楚说明，该舍利为居士郑保萃舍入地宫供养。（详见表 3）

图 43　诸圣舍利之一（DG1：48）

图 44　刻有“王仁规”姓名的方形银舍利盒（DG1：137）

从形状与颜色上看，大多数诸圣舍利与感应舍利外观类似，呈椭圆形或不规则的颗粒状，颜色有黑、灰、红、黄、白、无色透明等多种。但是有少数几份诸圣舍利外观较为特殊，比如以蓝色玻璃净瓶瘗藏的 DG1：286，总数达上千枚，外观表现为大小不一的银色小颗粒，其中少量颗粒呈乳白色（挑出后单独编号为 DG1：288），出土时与丁香混杂。经检测，无论是银色颗粒还是乳白色颗粒皆为珍珠。（图 45）

图 45　珍珠质地的舍利代用品（DG1：286 与 DG1：288）

在七宝阿育王塔东北角的“山花蕉叶”内，出土两份用罗囊盛放的舍利（DG1：333 和 DG1：339），呈灰白色，形如螺壳，其中一件罗囊中还发现写有“螺子舍利”的墨书题记。经检测，它们是由贝壳类物质加工而成。（图 46）

图 46　地宫出土的“螺子舍利”及其墨书题记

大报恩寺遗址考古队与山东大学、山东省文物保护修复中心合作，利用超景深显微镜、拉曼光谱分析仪、X 射线荧光光谱分析仪等设备，对 DG1 中出土的诸圣舍利进行了无损检测分析，确认了它们的物质构成，将它们明确分为文石、琥珀、石英、玻璃四种类型：文石是生物化学作用的产物，化学成分为 $CaCO_3$，许多动物的贝壳、骸骨或蚌中分泌的珍珠均由文石构成，上述珍珠和贝壳类舍利皆属文石；琥珀是一种有机矿物，是数千万年前的树脂埋藏于地下，经过一定的化学变化后形成的树脂化石；石英是地表分布最广的天然矿物，是构成砂石的主要成分；玻璃则是人为制造出的材料。总之，经科学检测表明，圣感塔地宫出土的诸圣舍利并非人体火化后的产物，而是利用天然或人造材料制作的舍利代用品。[①] 这种做法符合佛教教义，唐代不空译《如意宝珠转轮秘密现身成佛金轮咒王经》指出：“若无舍利，以金银、琉璃、水晶、玛瑙、玻璃众宝等造作舍利……行者无力者，即至大海边，拾清净砂石，即为舍利；亦用药草、竹木根节造为舍利。”[②]

① 马清林、王云鹏、阚颖浩等：《南京大报恩寺北宋地宫出土诸圣舍利分析研究》，《文物》2021 年第 7 期。

② 〔唐〕不空译：《如意宝珠转轮秘密现身成佛金轮咒王经》，《大正藏》第 19 册，No.0961，第 332 页。

另外，如果按照《翻译名义集》所引《大论》的说法："碎骨是生身舍利，经卷是法身舍利。"[①] 那么圣感塔地宫出土的一份完整梵文贝叶经，则应属于法身舍利。（图 47）

图 47　圣感塔地宫出土的梵文贝叶经（DG1：205）

圣感塔地宫中的供养物品，综合考虑其用途与材质，可以分为瘗藏容器、香料与香具、丝织包袱与题记、钱币、杂宝等几大类。

DG1 是我国瘗藏舍利份数最多的地宫，因此瘗藏舍利所使用的器具也随之种类丰富、数量众多，包括了石函、铁函、七宝阿育王塔、银椁、金棺、漆函、银盒、水晶瓶、玻璃瓶、罗囊等各种质地，并且制作精良的器物。舍利被它们层层保护，最多的达七重，比如感应舍利，最少的也达三重。其中的石函和铁函作为最外层的容器，将地宫中近乎所有的物品容纳、保护在内。石函北壁镌刻的《石函记》也是整个地宫营建的总记录。

在所有舍利瘗藏容器中，以七宝阿育王塔最为引人注目。它由塔盖和塔座两部分组成，内部中空，用于瘗藏舍利和其他供养物品，因此本质上是一座塔形宝函。该塔通高 117 厘米、最大边长 45 厘米。内部以檀香木制作骨架，表面银质鎏金，并凿有 452 个圆孔以镶嵌宝石。经鉴定，所镶宝石的种类有水晶、玻璃、玛瑙、青金石等。塔盖中心处立塔刹，设五层相轮，顶部为火焰珠和葫芦形宝瓶；四角设四座三角形的山花蕉叶，同样内部中空，用于放置物品。山花蕉叶与塔刹之间以链条相连，链下悬挂风铃。塔体表面满饰各种佛教纹样与图案：相轮上饰忍冬和联珠纹；塔刹根部圆环上饰金刚杵和天王像；山花蕉叶四个内侧面上，东北、西南两面各饰一立佛、两供养菩萨，西北、东南两面各饰一坐佛、两护法天王；山花蕉叶八个外侧面上设有 19 幅佛传故事画，包括梦感白象、肋下降生、步步生莲、双龙灌顶、比武掷象、断发出家、

① 〔宋〕法云编：《翻译名义集》卷五《名句文法篇第五十二》，《大正藏》第 54 册，No.2131，第 1138 页。

仙人献草、连河洗污、牧女献糜、法轮初转、示寂涅槃等，表现了佛陀传奇的一生；塔座腹部四角饰大鹏金翅鸟，四面分别浮雕“萨埵太子饲虎”“大光明王施首”“尸毗王救鸽命”“须大拏王”[①]等四幅本生变相，表现了佛陀前生的故事。（图 48）

图 48　七宝阿育王塔及塔座北面表现的“萨埵太子饲虎”变相

《石函记》将该塔命名为“七宝阿育王塔”是有特定意义的。佛教常讲以“七宝”供佛，七宝的概念各经略有不同，总体上可指各种珍贵的宝物。《翻译名义集》卷三记载：“《佛地论》云：一金，二银，三吠琉璃，四颇胝迦，五牟呼婆羯洛婆、当砗磲也，六遏湿摩揭婆、当玛瑙，七赤真珠。《无量寿经》云：金、银、琉璃、颇梨、珊瑚、玛瑙、砗磲。《恒水经》云：金、银、珊瑚、真珠、砗磲、明月珠、摩尼珠。《大论》云：有七种宝：金、银、毗琉璃、颇梨、砗磲、码碯、赤真珠。”[②]七宝阿育王塔使用了金、银、水晶、玻璃、玛瑙、青金石等多种珍贵材料，符合“七宝”的要求，这是其得名最直接的原因。

这种单层、方形、带有塔刹和山花蕉叶的阿育王塔的原型，就是东晋时期刘萨诃发现的鄮县塔——“忽有宝塔及舍利从地踊出。灵塔相状青色，似石而非石，高一尺四寸、方七寸，五层露盘，似西域于阗所造。面开窗子，四周天铃，……绕塔身上并

① 有学者指出，长干寺地宫七宝阿育王塔西壁主题虽然铭文为“须大拏王变相”，但是其表现的“二兽伺王”图式与佛经中记载的须大拏王舍子的主题不符，反而更接近于“萨埵太子饲虎”的内容，此说可供参考。参见任平山：《吴越阿育王塔四本生图辨》，《文物》2019 年第 3 期。

② 《翻译名义集》卷三《七宝篇第三十五》，第 1105 页。

是诸佛菩萨金刚圣僧杂类等像，状极微细，瞬目注睛乃有百千像现，面目手足咸具备焉。”[①] 发现者刘萨诃认为该塔是阿育王所造，内藏阿育王送来的舍利，因此该塔当时就被称为“阿育王塔”。鄮县阿育王塔于东晋末期问世后，南北朝时期一度相当流行，南朝和北朝地区的佛教造像上都曾出现此种塔的形象。[②]（图 49）

1

2

图 49　南北朝佛造像背光顶部表现的“阿育王塔”造型

图 49–1 为南京博物院藏“南朝一佛二菩萨造像”背光顶部；图 49–2 为山东青州龙兴寺遗址出土的北魏至东魏时期佛造像背光顶部。

梁武帝时期因鄮山寺有此阿育王塔，下令将该寺改称为阿育王寺。大同二年（536），又命人将鄮山舍利迎入宫中供养，[③] 阿育王塔作为塔函，自然随同来到建康。大同三年，梁武帝又下令对建康阿育王寺（长干寺）塔进行改造，在地宫中特意增加了一重“七宝塔”。梁武帝所造的“七宝塔”也是塔函，其造型很可能模仿鄮县阿育王塔。可政等人重建长干寺，对该寺的历史进行了充分的了解，在地宫形制方面故意采取了最古老的竖穴土圹式地宫模式，这座精心打造的七宝阿育王塔同样是在

① 《集神州三宝感通录》卷上 “西晋会稽鄮塔”条，《大正藏》第 52 册，No.2106，第 404 页。

② 关于南北朝时期此种阿育王塔的考古发现与相关研究，可参见[韩]苏铉淑:《东魏北齐庄严纹样研究——以佛教石造像及墓葬壁画为中心》下编第一章《宝塔纹的形制特征与含义》，北京：文物出版社，2008 年，第 82—105 页。

③ 《梁书》卷五十四《诸夷》，第 792 页。

模仿旧制，致敬梁武帝制作的“七宝塔”。

五代时期，吴越国王钱弘俶仿效阿育王，发愿造八万四千塔，造型同样仿效鄮县塔，促使此种塔再度流行。据黎毓馨的研究，目前全国已经发现的五代至北宋时期的阿育王塔总计50余座，广泛分布于以吴越为中心的江南地区。[①]因此，七宝阿育王塔的出现也与这一时期的时代背景有关。在目前出土的所有阿育王塔之中，圣感塔地宫出土的这件七宝阿育王塔体型最大，制作最精，工艺最为复杂，被公认为“塔王”。

在七宝阿育王塔、银椁、金棺等金属质地的瘗藏容器上发现近20条錾刻铭文，于《石函记》之外，为我们了解长干寺的复兴、真身塔的营建，以及地宫供养情况提供了真实的记录。（图50、表2）比如，錾刻于塔盖顶面两个椭圆形开光之中的长篇铭文，记述了集资打造七宝阿育王塔的详细情况：

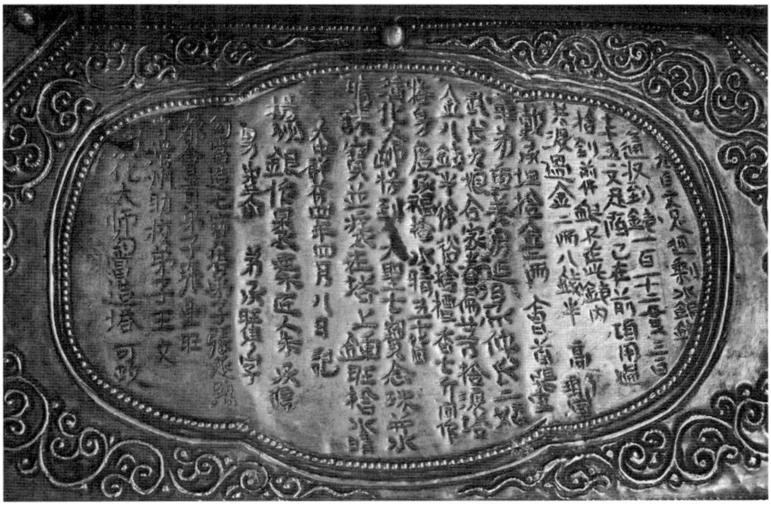

图50 塔盖顶面东侧开光内的錾刻铭文

共计用银一百二十二两：曾再遇银十两，浦宅刘氏一娘银九两三分，曹延寿银五两，张宅刘氏一娘银二两，高邮军戴承坦银五两半，昇州李承弟银二两，六名共舍到银三十四两一分，除舍到外。买银八十七两三分，计钱八十四贯二百四十文足陌。打造银塔手工钱二十二贯七百五十文足，镶珠宝手工三百八十五文足，五贯文足买檀香并手工作塔身，共用钱一百一十二贯三百七十五文足陌。会首张重旺舍钱四十一贯一百八十九文足，王文舍钱

① 参见黎毓馨：《阿育王塔实物的发现与初步整理》，《东方博物》2009年第2期。

十五贯四百文足，浦承务舍钱十三贯五百三十六文足陌，张约舍钱一十一贯二百八十文足陌，徐守忠舍钱一十贯文足陌，曹延寿钱一贯文足，浦宅刘氏一娘钱七百七十文足，刘氏一娘舍钱四百文足，戴承矩一十五贯四百文足，演化母庚氏，并普仁、普轮舍钱二贯五百文足。

九百文足，通剩水银钱。通收到钱一百一十二贯三百七十五文足陌，已在前项用遍，舍到前件银不在此钱内。共渡过金二两八钱半：高邮军戴承坦舍金二两，会首张重旺、弟重义、男延熙、仲氏二娘、武氏九娘合家眷属等，舍渡塔金八钱半。徐俗舍檀香七斤同作塔身，卢承福舍水晴五十个，演化大师可政将到大圣七宝念珠并水晴珠宝，并装在塔上，钟旺舍水晴。大中祥符四年四月八日记。扬州银作裹装匠人朱承信、男守恭，弟承旺镌字。勾当造七宝塔弟子张延熙，都会首弟子张重旺，守滑州助校弟子王文，演化大师勾当造塔可政。

通过上述铭文可知，七宝阿育王塔制作于扬州，完成于大中祥符四年四月八日，共计用银一百二十二两，钱一百一十二贯三百七十五文足、金二两八钱半。为塔身镀金使用了水银蒸馏工艺。制作该塔的费用包括打造银塔手工钱二十二贯七百五十文足，镶珠宝手工钱三百八十五文足，购买檀香木并手工作塔身钱五贯文足等。除了可政与王文外，“勾当造七宝塔”张延照、“都会首”张重旺也发挥了重要作用。而参与捐资者除了昇州本地人之外，来自周边扬州、高邮等地的施主亦是主力。

另外，在瘗藏佛顶骨舍利的银椁和金棺底部皆发现了錾刻铭文。（图51）尤其是前文已经介绍的发现于银椁底部的錾刻铭文，是揭示长干寺佛顶骨舍利来源，明确其真身舍利性质的关键证据。在银椁和金棺底部的铭文中，还提及首座守正、通悟大师重航、尼宝性、比丘绍赟、赐紫守愿、普定、育王第一塔主崇惠大师绍□等多位僧尼。其中的宝性，根据《大安塔碑铭》的记载，是东京护国禅院的住持，[①] 崇惠大师绍□是鄮县阿育王寺阿育王塔的塔主，[②] 其余僧人也应是各地寺院的住持或高层人员。他们积极捐献舍利和资金，表明长干寺的重建获得了当时佛教界的大力支持。

圣感塔地宫还出土了众多香料实物和精美的香具，成为该地宫瘗藏与供养的一大特色。出土的香料有沉香、乳香、豆蔻、丁香等，以前两项的数量最多。DG1出土的

① 《文庄集》卷二十七《大安塔碑铭》，景印《文渊阁四库全书》第1087册，第268页。

② 道宣《集神州三宝感通录》将刘萨诃发现鄮县塔的时间记为西晋时期，并将“西晋会稽鄮县塔”列为中国19座阿育王塔之首，因此鄮县塔有“育王第一塔”之称。

图 51 金棺及其底部錾刻铭文拓片

沉香，颜色为淡黄褐色，保持原始木本形态，经中国林业科学院木材研究所检测鉴定，原产于我国岭南、海南等地，学名白木香，又名土沉香，是沉香之中的上品。DG1 出土的乳香现呈黄白色，原本可能加工成块状，以菱形丝织物衬垫，放置于各种盛香器具中，但因在地宫中浸水，出土时大都凝结成块。经检测，它们为橄榄科植物卡氏乳香树的胶树脂，产地初步判断为印度。①（图 52）

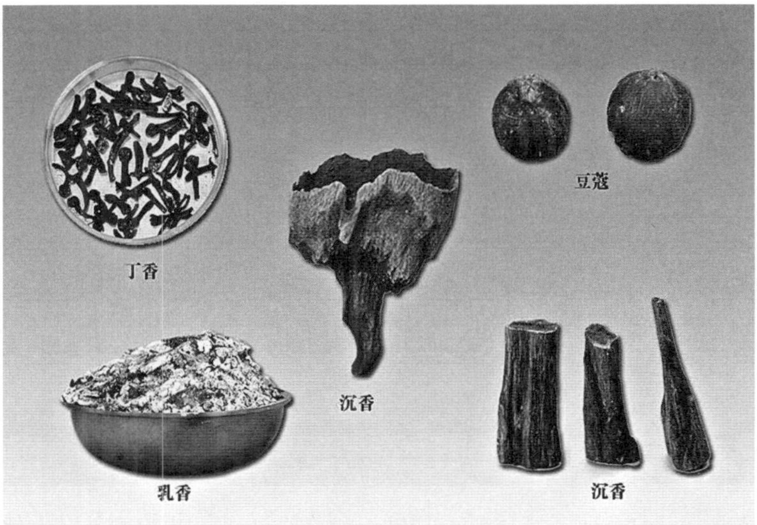

图 52 地宫出土的部分香料

① 本节有关香料的检测与研究，主要参考王颖竹、马清林、李延祥：《南京报恩寺阿育王塔出土香料溯源研究》，《中国文物科学研究》2012 年第 2 期；以及张治国、宋燕等主编：《古代鎏金银器、玻璃器、香料保护技术——南京阿育王塔及出土文物保护技术研究》第四章《古代礼用香料及南京大报恩寺地宫出土香料研究》，北京：科学出版社，2014 年，第 144—157 页。

DG1 出土了品类丰富、制作精致的多种香具，包括盛放乳香的玉碗、水晶杯、八曲绿玻璃杯、银鎏金香盒、香囊，盛放丁香的蓝色玻璃净瓶，原先可能盛放有香水的银鎏金净瓶，行香用的银鎏金莲花宝子香炉，斟香用的银鎏金香匙，等等。（图 53）以香供佛、供塔同样是佛教倡导的法仪，《根本说一切有部毗奈耶杂事》记载，佛陀曾告诫僧众："持种种末香、涂香、花鬘、璎珞、幢幡、宝盖、诸妙香馔，诣于塔所广设供养、殷重赞叹，……如是应学。"[①] 因此，僧俗信众在圣感塔地宫中供养香料和香具，是充分符合佛教要求的。

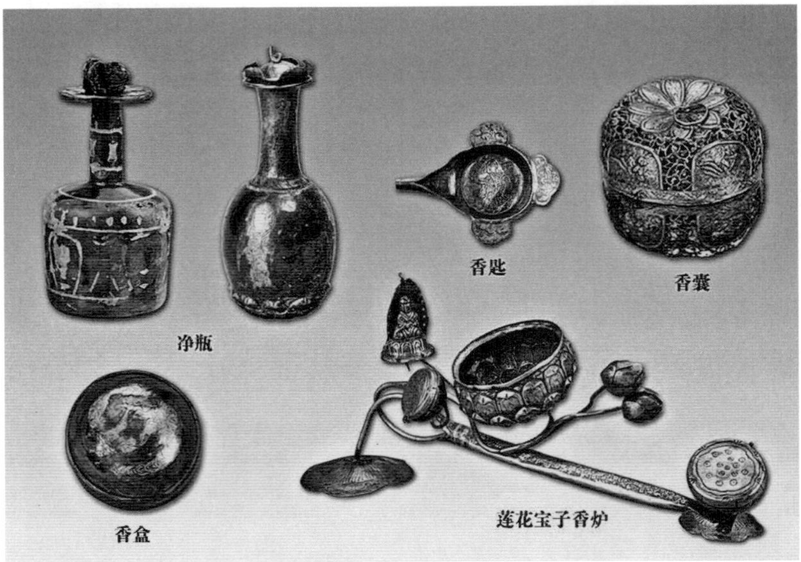

图 53　地宫中出土的部分香具

另外，宋代是我国香料大量进口，日益普及的时期。根据洪刍《香谱》和赵汝适《诸蕃志》的记载，当时进口的香料达一百余种，常见的就有乳香、龙涎香、龙脑香、沉香、檀香、白檀香、丁香、苏合香、蓼香、木香、茵香、藿香等数十种，广泛用于熏香、入药、调味等宋人的日常生活。因此，圣感塔地宫香料与香具的大量供养，也是当时社会经济发展，海外贸易繁盛，香文化成为时代风尚的表现。[②]

圣感塔地宫出土了一百余幅种类多样的丝绸织物，是我国迄今出土丝织品数量最多、保存状态最好的宋代遗址之一。DG1 出土的丝织品包括绮、绫、绝、绢、纱、罗

① 〔唐〕义净译：《根本说一切有部毗奈耶杂事》卷十，《大正藏》第 24 册，No.1451，第 249 页。

② 参考严小青、惠富平：《宋代香料贸易及其影响》，《江苏商论》2007 年第 4 期；李小云：《宋代外来物品研究》第五章《宋代外来物品的种类及使用状况》，河南大学硕士学位论文，2013 年，第 83—92 页。

等多个品种，使用了提花、刺绣、彩绘、印金等多种工艺，是反映我国宋代江南地区丝织业发展水平的重要实物材料。（图 54）

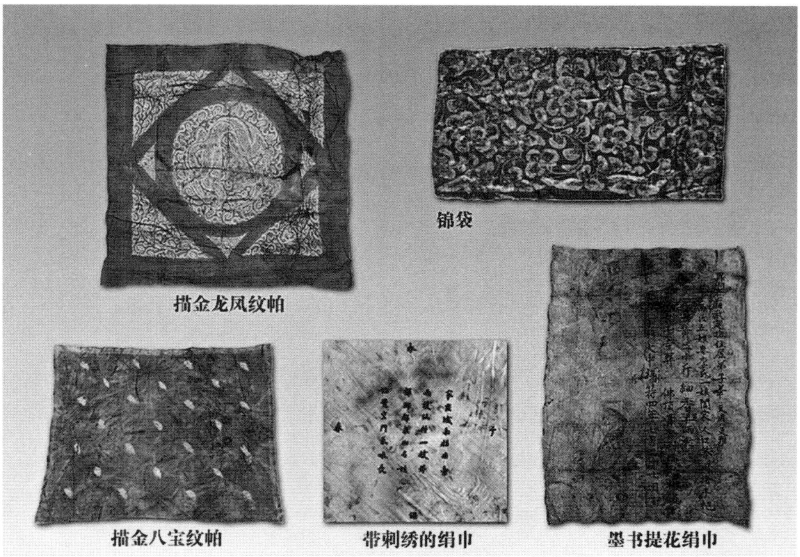

图 54　感塔地宫出土的部分丝织品

丝织品在圣感塔地宫中的作用主要有两项：其一是用作包袱皮，将其他供养品包裹在其中——七宝阿育王塔本身就被一件长 2.87 米、宽 2.22 米的绛色绢地塔罩包裹，放置于铁函内；在铁函和七宝阿育王塔内又发现了 30 多个用丝织物包裹的小包裹，分别来自不同的施主；其二是用作书写题记的载体。在 DG1 中共发现 20 余幅丝织品上有墨书题记（表 3），它们记录了长干寺施主的捐赠行为和真实愿望，与《石函记》碑文、金银器上的錾刻铭文一样，是研究北宋长干寺重建过程不可或缺的重要材料。通过这些题记可以确证，北宋长干寺就是在金陵、扬州等地僧俗信众的支持下，主要依靠民间力量复建而成的。

钱币是圣感塔地宫出土数量最多的供养品，总数达 11000 余枚。它们是施主慷慨布施与供养最直接的表现，也是当时流行的做法。在杭州五代雷峰塔地宫中，瘗藏各类钱币 3400 余枚，[①] 镇江甘露寺宋代铁塔地宫也瘗藏铜钱 1100 余枚。[②] 圣感塔地宫内供养的钱币不仅放置于石函与铁函内，而且还有相当一部分直接填埋在地宫夯土层中。

① 浙江省文物考古研究所：《雷峰塔遗址》第五章《雷峰塔地宫出土器物》，北京：文物出版社，2005 年，第 163 页。

② 江苏省文物工作队镇江分队、镇江市博物馆：《江苏镇江甘露寺铁塔塔基发掘记》，《考古》1961 年第 6 期。

瘗藏的钱币以铜钱为主，从秦代的“半两”到宋真宗时期的“祥符元宝”，种类繁多。其中还有不少特殊制作的非流通货币，俗称“花钱”，如双龙、双凤、龙凤呈祥等多种纹样。在一枚景德元宝的背面，经磨平后精心雕刻了一幅“佛手拈花”图，庄重典雅，是地宫供养器物中的精品。（图 55）除了铜钱外，地宫中还瘗藏了 46 枚金银币，包括“开元通宝”“至道元宝”“祥符元宝”等年号钱，也有“千秋万岁”等吉语钱。

图 55　“景德元年”背面雕刻的“佛手拈花”图（DG1：109）

除了上述大宗供养器物外，圣感塔地宫还出土了数量较少，但更为罕见和珍贵的各种杂项供养器物，包括鎏金铜佛像、花鸟纹铜镜、“舍身饲虎”铜牌、银葫芦、鎏金银凤、水晶念珠、水晶球、水晶葫芦、烟晶球、玛瑙环、玛瑙珠、金链琥珀挂件等。（图 56）

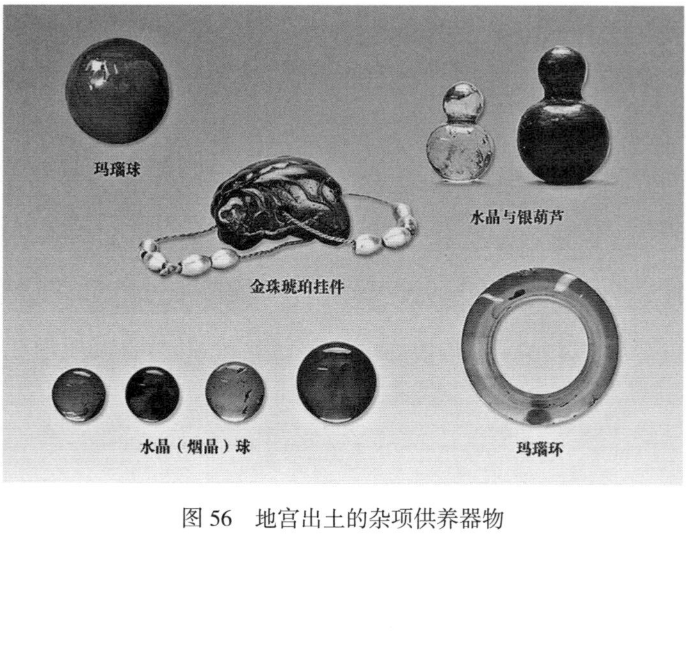

图 56　地宫出土的杂项供养器物

还需指出的是，地宫供养器物绝大多数为宋代物品，其时代下限为地宫封闭时的真宗大中祥符四年（1011）。但根据瘗藏器物的特征判断，部分器物应为前代流传下来的传世品，如地宫出土的花鸟纹铜镜（DG1：24）就具有明显的唐代风格（图57），而地宫底部器物坑内出土的青瓷壶和青瓷碗也具有晚唐五代器物的特征。

图57　地宫出土的唐代花鸟纹铜镜（DG1：24）

另外，地宫供养物品主要为本土出产，但部分物品明显带有域外风格，除了贝叶经，乳香、豆蔻等香料外，蓝色玻璃净瓶（DG1：126）经检测属于钾—钙玻璃或钠—钾—钙玻璃，成分与造型都接近于伊斯兰风格的玻璃器，而不是我国所产的高铅玻璃。[①]（图58）另外，地宫中还发现一枚铜质铸币（DG1：222），圆形无孔，主体纹饰为牛，明显非我国钱币。出土时，它与佛顶骨舍利共同瘗藏于金棺之中，推测它很可能与佛顶骨舍利同时从印度或中亚地区传入。（图59）

综上所述，圣感塔地宫是一座以感应舍利和佛顶真骨舍利为核心，瘗藏了多份舍利圣物的地下“神圣空间”。在地宫之中，使用金、银、铜、玉、水晶、玻璃、玛瑙、琥珀、香料等各种珍贵材质的物品进行供养，符合佛教“七宝”供佛和以香供佛的要求；这座地宫是以可政、王文为导首，以金陵、扬州两地僧俗信众为主力所构建的，体现了北宋时期佛教在民间的深厚影响。在地宫营建和瘗藏过程中，充分考虑了历史因素，对六朝长干寺古阿育王塔地宫的形制和瘗藏方式进行了较大程度的模仿。圣感塔地宫是一座名副其实的宝库，对于历史和文物研究而言，目前的工作只是刚刚开始，还有更多研究领域等待开拓和深入。

---

① 《古代鎏金银器、玻璃器、香料保护技术——南京阿育王塔及出土文物保护技术研究》第四章《古代玻璃器保护技术研究》，第99—103页。

图 58　地宫出土的伊斯兰风格蓝色玻璃净瓶（DG1：126）

图 59　域外输入铜币正面与背面（DG1：222）

表 2　圣感塔地宫内发现的錾刻铭文

器物编号	器物名称	铭文位置	铭文内容
DG1：110	七宝阿育王塔	塔刹底板正面边缘	扬州左厢张宅女弟子刘氏十一娘舍银二两，钱肆佰文足，打此叶壹片，永记。
		塔座顶面南侧开光内	共计用银一百二十二两：曾再遇银十两，浦宅刘氏一娘银九两三分，曹延寿银五两，张宅刘氏一娘银二两，高邮军戴承坦银五两半，昇州李承弟银二两，六名共舍到银三十四两一分，除舍到外，买银八十七两三分，计钱八十四贯二百四十文足陌。打造银塔手工钱二十二贯七百五十文足，镶珠宝手工三百八十五文足，五贯文足买檀香并手工作塔身，共用钱一百一十二贯三百七十五文足陌。会首张重旺舍钱四十一贯一百八十九文足，王文舍钱十五贯四百文足，浦承务舍钱十三贯五百三十六文足陌，张约舍钱一十一贯二百八十文足陌，徐守忠舍钱一十贯文足陌，曹延寿钱一贯文足，浦宅刘氏一娘钱七百七十文足，刘氏一娘舍钱四百文足，戴承矩一十五贯四百文足，演化母庚氏，并普仁、普轮舍钱二贯五百文足。

（续表）

器物编号	器物名称	铭文位置	铭文内容
		塔座顶面西侧开光内	九百文足，通剩水银钱。通收到钱一百一十二贯三百七十五文足陌，已在前项用遍，舍到前件银不在此钱内。共渡过金二两八钱半：高邮军戴承坦舍金二两，会首张重旺、弟重义、男延熙、仲氏二娘、武氏九娘合家眷属等，舍渡塔金八钱半。徐俗舍檀香七斤同作塔身，卢承福舍水晴五十个，演化大师可政将到大圣七宝念珠并水晴珠宝，并装在塔上，钟旺舍水晴。大中祥符四年四月八日记。扬州银作裹装匠人朱承信、男守恭，弟承旺镌字。勾当造七宝塔弟子张延熙，都会首弟子张重旺，守滑州助校弟子王文，演化大师勾当造塔可政。
		西北角山花蕉叶内侧	扬州广陵县进贤坊弟子浦成务舍所有功德，愿皇帝万岁，大地人安，父母升天，自身福寿长远，辛亥年四月八日。
		东北角山花蕉叶内侧	扬州广陵县进贤坊弟子浦成务舍，愿皇帝万岁，大地人安，父母升天，舍钱拾肆贯肆佰文足，大中祥符四年四月八日记。
		西南角山花蕉叶内侧	高邮军左厢仁义坊弟子戴承矩舍，先愿当今皇帝万岁，臣佐千秋，次保自身安吉，大中祥符三年十一月日记。
		东南角山花蕉叶内侧	高邮军左厢仁义坊弟子戴承矩舍，先愿当今皇帝万寿，次保阖家清吉，大中祥符三年十一月日记。
		塔座北壁上枭部正中	皇帝万岁；扬州左厢北进坊弟子曾延寿舍银打上下变相记。
		塔座北壁束腰底部	扬州右厢进士张约与母亲舍北面“萨埵太子饲虎”变相。
		塔座东壁上枭部正中	臣千秋；扬州右厢延庆坊弟子徐守忠与妻仲六娘舍银打上下变相。
		塔座东壁束腰底部	将仕郎守滑州助教王文舍“大光明王施首”变相记。
		塔座南壁上枭部正中	天下民安；高邮军左厢永宁坊戴承坦为亡父延晟生界舍金二两、水银二斤渡（镀）阿育王宝塔，又银五两半打上下变相记。
		塔座南壁束腰底部	扬州左厢弟子张重旺舍南面“尸毗王救鸽命”变相，永记。

（续表）

器物编号	器物名称	铭文位置	铭文内容
		塔座西壁上枭部正中	风调雨顺；扬州右厢延庆坊弟子徐守忠与妻仲六娘舍银打上下变相。
		塔座西壁束腰底部	扬州曾再遇舍银拾两打“须大拿王”变相，演化大师与母禹十一娘舍钱二贯五百文足，守仁、普伦。
DG1：164	鎏金银椁	须弥座上枋部外底	大宋大中祥符四年辛亥四月八日，金陵长干寺奉真身舍利大卿施护佛顶骨。首座守正、通悟大师重航、尼宝性、比丘绍赟各奉舍利。赐紫守愿、普定银各五两，王氏银十两。
DG1：208	金棺	外底	建长干寺塔会首、将仕郎、守滑州助教王文，并妻史氏十四娘施金四两；育王第一塔主崇惠大师绍□施金三两。
DG1：137	小银盒	顶盖、底盖、盒体	顶盖戳点双写“王仁规”姓名；盒体浅刻“王仁规”姓名，并有戳点的“千”字；底盖浅刻“王仁规”姓名。
DG1：243	鎏金银钗	钗头	徐俌梃银

表3　圣感塔地宫内发现的墨书题记

器物编号	器物名称	题记内容
DG1：29	墨书绢巾	崇胜寺住持、同焚修承天甘露寺戒坛声赞大德处圆，今遇演化大师大兴育王宝塔，闷藏如来顶骨舍利入塔之次。进奉受业和尚、亡考郝大郎、亡妣郑氏十三娘、亡妇姚氏十二娘、姜氏十一娘，已亡眷属，愿承如来顶骨舍利胜因，同超解脱之因，共澄菩提之果。大中祥符四年岁次辛亥六月二十七日，崇胜寺同焚修承天甘露戒坛声赞大德处圆谨题。
DG1：39	墨书罗帕	大宋国昇州右厢建业坊弟子周仁祐、男颖，桑氏七娘、郭氏八娘，孩子大女、小女等，各愿皇帝万岁，国祚遐昌，天下民安乐，天下丰稔，世世生生常敬三宝，常敬三宝。大中祥符四年六月二十六日。
DG1：43	墨书散点绮帕	昇州城南厢凤台乡美仁坊清信弟子骆成，发心舍随年香钱伍拾捌文，保当弟子公私清吉。大中祥符四年六月二十六夜。阖家大小七口平安。
DG1：44	墨书绢巾	南赡部州大宋国昇州右北厢立德坊清信弟子刘怀恳、怀朗、怀贞，男延寿，阖家女男□等，同发信心赎香供养释迦佛舍利入塔者，所愿：眷属生生世世有福有寿，常值善缘，供养三宝者。
DG1：50	墨书方点绮长巾	同会道场僧送藏舍利处圆、智光、子恕、义通、惠素、守约、子熙、智广、崇义、惟素，小师普伦、守寰、守庆，行者普顺、普智、守澄，小师道圆。

（续表）

器物编号	器物名称	题记内容
DG1：74	墨书绢帕	南赡部州大宋国昇州右南厢长乐坊北界奉佛清信弟子张光义，今舍净财一百七十九文足陌，充合家八口大小随年钱，具如后：母储氏六娘，年六十五岁，正月十七日生；男张光义，年四十一岁，四月十九日生；新妇邵氏二娘，年三十二岁，三月十三日生；长男张守信，年十五岁，十月十八日生；次男年十一岁，十一月二十五日生，张宝华；次男张德庆，年八岁，六月十三日生；女宝娘，年六岁，正月二十生；小女师姑，年一岁，三月二十五日生。陈□者愿当当来生各愿不失人身，有福有寿。在佛影中，常安常乐常有余。常供养僧，常供养佛，常供养三宝，常供养诸佛、罗汉、圣僧。更愿今生之中多劫已来罪障业障，际会冤家，各愿消涤。得遇圣僧罗汉，吃着不尽，生生逢佛，世世闻经，见孝于善，人口无灾，不逢患难。次愿张光义自身清吉、清吉，店铺兴隆，买卖和光，多收财帛，衣食暗来，□事不染，横祸消涤，全仗十方三宝、诸佛龙神监护威光，谨疏。大中祥符四年六月二十七日清信弟子张光义等疏。
DG1：75	墨书绢带	左厢妙果寺尼愿真舍□桃钱二百文足入塔。
DG1：79	墨书花卉纹绞经纱帕	昇州左厢武定坊住居弟子华文用、文雅，并母氏丙氏五娘，妻李氏一娘，合家人口等，同舍手帊子一条，土黄二十斤，细香二两，于重修长干寺葬佛顶骨舍利塔所衬函，愿永为不朽。大中祥符四年七月二十七日记。
DG1：80	墨书绢帕	崇圣寺承天甘露戒坛院新戒僧思齐，今者遭逢演化大师闷藏如来顶骨真身舍利之资，追荐亡考葛七郎、亡翁葛三郎、亡婆杨氏十娘，同承胜利之因，当超升之果，当愿思齐夙缘不断，万劫千生长为如来弟子，绍隆三宝，作大因缘。大中祥符四年岁次辛亥六月二十七日新戒僧思齐题记。
DG1：85	墨书菱格纹绮巾	南赡部洲大宋国高邮军左厢仁义坊弟子李德朝，幸遇皇帝建金陵长干寺释迦如来第二所真身舍利塔，仅备名香随喜收葬。愿弟子德朝与眷属等永承帝荫，长受佛恩，宿生之罪业咸消，长劫之善缘增长，见生报福，寿命遐添，所造良因，皆从心愿。时大宋大中祥符贰年拾月日，弟子李德朝题。
DG1：87	墨书绢帕	六合县（今六合区）太平坊女弟子祝氏九娘舍，乞保自身请吉。新妇皇甫氏六娘、新妇刘氏一娘、孙子陈氏三娘、孙女子陈氏五娘、孙新妇李氏一娘、孙女孩儿旃女、孙女孩儿庆保、孙女孩儿旃护。
DG1：107	墨书圆点纹绝巾	昇州右厢崇胜寺僧楚岩，今□伏遇长干寺安葬舍利，伏愿新戒楚岩劫劫生生常睹圣缘，常逢法会。大中祥符四年六月二十六日崇胜寺僧楚岩。

（续表）

器物编号	器物名称	题记内容
DG1：144	墨书方格纹绮长巾	金陵管内僧正、赐紫守邈，谨舍钱壹伯贯文七十七陌，烧砖三万口于长干寺造塔供养释迦如来真身感应舍利。所□胜缘，愿比丘守邈劫劫生生为佛弟子，所生父母、受业师资同霑利益。大中祥符四年六月二十七日记。
DG1：147	墨书罗巾	南赡部州大宋国江南道昇州右南厢兴政坊家长清信奉佛弟子葛元达并在堂母亲官氏四娘子，及在家出嫁姊妹大娘子、二娘子、三娘子、四娘子、新妇李氏五娘子、出家弟僧惟素、小孩子，合门眷属等同发心。谨舍：银香囊并香等入长干寺释迦宝塔下藏舍利所，永充供养。一则追荐先考葛三郎生界；一则保扶在堂母亲官氏四娘子并见存骨肉等。所愿生生世世常值三宝，常得瞻礼诸佛菩萨、真身舍利，所生国土不生邪见。眷属和穆，至成佛果。更愿亡考三郎早生人道，再来此处瞻礼释迦舍利宝塔。永不入轮回，常生正见，直至证真常乐果。然后先亡久远，咸得超登。土地龙神，长相卫护。伏惟法界诸佛，俯赐鉴知。谨疏。大中祥符四年六月十八日清信奉佛弟子葛元达并在堂母亲官氏四娘子、姊妹大娘子、二娘子、三娘子、四娘子、新妇李氏五娘子、出家弟僧惟素、小孩子等疏。
DG1：162	墨书罗巾	建长干寺舍利塔都劝首、将仕郎、守滑州助教王文，妻史氏十四娘，男凝、熙、规、拯，孙男同缘、同会，三哥、四哥、五哥、七哥、八哥、九哥，孙女大娘、二娘、三娘、四娘、五娘、六娘，新妇蔡氏、许氏、杨氏、杨氏，出嫁一娘、三娘，殁故四娘子、亡父二郎、亡妣程氏、继母陈氏。
DG1：204	墨书红絁经袱	六合县太平坊弟子陈知厚施造长干寺三门，愿承三宝恩光，永延福寿。一家眷属同意结缘。男延寿、男怀玉、孙男仲□、仲喧、仲良、仲贤、孙孩儿旃□、小旃、旃保。
DG1：207	墨书罗帕	建塔主讲律临坛演化大师赐紫可政。先受业和尚金陵昇元寺长讲《上生经》《百法论》大德赐紫玄月。坛中和尚唐左街僧录演法大师昭谋，羯磨阇梨绍贤，教授阇梨知白，证戒阇梨法侊、处安、彦咸、崇节、德明、浩兴、道随。生身父高洪张洪，生身母禹氏十一娘。
DG1：248	墨书罗巾	弟子王文筒舍入长干寺舍于银塔内。
DG1：250	墨书绢帕	高邮军左厢招贤坊弟子荀怀义谨舍水晶杯一只、碧琉璃杯一只、白砗磲念珠一串，幸遇皇帝建金陵长干寺阿育王所造释迦佛真身舍利塔下收葬供养舍利所。愿劫劫生生长承佛护。时大宋大中祥符三年月日弟子荀□记。

（续表）

器物编号	器物名称	题记内容
DG1：267	墨书绢巾	金陵住殊胜院比丘仁相、母亲李氏一娘子、亡父白二郎荣、亡继父马承让、亡祖母许氏一娘、师翁义聪、义祥、和尚绍贞、上祖师净照禅师惠同。
DG1：287	墨书罗囊	右厢兴政坊弟子刘……施，女……长命有福。
DG1：334	墨书纸片	螺子舍利（出土于DG1：332瘗藏舍利的玻璃瓶中）
DG1：383	墨书纸片	弟子郑保萃舍诸佛舍利十颗，所愿先考八郎及先远早生天界，次希母亲汪氏六娘、妻张氏十三娘、女孩子女、阖家眷属世世生生齐观此善。（出土于DG1：42瘗藏舍利的玻璃瓶中）

第三节　北宋晚期天禧寺的改革与扩建

北宋哲宗、徽宗时期，在江宁知府吕升卿和新任天禧寺住持永公慧严法师的主持下，天禧寺经历了一次脱胎换骨式的改造，不仅改变了寺院的住持制度和所属宗派，寺院建筑也进行了大规模的改建与扩建。本次改造过程，李之仪的《法堂记》给予了完整的记录。[①]

一、从甲乙制到十方制

哲宗元符二年（1099），吕升卿担任江宁知府。他对天禧寺极为关注，亲自考察后认为该寺存在两大问题，其一表现在寺院建设方面：

> 寺拘山水形势，坐乙向辛，以越王台为案。塔之后，地势倾下。政失于迁就，不能培筑相因。始以北廊造院，为安僧之地，虽规模仅足，而狭陋劣能庇风雨。事既不正，位亦不安。以故，事不复立振。

他认为可政建造的天禧寺受制于原有的地形、地貌，未能有效地加以改造，导致塔后大片区域没有得到充分的利用。在北廊建造的僧院，不仅规模局促，而且打乱了寺院正常的布局，导致其他建筑未能建造到位。天禧寺另一方面的问题，吕升卿认为体现在缺乏人才上："是一大丛林，特主之未得其人耳！"为此，吕升卿进行了大刀

---

① 《姑溪居士前集》卷三十七《天禧寺新建法堂记》，景印《文渊阁四库全书》第1120册，第560—561页。本节中有关天禧寺改建工程的相关记载，除另行注明外，皆引自《法堂记》。

阔斧的改革，首先从更换住持入手：

遂请于朝廷，改十方住持。既报可，即迎致大导师永公为初祖。永，法云圆通禅师高弟，缘契都城，大作佛事，名震四方，朝廷赐方袍，加号慧严。

永公慧严入主天禧寺，并非简单的人事更迭，而是对寺院类型、管理制度、所属宗派进行全面变革的标志。宋代寺院根据住持遴选方式的不同，分为两大类型：一为甲乙制，一为十方制。所谓甲乙制是指寺院住持示寂或引退之际，顺次以上位之弟子继承其职，即住持之位在师徒之间私相传授；而十方制与甲乙制相反，广请诸方名德高僧为住持，不许徒弟继承之寺院。[①] 天禧寺于元符二年（1099）报请朝廷改为十方住持，那么在此之前该寺采用的自然是甲乙制。

根据刘长东等学者的总结，甲乙制与十方制寺院除了选拔住持的方式不同之外，在居食方式、财产分配、僧人剃度等多个问题上也存在明显的区别。[②] 比如：甲乙寺内各按师徒关系自立门户，分居分食；十方寺则全寺僧人环食列处，不问疏亲；甲乙寺内财物归个人或师门私有，十方寺则财物公有；甲乙寺内的高僧皆有权利剃度弟子，而十方寺仅住持有权度僧。因此，从甲乙制改为十方制，天禧寺必然对寺院内部管理制度进行重大调整。

更为重要的是，这两种寺院类型还分别代表了不同的宗派。由于传法需要的不同，律宗寺院通常采用甲乙制，而禅宗寺院普遍采用十方制。景祐五年（1038），余靖所撰《筠州洞山普利禅院传法记》称："近世分禅、律为二学。其所居之长，禅以德、律以亲而授之。以德者选于众，而归之者亦众。"[③] 元丰四年（1081），陈于所撰《（明因寺）新改禅寺记》亦云："夫律为渐，禅为顿，而为之徒者，以禅授什方，以律传父子。"[④] 因此，天禧寺从甲乙制改为十方制也意味着从律宗改为禅宗。

天禧寺的创建者可政，出身于律宗名寺金陵昇元寺，其衔称为"讲律临坛演化大师"，李迪在《义井记略》中称他为"塔主大律师"，因此可政及其所创的天禧寺原

---

① 参见慈怡主编：《佛光大辞典》"十方刹"条、"甲乙徒弟院"条，高雄：台湾佛光出版社印行，1988年，第402页、第2076页。

② 参阅刘长东：《宋代佛教政策论稿》第五章《宋代的甲乙制与十方制寺院》，成都：四川出版集团巴蜀书社，2005年；闫孟祥：《宋代佛教史》第二章第三节《宋代对寺院的管理》，北京：人民出版社，2013年。

③〔宋〕余靖撰：《武溪集》卷九《寺记下》，上海：商务印书馆，1946年，广东丛书本第3册，第12页。

④〔宋〕陈于撰：《新改禅寺记》，收入〔宋〕范成大撰：《吴郡志》卷三十五《郭外寺》"常熟县明因寺"条，南京：江苏古籍出版社，1999年，第517页。

本属于律宗是毫无疑问的。元符二年接任的永公慧严，出身于东京法云禅寺，师从圆通禅师法秀，自然属于禅宗。他接手后自称“初祖”，表明天禧寺完成了改律为禅的法定程序，他成了“天禧禅寺”的开山之祖，首任住持。值得一提的是，作为北宋晚期的著名高僧，其师法秀曾受王安石（曾先后三次担任江宁知府）的邀请，“居钟山，又迁凤台保宁，寻奉诏住长芦崇福”。[①] 即先后担任过钟山蒋山寺、凤台山保宁寺、六合长芦崇福寺三座金陵名寺的住持，与金陵各界关系密切。神宗皇帝驾崩后，法秀受两宫的宣召，在神宗的神御前说法，为其祈福送终，其教界领袖的地位可见一斑。慧严顺利入主天禧寺，其师法秀应该发挥了重要作用。

总之，在江宁知府吕升卿的主导下，天禧寺于元符二年完成了从甲乙制到十方制，从律宗到禅宗寺院的重大改变。苏轼曾经写过一首《次韵许遵》的诗作，其中有“问禅时到长干寺，载酒闲过绿野堂”之句。[②] 经过上述分析，这一场景只能发生在天禧寺改律为禅之后。

二、慧严对天禧寺的扩建

入主天禧寺之后，慧严认同吕升卿的看法，立即着手解决建筑格局中存在的问题：

> 受请入寺，顾瞻太息曰：“真福地也，所以不振者，正坐不正耳！”乃于塔后增筑高垣，坛址层叠，凡下而上积二丈三尺，深入四十尺，横亘二十丈，将起法堂，次第以正其位。

根据《法堂记》的上述记载，按宋代一尺等于31.4厘米计算，[③] 慧严通过垫土增高，在圣感塔后扩建出一块东西深12.56米，南北宽62.8米、总面积约788平方米的新增用地，用于建造法堂等建筑。慧严对天禧寺塔后区域的改造，得到了考古发掘的证明。

2008年，为了解塔后区域地层堆积状况，考古队在圣感塔东部发掘了一条编号为TG3的探沟。结果发现，塔后原是一块倾斜向下的坡地，最早的文化遗存是东吴时期的墓葬（M32），说明六朝早期这里原为墓葬区。在六朝地层之上发现了厚度达1.5—6米的宋代文化层，包含了上、下两层建筑遗存：下层建筑发现的是砖铺地面和

---

① ［宋］惟白辑：《建中靖国续灯录》卷十《东京法云寺圆通禅师传》，《卍续藏》第78册，No.1556，第699页。

② ［宋］苏轼撰，［清］王文诰辑注：《苏轼诗集》卷二十六，北京：中华书局，1982年，第1366页。

③ 《中国科学技术史·度量衡卷》第十七章《宋代的度量衡》，第370页。

登山踏道，砌筑皆十分精良。其中的登山踏道，与塔基方向一致，同处于中轴线上，所用砖也与塔基相同，说明它与塔基同时修建，本是从塔后上山的关键通道。但这条踏道上部却被同属于宋代的垫土层层填埋，厚度最深达到 6 米，使整个塔后区域由斜坡变成平地。这种地层堆积现象，与天禧寺扩建法堂时堆土建基的记载完全对应。在宋代垫土层之上，考古队发现了多个大型宋代磉墩①，每个边长 1.8 米以上，深度 0.9—1.9 米，内部用一层土、一层碎青砖的方式填充、夯筑，质地坚实。这些磉墩应是宋代法堂的柱网基础。磉墩在探沟内前后发现四排，说明法堂至少是一座进深达三间的建筑。在宋代地层之上，是明代大报恩寺观音殿的建筑基础，说明观音殿是在宋代法堂的基础上重建的。（图 60）

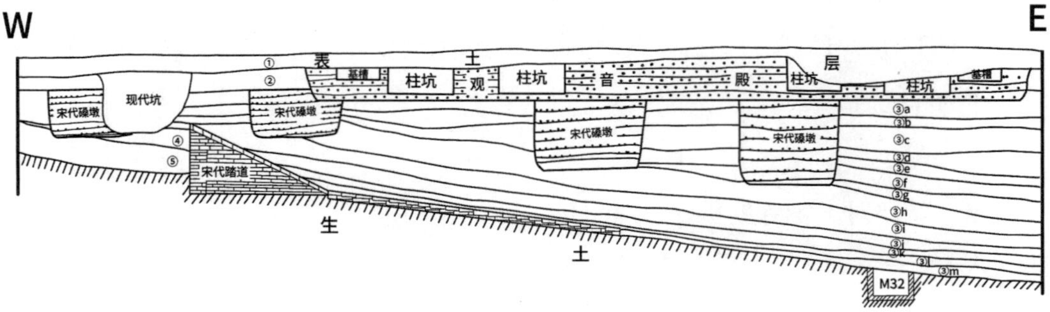

图 60　TG3 北壁剖面图

慧严对天禧寺的改造得到了南昌信士魏德宝夫妇的倾力支持：

已而，信士南昌魏德宝同其妻王氏见而喜曰："如此更易，方见形胜。"慧严因道历其详，而德宝顾其妻曰："此地不植福，更将何之？"独许作堂，且曰："不计其资，惟成是务。"慧严即鸠材庀工，未几，堂成，高明静深，万象俱发，宏丽雄特，为一方丛林之冠。俯视畴昔，无异发覆破暗，如出云霄之外。凡甓甃髹绘，总用钱五百万。

法堂建成之后，天禧寺于圣感塔之外，又在中轴线上拥有了一座宏伟的建筑，弥补了塔后"正位不正"的缺憾。从现存法堂磉墩的规模来看，边长达到 1.8 米，所用础柱无疑相当巨大，确实可以称得上"宏丽雄特，为一方丛林之冠"。（图 61）

① 磉墩是古建筑立柱之下的底层设施，开挖于地基层中，一般呈方形，内部用一层土、一层碎砖的方式夯筑，使质地坚硬可承重，或直接用砖砌筑。其上再放置柱础石，于柱础石上立柱。

图 61　宋代法堂现存磉墩之一（边长 1.8 米）

在魏德宝夫妇的继续支持下，慧严充分利用塔后新增加的面积，陆续新建了寝堂、方丈等多座建筑，并且将原来位于塔后的经藏殿搬迁至先前僧院之处，从而使整个寺院的布局变得更加合理：

慧严又建寝堂、方丈，尽所增之胜，资藉缔构。又建僧堂、厨库，移经藏于故院，随向展衍，各适其正，焕然一新。

最后完工时间为徽宗政和六年（1116），整个改造工程前后历时 17 年。工程完成之后，魏德宝又主动提出为天禧寺购置寺产，供养僧众：

（德宝）又曰："丛林既新，将不下五六百众，其将何以备斋粥？"慧严曰："子于此地信有缘！而我与子殆非今日相遇者，傥如斋粥必继，则功德圆满，亦在子耳。"德宝曰："请为师买田产，买芦场，收其所入之利以继之。"慧严曰："子果有是愿，我将为子记之，以信不朽。"

经过慧严与魏德宝夫妇的合作，天禧寺布局改善，规模大增，能够容纳僧众达五六百人，成为显赫一方的大刹。由此可以发现，通过甲乙制改十方制，天禧寺确实走上了良性发展的轨道。主持改革与扩建工程的永公慧严与可政类似，有威信，有能力，能够吸引大施主为寺院发展做出贡献。而从魏德宝夫妇身上可以看到，宋代富裕阶层对于佛教信仰的虔诚，为求功德圆满而不惜巨资投入。

另外，北宋晚期天禧寺系列改革的推动者是时任江宁知府的吕升卿，其兄为神宗时期担任参知政事的吕惠卿，他们与王安石一样，皆为力主变法的改革派官员。通过吕升卿推动天禧寺变革这件事，略可了解此派官员当时的为政理念与行事风格。

第四节　南宋时期天禧寺的相关记载与发现

靖康二年（1127），金军攻占北宋都城汴京，俘虏徽、钦二帝，北宋灭亡。同年，康王赵构（即宋高宗）于南京（今河南商丘）称帝，随即南渡建立南宋。建炎三年（1129），高宗诏改江宁府为建康府。南宋初期，朝廷在定都问题上犹疑不决，高宗多次巡幸建康，曾考虑以建康为都。不过最终决定定都临安（今浙江省杭州市），建康则成为重兵守御的江防重镇和拥有皇帝行宫的“留都”。

南宋时期有关天禧寺的文献记载很少，仅在《景定建康志》中提及南宋时期天禧寺内新建了南轩和仰宣亭。这两座建筑虽小，却在一定程度上折射出南宋时期理学的发展，以及宋金、宋蒙之间紧张而复杂的斗争形势，颇值得探讨。另外在考古发掘中，考古人员发现了一口时代明确的南宋古井（编号为J16），通过该井和其中出土的文物，可以管窥天禧寺当时的一些情况。

一、南轩与仰宣亭

有关南轩的记载，最早见于祝穆的《方舆胜览》，该书卷十四记载：

> 南轩，在保宁寺。方丈旁有小屋，魏公开督府时，子读书于此，号南轩。下有井，土人指为建业水。曾景建诗：剑磨驴膊倦征途，三岁南轩客寓居。建业水甘供日饮，波间亦有武昌鱼。[①]

其后的《景定建康志》卷二十二也有对南轩的记载，而且对祝穆之说有所驳议：

> 南轩，旧传在保宁寺方丈，今皆指天禧寺方丈旁小室是南轩，张宣公读书处。
>
> 考证：祝穆编《方舆胜览》谓：“张魏公开督府时，其子读书于保宁寺方丈小室，号‘南轩’。”西山真公德秀建“南轩先生祠堂”于天禧寺方丈后，

① 〔宋〕祝穆撰，祝洙增订，施和金点校：《方舆胜览》卷十四《江东路·建康府》“轩榭”条，北京：中华书局，2003年，第243页。

盖以此为张宣公读书南轩之旧址。王潜斋埜又设西山像侑食祠中，作亭其旁，匾曰“仰宣”。①

南轩虽然只是天禧寺方丈旁的一间小室，却涉及了南宋时期的多位名人，其中的主角张宣公指张栻。张栻（1133—1180）字敬夫，号南轩，学者称之南轩先生，南宋汉州绵竹（今四川省绵竹市）人。宁宗嘉定八年（1215）追谥曰宣，因此称为张宣公。张栻是南宋理学大家，与朱熹、吕祖谦齐名，时称“东南三贤”。张栻又是南宋时期的大教育家，主持岳麓书院教事，从学者近千人，成为湖湘学派的重要奠基者。张栻与朱熹关系深厚。乾道三年（1167），朱熹携弟子从福建崇安到潭州（今湖南长沙）专程拜访张栻，两人一边深入切磋，一边同时在岳麓主讲，长达两个月有余，史称“朱张会讲”，留下了一段学坛佳话。②张栻出身名门，其父张浚（1097—1164），历仕钦宗、高宗、孝宗三朝，出将入相，力主抗金，号为中兴名相，获封魏国公，因此被称为张魏公。

西山真公德秀指真德秀，他是南宋晚期的理学大家。真德秀（1178—1235）本姓慎，因避孝宗讳改姓真，始字实夫，后更字景元，又更为希元，号西山，学者称其为“西山先生”。福建路建宁府浦城县（今福建省浦城县仙阳镇）人。真德秀学宗朱熹，是朱熹理学的正宗传人，与魏了翁齐名，创“西山真氏学派”，在确立理学正统地位的过程中发挥了重要作用。真德秀不仅对朱熹极为推崇，对张栻的学术地位也给予了极高评价，他在所撰《先贤祠》祝文中称：“濂溪先生周元公（周敦颐）、明道先生程纯公（程颢）、伊川先生程正公（程颐）、武夷先生胡文定公（胡安国）、五峰先生胡公（胡宏）、南轩先生张宣公、晦庵先生朱文公（朱熹），圣学不明千有余载，数先生相继而出，遂续孔孟不传之统，可谓盛矣！”③高调标榜张栻乃为传承孔孟之道的关键人物。嘉定八年至十年初（1215—1217），真德秀担任江南东路转运副使，驻建康。④

---

①《景定建康志》卷二十二《城阙志三》，第550页。

②参见《宋史》卷四百二十九《张栻传》，第12770—12775页；〔宋〕张栻撰，杨世文点校：《张栻集》，北京：中华书局，2015年，第1—35页。

③〔宋〕真德秀撰：《西山先生真文忠公文集》卷四十九《先贤祠》，《万有文库》第9册，北京：商务印书馆，1937年，第909页。

④《景定建康志》卷二十六《官守志三》记载：“真德秀，朝请郎、秘阁修撰、运副，嘉定八年二月一日到任，十二月除知泉州。”而《景定建康志》卷二十三《城阙志四》记载，真德秀嘉定十年二月还以转运副使的身份在建康迈皋桥创办慈幼庄。因此《官守志》的记载有误。据林日波《真德秀年谱》考证，真德秀于嘉定八年二月一日到任江东转运副使，嘉定九年十二月诏除右文殿修撰知泉州，第二年三月正式离任（《真德秀年谱》，华中师范大学硕士学位论文，2006年，第70—84页）。

在任两年多时间内多有德政，先后主持创建了范忠宣公祠（纪念北宋哲宗时期宰相范纯仁）[①]、转运司贡院（科举场所）[②]、南北义阡（为贫民提供的公共墓地）[③]、慈幼庄（照顾遗弃儿童的福利机构）[④]等建筑和设施，南轩应该也是在这一时期被真德秀设为纪念张栻的祠堂。

最后一位王埜，字子文，号潜斋，浙江金华人，宁宗嘉定十二年（1219）进士，先后任枢密院编修兼检讨、两浙转运判官、隆兴知府、镇江知府等职。淳祐十二年（1252），担任沿江制置使、江东安抚使、行宫留守，驻建康。[⑤]王埜倾心理学，是真德秀亲传弟子。真德秀曾试探王埜，假意欲传其词学。王埜称："所以求学者，义理之奥也。词科惟强记者能之。"德秀因此更加器重他。王埜对真德秀和其他理学先贤都极为尊崇，"因德秀知朱熹之学，凡熹门人高弟，必加敬礼"。在他担任建宁知府时期，就曾"创建安书院，祠熹，以德秀配"。[⑥]

通过梳理，此条中几位人物皆有明显的理学背景，因此南轩与南宋理学的传承与发展有密切之关系。南轩本为张栻在建康时的读书之处。该建筑的准确位置在南宋中后期已经出现争议。祝穆提出南轩在保宁寺方丈旁。祝穆是朱熹的表侄，自少跟随朱熹学习，因此他对南轩的记载很可能源自朱熹，其说不可轻废。而真德秀担任江东转运使期间经过一番调查，将天禧寺方丈之后的一间小室确定为南轩旧址（也有可能为原址复建），并将其作为纪念张栻的祠堂，其正式的名称可能为"故右文殿修撰张宣公祠"。[⑦]淳祐十二年（1252），王埜为官建康后，又将其师真德秀附祀于该祠，成为两位大儒的纪念之地。王埜还在祠旁新建了一座"仰宣亭"，再次表达对张栻的景仰。根据《法堂记》，天禧寺方丈位于圣感塔后新辟之地、属于天禧寺的最东部，南宋时期的南轩和仰宣亭也应位于这一区域。

张栻与真德秀分别是南宋理学前、后期的代表人物，真德秀为张栻复立南轩并立

---

① 《西山先生真文忠公文集》卷四十八《范忠宣公祝文》，第九册，第866—867页。

② 《景定建康志》卷三十二《儒学志五》"贡院"条，第842页。

③ 《景定建康志》卷四十三《风土志二》"义冢"条，第1071页。

④ 《景定建康志》卷二十三《城阙志四》"庐院"条，第591页。

⑤ 《景定建康志》卷一《留都录一》"行宫留守"条记载："王埜，淳祐十二年二月以宝章阁直学士、安抚使、兼行宫留守。"第19页。

⑥ 《宋史》卷四百二十《王埜传》，第12575—12577页。

⑦ 张栻最后获封的官职是"右文殿修撰，提举武夷山冲佑观"，淳熙七年（1180），未及到任而卒于湖北江陵。

祠，真氏弟子王埜又将德秀配享其中，当然有标举理学法脉，扩大理学影响的用意，希望使南轩成为见证理学发展的一处“圣地”。但是，南轩从一开始就不是一处单纯的修学场所，张栻、真德秀与王埜也不是普通学者，他们都曾参与机要，肩负守土安民的重任，都有强烈的抗敌救国意识，在朝廷中都属于主战派，反对一味地避战求和。因此，南轩的复建与立祠其实有着更为复杂的背景和用意。

祝穆记载，南轩是张浚开督府时张栻的读书之地。据《宋史·张浚传》和《景定建康志》卷十四《建康表十·国朝建炎以来为年表》等史料记载，张浚曾前后两次开设督府，主持南宋军政。[①] 第一次是绍兴五年至七年（1135—1137），张浚受命以尚书右仆射、同中书门下平章事兼知枢密院事的身份，都督诸路军马。在他的主持下，一度岌岌可危的抗金局势得到了稳定。可惜因郦琼叛逃事件，张浚引咎去位。其后受秦桧排挤，先后贬居永州、福州、连州、潭州等地，远离中枢20余年。张浚第一次开府时，张栻约两三岁，不可能离开父母的身边去寺内读书。因此，南轩不会设于这一阶段。

张浚第二次开府是高宗绍兴三十一年至孝宗隆兴二年（1161—1164）。绍兴三十一年（1161），金主完颜亮率军南侵，高宗急召张浚至建康。当年十二月，命张浚以特进观文殿大学士、和国公的身份判建康府事，专一措置两淮事务，又兼措置淮东西、建康、镇江府、江州、池州军马。张浚到任后，“一军见浚，以为从天而下”，军民倚之为重。第二年高宗亲至建康，对张浚称：“卿在此，朕无北顾忧矣。”命张浚总揽军政。其年六月高宗禅位，孝宗继位。七月，孝宗即拜张浚为少傅、江淮宣抚使，进封魏国公。隆兴元年（1163），孝宗以张浚为枢密使、都督江淮东西路军马，主持北伐，一度收复宿州。然而面对金军的反扑，孝宗抗金意志动摇。隆兴二年，孝宗决意与金人议和。当年四月，张浚去职，不久病逝。张浚去世之时，因自己曾身任宰相却未能为国雪耻而深感痛心，自觉无颜面对祖先，要求二子不要将他归葬故里，而是葬于潭州（今湖南省长沙市）。张浚人生的最后阶段（实际在任时间接近三年）一直在建康主持军事，此时张栻28至31岁，随侍父侧。因此，南轩应该开辟于这一时期。

据朱熹所撰《右文殿修撰张公神道碑》记载，张浚第二次开府期间，任命其子张

① 《宋史》卷三百六十一《张浚传》，第11297—11311页；《景定建康志》卷十四《建康表十·国朝建炎以来为年表》，第291—313页。

栻为“宣抚司都督府书写机宜文字，除直秘阁”，即担任他的机要秘书，“时以少年，内赞密谋，外参庶务，其可综画，幕府之人皆自以为不及也”。张浚还让他担任密使，专程向孝宗皇帝汇报军事。张栻抓住机会向孝宗进言称：“陛下上念宗社之仇耻，下悯中原之涂炭，惕然于中而思有以振之，臣谓此心之发即天理之所存也！”[①]这一番话将恢复中原之志与天理存于人心的理学思想结合在一起，令孝宗刮目相看。因此，张栻开辟的南轩虽然号为书斋，且位于寺院之内，但并不是他闭门读书的地方，而是他参与机要，帮助其父筹划抗金对策的场所。祝穆收录的曾景建诗曰：“剑磨驴膊倦征途，三岁南轩客寓居。”写出了当时张栻携笔从戎的状况，但小看了他参赞军务时的热情。张栻其后治学、育人、从政，经历丰富，但是他对于建康的这一段人生经历极为看重，终身以南轩为号，并以此为荣，因此被称为南轩先生。他去世后，好友朱熹为他编撰的文集亦命名为《南轩先生文集》。

乾道元年（1165），刚刚处理完父亲丧事的张栻受潭州知州刘珙的邀请，到岳麓书院主持讲学。张栻欣然赴邀，并写了《潭州重修岳麓书院记》一文。在此文中，他表达了自己对读书治学的看法。他明确反对“为决科利禄计”而学，也反对为“习为言语文词之工”而学，而是提倡为“传斯道而济斯民”而学。他主张真正的学者既能“约居屏处”，又能“得时行道，事业满天下”。[②]通过此文表达的思想，不难体会张栻为何如此重视南轩，因为南轩时期正是他与父亲“传斯道而济斯民”，为国为民拼死奋战的时期；也是他自己“约居屏处”，同时又“得时行道”的时期，总之是最能体现他人生理想与价值的时期。

张栻不仅是一位理学家，还是南宋著名的抗金派。孝宗与金人媾和期间，张栻愤然上书称：“吾与敌人乃不共戴天之仇！向来朝廷……以讲和之念未忘于胸中，……所以事屡败而功不成。”他要求孝宗“明诏中外，公行赏罚，以快军民之愤，则人心悦，士气充，……继今以往，益坚此志，誓不言和，专务自强，虽折不挠。”[③]张栻的意见虽未被朝廷采纳，但其文被朱熹收录于《右文殿修撰张公神道碑》中，流传深远，成为朱、张子弟爱国精神之标杆。

真德秀作为朱熹的嫡派传人，对张栻的人生经历与思想，对南轩的创立背景与意

---

①③〔宋〕朱熹撰：《右文殿修撰张公神道碑》，《张栻集》之《附录》，第1637—1638页。

②〔宋〕张栻撰：《南轩先生文集》卷十《潭州重修岳麓书院记》，《张栻集》，长沙：岳麓书社，2017年，第571—572。

义都是相当了解的。真德秀除了在学术思想上追随朱、张，在力抗外侮、恢复中原的立场上也与张栻一脉相承。真德秀时代南宋面对的外敌先为金，其后转变为迅速崛起的蒙古。宁宗嘉定元年（1208），南宋将主持北伐失败的宰相韩侂胄枭首送北以求和。当此之时，时为太学博士的真德秀首言："权臣开边，南北涂炭。今闻卜行人之遣，凡彼所欲，如增岁币之数，函奸臣之首，与称谓犒军及归附流徙之民，一惟其意，独不滋嫚我之意乎？况使未越境而动色相庆，臣恐盟好既成，志气愈惰，愿君臣之间朝夕儆戒于此也。"[①]明确反对一味退让，要求南宋君臣振奋志气。

从嘉定三年（1210）起，蒙古大军进攻金国，金军节节败退。得知情况后，真德秀立即上书皇帝，认为"金有必亡之势，亦可为中国忧。……多事之端，恐自此始"。[②]提醒朝廷做好准备。嘉定六年（1213），他利用出访金国之机，在盱眙停留两月，"凡两淮山川险易，士卒勇怯，守将贤否，边民疾苦，皆览观诹询，识之于册，慨然有为国经理之志"。回京以后，向皇帝进呈备战方略："亟当为者二：欲移沿江列屯于两淮，而增募舟师，以扼江面；缮城池楼橹，大修垦田之政。"并且建议立即停止向金进贡岁币。[③]因与宰相史弥远政见不合，嘉定八年（1215）真德秀出为江东转运副使，临行前还一再向宁宗进言："国耻不可忘，邻盗不可轻，幸安之谋不可恃。"他提醒宁宗不要忽视蒙古有"囊括并吞之志"，要求朝廷"日夜讲求攻守之策，以逆杜窥觎之心"。[④]

正是在这样的背景下，真德秀到达建康后寻找并确立了南轩的位置，并为张栻立祠。其目的自然不是单纯为了纪念张栻理学上的成就——事实上对于张栻学术思想形成而言，南轩并没有发挥特别重要的作用，远不如他早年求学胡宏和其后主持岳麓的时期。复立南轩主要是为了弘扬张氏父子竭力抗战，为国尽忠，誓不言和，专务自强的爱国精神和民族气节。真德秀希望用立祠的方式激励朝廷上下，尤其是建康军民不忘国耻、加强战备，应对可能发生的重大危机。与此同时，南轩立祠对他自己也是一种鞭策。在建康期间，真德秀不怕得罪当朝权贵，越职奏论边事，向宁宗详陈北宋末

① 〔宋〕魏了翁撰：《鹤山集》卷六十九《参知政事资政殿学士致仕真公神道碑》，景印《文渊阁四库全书》第1173册，第100页。

② 《宋史》卷四百三十七《真德秀传》，第12958页。

③ 〔宋〕刘克庄撰，辛更儒笺校：《刘克庄集笺校》卷一六八《行状·西山真文忠公》，北京：中华书局，2011年，第6497—6505页。

④ 《西山先生真文忠公文集》卷四《除江东漕十一月二十二日朝辞奏事札子一》，第2册，第61页。

年的“十失”和当前的“三误”，直言应该谋求自身的强大去抗御外侮，而不能依靠输送岁币而侥幸求安。[①]

真德秀于理宗端平二年（1235）五月去世，也是从当年起蒙古大军正式攻宋。真德秀复立南轩的用意，令同样肩负国家重任的弟子王埜有深刻的领悟。王埜与其师一样，坚决反对退让求和，主张备战自强。蒙古进攻襄阳重镇时，面对史嵩之等主和派，时任枢密院编修检讨的王埜说服理宗“出师，绝和使，命淮东、西夹攻”。[②]淳祐年间，王埜先后出任两浙转运判官，镇江知府等职，每到一任皆增修官民兵船，守备器具，加强水战训练。淳祐十二年（1252），他担任沿江制置使、江东安抚使等职驻守建康，考求山川险厄，积极组织屯田，推行京口法，创设游击军12000人，组织水军巡江大阅，舳舻相衔长达30里，使沿江守备形势大为改观。在这种背景下，他将真德秀附祀于张栻祠，并且增建仰宣亭，除了尊重前贤之外，进一步激励民心士气、砥砺抗战意志，当是其中应有之深意。

总之，南宋天禧寺内的南轩与仰宣亭规模虽小，却凝聚了张栻、真德秀和王埜三代名臣的爱国情怀，表现出在强敌面前“誓不言和，专务自强，虽折不挠”的民族正气，同时也体现了他们作为理学家“传斯道而济斯民”的人生情怀与学术理想。

二、钱宝井（J16）

钱宝井（编号为J16）位于大报恩寺遗址北区的南侧，原本叠压于明代大报恩寺南侧画廊之下，其后又被近现代建筑占压。在大报恩寺遗址公园建设过程中，占压在其上的近现代建筑被迁移，该井得以暴露。通过发掘证明，该井是遗址内唯一时代可考的南宋遗迹。[③]

该井除口部以外，整体保存较完整。平面呈圆形，上部直径1.6米，井壁斜直向下略收，底部直径缩小为1.4米，残存的深度仍达13.9米。该井全部用青砖错缝平砌而成，以石灰粘接，砌筑精良。（图62）井的底部铺设有木质井底板，厚约10厘米。

---

① 《西山先生真文忠公文集》卷五《江东奏论边事状》，第2册，第84—89页。

② 《宋史》卷四百二十《王埜传》，第12575—12577页。

③ 该井的考古发掘资料已经发表，请参见南京市考古研究院：《南京大报恩寺遗址J16发掘简报》，《中国国家博物馆馆刊》2019年第6期。

图 62　钱宝井保存现状

在井内发现石质井栏一件，较为完整，应为该井原有的井栏，后落入井中。井栏呈八面鼓形。口沿平齐，雕琢较粗糙，口沿内侧有井绳拉出的槽痕。上部直径 70 厘米，下部直径 80 厘米，高 50 厘米。在其中的一面刻有铭文。根据铭文内容，可以确认出资建造此井的施主为钱宝夫妇，因此将此井命名为“钱宝井”。（图 63）铭文内容如下：

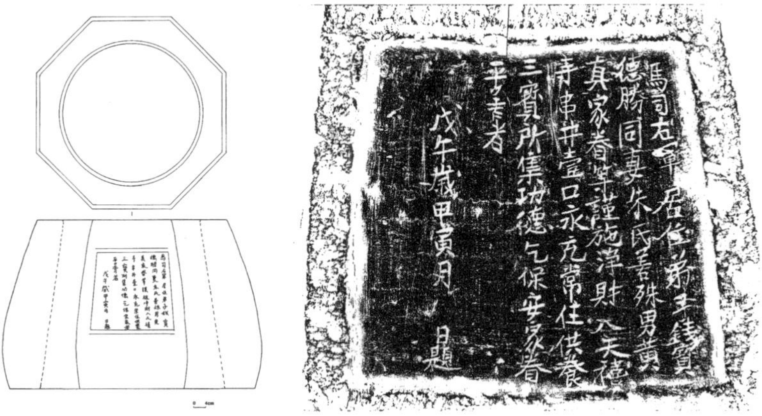

图 63　钱宝井石质井栏与铭文拓片

马司右军居住弟子钱宝德胜，同妻朱氏善殊，男黄真家眷等，谨施净财入天禧寺串井壹口，永充常住，供养三宝，所集功德乞保安家眷平老者。戊午岁甲寅月八日题。

铭文指出，钱宝夫妇为“天禧寺串井壹口”，因此该井砌筑年代的上限为北宋天禧二年（1018），因为此年才出现天禧寺之名。铭文中提及造井的具体日期——“戊午岁甲寅月八日”。戊午岁宋代共有五个，分别是宋真宗天禧二年（1018）、宋神宗元丰元年（1078）、高宗绍兴八年（1138）、宁宗庆元四年（1198）和理宗宝祐六年（1258），基本跨越整个宋代。而铭文开头记载的“马司右军”则成为判断时代的重要线索。

马司右军中的“马司”，全称应为“侍卫亲军马军都指挥使司”。按照王曾瑜对宋代兵制的研究：北宋为加强中央集权，防止武将篡位，建立了“枢密院——三衙”体制。枢密使有发兵之权，而无统兵之重；三衙有统兵之重，而无发兵之权。三衙分别为殿前都指挥使司（殿前司）、侍卫亲军马军都指挥使司（马司）、侍卫亲军步军都指挥使司（步司）。三衙禁军分布全国且交错驻扎。三衙禁军均有番号，最著名的是以“捧日、天武、龙卫、神卫”为名的所谓上四军。各番号之下按厢、军、营（指挥）、都，逐级编成。北宋时期的江宁府，并未派驻马司军队，仅驻扎有步司的五个指挥，包括隶属于“威果军”的三个，隶属于“忠节军”的一个，隶属于“宣毅军”的一个。[①]

南宋初期，宋军经历了从大溃散到重新编组的过程。高宗设御前诸军都统制司，逐步以屯驻大军取代禁军成为主力正规军。绍兴十一年（1141）后，屯驻大军制正式形成。在长江沿岸和川陕边界，先后部署十余支大军，每支大军都以某州府驻扎御前诸军为番号。长江下游主要有三支：建康府驻扎御前诸军、池州驻扎御前诸军和镇江府驻扎御前诸军，各设都统制司管辖。据《建炎以来朝野杂记》记载，孝宗乾道年间，“建康都统司五万人，池州都统司一万二千人，镇江都统司四万七千人”。[②]而三衙禁军不再分驻全国，专驻临安，成为首都卫戍部队。

宋孝宗乾道七年（1171），为准备北伐，“移骑军屯于建康，以为出师之渐，号马军行司”。[③]其后马司军队长期留守建康，形成了都统司和马司两军共驻的局面。据《景定建康志》卷三十九记载：“侍卫马军，移屯建康府，以五万人骑为额。”下设选锋、前、右、中、左、后等六军，其中“右军，五千五百人，马八百匹。统制官一员，统领官二员，正副准备将共一十七员”。[④]马司军队从乾道七年才移屯建康，因此钱宝井铭文中所称的“戊午岁”应属南宋时期，或为宁宗庆元四年（1198），或为理宗宝祐六年（1258）。钱宝井的发现，从一个侧面真实反映了南宋时期南北军事斗争形

① 王曾瑜：《宋朝兵制初探》，北京：中华书局，1983年，第50页。

② 〔宋〕李心传撰，徐规点校：《建炎以来朝野杂记》甲集卷十八《兵马》“乾道内外大军数”条，北京：中华书局，2000年，第405页。

③ 《建炎以来朝野杂记》甲集卷十八《兵马》“三衙创军本末”条，第404页。

④ 《景定建康志》卷三十九《武卫志二》，第979页。

图 64 J16 出土瓷碗底部的墨书题记“禧”（J16：10）与“天禧寺住持置”（J16：29）

势紧绷，建康府作为沿江重镇，大军长期驻防的史实。另外，该井的发现以及上节张栻南轩的设立，也说明南宋时期天禧寺与各级官员保有良好的关系，吸引他们到寺内居住，向寺院布施。

从该井中出土了近 60 件陶瓷器，皆为当时寺院生活中实际使用的器物，包括盆、瓶、罐、执壶、杯、碗、盏等。其中包括多件青白瓷器，釉色青雅，内底划花，部分器物还装饰莲瓣纹，属于景德镇湖田窑出产的上品瓷器，反映出南宋天禧寺拥有不错的经济实力。在大多数瓷碗的底部，都有墨书记号，或为“天”或“禧”，有的直接写上“天禧寺住持置”或“天禧禅寺置”，这些题记表明寺内的生活器具由寺院统一购置，属于寺院共有，而住持在寺院管理中居于核心地位。总之，通过钱宝井出土的寺院生活用品可以了解，南宋时期的天禧寺坚持十方制，管理有序，运行正常，经济实力不俗，与各级官员都保持良好的关系。（图 64）

第七章　元代的天禧寺

元世祖至元十二年（1275），元军占领建康，设建康宣抚司。两年后，罢宣抚司，设建康路，下辖上元、江宁、句容、溧水、溧阳等五县。从至元十二年至元顺帝至正十六年（1356），元朝统治建康前后共81年。由于元军进占建康之时未发生大的战事，建康城市与天禧寺在宋元嬗代的过程中并未受到较为严重的破坏。元朝虽然崇尚藏传佛教，但是“终元之世，汉传佛教都不曾因朝廷尊崇藏传佛教而遭排挤、受压制，相反，其地位远远高于两宋时期”。[①]

有关元代天禧寺的文献记载，主要集中于张铉所撰《至正金陵新志》。依据该志和其他史料，本章重点梳理元世祖、元文宗两位帝王与天禧寺的关系，以及给予的扶持政策。结合三藏塔地宫发现的元代铭文，探讨元代圣感塔大修的情况。另外，原为秦桧家族坟寺的旌忠寺于元初被拨给天禧寺充当下院，本章利用南京多年以来的考古成果，对秦桧家族墓葬、坟寺的相关情况给予了一定的考证和说明。

第一节　元世祖对天禧寺的扶持

元世祖忽必烈是元朝的创建者，也是一位十分崇信佛教、大力扶持寺院发展的皇帝——“帝自有四海，天下寺院田、产二税尽行蠲免，普令缁侣安心办道”。[②] 根据《至正金陵新志》的记载，忽必烈时期至少从三个方面给予天禧寺重大支持：

---

① 任宜敏：《中国佛教史·元代》第一章《导论》，北京：人民出版社，2005年，第6页。

② ［元］念常撰：《佛祖历代通载》卷二十二，《大正藏》第49册，No.2036，第725页。

至元二十五年，有诏选高行僧三十员，开讲于江南诸郡，择名刹以居之。时稾城德公讲主首奉诏，开席于金陵天禧寺，说经训徒慈恩之教。未几，特赐号“佛光大师”，并拨赐故宋太师秦申王坟寺“旌忠寺”为下席，改赐“元兴天禧慈恩旌忠教寺”。①

一、选派住持

元世祖给予天禧寺的第一项支持，是亲自为它挑选住持。根据上条记载，至元二十五年（1288），忽必烈下诏为江南30座大寺挑选高僧，担任“讲主”，即住持。稾城德公第一个被挑中，入主天禧寺，忽必烈其后赐予他“佛光大师”的称号。忽必烈为江南各大寺挑选住持的举措，无疑是为了加强中央对南宋旧地佛教寺院的管理，进而通过佛教加强对江南地区的控制。不过，这些精挑细选的高僧确实为相关寺院的发展提供了动力与机遇。

入选天禧寺的稾城德公法名释志德。元释大䜣《蒲室集》中收录有《金陵天禧讲寺佛光大师德公塔铭》，② 详细介绍了志德法师的生平与成就。根据《塔铭》，释志德是山东东昌人（今山东聊城人），俗姓镏，出生于金哀宗天兴三年（1234），即金朝正式灭亡之年。12岁入顺德府（今河北邢台）开元寺出家，后又入真定府（今河北石家庄）龙兴寺修习唯识学。志德完全成长于蒙古控制下的北方，因此能够获得元世祖的信任。真定府下设有稾城县，志德被称为“稾城德公”由此而来。至元二十五年（1288），54岁时他受命入主天禧寺，其后在此担任住持长达34年，在寺内长讲《法华》《华严》《金刚》《唯识》诸经。在任期间，他精持戒律，严禁僧众食用荤辛，禁饮酒，禁混用公物，而他自己以身作则，过午不食，衣履终身不易。在他的管理下，天禧寺从“寺废、僧星居如逃亡家”的破落状态，变为“大有羡粟”，乃至于能在荒年以寺粮接济饥民数万人。天禧寺年久失修的殿庑楼阁，也得到维修翻新。

《德公塔铭》还记载，“以行台居建康，凡仕于南者，多向师高行，愿受一言为弟子”。志德德高望重，又为北来高僧，北方派驻建康的官员都愿意拜他为师，成为

① 〔元〕张铉撰：《至正金陵新志》卷十一《祠祀志》“天禧寺”条，南京：南京出版社，2010年，第二册，第696—697页。

②〔元〕释大䜣撰：《蒲室集》卷十二《金陵天禧讲寺佛光大师德公塔铭》，景印《文渊阁四库全书》第1204册，第609—610页。

其弟子，说明在志德的主持下，天禧寺成为北来官员特别重视的一座寺院。志德圆寂后，火化而产生舍利，建塔于江宁县张家山，可惜该塔现已不存，塔基也尚未被发现。

二、拨赐下院

元世祖对天禧寺的第二项支持是为它增添寺产，将“故宋太师秦申王”的坟寺——旌忠寺拨赐给天禧寺管理，作为其下院。

所谓“故宋太师秦申王”，即秦桧。此人是残害岳飞被历史盖棺论定的奸相，后世评价极恶，但宋高宗时期他官至太师，死后被追封为申王。秦桧是江宁府江宁县人，死后归葬原籍，其墓位于江宁县江宁镇南，明代曾遭盗掘。① 建国以来，南京市考古工作者在江宁镇，以及紧邻的牧龙镇先后发掘过多座秦氏家族成员墓葬，确认这一带为秦氏家族的葬地。其中 1986 年 1 月，在江宁区牧龙镇（现为江宁街道牧龙社区）发现了推测为秦桧之孙秦埙或秦堪的“秦待制墓”。② 2006 年 10 月，在江宁街道牧龙社区清修村，发现了秦桧之子秦熺与夫人郑氏、曹氏的合葬墓。③（图 65）

图 65　2006年发掘的江宁镇清修村南宋秦熺夫妻合葬墓

① 〔明〕王诰修，刘雨纂，管景等增修：《正德江宁县志》卷七《第宅》“秦桧墓”条，南京：南京出版社，2012 年，第 286 页。

② 南京市博物馆：《南京江宁县牧龙镇宋秦桧家族墓清理报告》，《东南文化》1988 年第 2 期。

③ 参见王光明：《南京江宁区清修村宋代墓园》，国家文物局主编：《2007 中国重要考古发现》，北京：文物出版社，2008 年，第 166 页。

秦氏家族墓地迄今最为重要的发现是 2004 年 1 月发掘的建中村宋墓。该墓位于江宁街道建中村，与清修村秦熺墓相距约 2.6 公里，是由两座长方形墓室组成的夫妻合葬墓，总宽 7.94 米，北侧墓室全长 6.58 米，南侧墓室全长 4.82 米。墓壁由 3 重砖石砌筑，由内到外依次为石灰砖、条石、青砖，厚逾 1 米。墓顶以条石封盖，砌筑精良、严密。北侧墓室历史上遭到多次盗掘，尸骨与陪葬遗物皆已不存，而南侧墓室意外的未遭侵扰，保存完好。内置棺椁各一具，棺内尸骨经鉴定为一老年女性。部分墓砖上发现模印铭文“大宋绍兴二十五年四月八日”。墓内出土银、铜、玉、玻璃、水晶、玛瑙、琥珀等不同质地的珍贵文物约 800 件，是南京历年来出土遗物最丰富、等级最高的宋代墓葬。虽然该墓未能发现墓志，但根据墓葬位置，出土遗物，尤其是所用砖上的纪年铭文与秦桧卒年相同的重要特征，考古人员综合判断该墓为秦桧夫妻合葬墓。[①]（图 66）

图 66 2004 年发掘的江宁镇建中村宋墓（南京市考古院提供）

秦桧家族前后还建成过两座坟寺。据岳珂《桯史》记载：“金陵牧牛亭，秦氏之丘垄在焉。有移忠、旌忠寺，相去五里，金碧相照。……余尝过其地，二刹正为其家不检子孙所挠，主僧相继而逃去。有一支位者主之，以寺归之官，刻大碑于门，不许其家人之与其事，始稍复振。”[②] 移忠乃移孝为忠之意，因此该寺是秦桧为其父母所建，全称为“移忠报慈禅院”。《至正金陵新志》引南宋《乾道志》记载：“（移忠报慈

① 南京市考古研究院内部资料。

② 〔宋〕岳珂撰：《桯史》卷二“牧牛亭”条，北京：中华书局，1981 年，第 19 页。

禅院）在牧牛亭路东，去城西南68里。绍兴十五年秦申王请为功德院。寺有秦熺所造钟，镌云：绍兴十五年，岁在乙丑，移忠报慈禅院告成。”[①]《宋史·秦桧传》也记载，“（绍兴）十六年正月，桧立家庙。三月，赐祭器，将相赐祭器自桧始。”[②] 而秦桧于绍兴二十五年（1155）卒后，高宗又专门赐予他坟寺，称为“旌忠”寺。

移忠寺的位置现已基本明确，位于江宁街道牧龙社区塔下村西北部，与1986年发掘的秦侍制墓位置相近。2010年8—10月，南京市考古工作者在塔下村通过调查、勘探确认了一处寺院遗址。经局部发掘，遗址内发现了房址、道路、水井、窖池等多处砌筑精良的宋代遗迹。该遗址不仅与《乾道志》《正德江宁县志》记载的移忠寺位置大致相符，[③] 而且当地村民世代相传此处原为寺院，周边迄今保留塔下、塔西等多个老地名。因此，综合判断该遗址为移忠寺旧址。[④]

旌忠寺的位置，除了岳珂记载的与移忠寺相距约五里外，没有其他记载，但2004年建中宋墓的发现，为我们提供了重要线索。“建中”应是“旌忠”的音变，建中宋墓既然被判断为秦桧墓，与之配套的坟寺应位于附近。我们推测旌忠寺旧址位于建中宋墓的南侧，大致位于今江宁开发区天成路与飞鹰路交界处。按古代一里约等于576米计算，[⑤] 该地点与移忠寺遗址相距正好约五里。不过这一片区域现已被深度开发，寺院遗址很可能早已不存。（图67）

据《桯史》记载，秦氏的二座坟寺在南宋后期就因家族内部矛盾，移交给官府管理。元代，忽必烈将其中的旌忠寺拨交天禧寺管辖，以其寺产壮大天禧寺的经济实力。另外根据《德公塔铭》，志德死后建塔于江宁张家山。张家山位置无考，推测很可能属于旌忠寺的寺产，那么志德塔也就很有可能位于旌忠寺之附近。

---

① 《至正金陵新志》卷十一《祠祀志》“移忠报慈禅院”条，第二册，第743页。

② 《宋史》卷四百七十三《秦桧传》，第13760页。

③ 《正德江宁县志》卷七记载：“秦钜墓在处真乡移忠寺侧，与弟浚并葬。”秦钜为秦堪之子，其墓虽然尚未发现，但推测应位于秦侍制墓附近。

④ 李翔：《南京市江宁区牧龙移忠寺遗址发掘》，江苏省文物局主编：《江苏考古2010—2011》，南京：南京出版社，2013年，第180—181页。

⑤ 参见杨生民：《中国里的长度演变考》，《中国经济史研究》2005年第1期；陈连洛：《从大同北魏永固陵制看古代的长度单位一里》，《山西大同大学学报（社会科学版）》第23卷第3期。

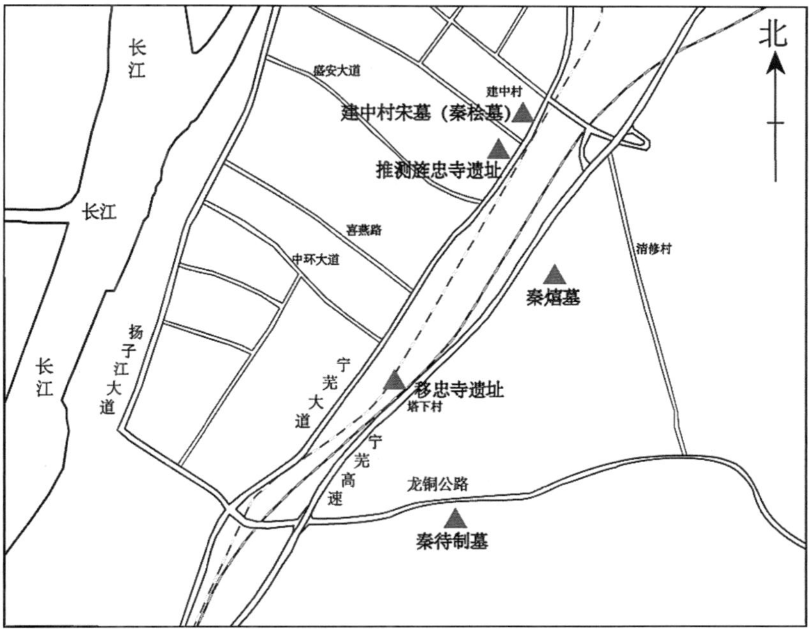

图 67　南京江宁镇秦氏家族遗迹及旌忠寺遗址推测示意图

三、加赐寺额

元世祖给予天禧寺的第三项支持，是通过加额的方式，将天禧寺改称为“元兴天禧慈恩旌忠教寺”。这是自长干寺以来，大报恩寺遗址在历史上第三次获得皇帝赐予的新额。元世祖所赐的新额含意丰富，每个词皆有所指，其中：

“元兴”代表大元的兴起、兴盛。

“天禧”代表该寺的原额。

“慈恩”代表慈恩宗。

慈恩宗又称“法相宗”“唯识宗”，是我国佛教中的一个大乘宗派。由唐代玄奘大师创立，因其长期居住于长安的大慈恩寺，因此被称为慈恩宗。元世祖为天禧寺选派的住持释志德所传即属慈恩宗。《释志德传》记载他“闻真定法照禧法师大弘慈恩宗旨于龙兴寺，径从之学而尽得其蕴”。[①] 释志德在天禧寺主讲的《华严经》《唯识论》等皆为此宗经典。天禧寺经北宋晚期慧严禅师改造，从律宗改为禅宗寺院，至此再度改属慈恩宗。巧合的是，慈恩宗始祖玄奘大师的顶骨舍利于端拱元年（988）被可政传至金陵，至元二十五年（1288），元世祖选派慈恩宗释志德入主天禧寺，两者相距整整 300 年。

---

① ［明］释如惺撰：《大明高僧传》卷二《金陵天禧寺沙门释志德传》，《大正藏》第 50 册，No.2062，第 907 页。

“旌忠”代表天禧寺的下院“旌忠寺”；

“教寺”则代表了该寺的类别与地位。元代将天下佛寺明确分为三大类，《元史》记载：“天下寺院之领于内外宣政院，曰禅，曰教，曰律，则固各守其业。”[①]元代刘仁本在《送大璞玘上人序》中对三类寺院进行了解释：“佛宗有三：曰禅、曰教、曰律。禅尚虚寂，律严戒行，而教则通经释典，作其筌蹄者也。”即禅寺重视清修，律寺强调戒律，而教寺重视对经典的阐释。汉传佛教中的天台、华严、唯识、净土诸宗，向来重视对经典的研讨传播，因此皆属于教寺。刘仁本还指出，禅、教、律三种寺院原本并驾齐驱，不分伯仲，但元世祖特意“升教居禅之右，别赐茜衣以旌异之，实予其能讲说义文，修明宗旨也”。[②]也就是说，教寺在元代被尊为三种寺院之首。元世祖为江南30座寺院挑选高僧主持讲经，就是将这些寺院扶持、改造为教寺，使它们比一般的禅寺、律寺享有更高的地位。天禧寺在此过程中从禅寺转变为传承慈恩法脉的教寺，寺院的地位进一步得到提升。另外，元代“教”“讲”相通，因此释大訢所作的《金陵天禧讲寺佛光大师德公塔铭》，将天禧寺称为“天禧讲寺”。到了明代，讲寺与教寺才出现不同的意义。

总之，元世祖时期虽然采取措施加强了对江南寺院的控制，但是也在一定程度上促进了江南佛寺，尤其是30所大寺的发展，天禧寺从中受益不少。

第二节　元文宗对天禧寺的扶持

元文宗本名孛儿只斤·图帖睦尔，是元朝建立后的第八位皇帝。泰定二年（1325），他奉命出居建康为藩王，留居此地三年有余。天历元年（1328），他从建康入京继承帝位，建康成为他的龙兴之地，故此对建康分外重视。天历二年，文宗下诏改建康路为集庆路，同时下令在其潜邸旧址建“大龙翔集庆寺”。[③]该寺由工部直接主持，所用资金出自内帑，建造时“画宫为图”，即以宫殿为蓝本。该寺建成之后，“鼓钟之宣，金縠之委，各有其所。缭以垣庑，辟之三门，而佛菩萨天人之像设，缨盖床座严饰之具，华灯音乐

① 〔明〕宋濂等撰：《元史》卷二百二《释老》，北京：中华书局，1976年，第4524页。

② 〔元〕刘仁本撰：《羽庭集》卷五《送大璞玘上人序》，景印《文渊阁四库全书》第1216册，台北：台湾商务印书馆，1986年，第92页。

③ 《元史》卷三十三《文宗二》，第731—732页。

之奉，与凡所宜有者，皆致精备。”[①]由此，大龙翔集庆寺成为元代金陵地位最高的寺院。另外，文宗还特命于钟山宝公塔后，建“大崇禧万寿寺”。[②]

潜邸期间，元文宗曾多次游览天禧寺和圣感塔，与天禧寺僧众建立了良好的关系。登基之后，文宗对于天禧寺也给予了特别的支持。《至正金陵新志》记载：

> 僧统广福大师尝施财缮修大塔。泰定中，潜龙时尝数幸寺。及登大统，以所奉观音像付寺供养，岁给香灯之费。至顺初，佛光之孙法嵩入觐，上顾谓曰：“舍利塔曾修完不？”嵩曰：“未也。”即日赐白金三锭及官钱伍阡缗，以助缮修，台臣郡守咸致其力。有旨令佛光之徒广演主寺事，赐号“弘教大师”。塔完之日，尝感天花如雨，祥光如练，满空者凡数日。详见中丞赵世延所撰碑。[③]

文宗对天禧寺的支持也包括三个方面：第一，他将自己日常供奉的观音像交给天禧寺代为供养，每年赐予香灯之费，这是文宗变相地每年给予天禧寺布施；第二，在文宗继位之前，已经落成300余年的圣感塔出现了问题，担任僧统的广福大师管主八[④]自己募资施财对它开展大修，但是到至顺初年（1330）该工程仍未完成，资金不足是造成工程延误的一项关键因素。文宗得知情况后，“即日赐白金三锭及官钱伍阡缗”，在他的带动下，各级官员纷纷捐资，资金问题迅速得到解决；第三，他破格任命佛光大师的弟子广演为天禧寺新任住持，并且赐予“弘教大师”的称号，命他主持修塔之事。文宗与广演相识于天禧寺，很早就认定此僧有高行。果然广演“自居十年，克弘其教，才智识量有大过人者，无贱贵咸器服之”。[⑤]在文宗的直接干预下，经广演等人的努力，最终完成了圣感塔的大修工程。完工之后，由御史中丞赵世延撰写了圣感塔大修记，并立碑。可惜的是，记文与碑刻实物皆未能留存至今。

---

① 《至正金陵新志》卷十一《祠祀志·大龙翔集庆寺》，第685—688页。

② 《至正金陵新志》卷十一《祠祀志·大崇禧万寿寺》，第689—691页。

③ 《至正金陵新志》卷十一《祠祀志·天禧寺》，第696—697页。

④ 广福大师名为管主八，籍贯与生卒年不详，史料中对他的记载较为零散，有学者考证他可能为西夏人。目前较为明确的是，他曾担任松江府僧录一职，主持刻印汉文《碛砂藏》，以及西夏文、藏文佛经，对佛教发展有重要贡献。他担任的僧统一职，史籍中缺少记载。元代地方僧官，主要有僧录、僧正、都纲等称号，少见僧统之说。但是元文宗时期曾短暂设立过“广教总管府，以掌僧尼之政”，全国共有16所，很可能任命管主八担任其中的浙西江东道广教总管府总管，因而号为僧统。关于广福大师的情况，可参阅李克璞：《“管主八”新考》，《中国历史博物馆馆刊》1995年第2期。

⑤ 《蒲室集》卷十一《集庆路真如院碑铭》，景印《文渊阁四库全书》第1204册，第603页。

圣感塔大修工程结束之后，募集的资金很可能尚有结余，广演借此机会，对同样建成达 300 年之久的三藏塔进行了大修。广演是佛光大师的弟子，传承慈恩法脉，对三藏塔进行大修，即是对该宗祖师的礼敬。不过，文献中并未留下元代三藏塔大修的记载，是后世出土的实物材料提供了关键的线索。

1942 年，侵华日军盗掘大报恩寺遗址三藏塔地宫，出土玄奘大师顶骨舍利。地宫中除发现宋代遗物和铭文之外，也发现有元代的遗物与铭文。其中的一件鎏金银函，函内装有金质“僧形细工像”（推测为佛像）、小玉器、念珠等物，函盖上刻有铭文：“大元至顺三年壬申四月吉日，天禧寺住持弘教大师演吉祥置。”[①] 由此证明至顺三年（1332），广演曾打开过三藏塔地宫，增置了银函等供养器物，对玄奘顶骨舍利重新进行了奉安。进而可以推断，从至顺三年开始，在广演的主持下，天禧寺对三藏塔进行过较大规模的维修。

① ［日］谷田阅次：《三藏塔遗址之发掘》，玄奘大师顶骨奉安筹备处编印：《唐玄奘大师骨塔发掘奉移经过专册》，1943 年，第 9 页。

第八章　明初的天禧寺

至正十六年（1356）三月，朱元璋率领的红巾军攻占集庆路，改名为应天府。他以此为根据地，用十余年的时间先后击败周边的陈友谅、张士诚、方国珍等割据势力，然后北伐中原。至正二十八年（1368）正月四日，朱元璋于应天称帝，定国号为“大明”。同年八月初一，诏令“以金陵为南京，大梁为北京”，[①] 南京之名从此正式归于金陵。作为统一王朝的首都，南京的城市地位达到了有史以来的最高点。

天禧寺在明初延续了40年，经历太祖、建文和成祖三朝。明太祖时期，天禧寺经历了一次充满戏剧化的“V”形反转，从毁寺、拆塔的危险境地，一举扭转为寺、塔得到大修，并成功跻身南京三大寺之列。建文帝虽然执政日短，但是在位期间下令刊成明代第一部官版大藏经，并将经板交由天禧寺长期保管，对于该寺和明代佛教事业的发展影响深远。明成祖对天禧寺同样相当重视，曾拨官帑维修寺塔，多次命该寺举办重要法会。永乐六年（1408），天禧寺不幸遭人为焚毁。四年之后，明成祖下令原址重建，使大报恩寺以更加辉煌的势态涅槃重生。本章对明初天禧寺跌宕起伏的发展历程进行梳理，重点探讨明初三帝与天禧寺之间复杂的纠葛。

第一节　明太祖时期的天禧寺

至正十六年（1356），朱元璋率部夺取集庆。据《明太祖实录》记载，朱元璋部首先夺取采石（今安徽马鞍山市西南）、太平（马鞍山市当涂县），继而占领金陵西

---

①《明太祖高皇帝实录》卷三十“洪武元年八月己巳”条，台北：“中央”研究院历史语言研究所，1963年，第706页。

南部的江宁镇，最后诸军“鼓噪而进”到达集庆，走的正是从长江上游而下，自南向北攻城的传统路线。元军主帅行台御史大夫福寿闭城拒守，亲自于伏龟楼督战。伏龟楼位于金陵城东南隅，[①] 便于观察东、南两路。朱元璋军以云梯登城，元军则据城反击，战斗相当激烈，最终福寿、平章阿鲁灰、参政伯家奴、集庆路达鲁花赤达尼达思等人皆战死。[②] 在此次的攻防战中，扼守金陵城南门的天禧寺受到了严重的破坏。《金陵梵刹志》记载：“元末，（天禧寺）毁于兵。”[③]

经过大战的冲击，天禧寺虽然受损严重，但寺院仍存，居寺僧众依然较多。不过，和尚出身的朱元璋起初对天禧寺并不重视，屡加压制。洪武五年（1372），朱元璋下令给中书省：

> 蒋山系是大禅刹处所，如今你省家出给执照，与住持长老行容收执。把那天禧寺、能仁寺两处应有旧日常住田土，并寺家物件，都入蒋山砧基簿内作数，永远为业。收的钱粮等项，听从蒋山寺支用。其天禧寺、能仁寺僧人都收入蒋山坐禅。钦此。
>
> 天禧寺、能仁寺两处僧人多哩，恁省家出个文书与蒋山寺住持长老行容收执，将这天禧、能仁两寺应有的僧人用心于四方搜集，听从长老行容分豁。堪坐禅者，坐禅；不作歹良善可以管庄的，教他管庄；若是作歹不良善的，分豁出来开剃为民。钦此。[④]

由此可见，洪武五年朱元璋将天禧寺所有的寺产、人员皆划入蒋山寺（即钟山灵谷寺），使天禧几成废寺。明太祖对天禧寺的打压在洪武十三年（1380）到达顶峰。当年正月，朱元璋诛杀左丞相胡惟庸、御史大夫陈宁等人，同时将大臣擅权、政权不稳的责任怪罪到圣感塔身上，认为此塔破坏了南京的风水：

> 朕观七朝居是土者，皆臣愚君者多矣！考山川之形势：大江西来，淮山弼之，山庞川巨，右势足矣。以此观之，龙虎均停，择帝居者宜其然也。何故臣下之不臣？无乃虎方坤位，浮图太耸之故？[⑤]

朱元璋认为南京山水形势本身很好，宜为国都，但是位于正南方的圣感塔过于高

① 《至正金陵新志》卷一，第 81 页。
② 《明太祖高皇帝实录》卷四“丙申三月辛巳”条，第 50 页。
③ 《金陵梵刹志》卷三十一《聚宝山大报恩寺》，第 481 页。
④ 《金陵梵刹志》卷二《钦录集》“洪武五年壬子”条，第 54 页。
⑤ 〔明〕朱元璋：《御制黄侍郎立恭完塔记》，收录于《金陵梵刹志》卷三十一，第 484 页。

大，压制了居于城北部的皇宫（乾位），所以导致在南京建都的七个王朝经常出现大臣欺君的情况。所谓七朝，应指六朝加上南唐。六朝时期，长干寺阿育王塔虽然影响很大，但并非高塔，只是三层的小塔；南唐时期，长干寺沦为废墟，根本无塔。由此可见，朱元璋对天禧寺的历史并不了解，凭空猜疑。但是在这种心理的影响下，朱元璋下令搭架拆塔，要将此塔迁移至位于东北部的钟山，如此才符合朱元璋对南京风水的考量。

不过关键时刻，事态发生了急剧的转变。不仅不再拆塔，洪武十五年（1382）四月，朱元璋一改初衷，“命鞍辔局大使黄立恭修天禧寺塔”。[①] 关于朱元璋态度的转变，以及黄立恭重修天禧寺、塔的经过，朱元璋在洪武二十一年（1388）撰写了《御制黄侍郎立恭完塔记》，留下了较为详细的记载：

> 于是命构架，将移塔于钟山之左。工将完，塔将毁，有来告者：“工人有坠于塔下者，绝！”于是罢役。未几，今工部左侍郎黄立恭稽首，顿首再拜入奏，其辞曰：“……臣见南关有如来真身舍利之塔，经兵被火，周回栏楯并九层图画仙灵俱各颓坏，欲完之，特请旨以施为。”朕许之。立恭再拜而退。诣所在，经方定向，若山则高益下损，故基则增微壮广。施财劭工以营缮。京之军民，闻立恭作佛之善事，有施财以阿之者，有诚然为生死而布德者，一时从者如流之趋下，诸费折黄金二万五千两。三年而来告，塔已完矣。大雄之殿，僧房两庑，重门楼观，亦皆备矣。群僧会集，有僧录司右讲经守仁者，书通东鲁，经备西来，于是命住持是寺。……逾半载，敕礼部曹召僧录司首官左善世弘道、右善世夷简等五人，朕谓曰：“塔完寺备，数年以来，征讨弗停，阵没军将，欲报其忠，仗佛愿力，作大善事。”期日，朕至。仰视则塔穿鸟道，平视则殿宇巍然，俯看绮砌无不精专，游目塔殿，所在金碧荧煌。……立恭职工部，掌诸名材，诸匠属焉，一一皆佣其工，未尝上烦于朕，下挟于工者。其佣工之资，皆厚之，世人有所不及。设若立恭操愚夫之智，日侍左右，言颇信行，倘有所需，安不有微助？今绝然无需。……以一夫之智赤手成此善事，是其美也，然而事成则成矣。又其妻与闺内者尽皆为尼，呜呼！立恭之诚，岂止外成于塔寺，于家化及闺门。……今南关之山，

① 《金陵梵刹志》卷二《钦录集》“洪武十五年壬戌”条，第57页。

俯伏于钟山之前，峰拱冈伏，所以钟来气之精英，雄一千一百余年，法轮常转。今立恭增辉佛日，岂偶然哉？故述记尔。[①]

根据此记，朱元璋对天禧寺、塔的态度之所以发生重大转变，主要有两个原因：

其一是在拆塔的过程中，有工人从脚手架上坠落而亡，令朱元璋内心有所触动。朱元璋出身贫寒，17 岁时（至正四年，1344），“四方旱蝗，民饥，疾厉大起”，其家连遭三丧，父母与兄长接连去世。走投无路之下，朱元璋到濠州皇觉寺（后为凤阳龙兴寺）出家为僧才得以续命。[②] 至正十二年（1352），皇觉寺毁于兵火，朱元璋再次面临困境，他在皇觉寺残存的神像前卜卦，得到“从雄而后昌”的吉兆，才下定决心投身反元义军，由此开创大业。[③] 从他的人生经历来看，朱元璋对于寺院是充满感情的，对于佛教也是笃信的。因此，当天禧寺发生工人坠亡事件后，朱元璋将其视作警示，果断下令罢役。

其二是出于黄立恭的建议。《明一统志》记载：“黄立恭，滁州人，性宽厚，有巧思，洪武初扈跸渡江，累官工部侍郎。”[④] 黄立恭与朱元璋有近于同乡的身份，在其起兵之初就追随于他，因而深受朱元璋的信任。当朱元璋因拆塔问题而陷入左右为难之际，黄立恭出面请求重修天禧寺塔，给了朱元璋体面的台阶，从而迅速获得批准。

黄立恭重修天禧寺塔的第一步，实际上是对塔所在的环境进行了改造，一是调整了周边山体的高度，二是增加了塔基的宽度，使该塔的风水能够符合朱元璋的预期——“诣所在，经方定向，若山则高益下损，故基则增微壮广。”经过黄立恭的调整，“今南关之山，俯伏于钟山之前，峰拱冈伏”。朱元璋之所以希望天禧寺周边的山体“俯伏于钟山之前”，是因为他正在建设的陵寝（即明孝陵）就位于钟山南麓独龙阜玩珠峰下，与城南之山、塔相对。因此，黄立恭对天禧塔“经方定向”之后，将山“高益下损”，从而保证了天禧寺的风水格局有利于钟山皇陵的建设。

其后，黄立恭用三年多的时间，利用民间捐资的方式，筹集黄金两万五千两，完成了圣感塔和天禧寺的重修工作——“大雄之殿，僧房两庑，重门楼观，亦皆备矣”，“塔穿鸟道”“殿宇巍然”，“游目塔殿，所在金碧荧煌”。

---

① 〔明〕朱元璋：《御制黄侍郎立恭完塔记》，《金陵梵刹志》卷三十一，第 484 页。

② 《明太祖高皇帝实录》卷一“甲申”条，第 2—3 页。

③ 《明太祖高皇帝实录》卷一“壬申春二月”条，第 5—6 页。

④ 〔明〕李贤撰：《明一统志》卷十八，景印《文渊阁四库全书》第 472 册，台北：台湾商务印书馆，1986 年，第 403 页。

在此过程中，原本位于天禧寺东部的三藏塔被迁移至天禧寺的南部。揭示这一情况的证据也来自 1942 年发掘的三藏塔地宫。地宫出土的北宋石函上，除了发现宋代铭文之外，在另一面上还有明代加刻的铭文：“奘法师顶骨塔，初在天禧寺之东冈。大明洪武十九年，受菩萨戒弟子黄福灯，□□□□僧普宝，迁于寺之南冈三塔之上。是岁丙寅冬十月，传教比丘守仁谨志。”[①]（图 68）这段铭文清楚说明了洪武十九年（1386）三藏塔迁建的情况。

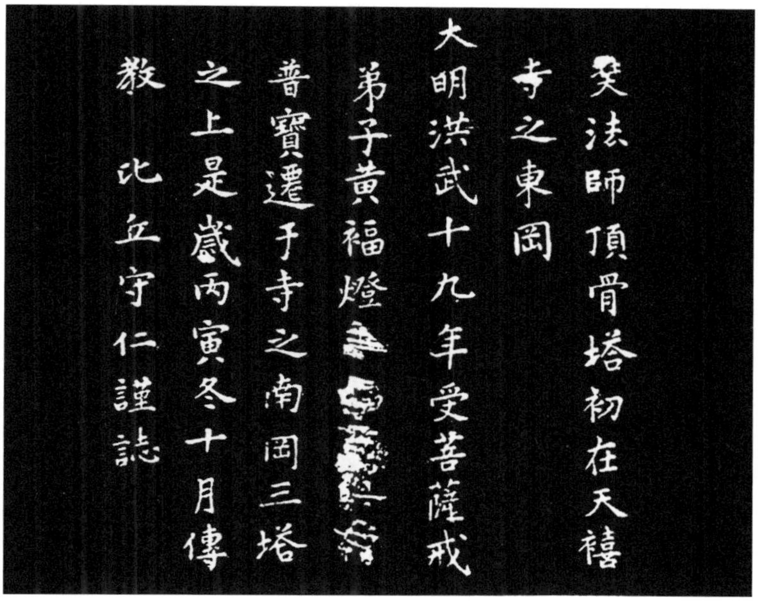

图 68　三藏塔地宫石函上发现的明代铭文

撰写这段铭文的传教比丘守仁，正是朱元璋为天禧寺挑选的新任住持，曾任僧录司右讲经，朱元璋评价他“书通东鲁，经备西来”，是一位学兼儒佛的高僧。而铭文中提及的黄福灯，就是主持天禧寺重建工程的黄立恭。在天禧寺附近出土的另一方明初重要石刻《西天善世禅师班的达公塔铭有序》（图 69）中，同样出现了黄福灯的名字：

师讳萨哈搒释哩，别称班的达，生与释迦同国。……今上皇帝嘉其远来，召见奉天，奏对称旨，特赐银印，加以今号，俾统制天下诸山。……十四年辛酉夏五月初，……提数珠示众而化。停龛六日阇维，五色舍利无算。……

① ［日］谷田阅次：《三藏塔遗址之发掘》，《唐玄奘大师骨塔发掘奉移经过专册》，第 8 页。

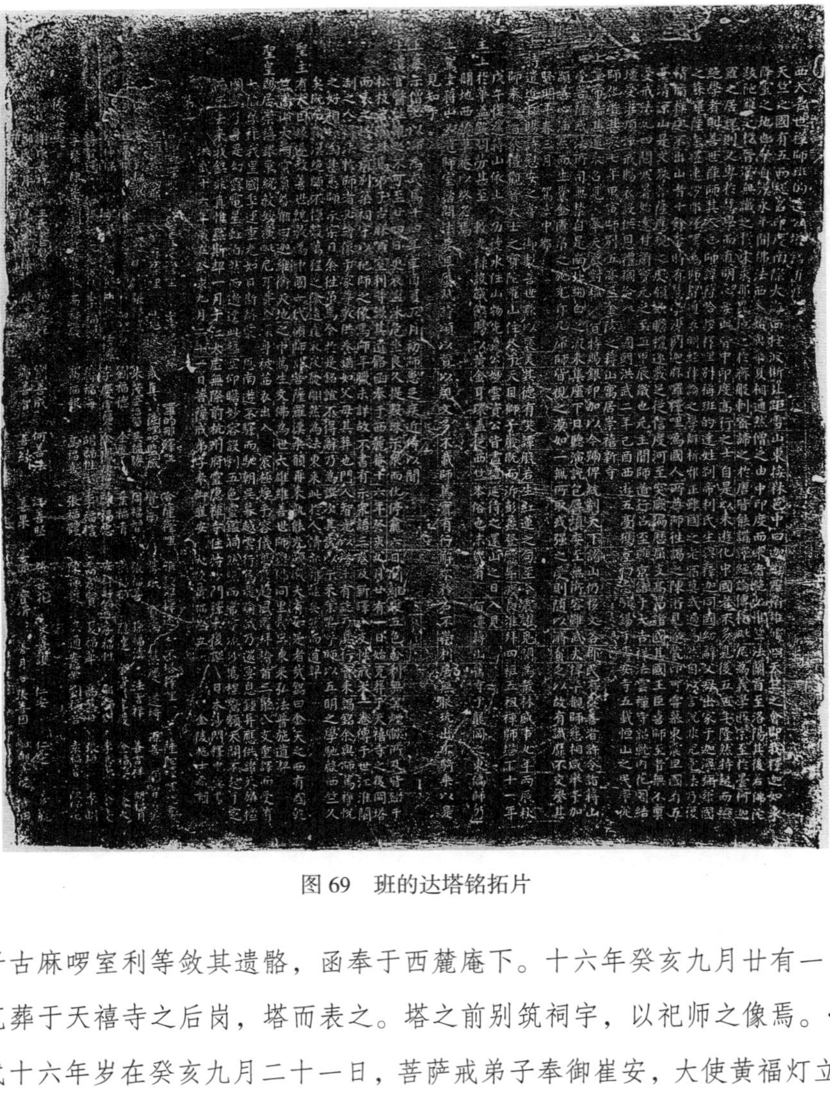

图 69　班的达塔铭拓片

弟子古麻啰室利等敛其遗骼，函奉于西麓庵下。十六年癸亥九月廿有一日，始克葬于天禧寺之后岗，塔而表之。塔之前别筑祠宇，以祀师之像焉。……

洪武十六年岁在癸亥九月二十一日，菩萨戒弟子奉御崔安，大使黄福灯立。[①]

班的达是天竺高僧，元朝时来华。明初受朱元璋召见，奏对称旨，赐号“善世禅师”，令其总管天下佛寺，成为教界领袖。洪武十四年（1381）班的达圆寂，原本由弟子殓葬于钟山西麓庵下。洪武十六年（1383）九月，朱元璋下令将他葬于天禧寺后岗，敕建塔寺，取名为“西天”。[②] 西天寺选址于天禧寺的东部、原三藏塔所在地。因此，三藏塔迁移至天禧寺的南岗，是为了给西天寺的建设让路。1930 年，班的达舍利塔地宫被发现，不仅出土了塔铭石刻，而且还出土了一件铜塔，八面七级，制作精工，被

---

① 〔明〕释来復撰：《西天善世禅师班的达公塔铭有序》，北京图书馆金石组编：《北京图书馆藏中国历代石刻拓本汇编》，郑州：中州古籍出版社，1989 年，第 51 册，第 17 页。

② 《金陵梵刹志》卷三十七《西天寺》，592—594 页。

当时的南京古物保存所收藏。[①] 据班的达《塔铭》，负责为班的达建塔，奉安舍利的官员是“奉御崔安”与“大使黄福灯”，而黄立恭的官职正是鞍辔局大使，因此两者应为同一人。从三藏塔和班的达塔两份《塔铭》可知，天禧寺和西天寺两项工程，黄立恭都是主要承担者，西天寺开工于洪武十六年，略晚于天禧寺重修工程。更有意思的是，班的达生前长居钟山，先住崇禧新寺，后居西麓庵，洪武十四年圆寂之后，其弟子原本将他葬于西麓庵下，然而两年之后朱元璋却敕令将他的舍利安奉于天禧寺后山。考虑到朱元璋对天禧寺风水的高度重视，不排除其中别有深意。

经过洪武十五年至十九年的大修，天禧寺焕然一新。而且经过对天禧寺山、塔格局的调整，朱元璋内心的芥蒂得以开解，天禧寺终于赢得朱元璋的信任。大修完成之后，朱元璋即命僧录司主办，在天禧寺为元末明初战争中阵亡的将士“作大善事”，这是一次重要的国家大典，朱元璋亲临现场主祭。通过举办这次活动，天禧寺作为国之大寺的地位得以确立。洪武二十年（1387）五月，天禧寺与灵谷寺争夺芦场，朱元璋下令：“当江沙芦场，你天禧寺与灵谷寺平分。钦此。”[②] 一改其往日偏袒灵谷寺的做法。洪武二十一年，天界寺遭受火灾，朱元璋下令将原本设在天界寺的僧录司迁至天禧寺，使天禧寺成为明代佛教事务最高管理机构的所在地。[③]

总之，天禧寺在明太祖朱元璋时期经历了一段惊心动魄、先抑后扬的发展过程。至洪武后期，天禧寺与钟山灵谷寺、凤山天界寺并列成为明都南京最重要的三座大寺之一，这一格局有明一代再未改变。

第二节　建文帝与天禧寺《南藏》经板的由来

建文帝朱允炆是明代第二位皇帝，在位仅四年时间。朱棣夺位成功后，他的事迹被大量消除。但是根据何梅的研究，建文帝对明代佛教，尤其是天禧寺的发展，有重要贡献，是他下令雕刻了明代第一部官版大藏经，将经板交给天禧寺收藏，由此开创了天禧寺和大报恩寺收藏《南藏》经板的传统。[④]

---

① 《首都发现明初铜塔》，《威音》第 22 期，《新闻》第 4 页，1930 年 11 月。

② 《金陵梵刹志》卷二《钦录集》“洪武二十年丁卯“条，第 62—63 页。

③ 《明太祖高皇帝实录》卷一百八十八，第 3357—3358 页。

④ 何梅：《明朝第一部官版大藏经的雕印》，《法音》2001 年第 4 期；李富华、何梅：《汉文佛教大藏经研究》第九章《明官本大藏经研究》，北京：宗教文化出版社，2003 年。本节的相关内容主要参考了何梅先生的上述研究成果。

1934年，在四川省成都市附近的崇庆县街子乡（今崇州市街子镇）凤栖山上古寺，发现一部保存完整的明代刻本大藏经，共计678函。因其是明代刊刻时间最早的一部大藏经，被学界称为《初刻南藏》。新中国成立以后，这套大藏经被四川省图书馆珍藏。

《初刻南藏》的刊板年代以往认为在洪武年间，但是何梅在该藏誉字函《古尊宿语录》卷八的末尾发现一条珍贵的刊记，揭开了该藏真实的刊板年代：

> 大明□□改元己卯春，佛心天子重刻大藏经板，诸宗有关传道之书制许收入。……谨以《六祖坛经》列于首，南岳、马祖四家语继之，……共四十八卷，谨缮写进刊，与经律论永久流通，故书此以识岁月云。越三年壬午春，僧录司左讲经兼鸡鸣禅寺住持沙门幻居净戒谨识。[①]

该刊记大明两字之后，原板被人为地剜去两字，留下空白。但是明代皇帝改元之年为“己卯”的，仅有建文元年（1399），因此下令重刻大藏经板的这位“佛心天子”就是建文帝。建文两字遭人为剜去，符合永乐抹杀前朝痕迹的史实。另外何梅还发现，明代释居顶所撰《续传灯录序》也揭示了《初刻南藏》刊板于建文朝的史实：

> 洪武辛巳冬，朝廷刊大藏经律论将毕，敕僧录司，凡宗乘诸书，其切要者，各依宗系编入。[②]

洪武前后共31年，其中本无“辛巳”纪年，但是朱棣下令将建文帝在位的四年归入洪武，才出现“洪武辛巳”（即洪武三十四年）的说法，实际就是建文三年（1401）。居顶的记载表明，《初刻南藏》主体刊板工作在建文三年底已基本告成，而《古尊宿语录》卷八末尾的刊记则表明宗乘诸书在建文四年（1402）春也已陆续进刊。因此，《初刻南藏》完成于建文帝时期。

何梅指出，“尽管建文只有短短的四年，但是能够刊成明朝的第一部官版大藏经，不仅反映出当时佛教界对重刊大藏经的迫切需求，而且说明了朝廷对发展佛教文化事业的重视。同时从一个侧面也显示出金陵雕版印刷业具有的实力。所以《初刻南藏》的存在，无疑已成为这一时期佛教界乃至文化界、出版界值得铭记的一项业绩。”[③]作为下令刊刻这部大藏经的最高决策者，建文帝无疑当居首功。因此何梅等学者认为，《初刻南藏》应该正式改称为《建文南藏》。

---

① 《汉文佛教大藏经研究》第九章《明官本大藏经研究》，第382页。

② 〔明〕释居顶撰：《续传灯传目录》卷一《续传灯录序》，《卍续藏》第83册，No.1572，第1页。

③ 《汉文佛教大藏经研究》第九章《明官本大藏经研究》，第385页。

《初刻南藏》经板刊刻的地点目前无法确定，但是经板收藏的地点是明确的，《金陵梵刹志》卷二《钦录集》记载：

永乐元年九月二十九日午时，本司官左善世道衍，一同工部侍郎金忠，锦衣卫指挥赵曦于武英殿题奏："天禧寺藏经板有人来印的，合无要他出些施利？"奉圣旨："问他取些个。钦此。"①

这条记载明确显示，雕刻完成的大藏经板全部收藏于天禧寺。永乐元年（1403），刚刚夺位成功的明成祖定下规矩，来天禧寺请板印制大藏经的，需要支付相关费用，这条规矩其后一直沿用至清代。而将《初刻南藏》经板交给天禧寺收藏的最初决策者，无疑是建文帝。另外，具体负责《初刻南藏》刊刻任务的部门是僧录司，僧录司当时地位最高者为左善世溥洽，他同时兼任天禧寺住持，因此《初刻南藏》经板入藏天禧寺，溥洽很可能在其中发挥了重要作用。

建文帝在与朱棣争夺皇位的紧张岁月中，仍然关注重刻大藏经事务，说明他热心于佛教文化事业，难怪被僧人们称作"佛心天子"。他下令将大藏经板交给天禧寺收藏，也体现出他对于该寺的重视与信任，而以溥洽为代表的天禧寺僧众也没有辜负他的信任。《金陵梵刹志》记载：

溥洽，洪武初荐高僧入京，历升左善世。靖难兵起，金川门开，为建文君削发。长陵即位，微闻其事，囚南洲十余年。荣国公（道衍）疾革，长陵遣人问所欲言，言愿释溥洽。长陵从之，释其狱。时白发长数寸，覆额矣。②

溥洽在朱棣军队入城，建文帝陷于危难之时，挺身而出帮助建文，为此承受了十多年的牢狱之灾。而建文帝是否成功逃出了南京，其后是否正式出家为僧，也由此成为明史研究中的一段公案。溥洽通过好友道衍临终前的求情，被成祖释放，其后复任僧录司右善世，终老于大报恩寺。③综上所述，建文帝虽然在位时间不长，但是与天禧寺相互契合，结下了不解之缘。

① 《金陵梵刹志》卷二《钦录集》"永乐元年"条，第79页。

② 《金陵梵刹志》卷三十一所录《南洲洽法师志略》文后补记，第512页。

③〔明〕杨士奇撰：《东里文集》卷二十五《僧录司右善世南洲法师塔铭》，景印《文渊阁四库全书》第1238册，第297—298页。

第三节 明成祖时期的天禧寺

通过“靖难之役”夺取政权的明成祖朱棣，是一位公认的具有雄才大略的皇帝。在他执政期间，天禧寺虽然不幸遭遇人为毁寺，但是凤凰涅槃般地实现了寺院地位进一步跃升。

朱棣上位后即对天禧寺相当重视，永乐四年（1406），圣感塔出现问题，朱棣立即命工部进行修缮，“落成之日，车驾临幸。……万众聚观”。[①] 永乐五年七月，与朱棣共经患难的仁孝徐皇后崩逝，朱棣“命礼部于灵谷寺、天禧寺设荐扬大斋”。[②] 这场大斋会连续举办了百日，当年十月十五日，朱棣专门下诏，对在天禧寺参加斋会的僧众进行褒奖，从中我们可以了解这场法会的具体内容：

> 敕谕天下赴会僧众：朕惟佛氏之道清净慈仁，弘深广大，包含万有，贯彻妙微，利益幽明，功德无量。比者仁孝皇后崩逝，举荐扬之科，启无遮之会。广集僧伽，讽扬经典，百日之间，嘉祯翕集。……宝塔之前，圆结金梅之果；长干之境，秀产琼芝之祥。若斯显灵，难以悉举。皆由尔众毗尼，克谨梵行清修，澜翻八藏之文，悟解三乘之旨，秉至诚以奉朕命，摅精意以叩佛慈。……藉兹众善，遂致感通，睹瑞应之蕃臻，想神灵之济度，超游极乐，信有明征，朕实欢愉，特加褒奖。……尔等益勤精进，庶永谢于尘缘；究竟真空，期早登于觉地，利生助化，翼我皇家。钦哉！故谕。[③]

通过此条记载可知，这场连续百日的“荐扬大斋”是一场大型的超度法会。全国各地的僧众皆受召前来，通过比赛诵经的方式，呈现各种祥瑞，帮助徐皇后早登极乐，同时也帮助朱棣感通亡灵，得到慰藉。第二年七月，仁孝皇后去世周年之时，朱棣再次命礼部于天禧寺和朝天宫分别举办“荐扬斋、醮”。[④] 表明朱棣对天禧寺上年举办的“荐扬大斋”十分满意，所以令该寺继续承办。

从朱元璋命天禧寺主办阵亡将士超度法会，将僧录司迁入该寺，到建文帝命天禧寺收藏大藏经板，再到朱棣命天禧寺连续主办徐皇后的“荐扬大斋”，天禧寺不仅承

① 《金陵梵刹志》卷三十一《南洲洽法师志略》，第 512 页。

② 《明太宗文皇帝实录》卷五十一，第 1185 页。

③ 《金陵梵刹志》卷三十一所录《报恩寺修官斋敕》，第 486 页。按：当时“报恩寺”之名尚未出现，应为《天禧寺修官斋敕》。

④ 《明太宗文皇帝实录》卷五十七，第 1300 页。

担了管理、服务教众的职能，而且参与国家大典、介入皇家事务的程度也越来越深，准国寺的性质和地位已逐步显现。

可惜就在蒸蒸日上的时刻，天禧寺发生了意想不到的人为毁寺事件。关于该事件的记载，有两种不同的说法：其一见于永乐十一年朱棣发布的《重修报恩寺敕》当中：

比年，有无藉僧本性，以其私愤怀杀人之心，潜于僧室放火，将寺焚毁。崇殿修廊，寸木不存，黄金之地，悉为瓦砾，浮图煨烬，颓裂倾敝，周览顾望，丘墟草野。①

另一种说法则见于祝允明的《野记》：

文皇将靖难，发念成功后当建一塔寺，以展报诚。既渡江，忽见江中涌出一宝塔，上悚然起前念。逮即位后一日，天禧寺浮图灾。有司入奏，上令兵马督人遥卫于外，令勿救火。寺既烬，命尽取灰，投之于江，即其地鼎建大刹。立塔十三重，赐名大报恩寺。②

《野记》将天禧寺大火归于神愿、神力，称朱棣为报答神功故意不许救火，其说荒诞不经。又将火灾发生之日记为永乐元年即位后一日，将大报恩寺九级琉璃塔记为十三重，错漏百出，因此仅能聊备一说，根本不足凭信。朱棣在敕令中所记，是目前对于这场大火唯一可以依靠的史料，但是它提供的信息也相当含糊——火灾发生的时间不明，本性出于何种私愤放火烧寺也没有说明，无藉僧人如何进入天禧寺，是否与朱棣下令举办的第二次“荐扬大斋”有关？这些问题由于当事者没有留下记载，今天已经无法知晓。

发生于永乐六年（1408）七月之后的这场人为大火，是继孙綝毁寺、齐梁战争毁寺、隋灭陈毁寺之后，这处寺院第四次遭遇灭顶之灾——“崇殿修廊，寸木不存，黄金之地，悉为瓦砾，浮图煨烬，颓裂倾敝”，存在了近400年的天禧寺就此化为灰烬。

万幸的是，此次毁寺发生于明初国力强盛、欣欣向荣的阶段，发生于雄才大略的明成祖渴望建功立业的时期。四年之后的永乐十年，明成祖凭借“开国之精神，开国之物力，开国之功令”，③“敕工部重建，梵宇皆准大内式，中造九级琉璃塔，赐额大报恩寺”。④天禧寺以浴火重生的方式实现了向皇家寺院——大报恩寺的转变。

① 《金陵梵刹志》卷三十一所录《重修报恩寺敕》，第487页。

② 〔明〕祝允明撰：《野记》卷三，上海：商务印书馆，1936年，第34页。

③ 《陶庵梦忆》卷一“报恩塔”条，第2页。

④ 《金陵梵刹志》卷三十一《聚宝山报恩寺》，第481页。

下篇

大报恩寺研究

第九章　明代大报恩寺的营建

在天禧寺的废墟上，从永乐十年（1412）起，明成祖朱棣命工部以前所未有的规模和标准重建寺院，并以报答皇考、皇妣罔极大恩的名义将该寺命名为“大报恩寺”，赐予它皇家寺院的特殊地位。大报恩寺的营建历经三朝，前后17年，动用军民工匠达十万人，是永乐至宣德时期的国家重点建设工程。

本章根据《明实录》《金陵梵刹志》等基础史料，对大报恩寺的营建过程，以及营建部门、参与营建的人员、投入经费等相关问题进行了一次较为全面的梳理，重点讨论明成祖朱棣与大报恩寺之间的关系。本章还结合考古发现的最新成果，对明代大报恩寺南、北两区的建筑分布情况和各个区域的功能进行深入探讨，绘制了南北两区主要建筑的分布图，为大报恩寺遗址今后的研究和保护提供了参考依据。

第一节　营建时间、主体与标准

一、营建时间

《明太宗实录》卷八十四记载，永乐十年（1412）八月丁丑，明成祖朱棣下诏“重建天禧寺”。[①] 正式的开工日期在《金陵梵刹志》卷二《钦录集》中也有明确记载：“自永乐十年十月十三日兴工。”[②]

开工之初，该项工程仍以“重建天禧寺”的名义进行，但是第二年，朱棣已经明确将正在重建的寺院称为“大报恩寺”。在该年颁布的《重修报恩寺敕》中，朱棣宣

① 《明太宗文皇帝实录》卷八十四“永乐十年八月丁丑”条，第1907页。

② 《金陵梵刹志》卷二《钦录集》“宣德三年”条，第88页。

告："一新创建，充广殿宇，重作浮图……乃名曰大报恩寺。表兹胜刹，垂耀无穷。告于有众，咸使知之。"[①] 正式颁赐大报恩寺新额的时间是在永乐二十二年（1424），该年二月甲辰朱棣下诏："天禧寺将成，赐名大报恩寺。"[②] 朱棣还为大报恩寺御制了碑文，即大报恩寺左碑，碑文中称："今将竣事，特志其本末于碑。"[③] 由此可见，大报恩寺工程原本计划在永乐二十二年完工。然而当年七月，朱棣于北征蒙古途中意外病逝，即位的明仁宗朱高炽当政不足一年也病故。连续两场大丧，打乱了明政府的计划，大报恩寺工程的扫尾阶段由此拖至明宣宗时期。

宣德三年（1428）三月十一日，宣宗敕太监尚义、郑和、王景弘、唐观、罗智等："南京大报恩寺完成了，启建告成大斋七昼夜，燃点长明塔灯，特敕尔等提调。"[④] 三月十五日，宣宗再次为大报恩寺御制碑文，即大报恩寺右碑，这是大报恩寺工程即将完成的标志。[⑤] 六月十六日，御用监太监尚义向宣宗奏报："南京大报恩寺已完，殿宇数多，合无存留经手人匠五十六名，在寺修理。应天府拨人夫五十名，常川打扫，疏通沟渠。南城凤台街四铺总甲轮流巡缉，仍着原管工指挥刘勋带管提调。"[⑥] 这份奏报表明，宣德三年（1428）六月大报恩寺建设工程全面结束，寺院从建设阶段转向了日常使用与维护阶段。

自永乐十年至宣德三年，大报恩寺的建设历经成祖、仁宗、宣宗三朝，前后历时17年。

二、营建主体与标准

大报恩寺的建设主体与标准，《金陵梵刹志》卷三十一有明确记载："永乐十年，敕工部重建，梵宇皆准大内式。"[⑦] 说明大报恩寺的建设主体是明政府的工部，建设标准参照皇宫大内。

在实际建设过程中，工部是牵头统筹的部门，军队及多个内廷衙门皆深度参与，

---

① 《金陵梵刹志》卷三十一所录《重修报恩寺敕》，第487页。
② 《明太宗文皇帝实录》卷一百二十八"永乐二十二年二月甲辰"条，第2757页。
③ 《金陵梵刹志》卷三十一所录《御制大报恩寺左碑》，第487—488页。
④ 《金陵梵刹志》卷二《钦录集》"宣德三年"条，第88页。
⑤ 《金陵梵刹志》卷三十一所录《御制大报恩寺右碑》，第488页。
⑥ 《金陵梵刹志》卷二《钦录集》"宣德三年"条，第88页。
⑦ 《金陵梵刹志》卷三十一，第481页。

而且明成祖、明宣宗也多次直接干预和推动营建进程。到了营建晚期，工部的角色则被御用监和南京守备所取代。因此，与其说工部为大报恩寺的营造主体，不如说明政府才是真正的营建主体。

大报恩寺的建造以皇宫为标准，有文献和实物两方面的证据。在该遗址的发掘过程中，出土了大量实用的琉璃建筑构件，包括筒瓦、滴水、脊兽、瓦当、花砖、栏杆等，颜色包括绿色、黄色、黑色、彩色等，这说明大报恩寺除了琉璃塔之外，寺内其他建筑也大量使用了各种琉璃建材。（图 70）

图 70 大报恩寺遗址出土的实用琉璃构件

琉璃是皇室专用的建筑材料，寺院使用必须经皇权特许，大报恩寺使用琉璃就是“梵宇皆准大内式”的重要体现。不仅如此，在大报恩寺主要建筑的地基之中，还大量使用残次的素烧和带釉琉璃建材作为夯筑材料，不少构件上带有龙、凤等御用图案。（图 71）这在南京其他明代遗址中从未发现过。出现这种情况的原因，关键还是在于大报恩寺享有朱棣赐予的使用琉璃的特权，导致明代南京烧造琉璃的聚宝山窑场（位于今窑岗村、眼香庙一带，距离大报恩寺 1.8 公里），将烧造过程中产生的大量琉璃残次品运至此处充当地基材料，一举两得。而其他明代建筑基址却无法承担此项任务。

不过“梵宇皆准大内式”并不意味着大报恩寺与皇宫建筑等级完全相同，而是接近于最高标准之意。明人陈沂在所著《报恩寺琉璃浮图记》（以下简称《浮图记》）中称:

图 71　大报恩寺遗址出土的残次素烧与带釉琉璃

“（大报恩寺）国朝永乐初大建之，准宫阙规制而差小焉。”[①] 这种说法更接近于事实。以大殿为例，明代皇宫内等级最高的奉天殿面阔九间，明成祖长陵祾恩殿面阔亦为九间，而大报恩寺大殿根据考古发掘结果，面阔为七间。虽然体量已然相当巨大，但是与皇家最高等级的建筑相比仍有一定的差距。另外，明代规定“亲王宫殿、门庑及城门楼，皆覆以青色琉璃瓦”。[②] 而皇宫铺设的琉璃瓦则以黄色为主基调。大报恩寺出土的琉璃构件以绿色为大宗，少部分为黄绿间色、黑色，极少数黄色构件主要用于正脊，因此，其使用标准介于皇宫与亲王府第之间。

① 〔明〕陈沂撰：《报恩寺琉璃浮图记》，〔清〕陈开虞纂修：《康熙江宁府志》卷三十一“大报恩寺”条附录，南京：南京出版社，2011 年，第四册，第 455 页。陈沂所撰《报恩寺琉璃浮图记》是有关大报恩寺琉璃塔的重要文献，现存多个版本。据南京大学范金民教授考证，陈开虞《康熙江宁府志》中收录的版本错误最少，最接近于陈沂记文原貌（范金民：《陈沂和他的〈报恩寺琉璃塔〉记》，《郑和研究》2007 年第 4 期），因此本文以此版本为准。以下引用该记时，皆同此条，不再详注。

② 〔清〕张廷玉等撰：《明史》卷六十八《舆服四》“亲王府制”条，北京：中华书局，第 1670 页。

第二节 营建经费、人员与部门

一、营建经费

大报恩寺规模宏大，建筑精益求精，所需投入的建设经费必定十分浩繁。不过，明代官方文献中并没有留下有关大报恩寺营建费用的明确记载。

明人王士性在《广志绎》中写道："三宝太监郑和西洋回，剩余金钱百余万，乃敕侍郎黄立恭建之。"[①] 此条记载出现于明代晚期，反映的可能是民间的传说。而且其中错误明显，难以为据——黄立恭负责建设的是明太祖时期的天禧寺，并未参与大报恩寺工程。另外，现存多个版本的清代《江南报恩寺琉璃宝塔全图》（以下简称《塔图》）上皆有长篇介绍大报恩寺和琉璃塔的文字，其中称："自永乐修建之后，有百世之光华，存万载之报恩，故曰'报恩寺'，额曰'第一塔'，通身用过钱粮银二百四十八万五千四百八十四两正。"《塔图》上的说明文字撰写于清嘉庆七年（1802）之后，不仅年代过晚，而且错漏百出。比如，它在介绍大报恩寺历史时称"后大唐高宗显庆年广修庙宇，改曰天禧寺；太祖乾德年改为慈恩旌忠寺"，又称"塔顶镇压夜明珠一粒，避水珠一粒，避火珠一粒，避风珠一粒，避尘珠一粒，黄金一锭，重四千两"等，荒诞不经。因此《塔图》对琉璃塔建造费用的记载看似精准，实则出处不明，很可能出于杜撰，同样不足为据。（图 72）

现存史料中没有大报恩寺营建经费的可靠记录，虽属遗憾，但可能正是当年营建时不计耗费，官方也难以准确统计的真实反映。朱国祯在《涌幢小品》中写道："报恩寺有琉璃塔及殿屋，皆庄严雄伟，盖悉成祖、宣庙财力成此。"[②] 康熙二十三年（1684），康熙首次南巡大报恩寺后深有感触，写下如此评价："报恩寺规制宏壮，宝塔九级，金碧琉璃，尽镂梵像，结构之巧殆竭人工，非前代内帑所修不能至此。"[③] 他们都看到了大报恩寺和琉璃塔建筑精美绝伦的背后，是明王朝倾国之力、不计工本的巨额投入。

① 〔明〕王士性撰，吕景琳点校：《广志绎》卷二《两都》，北京：中华书局，1981 年，第 23 页。

② 〔明〕朱国祯撰，王根林校点：《涌幢小品》卷二十八《两京诸寺》，上海：上海古籍出版社，2012 年，第 559 页。

③ 〔清〕唐仲冕编撰，孟昭水校点集注：《岱览校点集注》首编一《天章》中所录《南巡笔记》，济南：泰山出版社，2007 年，第 855 页。

图 72　民国《金陵关十年报告》中收录的《江南报恩寺琉璃宝塔全图》

二、应役人员

参与大报恩寺工程建设的应役人员数量、来源、督造官员姓名等信息，在明代官方档案中能够找到较为可靠的记录。《金陵梵刹志》卷二《钦录集》宣德三年条记载：

> 大报恩寺起工之初，监工官内官监太监汪福等、永康侯徐忠、工部侍郎张信、军匠夫役十万人，奉敕按月给粮赏。①

通过此条可知，参与大报恩寺建设的应役人员高达十万人，主要由军人和工匠组成。另外，还有不少因犯罪而服役之人。永乐十一年七月十七日，朱棣下达的一道圣旨，以及工部依旨制定颁布的榜文，将此问题反映得更加清楚：

> 工部尚书吴中于奉天门早朝钦奉圣旨："如今京城起盖大报恩寺，那军夫人匠每好生用心，出气力，勤紧做工程，我心里十分喜欢。恁部家便出榜去，分豁等第赏他，仍免他家下差拨。钦此。"本部今将钦定事例备榜前去，仰钦遵施行。须至榜者：

① 《金陵梵刹志》卷二《钦录集》"宣德三年"条，第 88 页。

一、军夫、人匠做工一年以上，始终不曾离役者，每名赏钞十锭，赏布二匹，夫匠免户下杂差役，旗军免余丁差拨各二年；做工半年以上，始终不曾离役者，每名赏钞八锭，赏布一匹，夫匠免户下杂拨差役，旗军免余丁差泛各一年；做工三月以上，始终不曾离役者，每名赏钞五锭，夫匠免户下余丁杂泛差役，旗军免余丁差拨各半年；做工中间曾离役一次，复自来上工者，再计其上工月日，或有一年以上，或半年以上，或三月以上，俱照前例给赏、优免；做工中间曾离役二次以上者，不赏，不免差拨；有做本名下工程已了，再情愿出力做工者，赏钞二十锭，赏布四匹，免其差拨三年。

一、为事军民官吏人等，上工始终不逃者，原犯笞、杖罪名，盖寺满日，官吏复其职，役军还原伍，民发宁家；原犯徒、流罪名，盖寺满日，军官复其原职，民官降等序用，吏役人等差役宁家；原犯死罪者，盖寺完日。俱宥其死。[①]

朱棣的敕令和工部的榜文为参与大报恩寺建设的军人、工匠和犯人制定了不同的奖励政策，鼓励他们安心服役，“勤紧做工程”。这条敕令和榜文也揭示出该工程应役人员真实的构成情况。

营建大报恩寺使用军人、工匠和囚徒承担工役，这是明代相关制度和南京作为国都的地位所决定的，并非明成祖随意指派。明代实行分籍管理制度——“凡户三等：曰民，曰军，曰匠”。[②]即将百姓划分为民户、军户、匠户三大类别，各自世袭为业，承担不同的义务。

明初，明政府通过“从征”“归附”“谪发”“垛集”等方式，将大量民户编配为军户。到永乐二年（1404）时，全国编入军户者不下200万家，占全国总人口的六分之一。[③]以军户为依托，按户抽丁，组成各地卫所的正军，又称旗军。明代前期，军伍规模不断扩充，“卫所从甲辰年（1364）的十九卫，增至洪武后期的三百余卫，又增至永乐以后的近五百卫”。[④]南京作为国都，设置了最为密集的卫所，因而汇集了大量的军人。据苏辰、罗冬阳的研究，洪武、建文时期，仅驻防南京城的军队就达41卫1所、20余万人，而驻守于南直隶各府州的还有15卫2所、15.3万人。永乐十九年（1421）迁都北京之后，部分卫所北调，南京本城兵力仍有16万余人，而南

① 《金陵梵刹志》卷二《钦录集》“永乐十一年”条，第79—80页。
② 《明史》卷七十七《食货一》，第1878页。
③ 王毓铨：《明代的军户》，《历史研究》1959年第8期。
④ 李新峰：《明前期军事制度研究》第四章《身份管理》，北京：北京大学出版社，2016年，第234页。

直隶则增加至 34 卫 12 所、20 余万人。[①] 明代的卫所旗军并非单纯地从事训练、城防、江防等军事任务，还要从事屯田和政府指定的各种差役。宣德四年（1429），行在户部尚书郭敦奏："洪武，永乐年间屯田之例，边境卫所旗军三分、四分守城，六分、七分下屯；腹里卫所一分、二分守城，八分、九分下屯，亦有中半屯守者。"[②] 驻守南京的各卫所则经常被指派参与京城的各项工程建设。比如，洪武十七年七月，"命留守卫军士甃后湖城垣，凡四百四十三丈"；[③] 洪武十九年十二月，"诏中军都督府督造通济、聚宝、三山、洪武等门，并修五胜渡"。[④] 又如，洪熙元年（1425）行在工部尚书吴中上奏："南京修理殿宇未完，请于直隶镇江等卫拔军士二万人助役。"明仁宗指示："南京闲旷军士亦多，不须别取，其再计议。"于是吴中与尚书张本等议："原下西洋官军一万余人久闲，可令协助。"[⑤] 该方案得到明仁宗的批准，此前长期跟随郑和从事下西洋行动的部队被投入到南京皇家工程的建设中。

明代对工匠的管理与军户类似，户籍另立。洪武十九年（1386），明政府制定了匠籍和轮班制度："籍诸工匠，验其丁力，定以三年为班，更番赴京轮作，三月如期交代，名曰'轮班匠'。仍量地远近以为班次，置勘合给付之，至期赍至（工）部听拨，免其家他役。"洪武二十六年（1393），对轮班制度进行了调整，"照诸司役作繁简更定班次，率三年或二年轮当"。该年确定了全国轮班工匠的总数为"凡二十三万二千八十九名"，[⑥] 涵盖木、铁、瓦、竹、油漆、土工、五墨、妆銮等 62 个行业，以应对工程建设和手工业制作的各项需要。根据上述制度，全国各地的匠人都必须按照排定的班次，轮流赴京，由工部调拨服役。永乐营建北京之前，轮班匠皆至南京分派，营建北京之后，班匠则分赴南北二京。至景泰年间，轮班匠在"南京五万八千，北京十八万二千"。[⑦] 除了轮班匠之外，居住于京师的匠人则被定为"住坐匠"。住坐匠的服役时间长于轮班匠，正常每月须上工十日。[⑧] 据《客座赘语》记载：

---

① 苏辰、罗冬阳：《论明代南直隶兵防体制的演变》，《西南大学学报（社会科学版）》2016 年第 6 期。

② 《明宣宗章皇帝实录》卷五十一"宣德四年二月乙未"条，第 1386—1387 页。

③ 《明太祖高皇帝实录》卷一百六十三"洪武十七年七月己酉"条，第 3004 页。

④ 《明太祖高皇帝实录》卷一百七十九"洪武十九年十二月乙酉"条，第 3223—3224 页。

⑤ 《明宣宗章皇帝实录》卷十一"洪熙元年十一月癸卯"条，第 295 页。

⑥ 〔明〕申行时等修：万历《明会典》卷一百八十九《工部九·工匠二》，北京：中华书局，1989 年，第 950 页。

⑦ 《明英宗睿皇帝实录废帝附》卷二百四十"景泰五年四月甲辰"条，第 6253 页。

⑧ 万历《明会典》卷一百八十九《工部九·工匠二》记载："其在京各色人匠，例应一月上工一十日，歇二十日。"第 950 页。

“乃于洪武十三等年，起取苏、浙等处上户四万五千余家，填实京师。壮丁发各监局充匠，余为编户，置都城之内外，名曰坊厢。……成祖北迁，取民匠户二万七千以行，减户口过半。”[①] 说明在永乐迁都之前，明政府为南京配置了住坐匠四万五千余户。明代规定，轮班匠的管理隶属工部，而住坐匠的管理“隶内府内官监”。[②]

利用犯人充役也是自明初就开始实行的制度化措施。《明会典》记载：“国初造作工役以囚人罚充，役满工部咨送刑部。都察院引赴御桥，叩头发落，至今犹然。”洪武二十六年定：“在京犯法囚徒，或免死，工役终身；或免徒、流、笞、杖，罚役准折。如遇造作去处，量度所用多寡。或重务者，用重罪囚徒；细务者，用笞、杖之数。”工地上运砖、运灰炭等最辛苦的力役通常由囚徒承担。永乐十七年（1419）令：“做工罪囚并杂犯死罪囚，准并工运砖。”[③] 撰写《剪灯余话》的李昌祺曾任礼部郎中，因事被贬，从永乐十年起“董役长干寺……后七年，又役房山。”[④] 他在两处工地从事的工作就是搬运砖瓦，其后他将自己的诗集命名为《运甓漫稿》。在其中的一首诗中他写道：“放逐仍居患难中，三年执役梵王宫。”[⑤] 反映了他在大报恩寺工地服役三年的情况。从李昌祺的经历可以看出，即使高阶官员犯罪也要被罚去工地从事最底层的工作。

在大报恩寺工地充役的犯人总数相当可观，至少在万人以上。雷礼《国朝列卿纪》卷五十二记载，永乐丙申年（1416）有人上告，在大报恩寺充役的囚徒有怨谤之语。时任监察御史的郑辰受命前往调查，最后他以查无实据复命，“由是得免者以万计”。[⑥]

大报恩寺建设阶段很少使用民夫，这是由于明代的民户主要承担田赋和其他杂徭，如担任隶卒、铺兵、馆夫、驿夫等，但并不承担工程建设任务。[⑦] 洪武十七年（1384），工部尚书麦至德曾经上言：“天下工匠多有隐为民籍而避役作者，宜起至京，役作之。”但是朱元璋以“匠籍既定不可复扰于民”为理由，明确拒绝了此项建议。[⑧] 大报恩寺

---

① 〔明〕顾起元撰：《客座赘语》卷二“坊厢始末”条，北京：中华书局，1987 年，第 64 页。

② 万历《明会典》卷一百八十八《工部八·工匠一》，第 949 页。

③ 同上。

④ 〔明〕李昌祺撰：《剪灯余话》序六，《剪灯新话（外二种）》，上海：上海古籍出版社，1981 年，第 121 页。

⑤ 〔明〕李昌祺撰：《运甓漫稿》卷五《酬曾学士子棨见赠复职之作》，景印《文渊阁四库全书》第 1242 册，第 491 页。

⑥ 〔明〕雷礼撰：《国朝列卿纪》卷五十二《兵部左右侍郎行实》，明万历徐鉴刻本。

⑦ 参阅唐文基：《明代赋役制度史》第一章第六节《明前期的杂役和均工夫》，北京：中国社会科学出版社，1991 年，第 94—98 页。

⑧ 《明太祖高皇帝实录》卷一百五十九“洪武十七年正月甲寅”条，第 2925 页。

营建结束后，前引御用监太监尚义的奏报，要求“应天府拨人夫五十名，常川打扫，疏通沟渠。南城凤台街四铺总甲轮流巡缉”。这符合明代对民户承担徭役的要求，因此得到了宣宗的批准。

三、督建官员与所属部门

参与大报恩寺营建的官员，根据《金陵梵刹志》卷二《钦录集》的记载，先后提及姓名与官衔的有：内官监太监汪福、永康侯徐忠、工部侍郎张信、工部尚书吴中、御用监太监孟继、尚义、太监郑和、王景弘、唐观、罗智、监工内官李僧崇、襄城伯李隆、指挥刘勋等。这些官员大致来自三个系统：

第一是工部，这是直接承担大报恩寺营建的部门，工程建设所需的轮班工匠皆由该部负责调拨。大报恩寺是国家重大工程，因此工部尚书吴中、侍郎张信等都直接负责该项工程的管理。

第二是军队，永康侯徐忠、指挥刘勋等皆为军官，他们主要负责管理参与大报恩寺建设的军人。其中永康侯徐忠是靖难起家的功臣勋贵，朱棣命他参与大报恩寺工程，也体现出对该工程的高度重视。

第三是内官，明代除了外朝官僚机构外，还设有庞大的内官系统，主要有十二监、四司、八局，号称“二十四衙门”。这些内官机构在明朝的制度设计中拥有明确的分工和职权。特别是其中的内官监，与皇家工程营建关系最为密切——“掌木、石、瓦、土、塔材、东行、西行、油漆、婚礼、火药十作，及米盐库、营造库、皇坛库，凡国家营造宫室、陵墓，并铜锡妆奁、器用暨冰窖诸事”。[①] 匠户中的住坐匠即由该衙门管理。由此大报恩寺兴工之初，内官监太监汪福就担任了“监工官”。

在《钦录集》提及的督办大报恩寺工程的宦官中，郑和、王景弘、罗智等也都是出身于内官监的太监。[②] 他们先后参与大报恩寺工程，其实是本监职能所系。不过郑和与王景弘在永乐时期主要承担出使西洋诸国的重任，仁、宣时期下西洋活动暂停后，才参与大报恩寺的建设。而罗智与他们两位不同，长期坚守内官监本职，在大报恩寺建设中很可能发挥了重要作用。据南京出土的《南京守备内官监太监罗公墓志铭》记

---

① 《明史》卷七十四《职官三·宦官》，第1819页。

② 郑和隶属于内官监，信息来源于云南出土其父马哈只的墓志铭；王景弘隶属于内官监，信息来源于南京出土的“王景弘地券”。相关研究可参阅祁海宁、龚巨平：《南京“王景弘地券”的发现与初步认识》，《东南文化》2014年第1期。

载：罗智“年二十擢大使，掌宝藏承运库事，详于出纳，纤悉无遗。永乐丙申（1416），掌内官监事。洪熙乙巳（1425），升本监太监。……宣德改元，命备守南京，……机务庶政，无不毕举。尤精于造作，凡陵庙殿宇城垣修创之工，必躬亲提督。制度规模，坚完壮丽，超轶往古”。[①]罗智自永乐十四年起掌管内官监事务，主持建造了“陵、庙、殿宇、城垣”等多项皇家工程，大报恩寺无疑是其中之一。

另外，御用监与大报恩寺后期的装修工程密切相关。该监职掌为：“凡御前所用围屏、床榻诸木器，及紫檀、象牙、乌木、螺甸诸玩器，皆造办之。”[②]宣德时期，大报恩寺工程进入内部装修阶段，安置佛像，布设佛堂成为工作重心。大报恩寺“为朝廷家佛堂，凡物皆出内帑”。[③]因此，寺中各处佛像的制作、装銮，陈设器物的造办、布置等任务，很可能由御用监负责，这是大报恩寺营建后期，御用监太监孟继、尚义多次出面向宣宗奏报的原因。孟继、尚义是深受宣宗信任的宦官，对于建造、布置佛殿颇有经验。宣德二年，他们二人与本监另外两名太监陈亨、袁琦，受命为另一座皇家寺院——青海瞿昙寺装修了规模宏大的隆国殿。该殿面阔七间，进深五间，重檐庑殿顶，与明代皇宫大殿奉天殿的形制、体量相当接近。殿内陈设的玉石像座、石刻须弥山、象背云鼓、“大明宣德年施”款鎏金铜香炉、鎏金铜瓶等，皆为宫廷御赐。[④]宣德二年二月，孟继、尚义等人还在进行瞿昙寺隆国殿工程，[⑤]宣德三年二月，他们就马不停蹄地出现在大报恩寺工地，[⑥]显示出御用监在皇家寺院营造，尤其是后期装饰阶段，不可或缺的作用。

综上，《钦录集》记载的参与督造大报恩寺的官员都来自实际参与大报恩寺建设的部门和系统。

值得注意的是，对大报恩寺建设负主要责任的政府部门，营建前期与后期发生了

---

① 引自邵磊：《南京出土部分明代宦官墓志考释》中的“罗智墓志”录文，南京市博物馆编：《学耕文获集——南京市博物馆论文选》，南京：江苏人民出版社，2008年，第212—213页。

② 《明史》卷七十四《职官三·宦官》，第1819页。

③ 〔明〕憨山德清撰：《南京僧录司左觉义兼大报恩寺住持高祖西林大和尚传》，《憨山老人梦游集》卷三十，《卍续藏经》第73册，No.1456，第672页。

④ 关于瞿昙寺隆国殿的建筑特征与内部陈设，参见谢佐：《瞿昙寺》，西宁：青海人民出版社，1982年。

⑤ 隆国殿内迄今保留有一块写有“皇帝万万岁”吉语的木雕牌匾，高2.4米、宽1米。背面有“大明宣德二年二月□日，御用监太监孟继、尚义、陈亨、袁琦建立”的题铭。参见赵生深、谢端据、赵信：《青海古代文化》，西宁：青海人民出版社，1985年，第139—140页。

⑥ 《金陵梵刹志》卷二《钦录集》“宣德三年”条记载：“本年二月二十四日，御用监太监孟继、尚义等于武英门钦奉圣旨：‘南京大报恩寺佛殿、宝塔完了，说与礼部知道，着僧录司选行童一百名，与他度牒，常川点塔灯。钦此。’”

明显的变化。前引永乐十一年工部尚书吴中依旨颁布榜文说明，在大报恩寺营建的前期，工部是协调内监、军队和自身三大系统，向皇帝汇报建设情况，并对该项工程负总责的部门。但是到了营建后期，据《钦录集》“宣德三年”条的记载，向皇帝奏报营建情况，以及宣宗下达敕令的对象变成了御用监太监孟继、尚义，太监郑和、王景弘、唐观、罗智，襄城伯李隆等人，却不见工部的官员。发生这种变化，出于两方面的原因：其一是随着工程的进展，从土木营造进入到内部陈设、装修，主管部门自然地从工部过渡至御用监；其二是南京城市地位发生了变化，从国都转变成为陪都，因而营造主体从中央直属的工部转变为南京地方政府，而太监郑和、王景弘、唐观、罗智和襄城伯李隆都有一个共同的身份——南京守备。

南京守备包括内守备与外守备。内守备由皇帝信任的宦官担任，称为“守备太监”；外守备由勋贵武臣担任，称为“南京守备”。该项制度形成于仁、宣时期。永乐十九年（1421）明成祖迁都北京后，南京一直由皇太子监国。永乐二十二年七月成祖驾崩，紧急即位的仁宗于八月丁未“命太监王贵通率下番官军赴南京镇守，宫中诸事同内官朱卜花、唐观保，外事同驸马都尉西宁侯宋琥、驸马都尉沐昕计议”。[①]王贵通即王景弘，[②]关键时刻，他率领下西洋官军镇守南京，并在其他官员协同下主持处理内外事务，成为南京首任内守备，朱卜花、唐观保（即唐观）为其副手。一个月之后，仁宗又命“襄城伯李隆同驸马都尉宋琥、沐昕，于南京操兵守备。”[③]李隆由此成为南京首任外守备，宋琥、沐昕为副。洪熙元年（1425）二月戊申，仁宗又“命太监郑和领下番官军守南京，于内则与内官王景弘、朱卜花、唐观保协同管事，遇外有事同襄城伯李隆、驸马都尉沐昕商议的当，然后施行”。[④]郑和由此成为排名首位的南京守备太监。前引《罗智墓志》说明，宣德元年（1426）罗智也跻身守备太监。

成为陪都之后，南京守备是本地最高军、政长官，其职责包括“操练军马，抚恤人民，禁戢盗贼，振举庶务”等各个方面。[⑤]大报恩寺作为国家重大工程，自然是他们的职责所在。因此该职位形成之后，有关大报恩寺营建的事宜，宣宗不再通过工部，

---

① 《明仁宗昭皇帝实录》卷一上“永乐二十二年八月丁未”条，第15页。

② 王景弘一人两名之问题，陈学霖《明王景弘下西洋史事钩陈》一文有详细论证，可资参阅（《汉学研究》第9卷第2期，1992年）。

③ 《明仁宗昭皇帝实录》卷二下“永乐二十二年九月戊子”条，第90页。

④ 《明仁宗昭皇帝实录》卷七上“洪熙元年二月戊申”条，第297页。

⑤ 参见万历《明会典》卷一百五十八《南京兵部》“本部尚书”条，第810页。

而是直接敕令担任内、外守备的郑和、王景弘、唐观、罗智、李隆等人。在宣宗皇帝与南京内外守备的共同努力下，大报恩寺工程方才最终完工。

第三节 大报恩寺的总设计师明成祖朱棣

大报恩寺建设历经成、仁、宣三代。仁宗在位日短，在大报恩寺建设上发挥的作用不大。宣宗继承祖、父遗愿，严加督促，使该工程最终得以完成。明成祖朱棣是兴建大报恩寺的决策者，大报恩寺的建设标准、规模、方案、资金调拨、人员安排等重要事项无不由他决定，因此他是当之无愧的大报恩寺总负责人、总设计师。

成祖在位期间，大报恩寺工程已经接近完工。对于自己在大报恩寺建设中发挥的作用、取得的成就，朱棣本人颇为自豪。在《御制大报恩寺左碑》中，朱棣写道："今特命重建，弘拓故址，加于旧规。像貌尊严，三宝完具。殿堂廊庑，辉焕一新。重造浮图，高壮坚丽，度越前代。"[①] 在《御制大报恩寺右碑》中，明宣宗朱瞻基对于祖父的作用与贡献也有评价："太宗皇帝更新作之，名大报恩寺。……经营之精深、规模之广大，极盛而无以加焉。"[②] 琉璃塔是大报恩寺工程的核心，是用工最多、挑战最大、特色最为鲜明的大报恩寺建筑。明人张岱对该塔的一段评价，深刻地揭示了明成祖在大报恩寺建设中的作用，历代视为中肯：

> 中国之大古董，永乐之大窑器，则报恩塔是也。报恩塔成于永乐初年，非成祖开国之精神、开国之物力、开国之功令，其胆智才略足以吞吐此塔者，不能成焉！[③]

一、报罔极之恩

明成祖对于大报恩寺兴建的作用与贡献无需多言，但是兴建大报恩寺对于朱棣有何意义？是什么力量驱使他投入如此巨大的人、财、物力，兴建这样一个世纪工程？这是一个非常值得深入探讨的问题。

---

① 《金陵梵刹志》卷三十一所录《御制大报恩寺左碑》，第488页。

② 《金陵梵刹志》卷三十一所录《御制大报恩寺右碑》，第489页。

③ 《陶庵梦忆》卷一"报恩塔"条，第2页。

在永乐十一年颁布的《重修报恩寺敕》和永乐二十二年《御制大报恩寺左碑》碑文中，朱棣似乎清楚地说明了他兴建大报恩寺的目的，以及他希望该寺能够发挥的作用。首先看一看朱棣在《重修报恩寺敕》中的说法：

天禧寺，旧名长干寺，建于吴赤乌年间。缘及历代，屡兴屡废。宋真宗天禧年间，尝经修建，遂改名曰天禧寺。至我朝洪武年间，寺宇稍坏，工部侍郎黄立恭奏请募众财，略为修葺。朕即位之初，遂敕工部修理，比旧加新。比年，有无藉僧本性，以其私愤怀杀人之心，潜于僧室放火，将寺焚毁。崇殿修廊，寸木不存，黄金之地，悉为瓦砾。浮图煨烬，颓裂倾敝，周览顾望，丘墟草野。朕念皇考、皇妣罔极之恩无以报称，况此灵迹岂可终废？乃用军民人等，勤劳其力，趋事赴工者，如水之流下，其势莫御。一新创建，充广殿宇，重作浮图，比之于旧，工力万倍。以此胜因，上荐父皇、母后在天之灵，下为天下生民祈福，使雨旸时若，百谷丰登，家给人足，妖孽不兴，灾沴不作。乃名曰大报恩寺。表兹胜刹，垂耀无穷，告于有众，咸使知之。[①]

在敕书中，朱棣回顾了天禧寺自东吴以来的悠久历史、历代兴废，以及明太祖和他本人对该寺屡加修葺的情况，并且说明了天禧寺被毁的原因，然后给出重建该寺的两条理由：一是“皇考、皇妣罔极之恩无以报称”，二是“况此灵迹岂可终废？”因此，朱棣重建大报恩寺的目标就是对应上述两条：其一，报答太祖夫妇对他的罔极之恩；其二，延续该寺自六朝以来的灵迹，不使此圣地堙没。其中，报父母之恩是他的首要目标，也是他为该寺赐名大报恩寺的原因。而朱棣希望大报恩寺建成后发挥的作用是：“上荐父皇、母后在天之灵，下为天下生民祈福，使雨旸时若，百谷丰登，家给人足，妖孽不兴，灾沴不作。”即上为太祖夫妇报恩，下为万民祈福，同时护佑国泰民安，风调雨顺。从此宣示可以看出，朱棣将国寺的地位与功能赋予了大报恩寺。在《御制大报恩寺左碑》中，朱棣再一次强调了报答皇考、皇妣罔极大恩的思想：

……朕皇考太祖圣神文武钦明启运俊德成功统天大孝高皇帝、皇妣孝慈昭宪至仁文德承天顺圣高皇后，开创国家，协心致理，德合天地，功在生民，至盛极大，无以复加也。朕以菲德，统承大宝，负荷不易，夙夜惟勤，惕惕兢兢，祗循成宪，重惟大恩罔极，末由报称。且圣志惓惓，惟欲斯世斯民暨

① 《金陵梵刹志》卷三十一所录《重修报恩寺敕》，第487页。

一切有情，咸得其所，继述之重，其在朕躬。……所以祇灵迎贶，上资福于皇考、皇妣，且祈普佑海宇生灵及九幽滞爽，咸获济利。用仰承我皇考、妣之圣志，而表朕之孝诚。今将竣事，特志其本末于碑，用昭示如来之道化。我皇考、皇妣之功德，配天地之广大，同日月之光明，而相为悠久于万万年。[①]

在此碑中，朱棣高度颂扬太祖夫妇的功德，称他们“开创国家，协心致理，德合天地，功在生民”；而他作为继位者，需要报答这一“至盛极大，无以复加”的罔极大恩。借立碑之机，朱棣也向天下人表白：他获得大位后，夙夜惟勤，兢兢业业，完全遵循明太祖夫妇制定的“成宪”，而且立志以济世拯民为己任，“惟欲斯世斯民暨一切有情，咸得其所”。朱棣述志、表功的这段碑文，已经透露出他兴建大报恩寺真正的目标——为其执政确立合法性。

二、嫡子身份证

朱棣反复强调，报答皇考、皇妣罔极大恩是兴建大报恩寺的主要目的。他所称的皇考、皇妣就是碑文中指明的明太祖和其正妻马皇后。现存正史材料，如《明太宗实录》《明史·成祖本纪》都记载朱棣为朱元璋第四子，生母为马皇后。比如《太宗实录》开篇即称：“大明太宗体天弘道高明广运圣武神功纯仁至孝文皇帝……高皇帝第四子也。母孝慈昭宪至仁文德承天顺圣高皇后生五子，长懿文皇太子标、次秦愍王樉、次晋恭王㭎、次上、次周定王橚。”[②]在许多重大场合，朱棣多次声明他是朱元璋与马皇后所生之嫡子。比如发动靖难之役时，他晓谕全军：“我太祖高皇帝、孝慈高皇后嫡子，国家至亲。”[③]率军攻占南京后，他在发布的诏书中又称：“朕为高皇帝嫡子。祖有明训，朝无正臣，内有奸恶，王得兴兵讨之。”[④]

然而马皇后是朱棣生母的说法，在明代中后期就受到广泛的质疑。根据吴晗的研究，当时主要流传三种不同于正史的观点：一是达妃说，此说称朱棣为达妃所生，太子朱标、秦王、晋王、周王则同为马皇后所生；二是元主妃洪吉喇氏说，此说称朱棣生母是元顺帝第三福晋、蒙古人洪吉喇氏，朱元璋攻占大都时，洪氏被收入明宫，时

① 《金陵梵刹志》卷三十一所录《御制大报恩寺左碑》，第488—489页。

② 《明太宗文皇帝实录》卷一，第62页。

③ 《明太宗文皇帝实录》卷二“（建文）元年七月癸酉”条，第85页。

④ 《明太宗文皇帝实录》卷十上“洪武三十五年七月壬午”条，第228页。

已有身孕，所以朱棣是元顺帝遗腹子；三是碽妃说。[①]前两说由于缺少可靠的史料证据，甚至与基本史实冲突，影响日渐式微，但是碽妃说却产生了重要的影响。此说的基本史料出自明代《南京太常寺志》，该志记载了明太祖孝陵寝殿内对碽妃神主不同寻常的摆放方式，并揭示了其原因：

孝陵享殿，太祖高皇帝、高皇后南向；左淑妃李氏，生懿文太子、秦愍王、晋恭王，（其他妃主）……俱东列；碽妃生成祖文皇帝，独西列。[②]

太常寺是专掌国家祭祀的官署，《南京太常寺志》是嘉靖二十七年至二十九年（1548—1550），时任南京太常寺卿汪宗元利用官方档案编撰而成。[③]该志原有十三卷，现仅存两卷，原书有关孝陵神位和碽妃的记载已佚，不过明清时期多位学者曾见证并引用此书，如何乔远《名山藏》、谈迁《枣林杂俎》、潘柽章《国史考异》等，使得该条记载得以流传。[④]南明弘光时期，时任礼部尚书的钱谦益与担任大理寺左丞的李清借元旦谒陵之机，打开孝陵寝殿检视，亲见太祖夫妇神主“东侧列妃嫔二十余，而西侧止碽妃”，[⑤]进一步证实了该志记载的可靠性。从明代谈迁著《国榷》起，依据上述史料，已将成祖生母定为碽妃。[⑥]民国以来，经傅斯年、吴晗、朱希祖、黄云眉等众多学者的研究，成祖生于碽妃、养于高后之说虽然尚未成为定论，但已被学界主流所接受。[⑦]

前辈学者围绕成祖生母问题开展的探讨，为我们了解朱棣兴建大报恩寺的真实原因提供了重要的基础。王崇武在《论皇明祖训与明成祖继统》一文中指出，明太祖于洪武二年至六年极其用心地制定了《皇明祖训》（以下简称《祖训》），为子孙万世

---

① 吴晗：《明成祖生母考》，《清华学报》1935年第3期。

② 〔明〕谈迁撰：《枣林杂俎》卷下《彤管》“孝慈高皇后无子”条引《南京太常寺志》，上海：大达图书供应社，1935年，下册，第1页。

③ 参见王英姿为《南京太常寺志》所作《提要》，金陵全书（乙编·史料类）》第32册，南京：南京出版社，2016年，第133—136页。

④ 〔明〕何乔远：《名山藏》卷六《典谟记·成祖文皇帝》，北京：北京大学出版社，1993年，第352页；〔清〕潘柽章撰：《国史考异》卷四，《二十四史订补》第15册，北京：书目文献出版社，1996年，第742页。

⑤ 〔明〕李清撰：《三垣笔记》附志二条，北京：中华书局，1982年，第249页。

⑥ 〔明〕谈迁著：《国榷》卷十二《惠宗建文四年》，北京：中华书局，1958年，第847页。

⑦ 参阅傅斯年：《明成祖生母记疑》，《历史语言研究所集刊》第二本第四分，1932年；朱希祖：《明成祖生母记疑辩》，《文史学研究所月刊》1933第1期；黄云眉：《明史考证》（第一册），北京：中华书局，1979年，第63页；牟复礼、崔瑞德主编：《剑桥中国明代史》，北京：中国社会科学出版社，1992年，第212—216页；晁中辰：《明成祖传》，北京：人民出版社，1993年版，第7—11页；陈学霖：《明代人物与传说》，香港：香港中文大学出版社，1997年，第114页。

立法。朱元璋极重《祖训》，命“颁赐诸王，且录于谨身殿东庑、乾清宫东壁，仍令诸王书于王宫正殿、内宫东壁，以时观省”。[①] 并明确要求“凡我子孙，钦承朕命，无作聪明，乱我一成之法，一字不可改易”。[②] 因此《祖训》在明初政治生活中具有相当重要的地位。朱棣起兵后，多次指责建文不遵《祖训》、变乱祖法，以此理由为靖难张目。然而在《祖训》之中，对皇位继承有着明确的规定：“凡朝廷无皇子，必兄终弟及，须立嫡母所生者，庶母所生，虽长不得立。”[③] 王崇武认为，正是由于太祖于庶嫡尊卑分别极严，《祖训》规定庶子虽长不得立，朱棣因而采用“冒嫡之策”，自我标称“母后孝慈高皇后亲生”，从而“与《祖训》继统之义相照应，而为篡夺之张本也”。[④]

王崇武的研究指出了在《祖训》所构建的明代政治、法律框架下，嫡子身份对于朱棣夺取皇位、维护自身执政合法性的重要意义。在此基础上，我们认识到，朱棣以报答皇考、皇妣罔极大恩的名义兴建大报恩寺，是他夯实和宣扬嫡子身份的一项关键性举措。大报恩寺其实就是他为自己精心打造的一张“嫡子身份证”。

三、雄主记功碑

拥有嫡子身份是朱棣获得执政合法性的基础，但是还远远不够。面对嫡长孙、太祖钦定继承人的建文帝，朱棣仍然逃脱不了篡位者的骂名。为此，朱棣除了严厉镇压建文帝的支持者之外，还采取了更为积极主动的策略，即不断地建功立业，以实际的文治武功证明谁是最有资格做皇帝的人。永乐时期，朱棣在政治、经济、军事、文化、外交等各个领域大展拳脚，全面进取：他营建并迁都北京，贯通京杭大运河，设立奴儿干都司，推行改土归流，加强对西藏的管理，出兵蒙古与安南，编撰《永乐大典》，派遣郑和船队七下西洋等等，开创了大明王朝波澜壮阔、空前绝后的强盛局面。

朱棣建立事功有一个明显的特征，就是追求极致。他下令编撰的《永乐大典》，全书22937卷、11095本，总字数达到约3.7亿，成为我国古代最大的一部类书。[⑤]

---

① 《明太祖高皇帝实录》卷八十二“洪武六年五月壬寅”条，第1738页。

② 〔明〕朱元璋撰：《皇明祖训》序，《四库全书存目图书》史部第264册，济南：齐鲁书社，1996年，第165页。

③ 《皇明祖训》法律第十四条，《四库全书存目图书》史部264册，第179页。

④ 〔民国〕王崇武：《明靖难史事考证稿》第五章《论皇明祖训与明成祖继统》，北京：商务印书馆，1948年，第111页。

⑤ 参见郑振铎：《关于“永乐大典”》，《文物参考资料》1951年第9期。

他命令郑和等人统率军士二万余人，“乘大福等号五千料巨舶，赍捧诏敕使西洋各番国，……航海七度西洋，……（航程）在数万余里，中国之人古未尝到”，[①] 创造了中国乃至世界航海史上的伟大壮举。他下令铸造的永乐大钟，重达 46.5 吨，内外表面满铸 23 万字、100 余部佛经经文，迄今还是全世界铭文最多的大钟。[②]

朱棣追求极致之功，更突出地表现在他几乎同时兴建的两大工程——武当山道教宫观和南京大报恩寺之上。永乐十年至二十一年（1412—1423），朱棣以报答靖难之初真武大帝显灵相助的名义，将真武道场湖北均县武当山赐名为大岳太和山，命隆平侯张信、驸马都尉沐昕、工部侍郎郭琎等人，发动 20 多万军民工匠，对武当开展大规模的营建，共建成“宫观大小三十三处，殿堂房宇一千八百余间”，[③] 使武当山拥有了全国最大的道教宫观建筑群。该工程最大的亮点是在武当主峰——海拔 1613 米的天柱峰上修建的“金殿”。该殿采用仿木结构，重檐庑殿顶，高 5.5 米、宽 5.8 米、进深 4.2 米，所用构件全部为铜铸鎏金，是我国古代形制最高、体量最大的鎏金铜铸单体建筑，殿内供奉铜铸真武大帝像。[④] 武当宫观是朱棣亲自推动的工程，对金殿他尤为重视。该殿预铸于北京，永乐十四年（1416）通过水路，经南京运往武当安装。当年九月九日，他特意下敕叮嘱都督何浚：“今命尔护送金殿船只至南京，沿途船只务要小心谨慎，遇天道晴明、风水顺利即行，船上要十分整理清洁，故敕。”[⑤] 永乐十七年（1419），明成祖又为金殿建围墙之事敕令隆平侯张信和驸马都尉沐昕：

> 今大岳太和山大顶，砌造四围墙垣，其山本身分毫不要修动。……务要坚固壮实，万万年与天地同其久远。[⑥]

武当金殿与大报恩寺琉璃塔是朱棣同时打造的两大工程，都挑战了当时工程技术的极限。金殿从铸造到安装完成用时约七年，而琉璃塔建造难度更高，至永乐二十二年尚未完成。朱棣对于武当金殿“万万年与天地同其久远”的要求，同样代表了他对

---

① 引文出自郑和副手明都知监太监洪保《寿藏铭》，参见祁海宁：《论洪保寿藏铭的出土与大号宝船研究的几个基本问题》，上海中国航海博物馆编：《航海——文明之迹》，上海：上海古籍出版社，2011 年，第 164—183 页。

② 参见高凯军：《关于永乐大钟若干问题的探讨》，《中国历史文物》2004 年第 2 期。

③ 〔明〕任自垣撰：《敕建大岳太和山志》卷二，《武当山志二种》，武汉：湖北人民出版社，1999 年，第 26 页。

④ 李俊：《武当山金殿》，《文物》1982 年第 1 期；张剑葳：《武当山太和宫金殿——从建筑、像设、影响论其突出的价值》，《文物》2015 年第 2 期。

⑤⑥ 《敕建大岳太和山志》卷二，第 22—24 页。

于大报恩寺琉璃塔的期待。作为这两大工程的总设计师，朱棣毫无疑问是在追求震古烁今之效。他要以最雄伟的建筑作为自身的象征，向天、地、神、人宣告：他并不是篡位者，而是最应该做皇帝的伟大君主。

总之，大报恩寺诞生于明成祖朱棣靖难夺嫡的历史背景之下，报答皇考、皇妣罔极大恩仅仅是表面上的理由，对于执政合法性的争夺、对于自身雄才大略的彰显，才是促使朱棣兴建大报恩寺的根本原因。大报恩寺不仅为朱棣提供了一张“嫡子身份证”，更为他强大的思想力、意志力、行动力树立了一座伟大的记功碑。

第四节 明代大报恩寺的性质与职能

大报恩寺是公认的明代“皇家寺院”，而当时它更多地与灵谷、天界二寺一起，被称作南京三大寺。这三座寺院都是明代“皇家寺院”的代表，通过它们，我们可以了解明代皇家寺院所具备的一些基本特征：

一、皇帝敕建，规模宏大。南京三大寺皆为敕建——灵谷寺与天界寺由明太祖朱元璋下诏敕建，大报恩寺由明成祖朱棣下诏敕建。三大寺规模都相当巨大——灵谷寺占地五百亩，天界寺占地六百亩，大报恩寺占地四百亩。

二、官造、官修。三大寺的营建全部由国家出资，工部负责。其后的维修，正常情况下都能得到政府的保障，甚至由皇帝亲自过问。灵谷寺地位尊崇，寺产丰厚，损毁的建筑都能及时由本寺修复；天界寺内设有僧录司，具有管理职能，该寺的维修通过“奏请募缘”“部檄诸山”“征寺租粮”等方式，[①]由政府出面向各寺募资解决；大报恩寺在武宗以前，维修工作皆由政府直接承担，武宗之后政府放手，才逐步采用民间募资的方式解决。

三、国家供养。三座寺院都被皇帝赐予了大量寺产，足以供养僧众，维持寺院的正常运行。灵谷寺产最为丰厚，拥有靖东庄、安西庄、溧水庄、柳桥田、白水洲田、十人洲、悟真庄、桐桥庄、陈桥茄地洲、龙都庄、散甲庄等九处田庄、两处芦洲，分布于应天、扬州、和州三个府，田地山塘共计 34393.58 亩；天界寺拥有湖熟庄、溧阳庄、高淳庄、靖安庄、采石芦洲等四处田庄、一处芦洲，分布于应天与太平两府，田

① 《金陵梵刹志》卷十六《凤山天界寺》，第 321、329 页。

地山塘共计 13246.48 亩；大报恩寺拥有应天府戴子庄、腊真庄、戴子洲等两处田庄、一处芦洲，田地山塘共计 9009.98 亩。① 根据何孝荣的研究，三大寺拥有的田产分别占据了明代南京寺院田产总量的 47.75%、18.39% 和 12.51%。②

四、服务皇室或者承担政府职能。灵谷寺是“孝陵香火”，③ 即太祖朱元璋的坟寺。大报恩寺是“朝廷家佛堂”，④ 承担“上荐父皇、母后在天之灵，下为天下生民祈福”的任务。天界寺则是僧录司所在地，迁都之前它承担对全国佛寺的管理责任，迁都之后它负责对南直隶佛寺的管理。

五、受敕令保护的皇家禁地。大报恩寺建成之后，宣宗随即派遣宦官留寺，“专管然点长明塔灯”。⑤ 其后，额定内监“提督一员，司香五员”，驻寺监管。⑥ 这种制度安排与明政府对武当山道教宫观的管理是一致的。⑦ 成化八年（1472）十二月初一日，明宪宗还为大报恩寺专门下达了护寺敕令：

> 皇帝敕谕官员、军民诸色人等：……朕嗣宝位，复加修整，所以上报先朝列圣之恩，下为苍生祈福。今住持僧洪霈奏言：“本寺岁久被人作践搅扰。”用是，特颁敕护持：凡官员、军民诸色人等，自今以往，毋得出入混杂，纵肆非为，轻易亵渎，侮慢欺凌，及不许侵占原拨芦场，并赡僧田地、园池、果木。所有常住官降一应器皿、经像等件，本寺僧官、僧人尤须递相收掌，毋致损失。敢有不遵朕命、沮坏其教者，许住持指实奏闻，论之以法。钦哉！故谕。⑧

宪宗皇帝在敕令中禁止官员、军民人等随意出入大报恩寺，侵占寺产，并且要求本寺僧官、僧人爱惜皇家赐予的器皿、经像，不得有所损失。这条敕令明确揭示，大报恩寺在明代是不对外开放的，并不承担公共寺院的职能，其与憨山德清在《南京僧录司左觉义兼大报恩寺住持高祖西林大和尚传》中所说的，大报恩寺是“朝廷家佛堂”

---

① 据《金陵梵刹志》卷五十《各寺租额条例》中三寺田产所做统计。

② 何孝荣：《明代南京寺院研究》第五章《经济》，北京：中国社会科学出版社，2000 年，第 265 页。

③ 《金陵梵刹志》卷三所录《本寺护敕》，第 103 页。

④ 〔明〕憨山德清撰：《南京僧录司左觉义兼大报恩寺住持高祖西林大和尚传》，《憨山老人梦游集》卷三十，《卍续藏》第 73 册，No.1456，第 672 页。

⑤ 《金陵梵刹志》卷二《钦录集》“宣德三年”条，第 88 页。

⑥ 《金陵梵刹志》卷五十一《各寺公费条例》“报恩寺”条，第 817 页。

⑦ 参见张全晓：《明代武当山志研究》第七章《明代武当山志所见宦官问题研究》，华东师范大学博士学位论文，2011 年。

⑧ 《金陵梵刹志》卷三十一《本寺护敕》，第 489—490 页。

之意完全相符。成化九年正月二十四日，宪宗也为灵谷寺颁发了内容相近的敕令。而天界寺作为僧录司所在地，不能禁止人员出入，因此未获此类护寺敕令。

从最后一条标准来看，大报恩寺和灵谷寺直接承担为皇室服务的职能，受到皇家保护的程度也就更深，皇家寺院的色彩更为浓厚。而天界寺由于承担的是公共管理职能，为皇家服务的色彩稍逊。

除了“皇家寺院”这个性质之外，大报恩寺还具有“讲寺”的性质和职能。洪武十五年（1382），明政府下令将天下佛寺分为三等：“曰禅、曰讲、曰教。其禅，不立文字，必见性者，方是本宗；讲者，务明诸经旨义；教者，演佛利济之法，消一切见造之业，涤死者宿作之愆，以训世人”。[①] 明政府的这项政策在很大程度上改变了自唐以来对佛教以“禅、教、律”进行划分和管理的方式。依此政策，明代禅寺仍然得以保留，以“讲寺”的称谓与功能取代原来的“教寺”，又将“教寺”（又称“瑜珈寺”）指定为专做经忏法事的寺院，而历史上相当兴盛的律宗则被取消。明政府还明确规定，各寺专务本宗，不得混业。

大报恩寺的前身天禧寺在元代即为讲寺。黄立恭重修天禧寺之后，朱元璋为它选派的首任住持是担任僧录司右讲经的守仁，称赞他“书通东鲁，经备西来”。[②] 由此可知，天禧寺在明初被朱元璋继续确立为讲寺。大报恩寺僧人释德清在其所撰《雪浪法师恩公中兴法道传》中也明确记载道：

> 惟我圣祖龙飞，廓清寰宇，开万世太平之业。……由是于一门制立三教，谓禅、讲、瑜珈，以“禅”悟自心，“讲”明法性，“瑜珈”以济幽冥。乃建三大刹，以天界安禅侣，以天禧居义学，以能仁居瑜珈。汪汪洋洋，天下朝宗。[③]

天禧寺“讲寺”的性质与职能被其后的大报恩寺所继承。张惠衣在《金陵大报恩寺塔志》中称，大报恩寺“十宗兼备，每宗设一讲座，学僧得任择一宗修习”。[④]《金陵梵刹志》对大报恩寺在万历时期履行“讲寺”的职能则有较为明确的记载：当时，大报恩寺内设有教学僧二名、通经优给僧十名，教学僧以“通经考前列者充之”，通

① 《金陵梵刹志》卷二《钦录集》“洪武十五年壬戌”条，第 58—59 页。

② 《金陵梵刹志》卷三十一所录《御制黄侍郎立恭完塔记》，第 485 页。

③〔明〕憨山德清撰：《雪浪法师恩公中兴法道传》，《憨山老人梦游集》卷三十，《卍续藏》第 73 册，No.1456，第 676 页。

④〔民国〕张惠衣撰：《金陵大报恩寺塔志》卷首《大报恩寺全图》所附说明，南京：南京出版社，2007 年。

经优给僧“原为考官住及教学而设，务取能作解义，精通经典者”。寺内另有额定牒僧三百五十名、学僧一百五十名，“凡纳牒，必先经入学，……牒僧在学，二分兼支，仍免上殿。……学内所习，用《梵网》《楞严》等经，不许习应付法事，只图射利”。学僧“食粮专以到学为主，实在学半年开粮，出学即除粮。……每正月半开学，十二月半止”。[①] 培养这些牒僧、学僧所需的经费，全部从国家拨赐给大报恩寺的寺产收入中支出。

总之，明代的大报恩寺除了承担服务皇家的职能之外，还具有“讲寺”的职能，承担为国家培养佛学后备人才的责任，相当于今天的国立佛学院。

第五节　明代大报恩寺的建筑布局与功能

作为皇家寺院的大报恩寺，寺内建筑规模大，数量多，类型丰富。寺院建筑布局经过精心的规划设计，有明确的功能分区，不同区域的建筑承担不同的功能。

大报恩寺虽然已经成为历史遗迹，但是有关该寺建筑的文献和图像资料相当丰富。大报恩寺建成之时，御用监太监尚义将寺内各主要建筑的丈尺向宣宗进行了详细奏报，相关数据皆保留在《金陵梵刹志》卷二《钦录集》之中。万历时期，南京礼部祠祭司郎中葛寅亮也对当时的寺内建筑情况进行了记载，并且请凌大德绘制了一幅《大报恩寺全图》。该图表现的虽然是嘉靖大灾之后的情况，但是整个寺院的布局，各主要建筑的位置都得到了较好的呈现。另外从明代中期开始，南京出现了品评金陵胜景的风尚，入选的胜景被绘图编撰成册，广为流传。大报恩寺和琉璃塔每每入选，因而在多部明清时期的《金陵胜景图》中皆能找到反映该寺的画作。2007 年以来，南京市考古工作者对大报恩寺遗址进行了较为全面的考古发掘工作，明代建筑遗存是发掘和保护的重点。目前除了南区部分片区域被现代建筑占压之外，大部分明清时期的建筑遗迹都得到了清理，获得了更为准确的定位和测绘数据。

本节综合运用以上三个方面的材料，对明代大报恩寺的建筑布局和各区域的功能进行了一次较为详细的梳理和探讨。

---

① 《金陵梵刹志》卷五十一《各寺公费条例》“报恩寺”条，“条约”条，第 817—818、825—826 页。

一、北区的布局与功能

大报恩寺延续了天禧寺坐东朝西的走向，整体上分为南、北两区。北区东西长410米、南北宽180米，占地约7.4万平方米。该区的建筑布局形如“中”字，以中轴线为核心，左右对称，主要建筑设置于中轴线上，次要建筑分布于两侧，四周以长廊围绕，形成一座大型的封闭式庭院。这种布局是明代寺院较为通行的做法，灵谷寺、天界寺皆与此相同。

根据《金陵梵刹志·大报恩寺全图》标示的殿堂方位和名称，在北区的中轴线上，依次设置了山门（金刚殿）—香水河桥—天王殿—大殿—琉璃塔—观音殿—法堂等七座建筑；在中轴线两侧，两两相对地设置了永乐、宣德两座御碑亭，轮藏殿与藏经殿，伽蓝殿与祖师殿等三组与中轴线垂直分布的建筑。从天王殿开始，至最东端的法堂，两侧建有连续的廊庑，与轮藏殿、藏经殿串联，形成一个南北宽103米、东西长240米的长方形院落。大殿、琉璃塔、观音殿等核心建筑皆被包围在其中。廊庑共有118间，墙壁上满绘佛教壁画，因而被称为“画廊”。整个北区也有少量建筑和设施呈非对称式分布，比如在中轴线左侧的中部设有一座钟楼，但右侧并未相应地配置鼓楼；在左侧最后部设有一座施生池；在中轴线右侧还有一座油库，系为琉璃塔夜间点灯而专设。（图73）

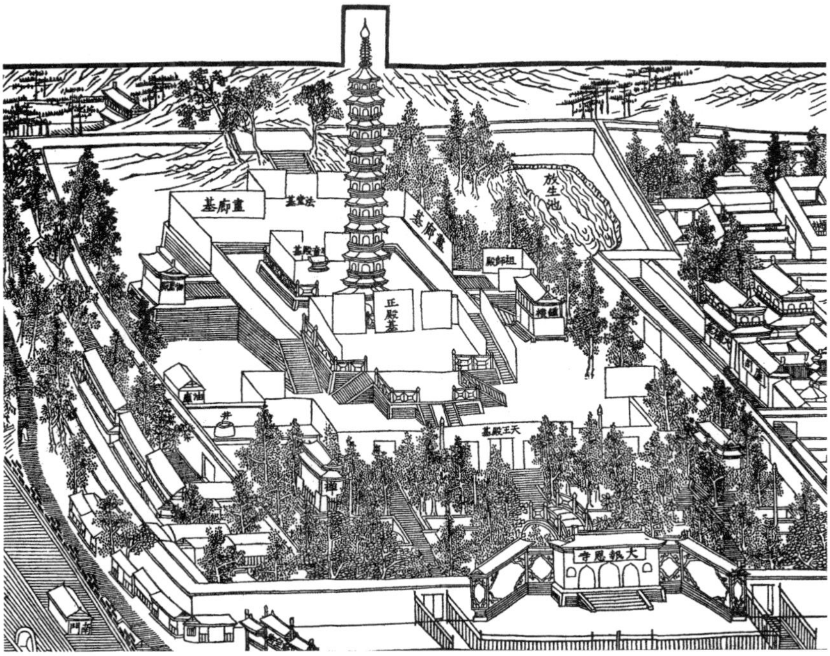

图73 大报恩寺北区图（因嘉靖四十五年火灾，北区主要建筑大部被毁，仅存基址）

2007 至 2010 年，考古工作者对北区进行了全面的发掘，取得了重要收获。除了山门、钟楼、藏经殿、祖师殿、南侧画廊等建筑被现代建筑破坏，未能发现基址之外，北区其他主要建筑的基址皆得到发掘和保护，现已成为大报恩寺遗址公园的核心保护与展示区。通过发掘，北区的建筑布局得到清晰的呈现，与《金陵梵刹志·大报恩寺全图》记载的情况完全可以对应。（图 74）北区各主要建筑的规模、结构也得到了进一步厘清。各主要建筑的实测数据与《钦录集》中尚义奏报的数据几乎完全一致（表 4）。

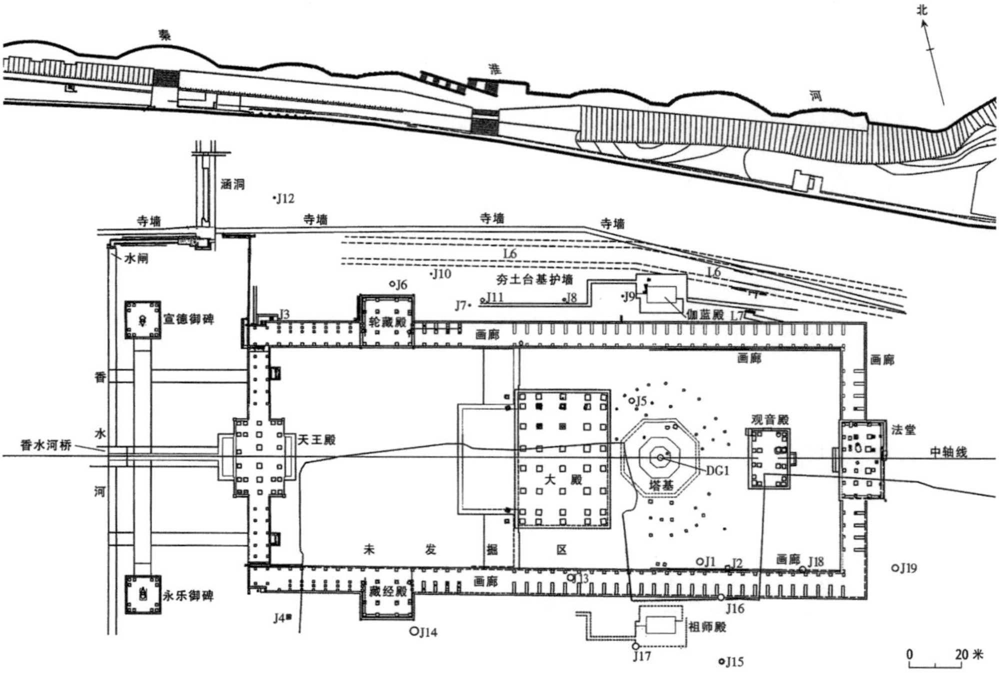

图 74　大报恩寺遗址北区建筑遗迹分布平面图

表 4　大报恩寺北区主要建筑一览表

殿堂名称	开间数	《钦录集》记录的建筑丈尺	换算为现代公制（米）①	考古发掘后实测建筑丈尺（米）	备注
山门 （金刚殿）	面阔五间 进深三间	高三丈一尺二寸，深三丈五尺二寸五分，长七丈六尺	高：9.83 深：11.10 长：23.94		被现代建筑破坏，基址不存

① 按明工部营造尺 1 尺＝0.315 米计算。明工部营造尺实物出土于南京明代宝船厂遗址，参见南京市博物馆主编：《宝船厂遗址——南京明宝船厂六作塘考古报告》，北京：文物出版社，2006 年，第 66 页。另外蒋博光先生通过对明代端门的实测和研究，也得出明工部营造尺 1 尺＝31.53—31.57 厘米的数据，参见蒋博光：《端门工程纪事——“样式雷”家传抄本（上）》，《古建园林技术》2000 年第 1 期。

（续表）

殿堂名称	开间数	《钦录集》记录的建筑丈尺	换算为现代公制（米）	考古发掘后实测建筑丈尺（米）	备注
香水河桥				长12.6、宽7.15、残高3.4米，桥栏已不存。内跨径2.9米，拱高1.9米。	单跨石拱桥。内部砖砌，外表石砌
永乐御碑亭（左碑）	面阔一间 进深一间	高四丈五分，深二丈一尺，长三丈三尺五寸	高：12.62 深：6.62 长：10.55	深：6.65 长：10.60	
宣德御碑亭（右碑）	面阔一间 进深一间	高四丈五分，深二丈一尺，长三丈三尺五寸	高：12.62 深：6.62 长：10.55	碑现高：9.06 深：6.65 长：10.58	
天王殿	面阔五间 进深四间	高四丈六寸五分，深四丈八尺五寸，长八丈三尺五寸	高：12.80 深：15.28 长：26.30	深：15.3 长：26.52	
正佛殿	面阔七间 进深五间	高七丈一尺五寸，深十一丈四尺三寸，长十六丈七尺五寸	高：22.52 深：36 长：52.76	深：36.3 长：53.03	
观音殿	面阔三间 进深三间	高四丈二尺四寸五分，深三丈六尺，长五丈九尺	高：13.37 深：11.34 长：18.59	深：11.51 长：18.54	
法堂	面阔五间 进深三间	高三丈八尺，深四丈六尺五寸，长八丈一尺	高：11.97 深：14.65 长：25.51	深：14.7 长：25.59	
轮藏殿	面阔三间 进深三间	高四丈一尺八寸，深五丈三尺五寸，长五丈三尺五寸	高：13.17 深：16.85 长：16.85	深：16.88 长：16.89	
藏经殿	面阔三间 进深三间	高四丈一尺八寸，深五丈三尺五寸，长五丈三尺五寸	高：13.17 深：16.85 长：16.85		基址被毁
伽蓝殿	面阔三间 进深三间	高二丈九尺，深三丈五尺五寸，长四丈六尺六寸五分	高：9.14 深：11.18 长：14.69		仅剩余夯土台基，柱网结构不存，无法实测

（续表）

殿堂名称	开间数	《钦录集》记录的建筑丈尺	换算为现代公制（米）	考古发掘后实测建筑丈尺（米）	备注
祖师堂	面阔三间 进深三间	高二丈八尺五寸，深三丈三尺，长四丈三尺	高：8.98 深：10.40 长：13.55		基址被毁
画廊	共有118间	高二丈二尺六寸，深二丈四尺五寸，每间长二丈四尺五寸	高：7.12 深：7.72 长：7.72	深：7.74 长：7.76	周边廊庑的实际宽度为：画廊只占廊庑的一侧，另一侧为人行通道

北区是大报恩寺的主体，承担该寺最基本的宗教活动功能，是正式礼佛、举办法会的场所。《金陵梵刹志》记载，大报恩寺每月初二、十六需举办伽蓝斋供活动，每年新正需举行“礼千佛”活动一个月，清明、中元需为皇室进行祀祖活动，如来降诞、成道日需举办斋供，五月需举办“圆觉会”活动一个月，每逢帝、后生日亦需举办斋供，遥为祈福。这些重要的祭祀、法事活动皆在北区举行。①

明成祖宣称在大报恩寺建设中“弘拓故址，加于旧规”，这一点在北区有充分的体现。考古发掘证实，大报恩寺的北院墙比原先天禧寺北墙向北扩展了15—30米，将原先位于寺外宽达6.3米的城市干道（L6）纳入寺内，使北墙与秦淮河岸的最近距离缩减至只有26米。

考古发掘还揭示，整个北区分成前后两级台地：北区前段（从山门至天王殿）为一级台地，地基在原天禧寺的基础上进行平整，加高0.5—0.8米；而北区后段（从大殿至法堂）为二级台地。它依托原有的宝塔山，在山体周边用一层黄土、一层碎砖瓦片的方式夯筑增高，将原来天禧寺的地面整体提升了3—6米，形成了一个东西长150米、南北宽120米的长方形夯土高台，高台四周以巨型条石修筑石墙加以围护。（图75）大殿、琉璃塔、观音殿、法堂、伽蓝殿、祖师堂等建筑皆位于这座高台之上，使它们显得巍峨壮观。

北区的建筑体量大，规格高，类型独特，最能体现大报恩寺皇家寺院的特征，尤其以两座御碑、大殿和琉璃塔为代表。两座御碑分列于北区前端，每座御碑皆由石赑屃、碑身、碑额组成，高达9.06米，再覆以正方形碑亭。成祖和宣宗的御制碑文，详细说明了兴建大报恩寺的缘起、目的和作用，它们是大报恩寺作为皇家寺院最直接的标志。（图76）

---

① 《金陵梵刹志》卷五十一《各寺公费条例》“报恩寺”条，第816页。

图 75　保护夯土台基的石砌护墙

图 76　历经沧桑保留至今的大报恩寺左碑赑屃和右碑（遗址公园建成前）

大殿（《金陵梵刹志》称为“正佛殿”）是大报恩寺中最重要的建筑之一，明人王樵在所著《金陵杂纪》中描述了该殿的情况：“报恩寺大殿，宝座三层，露台雕栏，石陛九级，丹墀之广，一仿宸居。”[①] 徐上添绘制的“报恩寺塔”图也相当清楚地展

① 〔明〕王樵撰：《方麓集》卷十一《金陵杂纪》“报恩寺”条，景印《文渊阁四库全书》第 1285 册，台北：台湾商务印书馆，1986 年，第 348 页。

现出清代重建后大殿的情况。（图 77）考古发掘揭示，大殿面阔七间，进深四间，南北长 53.03 米，东西深 36.3 米。而我国古代等级最高的建筑——北京故宫太和殿的尺寸为：长 60.01 米、深 33.33 米。[①] 两者比较可以看出，该殿仅长度比太和殿略小，而进深甚至超过了太和殿，充分体现了大报恩寺“准宫阙规制”的特点。从徐上添图可以看出，清代重建的大殿采用的重檐歇山顶，在建筑规制上这是仅次于庑殿顶的次高等级，但是与大报恩寺大殿几乎同时建设的另外两座皇家宗教建筑——武当山天柱峰铜铸“金殿”和青海瞿昙寺隆国殿，采用的都是重檐庑殿顶。[②] 因此我们推测，大报恩寺大殿永乐时期采用的很可能也是重檐庑殿顶，清代重建时因大报恩寺已失去皇家寺院的地位，才降等改用歇山顶。

北区乃至整个大报恩寺最核心的建筑当属琉璃塔，当时见者“必顶礼赞叹而去，谓四大部洲所无也”。[③] 关于该塔的建筑情况与主要作用，下文将用专节讨论。

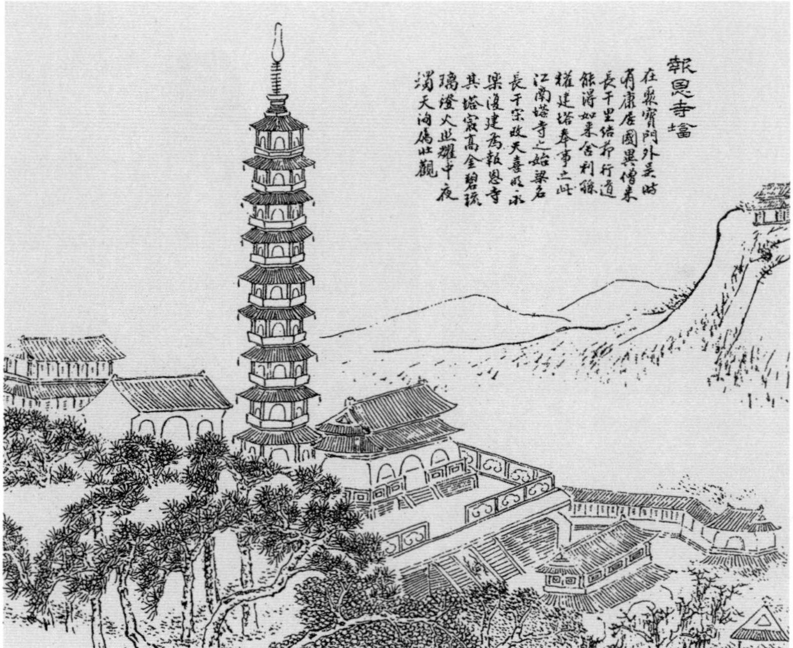

图 77　清・徐上添编绘《金陵四十八景》中清代重建之后的大报恩寺北区及大殿建筑情况

① 于倬云：《故宫太和殿》，《文物》1959 年第 11 期。

② 参见张剑葳：《武当山太和宫金殿—从建筑、像设、影响论其突出的价值》，《文物》2015 年第 2 期；青海省文化厅编：《瞿昙寺》，成都：四川科学技术出版社；乌鲁木齐：新疆科学卫生出版社，2000 年。

③ 《陶庵梦忆》卷一“报恩塔”条，第 2 页。

二、南区的布局与功能

南区从总体上可以看作北区的配套服务区，承担寺院的管理、后勤保障功能，并且还承担了《南藏》经板的管理、佛学教育等附加功能。南区面积广大，东西长约410米，南北宽约400米，总面积达16.4万平方米，约为北区的两倍。南区内建筑密集，布局方式与北区完全不同，由藏经殿、库司、大禅堂、公学、旃檀林、方丈、三藏殿、“南岗前山”“中官住所”等多个相对独立的片区组合而成，分别承担不同的功能。在《金陵梵刹志·大报恩寺全图》上，南区部分片区，如藏经殿、库司、大禅堂、三藏殿等标注有名称，这些区域的性质和功能较为明确；但是也有部分片区未做文字标识，需要根据相关记载进行分析与推断。（图78）

图78　大报恩寺南区及藏经殿片区位置图

南区考古工作从2016年开始持续至2020年。坐落于南区西部和中部的藏经殿、库司、大禅堂等片区得到相当程度的揭露，片区内的建筑格局已经基本厘清。而坐落于南区东部的公学、旃檀林、东方丈、三藏塔等片区，因现代建筑尚未拆除暂时无法开展考古工作。下面，我们依据文献记载、图像资料和已取得的考古成果，对南区内部各片区的建筑布局和功能进行探讨。

1. 藏经殿，又称为“经房”，位于南区的西北角，是一个由主殿、前殿、两侧各19间廊房构成的封闭式院落。《金陵梵刹志》卷二《钦录集》记载：“经房，高二丈三尺五寸，深三丈五尺，长七丈二尺，两边房三十八间。”[①] 经房因位于南区，未毁于嘉靖四十五年（1566）大报恩寺的火灾，但是到万历时期也已年久失修。万历三十四至三十五年（1606—1607），时任南京礼部祠祭司郎中葛寅亮得到施主张应文、张文学等人的支持，重修经房。重修后改称为“藏经殿”。[②]

藏经殿的功能是收藏明代首部官版大藏经——《南藏》的全套经板，共有经板五万七千一百六十块。[③] 它们被贮存于经房两侧的廊房之中。葛寅亮记载了万历时期廊房内经板放置的情况：“藏简各登其座，座各有号。而签分架列于廊庑者，灿然可按指索也。”[④] 可见廊房内设有经架，架再分座（区），按一定秩序将经板上架归座，座架和经板上皆贴有标签，需要时可以迅速地按照座号和标签取用经板。这种贮存、检索经板的方式与现代的图书馆类似（图 79）。

2018—2019 年，该组建筑群在考古发掘中得到了较好的清理，除了北部贮经廊叠压在现代道路下暂未清理外，藏经殿的整体面貌已经清晰呈现。考古发掘证实，藏

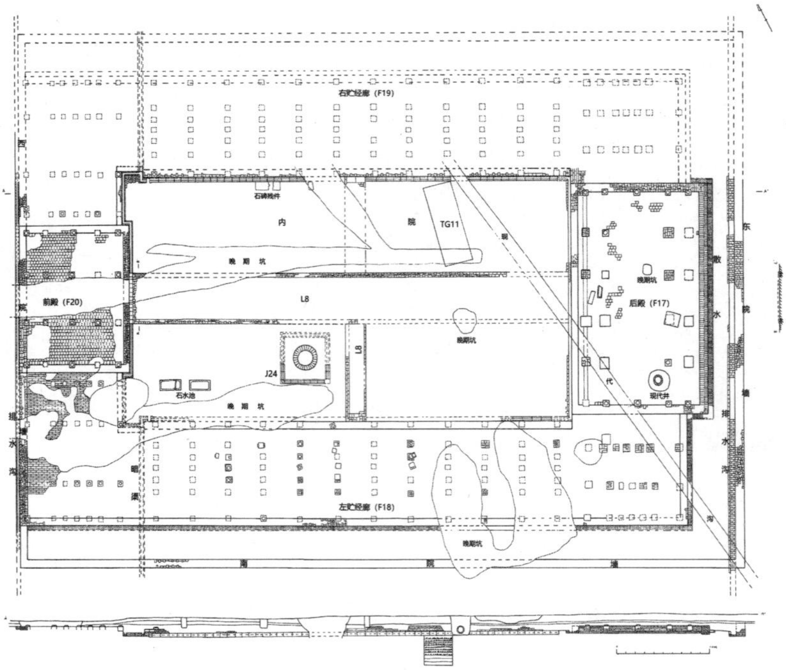

图 79　藏经殿片区平面分布图（右贮经廊仍叠压在现代道路下）

① 《金陵梵刹志》卷二《钦录集》“宣德三年”条，第 91 页。

② 《金陵梵刹志》卷四十九《南藏目录》所附《条约》，第 736 页。

③ 《金陵梵刹志》卷四十九《南藏目录》，第 688 页。

④ 《金陵梵刹志》卷三十一所录《报恩寺九号藏经并藏殿碑记》，第 498 页。

经殿由前殿、正殿，以及两侧各 19 间贮经廊房构成，外围以围墙环绕，形成一个长约 80 米、宽约 57 米的长方形、封闭式的院落。建筑格局、建筑丈尺与文献记载完全一致（表 5）。院落中部设有一口直径 2.5 米的大井（J24），院落中保留两个长方形石水池。

值得重视的是，藏经殿片区出土的琉璃构件几乎全部为黑色，与大报恩寺北区出土的以绿釉琉璃为主风格迥异，表明该片区的建筑尚黑，以黑色琉璃瓦铺设屋顶。黑色在中国传统文化中代表水，结合内院中精心砌建的 J24，以及两座石质水池，表明藏经殿建筑群对防火问题高度重视，水井和石水池应为消防设施，以便发生火灾时就近取水。

另外，在藏经殿片区的发掘中，出土了银质、青白瓷、米黄釉瓷等多件不同质地的笔架，说明该片区日常需要进行大量的文字工作，这与该片区专门从事收藏、校对、租借大藏经板的属性是相符的。（图 80）

图 80　藏经殿片区出土的银质笔架（J24：8）

2. 库司。库司与大禅堂相连，位于南区中部、藏经殿以东。发掘证实，库司与大禅堂共同建有围墙，形成一个封闭式院落，在两个片区的南侧，还建有一个牌坊式大门，上书“禅堂大门”。（图 81）

在《大报恩寺全图》上，库司主要有前、后两座大殿。前殿为重檐歇山顶，后殿为歇山顶，两殿之间有通道相连，平面如“工”字形。前殿西侧还有一座两层楼阁式建筑。

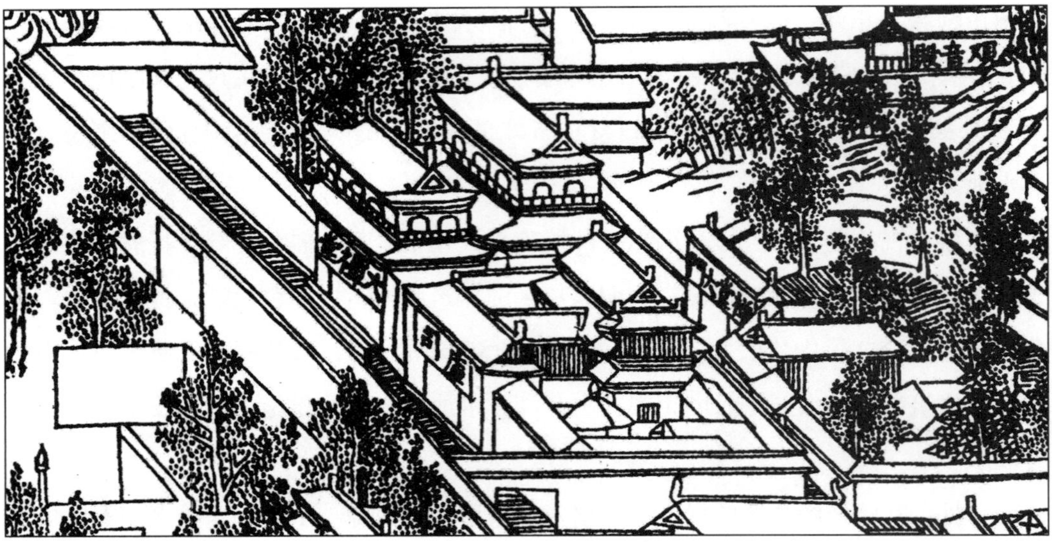

图 81　库司与大禅堂片区

在《金陵梵刹志》卷二《钦录集》中，对此片区的记载简单明了："厨房：高三丈三尺四寸，深五丈六尺三寸，长十一丈九尺；库房，高二丈八尺一寸，深五丈一尺八寸，长七丈五尺。"[①] 在《金陵梵刹志》卷三十一《聚宝山报恩寺》中，则记录了厨房与库房更正式的名称："库司：韦驮殿、香积厨七楹。"[②]

通过考古发掘，在库司片区确认了存在两座主殿。前殿编号为 F15，即香积厨；后殿编号为 F24，即韦驮殿。香积厨基础保存完整，面阔七间，进深三间，长 37.6 米、进深 14.4 米（按基槽间距测算为 17.6 米），与《钦录集》记载的厨房丈尺一致。

不过香积厨（F15）的基址有特殊之处：自东向西 1—6 间的柱网结构为正常布局，每间长 2.2—4.9 米；但是最西侧第七间的结构与其他六间完全不同，开间长达 12 米、进深也只有一间，每角设 3 个柱础，中部无柱网，开挖出一个长方形地下室。地下室以 3 层青砖铺地，四壁以条石砌筑，保护十分严密。从 F15 特殊的柱网结构，并结合文献和图像信息，我们认为 F15 的基础虽然是一个整体，但是上层建筑实际分为两座：自东向西的 1—5 间坐北朝南，是香积厨的主体，功能是厨房兼僧人用餐的斋堂；第 7 间自成一体，地上两层，地下建有地下室——很可能为地窖或冰窖，因此推测该间是香积厨贮藏食材的贮藏室；第 6 间为分隔两者的通道（图 82）。

① 《金陵梵刹志》卷二《钦录集》"宣德三年"条，第 91 页。

② 《金陵梵刹志》卷三十一，第 482 页。

图 82　考古发现的香积厨（F15）基址

后殿韦陀殿（F24）受到的破坏较严重，部分面积仍被现代道路占压。不过从已揭露的区域分析，它应是《钦录集》记载的库房，面阔仍然为七间，进深三间，但是体量比前殿小很多，功能可能是收藏寺内的重要物品。

3. 大禅堂。在《大报恩寺全图》上，该片区由前后两座双层大殿构成。《金陵梵刹志》卷三十一称为“大禅殿”和“后禅殿”，皆为五楹，旁边还有小房三楹。该片区与库司共同形成一个大院落。（图 83）

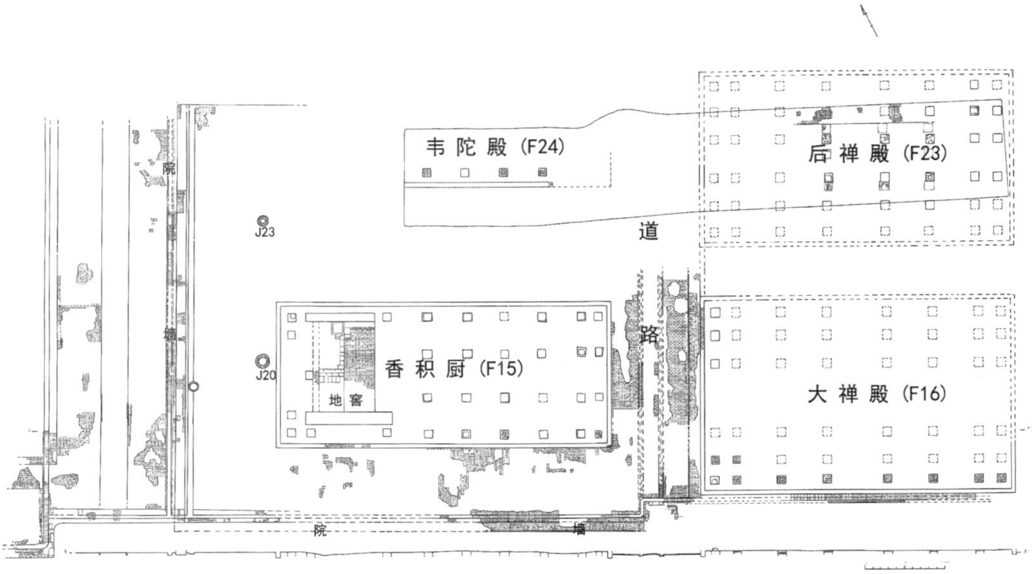

图 83　考古发掘揭示的库司与大禅堂片区建筑分布图

考古发掘工作确认了大禅堂片区的两座双层大殿。前殿大禅殿（编号 F16）基址保存较好，格局完整。它坐北朝南，面阔五间，进深四间，东西长 35.3 米，南北深 20.2 米，与《钦录集》记载的大禅堂的数据几乎完全一致。后禅殿（编号 F23）目前大部分为现代道路占压，仅局部得到揭露，但已揭露的区域与前殿的形制一致。

大禅堂区的两座大殿体量巨大，是大报恩寺南区最具代表性的建筑。该区域是寺内僧人进行禅修和举办重要活动的场所。

4. 公学。《金陵梵刹志》记载，公学共有十楹。[①] 推测位于大禅堂的东部，南区东北角。由一座坐东朝西的主殿和两侧厢房组成。

大报恩寺作为讲寺，有培养佛学后备人才的责任。该寺额定牒僧 350 名、学僧 150 名，皆在寺内学习。[②] 考虑到寺内学僧众多，十楹的公学难以充当上课的场所，推测公学很可能是讲经僧人办公和居住的场所。从《大报恩寺全图》上可以看到，公学旁还有多排房舍，推测为教室。公学区目前属于南京晨光集团厂区，暂未发掘，遗存保存状况不明（图 84）。

5. 旃檀林，位于南区东端，公学的南侧。旃檀林是僧人的宿舍。从《大报恩寺全图》上可以看到，该区由一座“田”字形主楼和两座长条形排屋组成。

旃檀，即檀香树，为常绿之乔木，干高数丈，其材芳香，可供雕刻；研根为粉末，可为檀香，或制香油。古优填王以旃檀所刻之佛像，举世闻名，称为“旃檀瑞像”。[③]

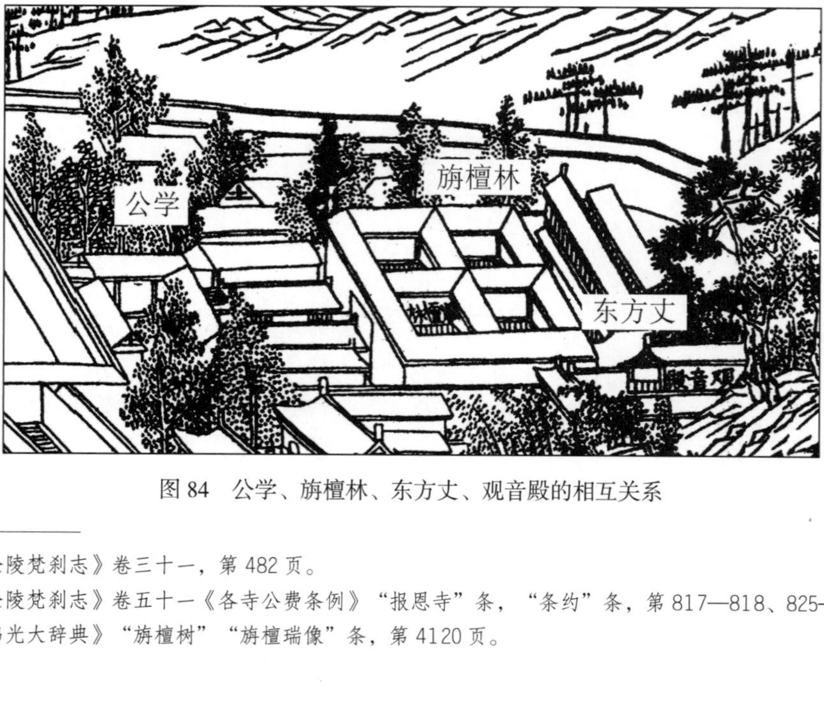

图 84　公学、旃檀林、东方丈、观音殿的相互关系

① 《金陵梵刹志》卷三十一，第 482 页。

② 《金陵梵刹志》卷五十一《各寺公费条例》“报恩寺”条，“条约”条，第 817—818、825—826 页。

③ 《佛光大辞典》“旃檀树”“旃檀瑞像”条，第 4120 页。

《金陵梵刹志》记载，大报恩寺内除了500名牒僧和学僧之外，还有正式的僧人近百名。寺内的僧院共有“一百四十八房”。[①] 大报恩寺将僧人居住之处命名为“旃檀林”，无疑是希望在寺内学习、常住的僧人们正直勤奋，成长为像檀香树一样的栋梁之材。目前，该区域暂未发掘，遗存保存状况不明。

6. 方丈。大报恩寺内的方丈共有三处。《钦录集》记载了东、西两处方丈，它们丈尺相同，皆为“高二丈八尺五分，深五丈一尺八寸，长七丈五尺”。[②]2015年，在大报恩寺遗址十八号井（J18）之中，出土一件白瓷碗，碗底有墨书铭文“东方丈”，应为明代东方丈内使用的器具，进一步佐证了上述记载。[③]（图85）不过，葛寅亮在《金陵梵刹志》记载：“中方丈七楹、左方丈六楹、右方丈八楹。”[④] 表明共有三处方丈。我们推测东、西两处方丈应为永乐—宣德时期所建，而中方丈有可能是后期加建。

三处方丈在《大报恩寺全图》上皆有表现，但是都未做文字标识。根据《大报恩寺全图》，在库司南侧、紧邻“禅堂大门”牌坊处有一处院落，院内建筑呈“门”形分布，主屋坐东朝西，两侧有厢房，总计约有七间，推测该院落为“中方丈”。该处地点破坏严重，考古发掘中未能发现中方丈的建筑基址。（图86）

根据《钦录集》的记载，东、西方丈的主体皆为较大体量的单体建筑。在《大报

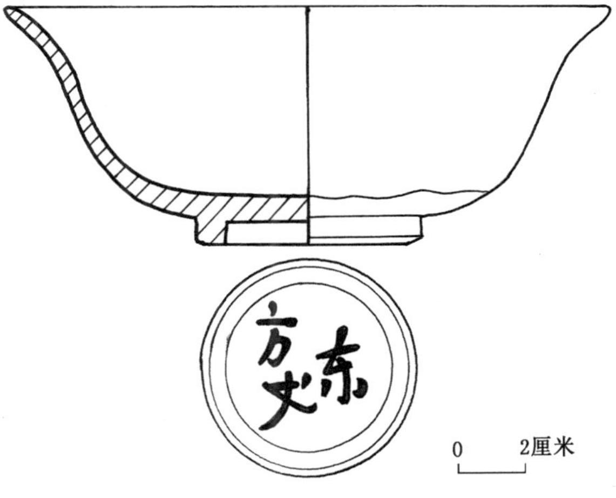

图85 J18出土的白瓷碗（J18②：5）及底部墨书铭文

① 《金陵梵刹志》卷三十一，第482页。

② 《金陵梵刹志》卷二《钦录集》“宣德三年”条，第91页。

③ 杨平平：《南京大报恩寺遗址J18、J25发掘简报》，《东亚文明》第4辑，北京：社会科学文献出版社，2023年，第328页。

④ 《金陵梵刹志》卷三十一，第482页。

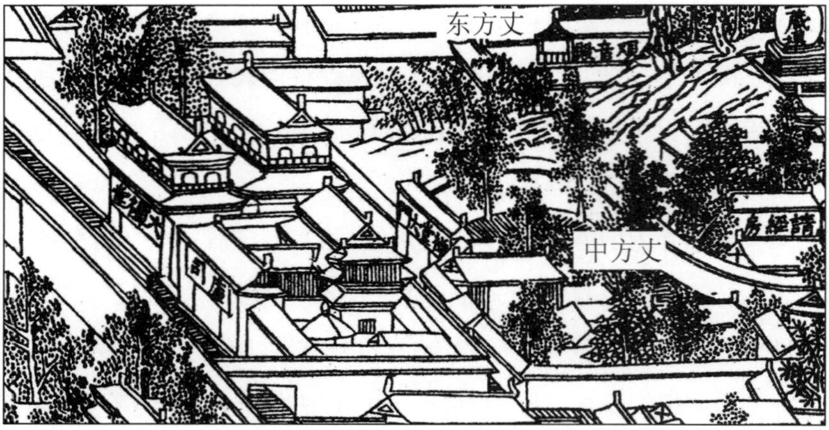

图 86　中方丈、东方丈的推测位置

恩寺全图》上，在南区观音殿的正东部，露出两座房屋的顶部，一座东西走向，一座南北走向，推测此组建筑可能是东方丈，房舍总计有六间；在南区的最西部，紧邻南山门，分布有两座较大型的建筑，皆为东西朝向，一字排列，推测此组建筑可能为西方丈，房舍总计有八间。（图 87）东方丈所在地现为晨光集团厂区，西方丈所在地现为应天大道占压，皆未能发掘。这两处方丈的建筑格局，有待今后条件具备后由考古工作进一步核实。

方丈是寺院住持等僧职人员居住和办公的场所。《金陵梵刹志》记载，明代大报恩寺额设“僧官一员，大住持二名”，僧官按惯例担任南京僧录司“右觉义”之高职。[①] 这三人很可能分住于三所方丈之中。

图 87　南山门、中官驻地、西方丈的相互位置

① 《金陵梵刹志》卷五十一《各寺公费条例》“报恩寺”条，第 817 页；《金陵梵刹志》卷三十一，第 482 页。

7. 中官驻地。在藏经殿南侧有一个坐东朝西、前后三进的封闭式院落。（图87）在《大报恩寺全图》上有描绘，但是没有标识建筑名称；《金陵梵刹志》也没有对此组建筑给予说明。但是根据记载可知，明代大报恩寺内驻有宦官，额定“提督一员，司香五员”。[①]他们代表朝廷对大报恩寺进行监管，在寺内享有很高的地位，他们在寺内的驻地无疑会占据较好的位置。我们推测，藏经殿旁的这处院落很可能就是驻寺宦官的住所兼办公地点。清代取消内监驻寺制度之后，该区域在《折疑梵刹志》上被标记为“藏经殿”。[②]该区域近现代破坏严重，建筑基址已不存。

8. 南山门片区。南区的西南部为丘陵地带，文献中统称为南岗。南岗包括两座山体，可称为前山和后山。围绕这两座山体，分别建有围墙，形成两个不规则的区域。在前山北侧，根据《金陵梵刹志》卷三十一的记载，自西向东依次设置了：“正门（一楹），韦驮殿（一楹），正佛殿（三楹）。”[③]西方丈也在此片区内，位于前山西麓，紧邻正门。该区域的正门被称为“南山门”，我们因此将该区称为“南山门片区”。区内的正佛殿于2019年得到发掘确认，编号为F30，面阔三间，进深为两间，长11.66米、深8.42米。（图88）

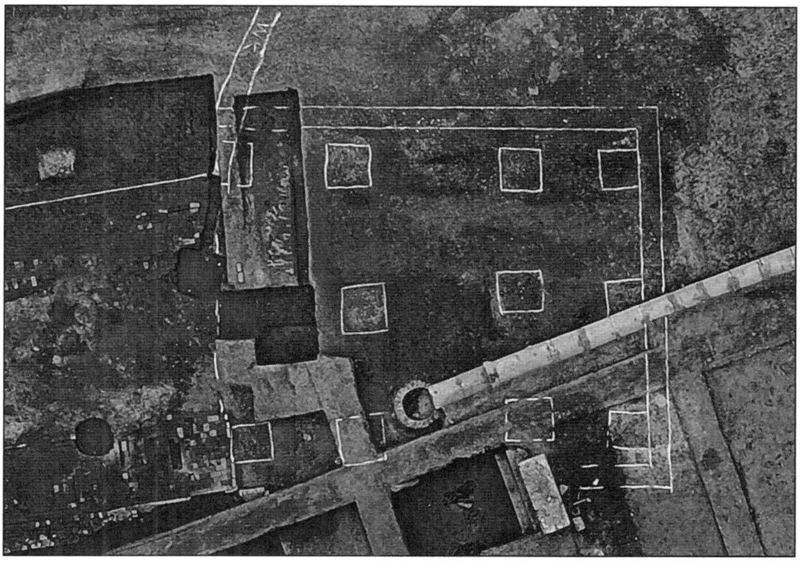

图88 2019年考古发现的正佛殿（F30）基址

① 《金陵梵刹志》卷五十一《各寺公费条例》“报恩寺”条，第817页。

② 〔清〕释悟明撰：《折疑梵刹志》卷首所附《大报恩寺图》，南京：南京出版社，2013年，第34页。

③ 《金陵梵刹志》卷三十一，第482页。

9. 三藏殿（禅堂）片区。依托南岗的后山，大报恩寺在其西麓、东麓和南麓建造了多处建筑设施，其中最主要的是分布于西麓的三藏殿建筑群，因此这一片区被统称为“三藏殿片区”。三藏殿建筑群由山门（一楹）、正殿（三楹）、后殿（五楹），以及两侧十楹厢房组成。三藏殿建筑群之后，就是位于后山顶部的三藏塔。（图 89）

图 89　三藏殿（禅堂）片区

万历时期，时任南京礼部祠祭司郎中的葛寅亮在南京八大寺中恢复禅堂，将三藏殿改称为禅堂。他在《八大寺重修禅、律堂及赡田僧碑记》中写道：“琉璃九级而高瞰，窣堵三藏而下峙。请经之室，腋连讲坛，堂之于报恩也。”[①] 改为禅堂后，三藏正殿被称为禅堂正殿，后殿被称为“十方堂”。另外，为了方便全国各地僧众来大报恩寺请经，葛寅亮在禅堂北侧修建了请经房，用于接待、洽谈请经事宜；在后山南麓新建了“斋堂二楹、静室二楹、请经僧房七楹、厨库等房七楹”，[②] 为请经者提供食宿。这些建筑都属于禅堂的一部分。在后山的东麓，设置有观音殿和东方丈。目前，后山东麓和南麓的建筑分别被厂区和道路占压，皆未能开展考古工作。大报恩寺被毁后，三藏殿建筑群的正殿和后殿于清末至民国时期得到复建，保存至今。

三藏殿片区位于整个南区的核心，占地面积最大，建筑数量最多，并且承担了多项功能：第一，供养三藏塔、供养玄奘法师顶骨舍利；第二，接待前来大报恩寺的各地请经者；第三，据《折疑梵刹志》记载：“三藏殿建自前明，原云游诸僧挂锡之所。”[③]

① 《金陵梵刹志》卷十六所录《八大寺重修禅、律堂及赡田僧碑记》，第 336 页。
② 《金陵梵刹志》卷三十一，第 482 页。
③ 《折疑梵刹志》凡例，第 44 页。

可见这一区域一向被用来接待游方僧侣，因此三藏后殿才被称为“十方堂”；第四，葛寅亮称“请经之室，腋连讲坛”，说明三藏殿（禅堂）经常作为高僧讲经说法的场所，是大报恩寺发挥“讲寺”功能的又一体现。

综合以上各片区所述内容，我们绘制了南区建筑分布示意图，以期更加清晰地揭示明代大报恩寺南区的建筑分布格局（图 90）。通过此图我们可以看到，大报恩寺南区也存在一条明显的东西走向的轴线，它从南山门开始，经韦驮殿、正佛殿，以三藏殿建筑群为核心，至三藏塔达到顶峰，再延续至后山东麓的观音殿、东方丈，实际上构成了一座形制基完整的寺院布局。南区的这条轴线与北区轴线并列，使大报恩寺形成了一寺双轴的独特格局，如同两寺整合为一寺一般。

前文已述，明代大报恩寺的主要功能是为皇室服务，乃是“朝廷家佛堂”，因而总体上并不对外开放，尤其是北区。为此，明宪宗还专门为大报恩寺下达了护寺敕令。但是大报恩寺南区，尤其是三藏殿区域却明显是对外开放的，不仅允许十方僧众前来挂单修行，而且接待社会人等前来请经，与北区封闭管理的方式迥然有别。应该看到，大报恩寺一寺双轴，两寺合一的布局特征，为这种管理与运行方式提供了重要基础。

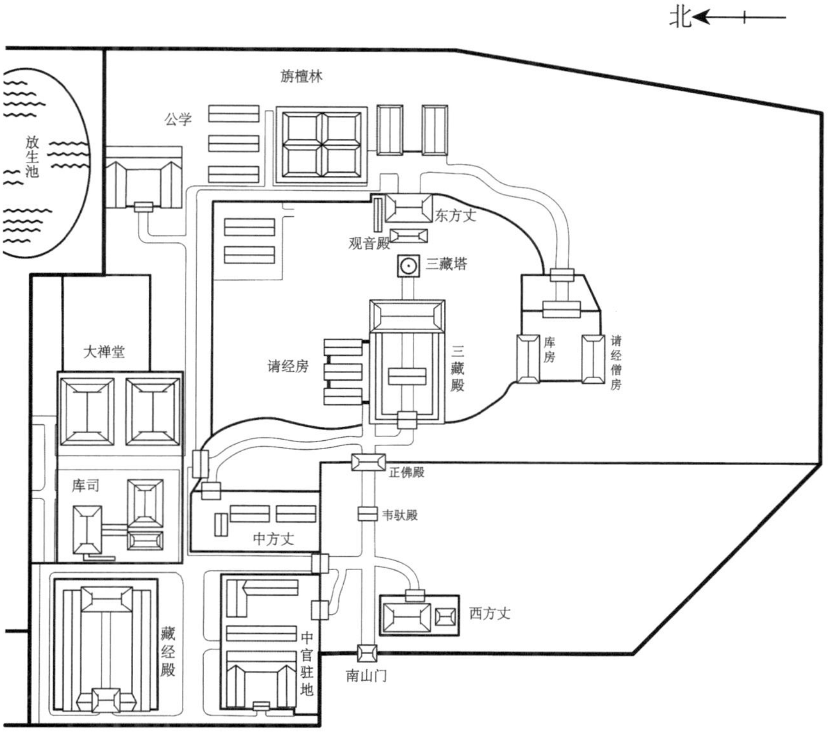

图 90　明代大报恩寺南区建筑分布示意图

表5　大报恩寺南区部分建筑一览表

殿堂名称	开间数	《钦录集》记录的丈尺	换算为现代公制（米）	实测丈尺（米）	备注
大禅堂	面阔五间 进深四间	高四丈三尺五寸，深六丈四尺，长十一丈二尺	13.70 20.16 35.28	深：20.2 长：35.30	此为大禅堂前殿的丈尺，后殿破坏较严重，规格与前殿相同
厨房（香积厨）	面阔七间 进深三间	高三丈三尺四寸，深五丈六尺三寸，长十一丈九尺	10.52 17.73 37.49	深：14.4 长：37.6	以柱间距测算进深 14.4 米，以基槽间距测算进深 17.6 米
库房（韦驮殿）	面阔七间 进深三间	高二丈八尺一寸，深五丈一尺八寸，长七丈五尺	8.85 16.31 23.63		因现代道路占压，未发掘完全，暂无实测数据
经房（藏经殿）	主殿：面阔五间；进深四间；前殿：面阔三间，进深四间；贮经廊：共计 38 间	主殿：高二丈三尺五寸，深三丈五尺，长七丈二尺	主殿：7.40 11.03 22.68	主殿：深 11.04，长 22.72；前殿：深 9.5，长 13.85；贮经廊每间：深 5.2、宽 4.2	两侧的贮经廊各有 19 间，总计 38 间
东方丈（左方丈）	面阔六间	高二丈八尺五分，深五丈一尺八寸，长七丈五尺	8.83 16.31 23.63		《金陵梵刹志》记载面阔为六间。现被晨光厂区占压，暂未发掘。
西方丈（右方丈）	面阔八间	高二丈八尺五分，深五丈一尺八寸，长七丈五尺	8.83 16.31 23.63		《金陵梵刹志》记载面阔为八间。现为道路占压，暂未发掘
三藏殿（十方堂）	面阔五间 进深三间	高二丈六尺五寸，深四丈三尺，长五丈五尺	8.34 13.55 17.32	深：13.6 长：17.4	清末重建，保存至今。现为南京市级文物保护单位
正佛殿	面阔三间 进深两间			深：8.42 长：11.66	2020 年考古发现

第十章　大报恩寺的核心——琉璃塔

琉璃塔是大报恩寺中最重要、也最知名的建筑，在海内外均享有盛誉。本章根据中外丰富的文献记载，并且利用最新的考古成果，对琉璃塔的建造方法、高度、结构、装饰特色，以及承担的功能等相关问题进行梳理和讨论。

第一节　琉璃塔的建造方法及与圣感塔的关系

明成祖朱棣在《御制大报恩寺左碑》中称："重造浮图，高壮坚丽。"但是重造的具体过程和细节并无说明。在此问题上，考古发现的实物证据给予关键性的补充。

通过勘探和发掘，考古工作者在明代大报恩寺北区的中轴线上、在明代大殿和观音殿基址之间，发现并确认了一座塔基与地宫遗迹。它们就是前文介绍的、始建于北宋大中祥符二年（1009）的天禧寺圣感塔塔基与地宫。在该塔基的外围，考古工作者还发现一座大型"鹰架"遗迹。（图91）鹰架是我国古代对建筑用脚手架的称谓，明代王恕在《督修孝陵查算工料数目奏状》中写道："看得孝陵殿宇门庑碑亭等项俱已装修完备，惟明楼已抓缚鹰架未曾拆修。"①清人孙锦标在其《通俗常言疏证》中亦称："今人搭造高架以造屋者，亦云搭鹰架。"②

鹰架是修建大型建筑重要的辅助设施，对于高塔的建造尤为关键。《中国古代建筑技术史》对于建塔鹰架的技术要求有过分析："从各种工程看来，筑塔所用脚手架比较特殊。它所达到的高度最高，需起吊的构件甚重（刹杆及金属构件），高则风力

---

① 〔明〕王恕撰：《王端毅奏议》卷六，景印《文渊阁四库全书》第427册，第566页。

② 〔清〕孙锦标撰：《通俗常言疏证》卷六《宫室》"鹰架"条，北京：中华书局，2000年，第73页。

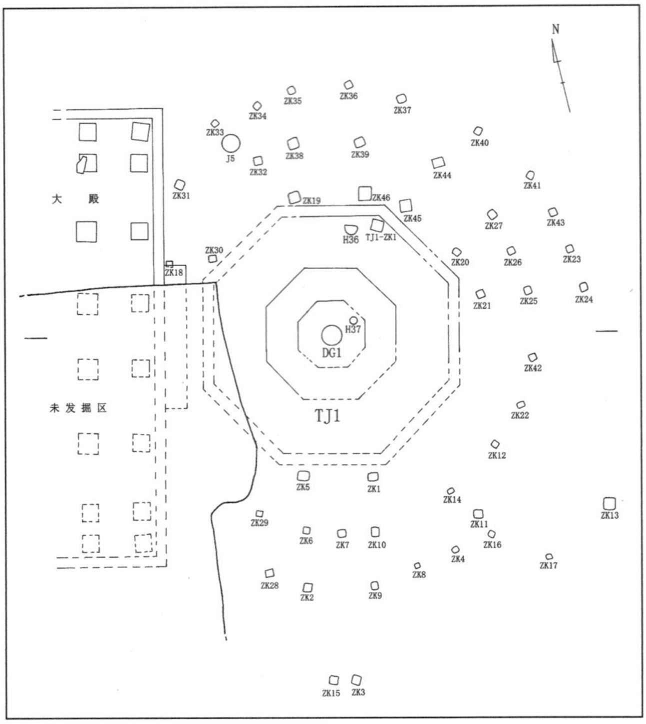

图 91　明代建塔鹰架与北宋塔基与地宫关系示意图

甚大，不易稳定。因此筑塔所用脚手架是要求较高、技术较复杂的一种。”①关于建塔鹰架，在我国的历史文献中记载极少，但是实物证据却相当丰富。这种实物证据就是古塔表面上下各层有规律排列的或矩形或方形的洞眼，它们是建塔时横向插杆搭建脚手架的明证。张驭寰通过实地调查我国现存不同时代古塔表面的排洞情况，总结出我国古代建塔鹰架的多种形式，并且提出了一个重要论断:“我国塔施工时运用脚手架，有实物可查的从北魏嵩岳寺塔开始到清代的造塔为止，1500 年的时间里一直运用脚手架施工。”②目前，嵩岳寺塔是否为北魏所建学界存有争议，有学者考证该塔建于唐开元二十一年(733)。③因此，虽然我国建塔鹰架的出现能否追溯至北魏时期尚有疑问，但是自唐代以降，我国在塔建工程中广泛运用鹰架技术已是公认的事实。不过，以往发现的建塔鹰架的遗迹仅限于塔身孔洞一项，从未在地面上发现相关遗存。此次大报恩寺遗址发现的这座鹰架（编号为 YJ1），是我国首次于地面上发现的古代建塔鹰架

① 中国科学院自然科学史研究所主编:《中国古代建筑技术史》第十四章第五节《脚手架》，北京：科学出版社，2000 年，第 520 页。

② 张驭寰：《中国塔》第八章第十四节《施工脚手架》，太原：山西人民出版社，2000 年，第 227 页。

③ 曹汛：《嵩岳寺塔建于唐代》，《中国建筑》1996 年第 6 期。

遗存，填补了考古发现的空白，对于中国古建史，尤其是建塔史的研究，具有重要价值，对于琉璃塔建造过程和方法的研究更具有直接的意义。

本次发现的鹰架遗迹由46个柱坑组成，它们呈放射状围绕圣感塔的塔基分布，内外四层，最外层柱坑圈的直径达到78.6米。每个柱坑的内部结构相同——最底部放置一块石板，石板上原先竖有木柱，在木柱周边用一层土、一层碎砖瓦片的方式夯筑填实；工程完成后，木柱被拔出，木柱留下的柱洞再次用一层土、一层碎砖瓦片的方式填平，从而在每个柱坑内都留下了“二次填充”的现象。柱坑所用的夯筑与填充材料包含琉璃瓦碎片，与永乐时期大报恩寺大殿台基的夯筑材料相同。（图92）

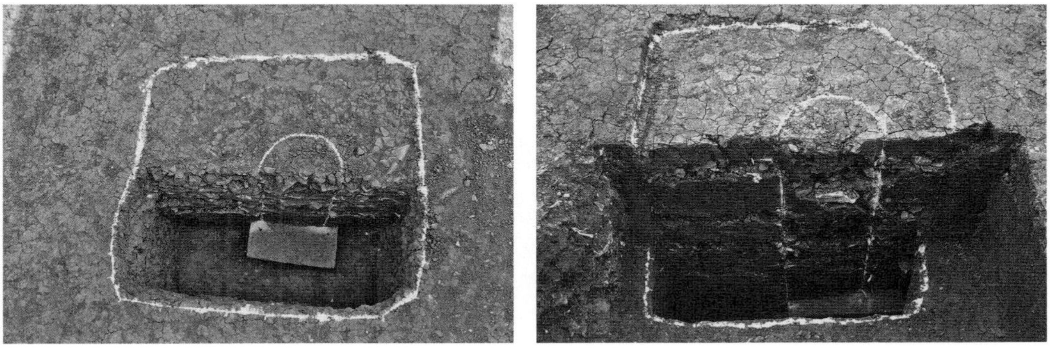

图92　鹰架柱坑的内部结构（ZK5与ZK28）

这46个柱坑紧紧围绕塔基分布，说明它们对于塔基有依附性；柱坑底部放置的石板说明它们的基本功能是承重；柱坑内部的“二次填充”现象说明它们具有临时性，完成使命后，原有的木柱被拔除，地表恢复平整。通过对这批柱坑排列方式和内部构造的分析，考古队判定这批柱坑是建塔鹰架遗存。而柱坑中使用的琉璃瓦碎片说明，这批柱坑的时代与大报恩寺建造年代相同，为永乐至宣德时期。因此综合判断，这座鹰架应为明代修建琉璃塔时所搭建的鹰架。①

YJ1的发现及确认，对于揭示琉璃塔的建造过程和方法有重要作用。该鹰架紧紧围绕宋代塔基分布，说明朱棣所说的“重造浮图”，是先将经火损毁的圣感塔上层建筑拆除，然后于原址重建新塔。新塔建造之时，沿用了宋代以来的塔基与地宫，未予改动，因此圣感塔的塔基与地宫就是明代琉璃塔的塔基与地宫。

① 对于鹰架的具体介绍与考证，请参见南京市考古研究所：《南京大报恩寺遗址塔基与地宫发掘简报》，《文物》2015年第5期；以及祁海宁、周保华：《南京大报恩寺遗址塔基时代、性质与相关问题研究》，《文物》2015年第5期。

另外，以往有学者猜测琉璃塔是用壅土法建造的，比如张惠衣认为："按（琉璃塔）建筑时，不施架木，造一层，四周壅土一层，随建随壅，至九层，则亦堆壅九层，始终在平地建造，及工竣，复将所壅土除去，而塔身始现。"[①] 大报恩寺鹰架遗存发现后，上述错误认识自然可以得到纠正。

第二节　琉璃塔的高度

琉璃塔建成之后成为南京地区明清两代最高的建筑物，从塔顶可以俯瞰全城。琉璃塔的高度在《金陵梵刹志》卷二《钦录集》中有清楚明确的记载，本不应有疑义。然而明清以来，众多涉及此塔的记、传、诗文对塔高给出了不同的说法，有的甚至出于重要学者之手，导致在此问题上众说纷纭，因而有必要进行分析与澄清。

总的来看，关于琉璃塔高度的记载可分为虚称和实指两大类：所谓"虚称"，是指叙述者为了突出强调琉璃塔之高而夸大其词，所说高度与实际相差甚远。在明清两代文人的诗歌和游记中此类情况甚多，比如康熙南巡时所作的《登报恩寺浮图》称："涌地千寻起，摩霄九级悬。琉璃垂法相，翡翠结香烟。"[②] 另一位清代诗人梦麟所作《登长干浮图绝顶放歌》更为狂放："脱我薜荔之衣、切云之冠，翱翔何必清霜翰。贾勇直上二千尺，微躯径造青云端。"[③] 清初王士祯在其游记《雨登木末亭记》中也有类似描述："冒雨登木末亭……回顾烟岚蓊郁，萦青缭白；城关峰峦、江渚林木皆入空蒙。惟长干塔百仞，耸立亭左。"[④] 在诗文中使用夸张的修辞手段是文字创作的需要，因此上述"虚称"一般不会令人产生误解。

所谓"实指"，是指叙述者以实事求是，或者貌似实事求是的态度所提供的塔高数据。这种数据主要有三种，即"百丈说""三十二丈说"和"二十四丈说"：

"百丈说"的源头是陈沂和葛寅亮。陈沂字鲁南，号石亭，正德十二年（1517）进士，著有《南畿志》《金陵古今图考》《金陵名山记》《献花岩志》等多部著作，是明代

① 《金陵大报恩寺塔志》卷首《江南报恩寺琉璃宝塔全图》所附说明。

② 〔清〕玄烨撰：《登报恩寺浮图》，载于《江南通志》卷首二之二，景印《文渊阁四库全书》第507册，第88页。

③ 〔清〕梦麟撰：《大谷山堂集》卷五《登长干浮图绝顶放歌》，《续修四库全书》第1438册，上海：上海古籍出版社，2012年，第413页。

④ 〔清〕王士祯撰：《带经堂集》卷四十二《雨登木末亭记》，《清代诗文集汇编》第134册，上海：上海古籍出版社，2010年，第336页。

南京著名的史志学家。他所作的《报恩寺琉璃浮图记》（简称《浮图记》），被誉为琉璃塔三大名篇之一。[①] 该文详细介绍了琉璃塔修建经过，宝塔的主要特征，是后人了解琉璃塔的关键史料之一。但是它在介绍琉璃塔高度时却说："……为大浮图，下周广四十余寻，重屋九级，高百丈。"按明代一尺等于31.5厘米计算，塔高百丈等于315米，相当于现代百层高楼。这一严重失实的记载令此文白璧微瑕，在当时就遭到有识者的批评。[②] 与陈沂类似，葛寅亮在《金陵梵刹志》卷二中记载了琉璃塔的准确丈尺，但是他却在该书卷三十一中写道："至浮图之胜，高百余丈，直插霄汉。五色琉璃合成，顶冠以黄金宝珠，照耀云日。"[③] 受上述记载的误导，清代学者施闰章在《书报恩寺浮屠事》中写道："金陵报恩寺伟丽第一，……造五色琉璃塔九级，高百余丈，周四十寻。"[④]《钦定大清一统志》卷五十二 "大报恩寺条"记曰："大报恩寺在江宁县城南一里……规模宏壮，塔高百余丈。"[⑤] 如此以讹传讹，琉璃塔高百余丈竟然成为一个流传颇广的数据。

"三十二丈说"来源于清代中期以后绘制的《江南报恩寺琉璃宝塔全图》（以下简称《塔图》）上的文字说明。其中写道：

> 古志：金陵聚宝门外浮图一基，古来一刹，内有阿育王塔，由来已久。孙吴大帝赤乌三年始建寺院，……后大唐高宗显庆年广修庙宇，改曰天禧寺。宋太祖乾德年改为慈恩旌忠寺。元顺帝火毁。迨至大明永乐十年北迁，因欲报高皇帝深恩，于六月十五日午时起工，至宣德六年八月初一日完工，共十九年。敕工部侍郎黄立恭依大内图式，造九级五色琉璃宝塔一座，曰"第一塔"，以扬先皇、太后之德。其塔高三十二丈九尺四寸九分……[⑥]

---

① 〔明〕周晖撰：《金陵琐事》卷三"宝塔文章"条称："报恩寺宝塔有三篇名笔：陈石亭文、盛云浦赋、淡园焦先生化缘疏。"南京：南京出版社，2007年，第117页。

② 《客座赘语》卷七"报恩寺塔"条评价道："陈太史鲁南《琉璃塔记》曰：'广四十寻，重屋九级，高百丈，外旋八面，内绳四方。'似过其实，而文甚奇丽可重也。"第229页。

③ 《金陵梵刹志》卷三十一，第482页。

④ 〔清〕施闰章撰：《学余堂文集》卷二十七，《清代诗文集汇编》第67册，上海：上海古籍出版社，2010年，第234页。

⑤ 〔清〕官修：《钦定大清一统志》卷五十二《江宁府三》，景印《文渊阁四库全书》第475册，台北：台湾商务印书馆，1986年，第67页。

⑥ 《塔图》收载于金陵关税务司编：《金陵关十年报告》，南京：南京出版社，2014年，第11页；《塔图》中的文字说明可参见〔民国〕张惠衣：《金陵大报恩寺塔志》中的录文，南京：南京出版社，2007年，第120—121页。

《塔图》现已发现多个版本（图72、图93），但无论哪个版本，所附文字是一致的。从上面所引的部分内容可见，这篇以“古志”为名的说明文字，几乎所有的记载皆与史实不符，基本上属于胡乱编造。因此，《塔图》所称塔高“三十二丈九尺四寸九分”（约合103.79米）的记载不能采信。

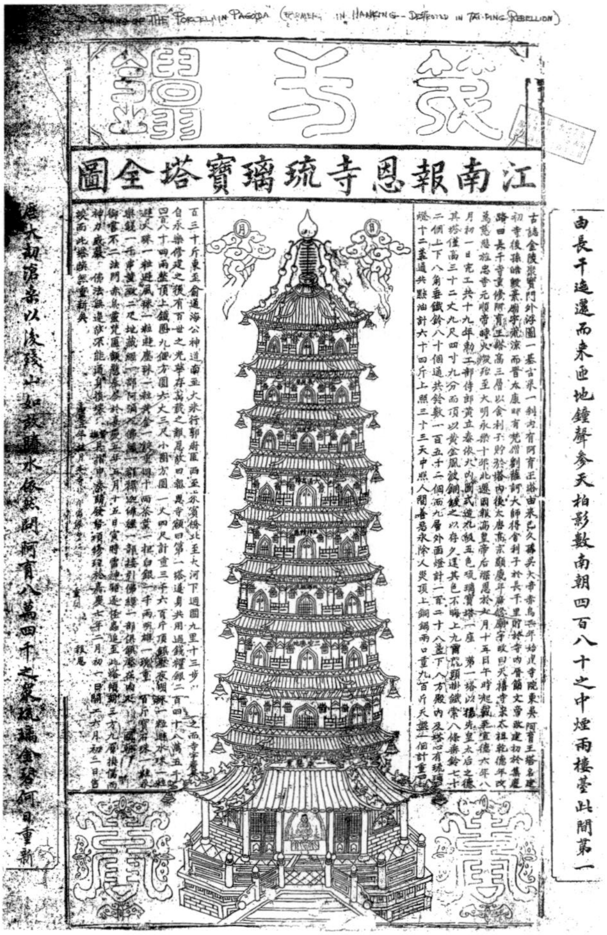

图93　南京市城建档案馆收藏的《江南报恩寺琉璃宝塔全图》

“二十四丈说”记载于《金陵梵刹志》卷二《钦录集》，数据源自太监尚义向明宣宗的奏报：“宝塔丈尺：宝塔一座，九层。通高地面至宝珠顶二十四丈六尺一寸九分。地面覆莲盆，口广二十丈六寸。”[①] 此条记载来源可靠，同条中大报恩寺其他建筑的丈尺数据，经过考古发掘皆已得到证实（表4），因此该条对于塔高的记载是最为可

① 《金陵梵刹志》卷二《钦录集》“宣德三年”条，第91页。

信的。除此之外，明代顾起元的《客座赘语》和清代释悟明的《折疑梵刹志》也有相同的记载。[①]按明代一尺等于31.5厘米计算，琉璃的真实高度应为77.55米，约合78米。

另外，《大英百科全书》第9版对塔高的记载为“约260英尺”。[②]1842年鸦片战争期间，英军曾进军江宁，逼迫清政府签订中英《江宁条约》，在此期间大量英军官兵曾参观琉璃塔（详见后文），《大英百科全书》中琉璃塔高度的数据很可能来自英国人于现场的实测。按1英尺＝0.3048米换算，260英尺应为79.2米，其与《钦录集》记载的塔高数值非常接近，从而进一步证明了“二十四丈说”的可信性。

第三节 琉璃塔的建筑结构

从《塔图》可以看出，琉璃塔坐落于一个八边形、须弥座式的高台之上。陈沂《浮图记》称：“连大宫后，叠玉砌数级，上为五色莲台，座高拥寻丈。”释悟明《折疑梵刹志》卷二“宝塔丈尺“条（以下简称为《折疑记》）记载：“（一层）塔身连须弥座底，共高四丈一尺三寸六分。”[③]1816年随阿美士德使团来到南京的英国人克拉克·阿裨尔（Clarke Abel），在其所著《中国旅行记》中记载：“塔的底座建在砖砌的巨大塔基上，距地面10英尺，四周有12层阶梯。”[④]同样，1842年鸦片战争期间到达南京的英国军官柏纳德（William Dallas Bernard）在其所著《“复仇神”号轮舰航行作战记》中记载：“塔身是建筑在一座坚实的砖石基础上，高出地面大约有十英尺。从地面进入拱门，要跨上十二级的石级。”[⑤]考古发掘揭示的塔基平面内外五层结构中，最外层的基槽即是这座砖砌高台的边沿，其对角最大径为31.8米。[⑥]根据克拉克·阿裨尔等人的记载，这座高台为砖石砌筑，高约10英尺，即3.05米。

琉璃塔采用中国传统的楼阁式塔结构，塔身九级八面，外部呈八边形，内部为四

---

① 《客座赘语》卷七“报恩寺塔”条，第229页；《折疑梵刹志》卷二“宝塔丈尺”条，第189页。

② 《金陵大报恩寺塔志》之《杂缀》“古志”条，第120—121页。

③ 《折疑梵刹志》卷二“宝塔丈尺”条，第189—205页。以下引用皆同，不再详注。

④ ［英］克拉克·阿裨尔著，刘海岩译:《中国旅行记（1816—1817）——阿美士德使团医官笔下的清代中国》，上海：上海古籍出版社，2012年，第149页。

⑤ ［英］威廉·达拉斯·柏纳德著，卢彦名选译：《“复仇神”号轮舰航行作战记》部分涉及南京的章节，收录于《金陵物语》，另起标题为《关于南京及瓷塔、明孝陵等古迹的记述》，南京：南京出版社，2014年，第49—54页。以下所引皆同。

⑥ 南京市考古研究所：《南京大报恩寺遗址塔基与地宫发掘简报》，《文物》2015年第5期。

边形。塔身直径并非上下一致，而是逐级内收，使整体造型挺拔秀丽。塔身外部每一级每一面皆设拱门，但四实四虚，只有位于四个正方向上的拱门可以出入。《浮图记》对此记称："重屋九级，高百丈，外旋八面，内绳四方，外之门牖，实虚其四。"克拉克·阿裨尔则记载："这建筑物是八角形的，大约有二百尺高，分为九层。最下一层的圆径是一百二十英尺，因此八角的每一面是十五英尺。这圆径每上一层就缩小若干，不过每一层的高度都是一样的。"

塔的底层外部建有一圈回廊，建筑上称为"副阶"，明代称之为"覆莲盆"和"护塔廊"，清代称作"八方殿"。《金陵梵刹志·钦录集》所记宝塔丈尺中称："地面覆莲盆，口广二十丈六寸。"指这一圈回廊的总长为二十丈六寸，合63.19米，每一面的宽度为7.9米；《折疑记》记曰："绕塔八方殿内，地面至檐口高二丈三尺；……殿内八方，每方阔三丈二尺六寸，接塔深一丈五尺。"按释悟明的记载，八方殿每一面的宽度为10.3米，进深为4.7米。嘉靖四十五年（1566），大报恩寺火灾曾经烧毁护塔廊，万历时期由僧人雪浪主持重建。重建时，很可能扩大了护塔廊的面积。1691年，来到南京的法国传教士李明（Louis Daniel Le Comte）在所著《中国近事报道》中对副阶也有记述："这座塔是八边形，宽约40法尺，所以每面为15法尺，塔身外距离约5米处修了同样形状的围墙，在围墙的不高的地方，有一个琉璃瓦的屋顶，像是从塔里长出来似的，并在墙下形成了一个相当清洁的走廊。"①

从第二至第九级，塔身外设有观景走廊，释悟明将其称作"飞沿"，建筑学上称之为"塔身平座"，其宽度逐级收窄。平座的外侧设琉璃质地的栏杆。《折疑记》记载，第二层塔外"每方琉璃砖栏杆连下脚飞沿，通阔二丈二寸"；至第九层时，塔外"每方琉璃砖栏杆连下脚飞沿，通阔一丈二尺二寸"。1842年鸦片战争期间来到南京的英军上校约翰·奥特隆尼（John Ouchterlony）对琉璃塔进行过相当细致的观察，他如此描述塔外的平座："（塔身）门外是露天平台，环绕在塔身四周，边缘与一根精巧的绿色瓷柱相接。平台用平整的方砖铺就，上面绘制着各种奇特的图案，色彩纷呈。"②

从第二至第九级，每一级的上部皆设有挑檐，与下部的平座一样，逐级内收。在

① ［法］李明著，郭强、龙云、李伟译：《中国近事报道（1687—1692）》中的第三封信《致富尔斯登堡主教大人》，郑州：大象出版社，2004年，第88—89页。以下所引皆同。

② ［英］约翰·奥特隆尼著，卢彦名选译：《对华作战记》第三十七章，入选卢海鸣、邓攀主编：《金陵物语》，另起标题为《舰队抵达南京》，南京：南京出版社，2014年，第60—70页。以下所引皆同。

每一个檐角之下悬挂铜铎。李明记载："塔身共九层，各层在窗子起始线处修有挑檐，并以相似的屋顶以区别于走廊的屋顶，它们几乎不怎么向外突出，因为屋顶没有第二座墙支撑着。随着塔的升高，变小，它们也同时变得更小了。"奥特隆尼也记载："每层宝塔顶端都延伸出短小的屋檐，……屋檐末端向上翘起，这是中式建筑的典型特征。在屋檐最末端悬挂着一个风铃，高约 8 英尺，宽约 6 英尺，用双纽线悬挂在角梁下。"

从《塔图》上可见，第二至第九级每面拱门的两侧上方，各设一个拱形小窗，专门用于点灯，可称为"灯窗"。该项设计在中国其他楼阁式塔上极为罕见，增加了塔身的建造难度，但是实现了琉璃塔燃点长明灯的特殊需要。《浮图记》记曰："悬十有六牖于八隅门，……明牖以蚌蛎薄叶障之，罥出楹外，凡百四十有四。昼则金碧照耀云际，夜则百四十有四篝灯，如火龙自天而降，腾焰数十里。"陈沂的描述极为精彩，但略有错误。琉璃塔的首层并未设此灯窗，仅二至九层有此设置，全塔上下共设 128 个灯窗，燃灯 128 盏。《折疑记》在第二级的说明中有较为详细的记载：

> 塔内明门四面券墙内，左右壁上各有小券门，曲通长方小洞二个。一个在明门旁，一个在暗门旁。外罩铁架，明瓦灯各一盏，悬于塔外。在墙洞内燃灯，八方共灯一十六盏。此级至九级俱照一样，共灯一百二十八盏。

通过此段记载可知，塔内四壁拱门两侧各有一个小券门，每个券门分别联通塔外两个灯窗，灯窗外罩铁架，窗内放置用蚌壳磨制的明瓦灯一盏，每层共 16 盏，8 层共 128 盏。不过，悟明的记载没有解释清楚塔内券门联通塔外灯窗的作用，是用于通风、加油，还是为了让悬挂于塔外的灯盏也能给塔内照明？张惠衣对于塔上燃灯之事也有记载："灯盏蜊壳制成，内置油盘，灯芯直径盈寸，附有机栝，燃时引入檐内，既则旋机使出，不劳攀援也。"[①] 此说史料来源不明，仅供参考。奥特隆尼也观察到了塔上的明瓦灯，他记载道："每一面墙上还挂着一个灯笼，灯笼是轻巧的木质结构，由牡蛎壳般的薄片制成。知情人告诉我们，在节庆场合，主管宝塔的僧侣会点亮所有的灯笼。我们可以想象，那幅景象定是无比的金碧辉煌，美轮美奂。"

琉璃塔顶部结构复杂，以巨大的刹柱串联仰覆莲形状的铁质承露盘、相轮、最顶部装设金黄色的宝珠。刹柱用八根铁链与塔檐各角相连，铁链上悬挂铜铃。《浮图记》对此记载："尽九级之上为铁轮盘，盘上相轮叠起数仞，冠以黄金宝珠，顶维以铁纤，

① 《金陵大报恩寺塔志》卷首《江南报恩寺琉璃宝塔全图》所附说明。

坠以金铃。"《折疑记》记载："（第八级）地面上对角安大横木二根，中载塔心柱一根，直至宝珠顶，共长七丈五尺三寸七分。""塔顶高一丈一尺，圆二丈三尺六寸，（宝珠）径八尺，风波铜镀金。"《塔图》对塔顶也有记载："顶以黄金风波铜镀之，以存久远，其色不晦。上九霄龙头，挂铁索八条，垂铃七十二个……顶上铜锅二口，重九百斤，天盘一个，计重四百三十斤……顶上铁圈九个，大圈方圆六丈三尺，小圈方圆一丈四尺。计重三千六百斤。"此条记载可对塔顶的装置提供参考，但具体数据皆不可信，比如其所说大圈方圆达到六丈三尺，是《折疑记》记载的塔顶直径的近三倍，明显属于编造。

外国人对琉璃塔顶部的设计同样很关注，比如李明记载："屋顶架也是该塔的一个美丽之点，这是一个粗大的桅杆，它从第八层的地板竖起，一直向上伸出塔外，有30多法尺高。它像是插入同样高度的、车成涡形、离轴几法尺远的铁板里，铁板在空中形成一个光线可透过的镂空的圆锥面，在锥面的顶点上放置有巨大的金色球体。"奥特隆尼记载："宝塔塔顶像高高地盖着一件大兜帽，或者说是由瓦片和木头建成的金字塔结构。塔尖是一个镀金的凤梨，许多作家都曾被它的美丽所迷惑，以为它是纯金的。长长的铜链上缀满了小球，从顶端垂下落在屋顶上。有许多同心金属环环绕在塔顶各端，铜链以别具一格的方式穿过了这些金属环。宝塔用一根巨大的圆材或树干加固，据我们所知，圆材是一整块的，在宝塔中心占据了相当大的一部分。"

释悟明《折疑记》中所说的"风波铜"，明代常称为"风磨铜"。明代吕震所撰《宣德鼎彝谱》卷一记述，宣德三年（1428）三月初三日，明宣宗敕谕工部尚书吴中："因见坛、太庙、内廷所在，陈设鼎彝式范鄙陋，殊乖古制，是以深系朕怀。今有暹罗国王剌迦满靄所贡良铜，厥号"风磨"，色同阳迈。朕拟思惟所用，堪铸鼎彝，以供郊坛、太庙、内廷之用。"[①]明陈仁锡辑录的《潜确居类书》"风磨铜"条记载："风磨、鍮鉐，黄铜似金者。我明皇极殿顶名是风磨铜，更贵于金。一云即鍮鉐也。"[②]由此可知，风磨铜是明初从暹罗（今泰国）输入的我国稀见的优质黄铜，色泽明亮似金。根据周卫荣的研究，"风磨铜"的主要成分是铜与锌的合金。[③]明初风磨铜的输入明显与郑和下西洋活动有关，输入的时间应在永乐时期。在被宣宗用于制造陈设用器之前，风

① 〔明〕吕震等撰：《宣德鼎彝谱》卷一，《丛书集成初编》，上海：商务印书馆，1936年，第1页。

② 〔明〕陈仁锡辑：《潜确居类书》卷九十三，《四库禁毁书丛刊》子部第16册，北京：北京出版社，1997年，224页。

③ 周卫荣：《关于宣德炉中的金属锌问题》，《自然科学史研究》1990年第2期。

磨铜已被永乐皇帝批准用于制作塔顶宝珠，这是该材料首次用于我国宝塔建筑装饰之上。陈沂和释悟明都称琉璃塔顶的宝珠镀金，这应该是推测。从风磨铜自身特征来看，此说未必准确，很可能就是本色使用。

塔内各层之间设有楼板，为登临的需要还安装有楼梯。《浮图记》称："浮图之内悬梯百蹬，旋转而上。"奥特隆尼记载："每层宝塔底部都有榫眼，形成一个牢固的呈放射性形状的结构。此结构支撑了楼板和楼梯，加固了相连的墙壁。"柏纳德记载："你如果要上到塔顶，要跨过至少一百九十级的楼梯，经过塔内的每一层。"

第四节 琉璃塔的内外装饰

琉璃塔能够成为中国古代建筑的杰出代表，与其在建筑装饰上取得的成功密不可分。琉璃塔的内外装饰使用了五彩琉璃、白瓷砖、石刻造像、模制佛像砖、彩绘、贴金等多种材料和工艺。琉璃烧造于南京聚宝山窑场，白瓷砖出自景德镇窑场，石材选自苏州吴县锦峰山，石材的雕刻出自御用工匠之手。而且由于该塔下大上小，每一层所用建材的规格皆不相同，建造成本和时间因而成倍提升。

更为重要的是，琉璃塔在设计和装饰中敢于大胆创新，五彩琉璃、白瓷砖，以及前文提及的风磨铜都是首次运用于我国建塔工程之中。在表现主题上，琉璃塔从北京居庸关过街塔引入了藏传佛教艺术元素"六拏具"，将它确定为全塔上下表现的核心主题。这是该元素首次运用于汉式佛塔的装饰中，实现了汉藏佛教艺术的完美结合，从而增强了琉璃塔的宗教意涵与艺术魅力。

一、琉璃塔外表对于陶瓷材料的运用

琉璃塔在外表的装饰中使用了琉璃和白瓷砖两种不同的陶瓷材料。琉璃是一种铅釉陶器，经两次烧造而成。它以陶土（普通黏土）作胎，先经高温烧制成型；再于胎体表面涂刷铅釉，用低于 800℃的低温烧制，从而形成莹润晶亮的釉面。而白瓷砖是瓷器，用瓷土（高岭土）作胎，表面施釉，经 1200℃以上的高温一次烧造完成。对于大报恩寺塔，中国人看重琉璃绚烂的装饰效果，将它称为"琉璃塔"，但是掩盖了白瓷的作用；外国人不太理解琉璃与白瓷的区别，将它们皆看作瓷器，因而将该塔称为"南京瓷塔"。这两种命名方法都抓住了该塔外表装饰的突出特征，但是严格来说都

不太准确，该塔实际上是一座五彩陶瓷塔。

（一）琉璃的使用

我国将琉璃材料用于建塔至少可以追溯至北宋时期。河南开封祐国寺塔（又称开宝寺塔）建于北宋仁宗皇祐元年（1049），是我国现存最早的琉璃塔。该塔表面全部使用铁褐色琉璃，因而又称“铁塔”。[①] 大报恩寺塔在此塔的基础上进一步创新，采用五彩琉璃，并且引入白瓷，从而实现了更好的装饰和观赏效果。对此，陈沂的《浮图记》记曰：“文皇诏天下，尽甄工之能者，造五色琉璃，备五材百制，随质成色，而陶埏为象，品第甲乙，钩心斗角，合而甃之，为大浮图。……不施寸木，皆埏埴而成。”顾起元《客座赘语》亦称：“大报恩寺塔……纯用琉璃为之，而顶以风磨铜，精丽甲于今古。”[②]“不施寸木”“纯用琉璃”虽然有所夸张，但是琉璃的使用确实是该塔最大的特色。

大报恩寺塔选择使用琉璃不仅仅是为了美观，还有安全上的考虑。该塔的前身圣感塔毁于火灾，与其采用砖木混合结构有直接关系。选用琉璃之后，虽然楼板、楼梯、塔刹、副阶等处仍然需要使用木材，但是塔檐、平座、门柱、门框等部分全部改用了琉璃，大大降低了该塔主体因火而毁的可能性。事实证明，在其后的多次火灾中，寺内其他建筑屡遭焚毁，而琉璃塔始终挺立，基本无碍。如果不是遭到人为的摧毁，该塔应该能够传承至今。

根据文献记载和考古出土的实物，琉璃全部用于大报恩寺塔的外表面，主要用在以下几个部位：第一是斗拱和屋面。《浮图记》称：“井拱翔起，光彩璀璨，覆以碧瓦鳞次。”又称：“井拱叠起皆青碧”，“榱拱则间以元朱”。由此可知，琉璃塔上的斗拱使用绿色琉璃，椽子（榱）和斗拱之间的横梁则使用了红色的琉璃构件。

中外文献都记载琉璃塔屋面使用绿色琉璃瓦，如明人王樵记载：“塔累九层，牖开八面，每层碧檐雕栏画栋。”[③] 清人郑光祖记称：“（报恩寺塔）绿琉璃九级，檐桷榱题，纯用砖砌……晴日照耀，绿色远映入雨花台海忠介公祠内书室中。”[④] 克拉克·阿禘尔记载：“塔的每一层顶部都有伸出的外檐，檐顶铺有釉色光亮的绿色

① 河南省博物馆：《祐国寺塔（“铁塔”）》，《文物》1980 年第 7 期。

② 《客座赘语》卷七“报恩寺塔”条，第 229 页。

③ 《方麓集》卷十一《金陵杂纪》“报恩寺”条，景印《文渊阁四库全书》第 1285 册，第 348 页。

④ 〔清〕郑光祖撰：《一斑录》附录《杂述一》“报恩塔”条，北京：中国书店，1990 年，该卷第 30 页。

琉璃瓦。”柏纳德也记载称：“（琉璃塔）每一层有突出的屋檐，其上铺有绿色琉璃瓦。”但是与柏纳德几乎同时参观琉璃塔的奥特隆尼却记载：“每层宝塔顶端都延伸出短小的屋檐，屋檐由金黄色的优质琉璃瓦铺就。”现存于北京故宫博物院的《康熙南巡图》，描绘了康熙二十八年（1689）玄烨第二次南巡时的情况。其中第十一卷中的“报恩寺”图，反映了康熙巡幸大报恩寺时的场景。（图94）从此图中可见，琉璃塔各层挑檐的顶面明显呈现黄色。综合上述线索我们推断，琉璃塔副阶和塔上各层挑檐的顶面，黄色和绿色琉璃瓦都有铺设，但是以绿色琉璃瓦为主，以黄色琉璃瓦剪边，与同图大殿屋顶铺瓦的情况类似。

图94　《康熙南巡图》卷十一“报恩寺”图局部（北京故宫博物院藏）

第二，是塔身平座，即二层至九层的观景走廊。从《康熙南巡图》上看，塔身平座的主基调为绿色，奥特隆尼也记载“露天平台，环绕在塔身四周，边缘与一根精巧的绿色瓷柱相接”。出土的琉璃栏杆望柱和其他构件也以绿色为主，但是望柱的边角施以黄色，说明塔身平座部分同样追求以绿色为主、黄绿相间的装饰效果。（图95）

第三，是楹柱、门槛和暗门。《浮图记》记载：琉璃塔二级至九级“楹槛皆朱”。楹指柱，槛指门槛。琉璃塔的塔身是用砖砌筑的整体，内部并无柱子的存在。但是在塔体表面的交角处，用琉璃砖装饰性地拼出楹柱，使塔体的每一面都形如一个完整的开间。塔体表面的拱门，无论虚实，皆设门槛。楹柱和门槛处应使用红色琉璃砖。另

图 95　大报恩寺遗址出土的黄绿色琉璃栏杆构件

外从《康熙南巡图》上可以看到，塔上呈关闭状态的暗门呈现红色，说明暗门处也使用以红色为主色调的琉璃构件。

第四，也是最精彩之处，是拱门的门券。琉璃塔上下共有 72 座拱门，无论虚实，每座拱门的券面皆出现六种神兽，即佛教造像背光制度中的“六拏具”。[①]（关于六拏具，会在后文详述。）《折疑记》对此有专门记载：“八面拱门外，每方门外边上正中雕画大鹏金翅鸟一个，共八个；两旁龙子龙孙二个，共十六个；羚羊二个，共十六个；青狮二个，共十六个；白象两个，共十六个。一级至九级，俱照一样。”1958 年，在距离大报恩寺遗址约 1.8 公里的窑岗村、眼香庙地区出土了数量较多的拱门构件，白象、狮子、狮羊（羊形带翼神兽）、鲸鱼、龙子、大鹏金翅鸟等六要素俱全，还发现与它们配套使用的仰覆莲座。南京博物院、南京市博物馆等文博机构先后利用这批出土构件，各自复原了一座琉璃塔拱门。使得塔毁百年之后，人们仍然能有幸目睹琉璃塔拱门的风采。（图 96）

眼香庙、窑岗村是明政府在南京设立的专门烧造琉璃砖瓦的“聚宝山窑场”所在地。[②]此地出土琉璃塔拱门构件，不仅因为它们本在此生产、就地贮存，更与明初建

① 〔清〕工布查布所撰《佛说造像量度经解》曰：“背光制，有云六拏具者：一曰伽噌拏，华云大鹏，乃慈悲之相也（鹏鸟与慈悲梵名相近，故借其音，而因以有形表示无形之义。余皆仿此）；二曰布啰拏，华云鲸鱼，保护之相也；三曰那啰拏，华云龙子，救度之相也；四曰婆啰拏，华云童男，福资之相也；五曰舍啰拏，华云兽王，自在之相也；六曰救啰拏，华云象王，善师之相也。是六件之尾语，俱是拏字，故曰六拏具。”《大正藏》第 21 册，No. 1419，第 945 页。

② 《明会典》卷一九〇记载：“洪武二十六年定：凡在京营造合用砖瓦，每岁于聚宝山置窑烧造……如烧造琉璃砖瓦所用白土，例于太平府采取。”1959 年和 2008 年，该窑址进行了两次正式发掘。考古发掘简报皆已发表。参见南京博物院：《明代南京聚宝山琉璃窑》，《文物》1960 年第 2 期；郑州大学历史学院、南京师范大学文物与博物馆学系、南京市考古研究所：《江苏南京雨花台窑岗村明代琉璃窑址发掘简报》，《文物》2015 年第 10 期。

图 96 南京市博物馆利用出土构件复原的琉璃塔拱门[①]

造琉璃塔时所做的周密安排有关。据张岱《陶庵梦忆》记载，琉璃塔砖烧成时，共有三套："具三塔相，成其一，埋其二，编号识之。今塔上损砖一块，以字号报工部，发一砖补之，如生成焉。"[②]刘侗、于奕正的《帝京景物略》也有类似记载，而且提供了一个相当有趣的故事：成化年间，北京大功德寺（位于北京西北玉泉山麓）住持戒静曾上奏朝廷，"以南都报恩寺，文皇曾瘗其副塔，疏请舟载置此寺"。该要求最终遭台省弹劾，不果而终。[③]如果戒静的请求当时被朝廷采纳，说不定另一座一模一样的琉璃塔将诞生于北京。1950 年代，六拏具琉璃砖在眼香庙、窑岗村出土，证明了

---

① 该拱门白象、狮子和狮羊三种拏具的安装方向其实有误。经相关学者考证，它们应该如同鲸鱼一样，两两相背而立更为合理。参见王凡：《佛教拏具图案的考古学研究》第三章《拏具图案的相关问题分析》，南京师范大学硕士学位论文，2019 年，第 55—57 页。

② 《陶庵梦忆》卷一"报恩塔"条，第 2 页。

③〔明〕刘侗、于奕正著，孙小力校注：《帝京景物略》卷七《西山下》，上海：上海古籍出版社，2001 年，第 421 页。

张岱、刘侗等人的记载是可信的。明清时期，琉璃塔多次因雷击受损，皆是依靠这批备件才能及时得到修复。

本次通过考古发掘，在大报恩寺遗址现场再次出土了多件六拏具琉璃砖实物，虽多有残损，但六种神兽形象俱全。其中的一块鲸鱼纹琉璃砖（H6：1）保存最为完整。该砖宽 42 厘米、高 33.2 厘米、厚 14.4 厘米。主体纹饰鲸鱼张口露齿，口吐花蔓，形象凶猛而生动。一砖之上，黄、绿、红、黑、白五色俱全，色泽艳丽。虽仅一砖，却吉光片羽般留下了琉璃塔之美。该砖背后的榫头说明，此砖是通过榫卯结构嵌入塔身，牢牢装饰于塔表的。在遗址现场出土的六拏具砖规格多不相同，不能用于同一座拱门，证明琉璃塔每一层级的琉璃构件皆需单独烧造，不能通用（图 97）。

图 97　大报恩寺遗址出土的鲸鱼纹琉璃砖（H6：1）

（二）白瓷砖的使用与来源

琉璃塔的表面除了琉璃，还大量使用了白瓷砖。将瓷器用于建塔，琉璃塔应是中国第一，这是该塔真正的原创之处。《浮图记》称：“二级至九级，不设琐闼，惟楹槛皆朱，壁皆黝垩。”黝为黑色，垩为白色，琉璃塔的内壁因装饰黑色的佛像砖，故称为“黝”，外壁因装饰白瓷砖，故称为“垩”。对于塔身装饰白瓷砖的问题，奥特隆尼记载得最为清楚：

> 主要的建筑材料是白瓷，尽管只有外壳和墙的衬里是瓷的，但宝塔的主要结构还是白瓷，白瓷也是唯一肉眼可见的建筑材料。墙壁中部则是用普通的黏土砖抹上灰泥砌成。纯白色的白瓷有着底座的形状，表面反射着光亮，大小是一般的标准尺寸，但是边缘有深槽，使其能够保持贴合在墙壁上。白

瓷主要贴在宝塔外层和内部的表面，构成一个完整的外壳，这样一来内部的建筑材料不会暴露在外。①

通过奥特隆尼的这段记载可知，塔身外壁除了装饰琉璃的部位，其他皆以白瓷砖为装饰。这与《康熙南巡图》绘制的塔壁颜色也是一致的。不过，他称琉璃塔内壁也使用白瓷砖，与其他文献的记载并不一致。

在本次考古发掘中出土了40余件白瓷砖标本。它们大致分为两类，一类呈长方形（图98），另一类呈“L”形（图99）。全部一面施釉，其余保持涩胎。长方形砖可以正常贴砌于塔身表面；而L形砖能够插入砖体中预留的沟槽中。部分瓷砖上还设有卯孔，可以与其他构件拼合使用。这批砖的规格并不相同，皆略有区别，比如长方形砖的长度22.8—35.3厘米、宽度11.1—13.9厘米、厚度6.3—8厘米不等。这种规格上的差别与琉璃构件一样，都是为了适应塔上不同层级的需要。琉璃塔逐级内收的造型特征，给各种建材的制作都带来了巨大的挑战。

图98 大报恩寺遗址出土的长方形白瓷砖

大报恩寺遗址出土的所有白瓷砖皆用优质高岭土烧制，胎土致密，釉色纯白，制作极为精良。20世纪90年代以来，景德镇市陶瓷考古研究所在景德镇珠山遗址发掘出土了大量白瓷砖，仅L形砖就达上千件。根据出土层位和釉面特征，它们的年代被断定为永乐时期。珠山遗址出土的白瓷砖与大报恩寺遗址出土的白瓷砖，无论是造型，还

① 《舰队抵达南京》，《金陵物语》第68页。

图99　大报恩寺遗址出土的L形白瓷砖

是胎釉质地皆完全相同。两地专家一致断定，琉璃塔上使用的白瓷砖来自景德镇窑厂。[①]

据《明会典》记载："洪武二十六年定，凡烧造供用器皿等物，须定夺样制，计算人工物料。如果数多，起取人匠赴京，置窑兴工。或数少，行移饶（景德镇所在地）、处等府烧造。"[②] 由此可知，景德镇与南京聚宝山一样，从洪武二十六年起就已成为承担政府烧造任务的官营窑厂。珠山遗址出土的白瓷砖很可能与窑岗村出土的六拏具砖一样，是琉璃塔的备件，贮存于当地，需要时再启运南京。它们是景德镇官窑厂接受朝廷指令，精心为大报恩寺琉璃塔生产塔用白瓷砖的实证。

二、塔内外石刻造像与模制佛像砖的运用

根据文献记载，琉璃和白瓷砖主要使用于塔身二至九级的外表面。而塔身第一层内外主要运用大型石刻造像，塔身二至九级的内壁主要使用数量庞大的模制佛像砖。它们的装饰效果同样令人震撼。

（一）首层内外的石刻造像

琉璃塔首层没有使用琉璃和白瓷砖，内外壁面利用石材雕造了造型巨大、题材丰富的佛教造像，与其他各层的装饰风格形成了明显的差别。对此，1854年5月来到南京（时称天京）的美国人查理斯·法斯（Charles Fahs）留下了重要记载，他在给上级

① 参见张露胜：《景德镇珠山官窑遗址出土的折角白瓷塔砖研究》，《博物馆研究》2018年第2期。目前南京市考古研究院正与景德镇市陶瓷考古研究所的相关专家，就两地出土的白瓷砖进行合作研究。

② 《明会典》卷一九四《工部十四》"陶器"条，第980页。

麦莲的报告中称：

> 塔本身是八边形的。它的主体结构是由精美的红色的沙石建成的。……第一层的外表没有琉璃砖，但是，它完全是由一大块的沙石构成的，每边都有一个巨大的浮雕佛像，其形象栩栩如生，显示出熟练的雕刻技巧。这座八角琉璃塔的进口是四个高约八英尺、宽约六英尺的拱门。塔壁约有六七英尺厚。拱门的每一边都立着三座很美丽的浮雕大佛像，佛像上部还精心雕刻了各种图案。朝塔上望去，也能看到类似的拱门，但没有刻上第一层那样的图案了。[①]

法斯到达天京时，大报恩寺与琉璃塔已遭严重破坏。法斯称该塔第一层没有使用琉璃，而是全用红色的“沙石”制成。此说与前引《折疑记》的记载——“八面拱门外，每方门外边上正中雕画大鹏金翅鸟一个，共八个；两旁龙子龙孙二个，共十六个；羚羊二个，共十六个；青狮二个，共十六个；白象两个，共十六个。一级至九级，俱照一样”——似有矛盾。对此本文倾向于认为，法斯的记载是可信的，首层八座拱门没有使用琉璃砖，而是利用石材雕造了与琉璃拱门同样的六拏具主题。当然还存在另一种可能性，即首层拱门原为琉璃砖构造，但是已在战乱中全部被毁，仅剩石质部分，法斯未能见到。但是这种可能性较低，因为法斯对琉璃塔进行了较为细致的观察，不太可能忽略拱门遭受破坏的情况，而且首层有八座拱门，破坏时也不太可能将所有的琉璃构件全部清除干净。

通过法斯的记载可知，琉璃塔底层使用近于红色的石材雕造了巨型佛像进行装饰，而且仅有首层如此。法斯的记载还能得到另一位英国外交官富礼赐（Robert J.Forrest）的印证。1861 年富礼赐到达天京时，琉璃塔已经被毁，他记载了当时的见闻：

> （琉璃塔）已成为一堆白色的废墟。由一个狭窄的洞孔分隔开的两堵巨墙是该塔仍然屹立的仅存部分。……据说整个废墟的底部有一层极有价值的玫瑰色的砖。这一宝藏显露时，也许我仍在南京，那时会对我现在一块砖也得不到的状况有所补偿。[②]

---

① ［美］查理斯·法斯著，茅家琦译，沈宗美校：《1854 年 6 月 1 日法斯就漫游天京大报恩寺琉璃塔给麦莲的报告》，《秦淮夜谈》第 17 辑，2002 年。

② ［英］富礼赐著，范德一、许培德等译：《富礼赐的天京见闻》，罗尔纲、王庆成主编：《中国近代史资料丛刊续编·太平天国》第九册，桂林：广西师范大学出版社，2004 年，第 359 页。

法斯所称的“红色的沙石”和富礼赐所称的“玫瑰色的砖”应为同一种石材，它们用于琉璃塔第一层的装饰，因而被埋在琉璃塔废墟的最底部。对于这种特殊的石材，明人王樵也有涉及：“（报恩寺塔）琢紫石为天王、大士诸菩萨之像，纤至毫发，无一不真，宛如生象。”[①]而《正德姑苏志》提供了琉璃塔所用石材名称与来源的准确信息：

锦峰石出锦峰山，色紫，充杂器用。永乐间，造南京报恩寺塔，取此石刻佛像，以其天阴雨不润，可妆采色。[②]

这条文献不仅明确证明琉璃塔上装饰有石质佛像，而且交代了石料的来源为苏州吴县的锦峰山。该志还收录了姚广孝为锦峰石所作的一首诗，其中有“奇峰起苍旻，秀色郁可采。灵石丽文华，晴空炫霞彩。斓斑驳青晕，絪缊杂芳霭”等句。姚广孝是明成祖朱棣最倚重的僧人，堪称国师。他为锦峰石赋诗，说明永乐高层对锦峰石的优良特性非常了解，因而将之用于大报恩寺琉璃塔。锦峰石色泽紫红，与法斯、富礼赐的记载相互吻合。由此可以确定，锦峰石就是琉璃塔首层石刻造像所用的石材。

对于琉璃塔首层造像的情况，《折疑记》有相当详细的记载：

塔身八面八门，暗明各四，每门各高一丈，阔五尺。暗门四方，每方门中大佛一尊，四方共四尊。每方门两旁墙上菩萨各四尊，共八尊，四方共三十二尊。明门四方，每门两旁墙上金刚像各一尊，共两尊，四方共八尊。八方塔门外，每方门头墙上五方佛像五尊，八面共四十尊。

塔内墙四方，除楼梯一方，余三方每方墙上大佛二尊，共六尊。塔内塔跕墙上小佛三百二十八尊。塔内明门四方，每方券内左右壁上，诸天像共四尊，四面共十六尊。

通过上述记载可知，琉璃塔首层的外壁共雕刻佛像大小 44 尊，菩萨像 32 尊，天王像和金刚像各 4 尊。[③]塔内共雕刻大佛 6 尊、小佛 328 尊；在塔门拱券两侧的壁面上还装饰诸天像 16 尊。

---

① 《方麓集》卷十一《金陵杂纪》“报恩寺”条，景印《文渊阁四库全书》第 1285 册，第 348 页。

② 〔明〕王鏊撰：《正德姑苏志》卷十四“锦峰石”条，景印《文渊阁四库全书》第 493 册，第 305 页。

③ 释悟明将明门两旁的造像皆称为金刚，但是王世贞在《游牛首山记》中记载：“（琉璃）塔四周镌四天王、金刚护法神。”（《弇州四部稿》续稿卷六十四《游牛首山记》）陈沂的《报恩寺琉璃浮图记》也称壁上所刻为天王和金刚像。

《折疑记》记载了琉璃塔首层石刻造像的种类、位置与数量，陈沂的《浮图记》则对造像的形态进行了描述："壁刻以天王金刚四部门大神，具头目手足异相，冠簪缨胄衣带琐甲异制，戈戟轮铎器饰异执，种种不类，载以狮象，……螭头豹尾，交结上下。"清人王友亮在其诗作《报恩浮屠》中，也对琉璃塔首层造像的形态予以介绍："就中佛像工雕镌，穷神尽态胥自然。修罗守户猛于虎，摩登夹座颜如莲。白足踏狻猊，赤手拿蜿蜒，或如乞食舍卫城，或如说法兜率筵，或如妙相现满月，或如定力澄深渊。"[①] 这些佛像、菩萨像、金刚天王像的神态、衣饰、法器、坐骑各不相同，每位神祇特征鲜明，细节逼真，充满了艺术表现力和感染力。

本次通过考古发掘，从不同遗迹单位中先后出土了50余件石质佛像砖、佛造像残件。虽然大都残损不全，但依然精美绝伦。它们的石质均为细砂岩，坚实细密，颜色以紫红、深紫色为主，少量为灰绿色，不少石材的表面涂有黑漆、金漆，与《正德姑苏志》记载的锦峰石"色紫""斓斑驳青晕""可妆采色"的特点完全相符。而且它们的规格尺寸也与《折疑记》记录的首层造像的情况可以对应。

比如编号J14：207的佛像砖，残宽34.2厘米、残高38厘米、残厚6.7厘米，推测它完整的尺寸大约为宽35厘米、高60厘米，很可能是《折疑记》记载的塔门外墙上的五方佛之一。佛像肃穆庄严，头上螺髻高耸，顶有宝珠，脸部呈方圆状，双耳垂及下颌，眉眼细长，鼻梁高挺，鼻翼较宽，面相平和，宽肩收腰，比例匀称，身形健美，身着袒右袈裟，衣纹雕刻细致。佛端坐于莲台和须弥座之上，结全跏趺坐，右手施触地降魔印，左手施禅定印。莲台座为仰覆莲式，上、下缘部皆饰细密的联珠纹，莲瓣宽厚饱满，每个莲瓣的尖部皆卷曲呈三点联珠状。须弥座上、下枋部装饰卷草纹，上、下枭部装饰莲瓣，中部束腰以卷草为底纹，正中处装饰十字相交金刚杵，两侧又装饰四叶草纹。佛像背后还设有背光，装饰六拏具，虽残损，仍可见狮羊（婆啰拏）站立在象王（救啰拏）之上。（图100）

又如编号J15②：29的佛首残片，仅余面庞的下半部，但是残存的尺寸依然达到宽10.8厘米、高11厘米，推测其整像的高度超过1.5米，很可能是《折疑记》记录的塔内墙壁上雕刻的六尊大佛之一，也有可能是塔外壁暗门内的四尊大佛之一。（图101）

① 〔清〕王友亮：《金陵杂咏》不分卷《报恩浮屠》，南京：南京出版社，2012年，第171页。

图 100　大报恩寺遗址出土的石质佛像砖残件（J14：207）

图 101　大报恩寺遗址出土的石质佛首残件（J15②：29）

而编号为 J14：200 的佛像砖，下半部残损，宽 25 厘米、残高 19.5 厘米、厚 4 厘米，推测其完整的高度大约为 40 厘米。与此砖规格尺寸相近的佛像砖残件，出土数量达 20 余件，推测它们是《折疑记》记录的塔内墙壁上装饰的 328 尊小佛之一。（图 102）该砖原为标准的长方形，正面高浮雕佛像及背光。佛像残存头部，背光最顶部雕刻大鹏金翅鸟（伽噌拏），它头戴宝冠，三眼圆睁，神态威猛，两翼上举，两爪前伸，共同抓住一条龙的身躯。大鹏金翅鸟两侧分别雕刻波浪纹及口含一朵优昙钵花的

图 102　大报恩寺遗址出土的石质佛像砖残件（J14：200）

鲸鱼（布啰拏），鲸鱼之下雕刻的狮羊（婆啰拏），呈站立状，头上有长角，张口露齿，口含璎珞，神态凶猛。该砖背光之外的边角处，还满雕缠枝优昙钵花。该砖的设计颇具匠心，对标准的六拏具进行了创造性地减省、改造，比如以龙身和波浪含蓄地代替了大鹏金翅鸟两侧的龙子（那啰拏），降低了雕刻的密度，使得整体造型疏密得当，充满灵动，同时又保持了六拏具的原始含义。

大报恩寺遗址出土的这批石质佛像砖和佛像残件，虽然残损，但是用材考究，工艺精湛，无论大小皆精雕细刻、一丝不苟，体现出极高的技艺水准。而且这批石质砖上佛造像的特点，如螺髻较高，顶部有宝珠；面相宽平，眉眼细长，眼睑略显俯视，鼻翼较宽；身体比例均称，宽肩收腰；佛像下承仰覆莲和须弥座，莲座上下缘部饰联珠纹，莲瓣尖部卷曲呈三颗圆珠状，须弥座为折角式等，皆与传世的永乐、宣德款宫廷制作的金铜佛造像的特征完全一致。[①] 它们毫无疑问出自明代御用监下属的御用工匠之手，堪称永宣时期皇家石刻造像的代表作。

① 关于永宣宫廷制作金铜造像的特征，可参阅黄春和：《明代永乐宣德宫廷藏式金铜佛像》，《收藏家》2003 年第 4、5 期；罗文华：《永宣造像考——研究和收藏的焦点问题》，《紫禁城》2014 年第 5 期；以及金申：《历代佛像真伪鉴定》第三章第十一节《明永乐、宣德宫廷造佛像的欣赏与鉴定》，北京：紫禁城出版社，2008 年。

（二）二至九级的塔内装饰

琉璃塔内部装饰有数量众多的小佛像砖，中外文献对此也有明确记载。《浮图记》称："浮图之内……每层布地以金，四壁皆方尺小释像，各具诸佛如来因缘。凡百种种，皆极精巧，眉发悉具，布砌周遍。"《折疑记》除了记载首层内壁装饰有小佛像328尊外，其他各层小佛像的数量也有记录：二层塔内壁佛像328尊；三层塔内壁佛像254尊，另有四座明门券墙内壁的佛像120尊，共计374尊；四层同样，塔内壁251尊、券门内壁128尊，共计379尊；五层塔内壁254尊、券门内壁128尊，共计382尊；六层塔内壁254尊、券门内壁96尊，共计350尊；七层塔内壁248尊、券门内壁48尊，共计296尊；八层塔内壁170尊、券门内壁40尊，共计210尊；九层塔内壁156尊、券门内壁48尊，共计204尊。九级上下通记，塔内共有小佛像2851尊。

塔内的小佛像砖既有石刻雕造，又有陶土模制。石刻佛像砖，如J14：200，颜色呈紫红色，推测主要使用于首层的内壁；也有部分石刻佛像砖表面涂黑漆，推测使用于其他各层。而模制佛像砖，本身颜色灰黑，主要使用于二至九层的内壁。《浮图记》称"二级至九级……壁皆黝垩"，"黝"具体而言，应指塔内装饰的黑色佛像砖。此外《浮图记》还称"每层布地以金"，是指每层墙壁最底部的装饰为金色，其他部分仍为黑色，这是明代塔内二至九级的装饰风格。本次考古发掘出土的编号为J15②：27的石刻佛像砖装饰特殊，在石质表面用金箔贴饰，光泽亮丽抢眼。（图103）推测这种砖就是陈沂所说的"布地以金"所用的砖。

图103　大报恩寺遗址出土的石质贴金佛像砖（J15②：27）

法国传教士李明对于塔内装饰的观察最为细致，他记载塔内“高层的墙壁上凿了许多小佛龛，里面有偶像和浮雕，是一种很洁净的彩饰。整个建筑物是金色的，看上去像是大理石造或凿石而造。但实际上它们是模子制成的竖立着的砖。中国人有一种奇妙的技巧，可以在砖上印各种装饰，所用之泥质地极细，并经多次过筛，比我们的泥更适合用模子制作成型”。李明证实了塔内使用模制陶土砖进行装饰的情况，然而，他看到的塔内装饰已经全部变成金色，而不是黑色。李明到达南京的时间是1691年，即康熙三十年。在此之前，康熙皇帝曾于二十三年、二十八年两次南巡之时登临琉璃塔，塔内因此进行过大规模的重新装銮。本次考古出土的不少陶质和石质佛像砖表面都有先涂黑漆再涂金漆的现象，说明明代以黑色为主的塔内装饰风格在清初被全部涂成了金色。至晚清道光年间，郑光祖眼中见到的琉璃塔内部仍然是：“内四壁皆刊金佛像，层叠而下。”①

大报恩寺遗址陶土模制佛像砖出土数量不多。民国时期发现一块，保存完整，宽33厘米、高44厘米、厚8厘米，“色黝黑，土质极纯”，砖正面表现结全跏趺端坐的佛像，侧面有梯形凹槽，用于与其他砖拼接。砖侧还有铭文：“四层墙砖，宋荣泉造”。张惠衣将该砖资料收录于《金陵大报恩寺塔志》中。②（图104）模制佛像砖的总体风格与前述石质佛像砖基本相同，但也存在两点较大差别：其一，背光中未表现六拏具，

图104 《金陵大报恩寺塔志》中收录的模制佛像砖

① 《一斑录》附录《杂述一》“报恩塔”条，中国书店，1990年，第30页。

② 《金陵大报恩寺塔志》卷首塔砖照片，说明中塔砖尺寸以营造尺和英尺计量，本文按英尺数据进行了换算。

减化为花草；其二，最底部的须弥座束腰部分被减省，整体近似于上部的仰覆莲台。

在本次考古发掘中，也出土了两件模制佛像砖。其中一块编号为 J14：55，长方形，中部缺损，残存上、下两小部分，宽 30 厘米、上部残高 13.8 厘米、下部残高 17.9 厘米、厚 7 厘米。陶色青灰，质地细腻，四边打磨光滑，正面佛龛内涂以朱砂，砖侧亦有梯形凹槽。该砖比民国出土的塔砖尺寸略小，推测用于更高的层级。另一块编号为 J8：8，仅存下部小半部分，宽 36 厘米、残高 22.4 厘米、厚 7.6 厘米，砖面原先涂有黑色和红色漆，局部残存第二次涂金漆的痕迹。（图 105）

图 105　本次出土的两件模制佛像砖（J14：55 和 J8：8）

琉璃塔所用模制佛像砖质地细腻，造型规整，虽然规格多样，但表现主题统一。它们的制作地点目前暂不明确，推测与琉璃、白瓷、石刻佛像砖一样，出自官营工场和专业工匠之手。

三、塔内外的其他装饰

《折疑记》记载：“每面（明门）门券内，顶上彩画坛场一座，共四座。每座圆光三个。二级至九级，俱照一样。”如此，琉璃塔二至九级，共绘制了 32 座坛城。另外李明还记载：“各塔层均以横置的粗梁搭成，并构成一个小房间。天花板粉面上画着不同的画，如果说中国画能使房间显得更为充实的话，那么粉面得到了充实。”说明每一层的天花板上也有彩绘图案。琉璃塔曾经火灾，塔内楼板经过多次重修，天花板上的画作应非明初原样，但是明门券顶上的彩绘坛城应为明初的设计。我们推测，明初各层天花板上很可能绘制的是一座大型坛城，与明门四券顶上的四座小坛城共同构成有内在联系的五曼陀罗。

清代，康熙与乾隆两位皇帝皆对琉璃塔高度重视和喜爱，多次登临。他们为琉璃塔增添了一种新的装饰物——御书匾额。康熙在康熙二十三年（1684）首次南巡时为琉璃塔各级题写了匾额，从一至九级分别为：一乘慧业、二仪有象、三空胜地、四海无波、五律精严、六通真谛、七宝莲花、八表同风、九有弘观。[①] 匾额分制两套，一套悬挂于各层正门之上；另一套同时悬挂于塔内。乾隆效仿其祖，于乾隆十六年（1751）首次南巡时再次为琉璃塔各级题匾，从一至九级分别为：入真觉路、化成资备、舍卫庄严、天际丹梯、揽妙鬘云、游心万仞、空外风涛、手扪星斗、无上法轮。[②] 它们也被制成两套匾额，分别悬挂于塔内外。塔上悬挂御书匾额的情况，在清代多幅《塔图》上皆有表现。悬匾之后，琉璃塔风采确实更胜往昔。

另外，塔内各层在中心处还设置了宝塔、佛龛等物，除了供养，亦有装饰功能。据《折疑记》记载，琉璃塔首层中心，安装金舍利塔一座，该塔四面各供释迦佛一尊；第二至第七层，正中皆设单面龛，分别供大阿弥陀佛、大释迦牟尼佛、大悲佛、大牟尼佛、观音大士、缨络大士像各一尊；八、九两层正中设四面龛，每面各供佛一尊。由于塔内多次因灾重修，上述塔、龛以及供养的佛像都已不是明初所设，反映的是清代中期以后的情况。

四、琉璃塔藏传佛教装饰元素的由来

1958 年，南京眼香庙、窑岗村明代琉璃窑场出土大报恩寺琉璃塔拱门砖后，引起了学术界的关注。宿白先生在对北京居庸关元代过街塔进行研究的过程中，最早根据工布查布《佛说造像量度经解》的记载，准确指出琉璃塔拱门上表现的主题与居庸关过街塔的塔门一样，是“六拏具”。[③] 经过本次考古发掘，大报恩寺遗址不仅再次出土多件六拏具琉璃砖，而且新发现带有六拏具图案的石刻佛像砖，表明六拏具题材既表现在全塔上下 72 座塔门上，又表现在内外壁面装饰的众多石刻佛像上，是全塔上下内外一以贯之的主题。

① 〔清〕赵宏恩监修：《江南通志》卷四十三，景印《文渊阁四库全书》第 508 册，第 378 页。
② 〔清〕高晋、萨载等撰：《钦定南巡盛典》卷八十七，景印《文渊阁四库全书》第 659 册，第 365 页。
③ 宿白：《居庸关过街塔考稿》，《文物》1964 年第 4 期。

明代之前，六拏具这种艺术形式主要运用在藏地佛教建筑和造像之中，在受藏传佛教影响较大的区域也屡有发现。而南京大报恩寺远离藏地和藏文化辐射区，琉璃塔却采用此种装饰图案，并且成为这种图案的杰出代表，背后的机缘值得探讨。

所谓六拏具，是藏传佛教在佛像背光中刻画的六种护法，它们梵文的尾音皆有“拏”字，故而得名。清代西番学总管工布查布在其所著《佛说造像量度经解》中对此有清楚的解释：“背光制，有云六拏具者：一曰伽噌拏，华云大鹏，乃慈悲之相也（鹏鸟与慈悲梵名相近，故借其音，而因以有形表示无形之义。余皆仿此）；二曰布啰拏，华云鲸鱼，保护之相也；三曰那啰拏，华云龙子，救度之相也；四曰婆啰拏，华云童男，福资之相也；五曰舍啰拏，华云兽王，自在之相也；六曰救啰拏，华云象王，善师之相也。是六件之尾语，俱是拏字，故曰六拏具。又以合为六度之义。”[①] 由此可知，六拏具之所以重要，是因为它们代表了大乘佛教极为强调的“六度”之义，即：一布施，二持戒，三忍辱，四精进，五禅定，六智慧也。[②] 因此，六拏具用作佛像的背光，不仅在于它们形象鲜明，富于艺术表现力，更在于它们有着深刻的佛教意涵。

六拏具起源于古印度，一边自身发展，一边向周边地区传播。无论在印度还是中国，拏具都经历了逐步完善的过程。根据李翎、宿白的研究，我国现存最早的六拏具雏形发现于敦煌莫高窟405窟，时代为隋代，其北壁《弥勒说法图》中的佛座背光出现了鲸鱼和狮羊两拏。西安宝庆寺初唐时期石刻残像的佛座背光同样如此，它们代表

图106　北京居庸关过街塔（云台）

① 〔清〕工布查布撰：《佛说造像量度经解》，《大正藏》第21册，No. 1419，第945页。

② 参见慈怡主编：《佛光大辞典》“六波罗蜜”条，台北：台湾佛光出版社印行，1988年，第1273页。

了传自印度的早期拏具样式和组合方式。宋代，莫高窟76窟壁画佛座背光出现了狮羊、童子和大象的组合，西藏扎塘寺佛座背光实物出现了大鹏金翅鸟、龙子和鲸鱼的组合。元代中期，甘肃马蹄北寺第七窟背光实物和松江府僧录管主八主持雕印的《碛砂藏》扉画中，都出现了大鹏金翅鸟、鲸鱼、狮羊和大象四拏具的组合。至元代晚期，元大都居庸关过街塔上首次出现了完整的六拏具。①

建成于至正五年（1345）的居庸关过街塔，又称“云台”，位于从大都至上都必经的官道上。元顺帝命丞相阿鲁图、左丞相别儿怯不花主持，由藏传佛教萨迦派帝师喜幢吉祥贤、国师南加惺机资和其徒日亦恰朵儿等人设计监造，是当时的国家重点工程。在该塔的塔门上，首次出现了大鹏金翅鸟、龙子、鲸鱼、童男、狮羊、大象六个要素，与工布查布的记载完全吻合，堪称最标准的六拏具。（图107）

大报恩寺塔选择六拏具为主题，建造之时居庸关过街塔是其唯一可以参照的实物。琉璃塔拱门上的六拏具造型虽然与过街塔并不完全一致，比如将龙子女性化，取消了

大鹏金翅鸟与两侧龙子

童男、狮羊、大象

鲸鱼

图107 过街塔拱门上的六拏具形象

① 参见李翎：《杂木寺石刻——兼谈佛座拏具的演变》，《中国历史文物》2006年第5期；宿白：《藏传佛教寺院考古》中的《西藏山南地区佛寺调查记》《张掖河流域13～14世纪的藏传佛教遗迹》《元代杭州的藏传密教及其有关遗迹》，北京：文物出版社，1996年，第69、257、378页。

原来七头蛇的形象；以狮羊一拏代替原来“童男骑狮羊”两拏的造型；另外还增加了汉地常见的狮子，作为新的兽王等。① 宿白指出，将大报恩寺琉璃塔与前者相比，“知居庸关过街塔者为原始，如龙子颈上出七蛇首，童男骑怪兽等，皆萨迦旧制。而大报恩寺塔虽亦取法西藏，但龙子之上身已与传统之飞仙无异矣”。② 虽然有这些变化，但是两塔塔门上六拏具的总体造型、各拏具的基本形象、各拏之间的排列与连接方式都大体保持一致，两者之间的传承是相当明显的。

不仅如此，两塔之间还存在更多的相似性：首先，过街塔整体上可为上下两个部分，下部为长方形塔座，表面全部用石材砌造，颜色灰黄；上部砌造三座覆钵式塔，颜色纯白，上下对比明显。而大报恩寺塔根据法斯的记载，首层表面全部用石材砌造，整体形如一块红色的岩石；二级至九级表面改用琉璃和白瓷砖砌造，同样上下对比强烈。虽然两座塔造型完全不一致，但是将塔的底（首）层建造成一个石台，与上部结构产生鲜明对比，却是两塔共同的设计思想。

其次，在过街塔通道券洞的顶部，从南至北排列、雕刻了五座曼陀罗，分别由普明大日如来、金刚手菩萨、阿閦佛、阿弥陀佛、释迦牟尼佛担任主尊。（图 108）根据谢继胜的研究，这五座曼陀罗是按照“施恶鬼仪五如来”和“恶趣清净曼陀罗”仪轨设置的，作用是安抚孤魂野鬼，护佑路人平安。③ 而大报恩寺塔从第二至第九层，每层四座明门券顶上方分别彩绘一座坛城，加上正中天花板上可能绘制的大型坛城，同样每一层都构成五曼陀罗。当然，琉璃塔五曼陀罗设置时依据的经典、发挥的作用应与过街塔不同，很可能与报恩思想有关，但是在塔顶安置五曼陀罗的设计，两塔又显示了高度的相似性。

第三，过街塔通道券顶上部，在五曼陀罗两侧的斜坡上，分别设置了五方佛。五方佛周边又设置了众多小型佛像，营造出千佛围绕的效果。（图 109）而根据《折疑记》的记载，大报恩寺塔首层八座拱门上方皆设置有五方佛，塔内装饰众多小型佛像砖，与此设计也有共同之处。

---

① 在居庸关过街塔上，“童男骑狮羊”实为两拏。童男即婆啰拏，代表福资之相；狮羊是兽王，即舍啰拏，代表自在之相。但是在大报恩寺塔门六拏具中，童男形象消失，增加了狮子，狮羊虽然得以保留，但身份发生了变化。狮羊代替了以往童男的位置，转变为代表福资之相的婆啰拏，而新增的狮子成为舍啰拏，代表自在之相。

② 宿白：《居庸关过街塔考稿》，《文物》1964 年第 4 期。

③ 谢继胜：《居庸关过街塔造像义蕴考——11 至 14 世纪中国佛教艺术图像配置的重构》，《故宫博物院院刊》，2014 年第 5 期。

图 108　过街塔顶部浮雕的五曼陀罗之一

图 109　过街塔内设置的五方佛及周边的千佛

最后，过街塔通道两端分别设置了东方持国、南方增长、西方广目、北方多闻四大天王大型浮雕。天王形象高大威猛、衣甲法物各不相同。陈沂在《浮图记》所描述的“壁刻以天王金刚四部门大神，具头目手足异相，冠簪缨胄衣带琐甲异制，戈戟轮铎器饰异执，种种不类”，用于形容过街塔上装饰的四大天王亦完全合适，说明两者之间的共同性。（图 110）

通过上述梳理，大报恩寺琉璃塔与居庸关过街塔之间，在多个重要元素的设计上存在明显的相似性，六拏具仅为其中的一项。这种高度的相似性不可能是巧合，也不

图 110　过街塔通道东壁南端南方增长天王石刻

可能是佛塔装饰的共性所导致，因为它们表现的六拏具、五曼陀罗、五方佛、四大天王巨型石刻等因素，在绝大多数佛塔中并不存在。因此，这种高度的相似性只能来自后者对前者的借鉴。

大报恩寺塔作为明代的国家重大工程，在设计之初参考已经建成的各地名塔是应有之义，但是选择哪一座塔作为主要参考对象，选择什么要素作为新塔的表现主题，绝非普通设计建造人员所能决定的。朱棣从洪武十三年（1380）起就藩北平，靖难之役爆发前已在北平居住了 19 年。其间，他曾多次率军巡边，屡屡途经居庸关，对过街塔无疑十分熟悉。大报恩寺琉璃塔以六拏具为表现主题，并且借鉴塔上其他多种藏传佛教因素，应是由皇帝兼总设计师的朱棣亲自拍板决定的，反映出朱棣对于过街塔藏传佛教装饰艺术的高度赞赏。

朱棣虽然喜爱过街塔，但是在设计建造大报恩寺塔时并没有下令完全照搬，而是根据汉地楼阁式塔的特征加以创新——在过街塔上，六拏具仅仅表现于南北两个券门，而在大报恩寺塔上，上下 72 座塔门面面俱到；六拏具的材质，也从石刻改为以五彩琉璃为主；六拏具的内容也有修改，省去了童男，增加了汉地更为习见的狮子的形象。总体而言，六拏具等藏传佛教文化因素的引入，为深处汉地的大报恩寺塔找到了全新的表现主题，丰富了宗教内涵；而六拏具与楼阁式塔、琉璃材料的结合，使其艺术表现力和感染力达到了前所未有的高度。大报恩寺琉璃塔是汉藏佛教艺术完美结合的产物，推动它成功分娩之人，明成祖朱棣无疑当记首功。

第五节 琉璃塔的功用

大报恩寺琉璃塔是在天禧寺圣感塔的原址重建的，原塔地宫也得到完整保留，新塔的高度、造型比原塔更加出类拔萃。因此，圣感塔所具备的基本功能，如舍利塔、观光塔、城市地标塔、风水塔等，皆被新的琉璃塔所继承。而与原塔相比，琉璃塔新增了一项功能——明成祖的纪功碑，而原先已经具备的灯塔功能在明清时期得到了进一步强化。

前文已经论述，朱棣重建大报恩寺、塔有两重目标：首先是为了报答父母罔极之恩，以获取执政的合法性，而在更深的层次上是为了彰显他自己的才略和功业。琉璃塔从设计到建设，始终贯彻朱棣“超迈古今”“万万年同其久远”的指导思想，追求极致、精益求精。琉璃塔建成之后，奇绝壮丽，中外人士见者无不惊叹，本文多次引用明人张岱和康熙皇帝对琉璃塔的评价，他们在赞赏塔的同时，都对这座塔的总设计师朱棣表达出由衷的钦佩。由此可见，借由琉璃塔，朱棣深层次的目标确实得以实现，琉璃塔成为他思想力、意志力和行动力的外化，成为他不朽功业的象征。即使对朱棣靖难夺权持批评态度者，也常常通过观塔、登塔来品评史事，抒发感想，相关的诗文在张惠衣《金陵大报恩寺塔志》中多有收集。琉璃塔如同乾陵前武则天的无字碑，一代帝王的千秋功罪任人评说。

在琉璃塔身上得到强化的是灯塔的功能。从宋代开始圣感塔已经发挥灯塔的作用，《景定建康志》中收录的周文璞、马野亭等人的诗作，“云杪荧荧一塔灯”“灯明星斗挂林木”，描述了圣感塔夜间点灯的动人场景。[①]不过，圣感塔是砖木结构，出于防火的需要，一则塔上点灯的数量不会太多，二则必须在塔内点灯。而且北宋至明初，燃灯的费用皆为寺院自筹，因此天禧寺时期无法做到天天点灯，应是逢年节之日才举办燃灯活动。

而琉璃塔自设计之初就充分考虑到了长明点灯的需要：塔上所有墙体皆为砖、琉璃和白瓷建造，塔身不施寸木，达到了最高等级的防火标准；外墙上设计有专门的灯龛，油灯置于龛内，悬于墙外，外罩铁架和明瓦，既可以照明，又可以有效防风。在当时的科技条件下，如此设计实现了最佳的燃灯照明效果。琉璃塔从第二级至第九级，

① 《景定建康志》卷四十六“天禧寺”条，第1121—1122页。

每级设16个灯龛，全塔上下点灯128盏，全部点燃后极为壮观。葛寅亮记载："夜篝灯百二十有八，如火龙腾焰数十里。"[①]明代，琉璃塔自建成起，塔上之灯昼夜不熄，是真正的长明灯。《金陵梵刹志》卷五十一对此有明确的记载：

塔上灯油，内府送用。月大一千九百三十一斤四两，月小一千八百六十六斤一十四两。灯共一百四十六盏，昼夜长明。每日该油六十四斤四两零。[②]

琉璃塔上二至九级燃点的灯共有128盏，其余18盏推测是底层副阶和正门点灯所需，由此全塔上下通共点灯146盏。长明点灯是明成祖在建塔之初做出的决定，建成之后，明朝历代皇帝都贯彻执行，从人力、物力方面给予了充分保障。宣德三年三月大报恩寺工程即将完成之时，明宣宗多次下诏，亲自安排点灯和相关管理人员，并明确由内库负责按月提供灯油：

南京大报恩寺佛殿、宝塔完了，说与礼部知道，着僧录司选行童一百名，与他度牒，常川点塔灯。（二月二十四日）

寺完之日，监工内官内使，止留李僧崇得在寺，专管然点长明塔灯。……塔灯用香油，着供用库按月送用。故敕。（三月十一日）

点灯行童选拔、培训完成后，大报恩寺为长明点灯制订了专门的工作制度，并上报皇帝：

告示点灯僧人：仰轮班点灯僧行各依牌次。该点灯日期，一一亲身早赴斜廊门下，候领官油。上塔，务要各层灯盏添注平满，灯心照旧根数，不许奸计省克。每于申未时分，该班会同上塔，添油剔灯，各要明亮，毋得早晚昏炖蒙昧。仍令该班班头逐层点视，遇有此等，报知，次日决责。至若轮班已满之日，各层扫抹干净，器皿见数，交替代过。每月上下打扫，刮抹灯盏、油盘等处。巡有灯窗蜊壳损坏处所，即着该修补，毋致延碍日久，递相支吾，临期决不容办，倍罚修理。自今之后，务要遵守常规不失，如有仍前奸计疏慢、蹈犯不遵者，各照该班挨名究治。[③]

从此条可知，负责点灯的行童每天于申未时分（下午三点）换班，上塔添油剔灯，

① 《金陵梵刹志》卷三十一，第482页。
② 《金陵梵刹志》卷五十一"报恩寺"条，第816页。
③ 《金陵梵刹志》卷二《钦录集》"宣德三年"条，第90—92页。

确保灯火明亮。由此证明，琉璃塔灯在白昼之时照常点亮，而不是单于夜晚燃灯。在前文圣感塔的章节中我们已经做过介绍，点灯是佛教提倡的供佛仪轨，长明点灯更显供佛之虔诚。按照佛教的观点，点灯供佛的同时，可以为供养者赐福。

明成祖在重建大报恩寺时反复强调，建寺之目的是“上荐父皇、母后在天之灵，下为天下生民祈福”。[①]从宣宗皇帝和明政府的各项安排来看，在琉璃塔上长明点灯，是实现这一目标的主要手段。由此，琉璃塔成为大报恩寺承担报恩功能，履行成祖承诺最重要的载体。清代大报恩寺虽然失去了皇家寺院的地位，不再享有内府供油的特权和便利，但是寺院仍然通过自筹资金，长期坚持点灯，但是昼夜长明已然无法做到，只能保证夜间燃灯。释悟明《折疑梵刹志》卷二记载：

> 塔灯油数：每一层十六盏，每一盏该油四两，每一层现一夜该油四斤，八层该油三十二斤；塔下琉璃灯八盏，该油二斤，现一夜该油一十六斤；塔心琉璃灯四盏，每一盏该油二斤，现一夜该油八斤。月大该油一千六百八十斤，月小该油一千六百二十六斤。[②]

琉璃塔上塔灯长明，南京百姓直接受益。明清时期，每当评选金陵名胜时，报恩灯塔或报恩塔必然入选，体现出南京人民对于此塔由衷的喜爱，相关诗作更是数不胜数。明代南京籍状元朱之蕃所作的《报恩灯塔》一诗就很有代表性：

阿育威光遍九垓，浮图惟此独崔嵬。
千灯接焰明京国，七级凌空傍斗台。
耀日法轮宏圣代，含灵舍利锡如来。
中霄映彻中天月，好共瞻依瑞相开。[③]

晚清咸丰年间，寓居南京的方濬师，在30年后写下了自己无法忘怀的一段如梦记忆：

> 咸丰辛亥，予寓镟子巷，去寺甚近。一夕，赴友人召，四鼓归，见塔灯高者如繁星，下者如明月，烟云缭绕，金碧辉煌，又觉置身琉璃世界中。……迄今垂三十年，一追忆之，犹依依魂梦也。[④]

① 《金陵梵刹志》卷三十一所录《重修报恩寺敕》，第487页。

② 《折疑梵刹志》卷二“塔灯油数”条，第205页。

③〔明〕朱之蕃编，陆寿柏绘：《金陵四十景图像诗咏》第三十五景《报恩灯塔》，南京：南京出版社，2012年，第45页。

④〔清〕方濬师撰：《蕉轩续录》卷二“报恩寺塔”条，北京：中华书局，1995年，第574页。

第十一章　明清时期大报恩寺的修缮与改扩建

明清时期，大报恩寺和琉璃塔屡屡因灾受损。除了木质建筑常见的朽蚀之外，和平时期对大报恩寺和琉璃塔威胁最大的是雷击。高达 77.55 米、顶部装有风磨铜宝珠和铁质承露盘的琉璃塔，多次遭受雷击，不仅自身受损，而且给寺内其他建筑带来危险。嘉靖四十五年（1566），琉璃塔因雷击引发大火，将大报恩寺北区的主要建筑几乎全部焚毁。

明代，大报恩寺作为皇家御用寺院，修缮本是皇室和政府的责任。武宗以前，明政府较好地履行了这一职责，并且将大报恩寺受灾看作上天垂戒，非常严肃地加以对待；武宗以后，明政府事实上放弃了对大报恩寺修缮的责任，将其交给寺院和民间力量承担。这是明中期以后政治紊乱、国力疲弱，以及对南都重视程度不断降低的表现。但是在当地僧人、官员、士绅的不断努力下，嘉靖大灾所造成的损毁，至明末已经得到相当程度的恢复。

清代，大报恩寺失去了皇家寺院的特殊地位，也失去了前明全部赐田，不得不走上自主管理、自谋发展的道路。凭借明代留下的寺院基础，寺僧通过出租房屋、开放寺院旅游、组织经忏法事等方式，不断融入社会，在新的历史条件下找到了生存和发展之道。清初，大报恩寺体量巨大的大殿和万佛阁得到重建，标志着嘉靖大灾的影响基本肃清。清代大报恩寺因灾受损，都能由寺院或地方政府及时组织修缮。特别是康熙二十三年（1684）南巡之后，清政府承担起保护琉璃塔的重任，每遇灾害，皆由朝廷拨帑维修。在鸦片战争之前，大报恩寺保持了稳定发展的良好局面。

第一节 明代大报恩寺的修缮

永乐、宣德时期的大营建，为大报恩寺奠定了庞大而坚实的基础。其后，寺院内不再需要进行较大规模的工程建设，主要任务是对年久朽蚀和因灾受损的建筑进行修缮。明代早中期，皇帝和政府对于大报恩寺的重视程度很高，一旦出现问题，一般都会及时下令进行修复。从武宗开始，情况才出现变化。

一、嘉靖大灾之前的修缮

英宗正统十一年（1446）五月，“南京僧录司请修大报恩寺塔心，并穿堂、天王殿、左右廊房。从之”。① 这是明代对大报恩寺进行修缮的首条记录，其时距离该寺全面建成仅有18年时间。造成此次损毁的原因《明英宗实录》没有说明，从受损建筑皆位于琉璃塔的周边来看，很可能是因为遭受雷击而受损。

代宗景泰二年（1451）二月，雷雨又一次击损琉璃塔，引起了代宗的强烈反应。他不仅为此下罪己诏，而且借机敲打南京各级官员：

> 迩者上天垂戒，雷雨震击大报恩寺塔。灾异之来，固朕不德所致，亦由尔等在彼不能修职。或玩岁愒日，怠弃天工；或假公营私，妨废正道，以致军民嗟怨，责见于天。若非改过自新，何以转灾为福？敕至，尔文武百官各务省乃职，俾公道昭明，人心欢悦，庶可少回天意。②

第二年七月，代宗“命南京守备官同工部修大报恩寺”。③

宪宗成化元年（1465）四月，南京内府城堞及报恩寺塔，各为雷雨所损。宪宗随即下令：“命南京工部会内外守臣兴工修补之。”④

武宗正德元年（1506）三月，南京东安门皇脊瓦并大报恩寺塔因雷震受损，南京守备太监傅容等人修复了工程较为简单的皇墙，上奏武宗要求修理工程较为复杂的琉璃塔。不过，工部提出了反对意见，并且得到了武宗的支持：

> 工部议：根本重地，雷震禁垣，其灾非他所可比。天心示戒，祖宗之灵

① 《明英宗睿皇帝实录》卷一百四十一“正统十一年五月甲午”条，第3352页。

② 《明英宗睿皇帝实录》卷二百一《废帝郕戾王附录》“景泰二年二月甲申”条，第5124页；二年二月“庚寅”条，第5136页。

③ 《明英宗睿皇帝实录》卷二百一十八《废帝郕戾王附录》“景泰三年七月甲午”条，第5609页。

④ 《明宪宗纯皇帝实录》卷十六“成化元年四月庚子”条，第5909页。

恐亦弗宁。若复修理寺塔，兴土木之工，劳军民之力，非所以答天戒也，愿已之。

上是其言。诏南京：灾变非常，朕心祇惧，其令守备等官同加修省，以回天意。①

同样面对因雷击而受损的琉璃塔，英宗、代宗、宪宗朝都真正给予重视，及时下令修复。而到了武宗时期，表面上皇帝与官员仍然相当重视，口口声声"天心示戒""祖宗之灵恐亦弗宁"，但是实际上却找借口拒绝承担修复责任。这是武宗时期朝政紊乱、上下敷衍塞责的真实表现。此事之后，《明实录》中再无南京官员上报大报恩寺受灾情况的记载，明政府也再未承担起对大报恩寺进行修缮的职责。

明武宗朱厚照是宣德之后唯一回到过南京，亲眼看到大报恩寺的明朝皇帝。正德十四年（1519）七月，武宗以平定宁王叛乱为由离开北京南巡，于当年十二月至第二年八月间驻跸南京。在此期间，他巡幸大报恩寺，在寺内做法事七日，并且了解过琉璃下瘗藏舍利的情况。② 但是，史料并未记载他曾下令对琉璃塔进行维修。

二、嘉靖大灾与其后的缓慢恢复

（一）嘉靖大灾与世宗的态度

嘉靖四十五年（1566）二月，大报恩寺因雷击引发大火，损失极为严重。北区天王殿、大殿、轮藏殿、藏经殿、观音殿、法堂、祖师殿、画廊等核心建筑群全部被毁。琉璃塔本身由于特殊的质地，反而受损较小。这场灾害的损毁情况在《大报恩寺全图》中有直观的描绘。出身大报恩寺的高僧憨山德清在其《自叙年谱》中记录了他亲身经历的灾情：

是年二月十八日午时，大雨如倾盆。忽大雷自塔而下，火发于塔殿，不移时大殿焚。至申酉时，则各殿、画廊一百四十余间，悉为煨烬。③

《金陵梵刹志》卷三十一称："嘉靖末，经火荡然，惟塔及禅殿、香积厨仅存。"这段记载其实不太准确。根据《大报恩寺全图》反映的情况，此次大火主要发生在北区，南区建筑全部未受影响。北区的山门、两座御碑亭、钟楼、油库、伽蓝殿等建筑也得

---

① 《明武宗毅皇帝实录》卷十一"正德元年三月丁未"条，第422—423页。

② 《憨山老人梦游集》卷三十《南京僧录司左觉义兼大报恩寺住持高祖西林大和尚传》，《卍续藏》第73册，No.1456，第671页。

③ 《憨山老人梦游集》卷五十三《憨山老人自序年谱实录上》，第833页。

以幸存。

大灾之后，嘉靖皇帝下令将大报恩寺“官住、头首执事”等15人下法司，其后不了了之。[①] 至于善后重建事宜，他和朝廷装聋作哑、毫无动静。嘉靖皇帝拒绝重建受灾的大报恩寺，财政困难并非根本原因。实际上，世宗在位期间可谓“土木岁兴”，开展的各类工程多达230余项，其中大型项目就有50余项，包括建天坛、地坛、日坛、月坛、先农坛、帝稷坛，改建太庙为九庙，兴建大高玄殿、大光明殿等。[②] 真正的原因应与世宗崇道禁佛的态度有关。嘉靖推崇道教，在位期间大建道教设施的同时，对佛教采取了严厉的抑制措施，比如销毁宫中所藏的佛像，焚烧佛骨；严禁私创寺院，不许修理废毁寺院；停止开度僧人，鼓励甚至强令僧尼还俗；严厉限制寺院经济，强令僧人“供应赋役”等。[③] 大报恩寺作为成祖敕建的皇家寺院，嘉靖不敢对其毁禁，但是对其受灾采取了置之不理的态度。另外，武宗、世宗先后拒绝承担修缮大报恩寺的责任，说明迁都已久，身处北京的皇帝和朝廷已经不再愿意为南京的皇家设施投入太多资源，对于南京龙兴之地的重视日益流于表面。

嘉靖之后，明政府陷入持续的内忧外患之中，财政紧张，动用官帑对大报恩寺进行重建的希望彻底成为泡影。

（二）雪浪修塔与大报恩寺僧人的努力

在朝廷面对大灾无所作为的情况下，以大报恩寺僧人、部分官员和士绅为主力，对大报恩寺进行了艰难的复建，前后历时近百年。大报恩寺僧众由于受到大灾的影响最为直接，兴复之志也最为强烈，其中表现突出的有雪浪洪恩、憨山德清、湛怀钦义等。

释洪恩，号雪浪，俗姓黄，金陵本地人氏，年12即出家大报恩寺，博通经史。[④] 释德清，号憨山，俗姓蔡，安徽全椒人，同样12岁入大报恩寺，与雪浪同在无极和尚座下学习。[⑤] 嘉靖大灾之后，憨山与雪浪共同立志：“从此决志修行，他日长养头角峥嵘，终当遂此兴复之愿。”[⑥] 此后，憨山北游20余年，曾试图劝说万历皇帝生母

---

① 《憨山老人梦游集》卷三十《南京僧录司左觉义兼大报恩寺住持高祖西林大和尚传》，第672页。

② 参见万依：《明嘉靖年间“土木岁兴”探析》，《中国紫禁城学会论文集（第三辑）》，北京：紫禁城出版社，2004年，第161—168页。

③ 参见何孝荣：《论明世宗禁佛》，《明史研究》第7辑，2001年，第164—176页。

④ 〔清〕倪涛撰：《六艺之一录》卷三百七十三，景印《文渊阁四库全书》第837册，第894页。

⑤ 《憨山老人梦游集》卷五十五《憨山大师传》，第852页。

⑥ 《憨山老人梦游集》卷三十《雪浪法师恩公中兴法道传》，第678页。

慈圣皇太后出头重建大报恩寺，但未获成功。而留在大报恩寺的雪浪，在万历时期承担了重修琉璃塔的重任。憨山对此事有明确的记载：

（万历）戊戌（1598），公（雪浪）见本寺塔顶倾侧，遂奋志修理。一时当道助发，给谏祝公首倡。公亲领众数百，次第行乞于都市。一时人心跃然兴起，金钱集者，动以千百计，大役遂举。塔高二十五丈，其安塔顶管心木，约长七丈，架半倍之。则从空而下，如芥投针，其势难矣。公心苦极，忽呕血数升，时管木即入。在架之人，如鸟栖柔条，竟无小恙，岂非心力所致哉。会计所费数万缗，唯圣母赐三千金，其余皆出民间，未动公家一发也。①

雪浪修塔是当时发生在南京的一件大事，顾起元《客座赘语》对此也有记载：

嘉靖庚申，寺被火，并其护塔廊毁之，塔故无恙。至万历庚子（二十八年，1600）中，其贯顶大木朽蚀者半，金顶亦欹斜矣。雪浪洪恩慨然谋正之，身自募化，凡得金数千，架木易其贯顶之木，又斥其余赀修塔廊，焕然顿还旧观矣。②

当时，为修塔而四处奔走化缘的大报恩寺僧人绝不止雪浪与憨山，可考者还有释钦义。钦义，字湛怀，与雪浪、憨山一样，自幼于大报恩寺出家，成年后离寺远游。③听闻雪浪主持修塔，他立即归寺，并出面化缘。其好友王穉登专门为他创作了《长干寺义公募长生米疏》，助其化缘。疏文中称：

义公人中龙象……今将返长干旧刹，助宝塔良缘。恒河沙聚作须弥，那堪果腹？窣者波高悬兜率，岂可充饥！……且为湛怀阿师共出长生之米，不论米多米少，众人多作一人心；但愿年去年来，后日即同今日事。④

综合以上诸条可知，万历时期，琉璃塔顶部管心木朽蚀，致使塔刹出现倾倒的危险。从万历二十六年（1598）起，以雪浪为首，大报恩寺僧人四出化缘，得到了给谏祝公等当地官员，以及南京百姓的支持，慈圣皇太后也给予资助，最终募集资金上万两。万历二十八年（1600），在雪浪的主持下，通过搭鹰架维修的方式，完成了难度极高的管心木更换工程。其后雪浪还利用剩余资金，重修了塔廊（即塔底层的副阶）。

---

① 《憨山老人梦游集》卷三十《雪浪法师恩公中兴法道传》，第678页。

② 〔明〕顾起元撰：《客座赘语》卷七“报恩寺塔”条，北京：中华书局，1997年，第229页。

③ 〔明〕陆应阳撰：《广舆记》卷二《江南》，清康熙刻本。

④ 〔明〕王穉登撰：《法因集》卷四，《四库禁毁书丛刊》集部第175册，北京：北京出版社，1997年，第319页。

（三）葛寅亮等祠祭司官员的作为

在大报恩寺重建的过程中，虽然朝廷拒绝拨帑承担主体责任，但是多位官员，尤其是经管佛教事务的礼部祠祭司官员，通过个人的努力，积极争取社会资金的支持，甚至主动捐出官俸，他们在明代晚期大报恩寺修缮和重建的过程中发挥了不小的作用。葛寅亮、吴用先、钱惺等人是其中的代表。

葛寅亮，字水鉴，浙江钱塘（今杭州市）人。万历二十九年（1601）进士，授南京礼部仪制司主事，后迁祠祭司郎中，至万历三十六年（1608）离任。在任期间，他厘定僧规、清复寺租、修葺禅宇，对南京佛寺进行了卓有成效的整顿与改革，并且编撰了《金陵梵刹志》，为后人了解明代南京佛寺提供了丰富而翔实的材料。① 葛寅亮为大报恩寺的修缮和管理付出了很大的努力。当时，大报恩寺收藏《南藏》经板的经房年久失修，葛寅亮争取到施主张应文、张文学的支持，于万历三十四年至三十五年（1606—1607），重修了经房，改名藏经殿。② 同时他还利用寺租和信众布施的资金，在南区重修了请经房、禅堂，新建了请经僧房，使大报恩寺能够更好地承担向社会开放印制大藏经的功能。在任期间，葛寅亮还为大报恩寺收回了被宦官霸占的放生池，重新清理，并在其上新建了一座放生亭，取名“濠上亭”。③ 请经僧房和濠上亭是明代大报恩寺罕有的增建项目。

葛寅亮对大报恩寺的修缮和重建主要集中于南区，对于北区烧毁建筑的恢复力犹未逮。其后的万历末至天启初年，另外两位出身礼部祠祭司的官员，出面帮助大报恩寺重建了祖师殿和观音殿。此事见载于钟惺所作《募修大报恩寺观音殿疏》：

> 金陵自康师以三七日致舍利始有塔。今大报恩寺佛殿后，插烟霄而乱星日为震旦国中庄严第一者，文皇帝之为也。……殿毁于火六十年，而墙壁兀兀然立于烟霜风雪之中，劣得不仆者盖有故焉，然而复之则难言矣。
>
> 大凡土水兴作出县官者，废则疏请出水衡钱新之。今边腹多事，公私告匮，水衡钱岂能及此。中丞本如吴公，信心护法，自度利他，数十年如一日，恻然龙象之泣，重兴信者之哀。曰：吾以积官余俸，倡众修举，代济县官之乏，而存皇祖拔幽功德于万一，非惟善信之极思，亦臣子之至情也。于是捐赀，

① 参见何孝荣：《葛寅亮与〈金陵梵刹志〉》，《南开学报（哲学社会科学版）》2007 年第 6 期。
② 《金陵梵刹志》卷三十一所录《大报恩寺重修藏经殿记》，第 496 页。
③ 《金陵梵刹志》卷三十一“山水”条，第 483 页。

首复塔左之祖殿，与未毁之伽蓝殿相配，若左右手之翼如也。念塔后之观音殿如人之有坐也，募众重修以为佛殿之地，而属惺为疏以劝施者。

惺犹记戊午开、铁失守，军民糜烂无数，……今辽祸未歇，河东腥膻，所屠戮过当于往岁，文皇在天憯然于志必有甚者。今新此塔殿，岂止如前水陆功德。方今物力告绌，宰官居士随其方便，倡和劝助，代为皇家永此福田，亦输财急公之谊也。[①]

执笔此文的钟惺，字伯敬，湖广竟陵（今湖北天门市）人。万历三十八年（1610）进士，天启元年（1621）授南礼部仪制司主事，迁祠祭司郎中。[②]文中提及万历四十七年（1619）辽东开原、铁岭失守之事，说明本文撰写于该年之后，而天启元年冬，钟惺又转任福建提学佥事，此后再未回到南京。因此，此文的撰写时间应该是他担任南礼部祠祭司郎中的天启元年。

委托钟惺撰写并发出倡议的，是他的同部前辈吴用先。吴用先，字体中，号本如，南直隶桐城（今安徽桐城市）人，万历二十年（1592）进士。万历三十一年至三十三年（1603—1605），吴用先授任（北京）礼部祠祭司员外郎，[③]万历四十年，升任都察院右佥都御史巡抚四川，[④]因而钟惺称他为中丞。万历四十三年，吴用先辞任回籍。

通过以上梳理，并结合疏文的内容可知，天启元年（1621），开缺回籍的吴用先委托其时主管南京佛教事务的钟惺，向南京的官员、居士发出重修大报恩寺观音殿的倡议。他们提出的理由，除了为皇家种福田之外，更重要的是为不久前辽东战事的罹难者做功德。文章明确提及，在此之前吴用先已经带头捐资，完成了大报恩寺祖师殿的重建工程。从吴用先的经历分析，祖师殿的重建应是他回籍后进行的，大约完成于万历四十四年至光宗泰昌元年之间（1616—1620）。

吴用先倾心佛教，主政浙江时就曾主持重建慧云寺、慈光寺、化城接待寺等多座寺院，并捐资帮助理安寺重建过禅堂。[⑤]他曾任职礼部祠祭司，主管过全国佛教事务，对于大报恩寺的重要地位，以及受灾的惨况自是十分了解。他又是南直隶本地人士，因此回籍之后挺身而出，帮助大报恩寺重建了消失达50年之久的祖师殿。其后他再

---

① 〔明〕钟惺撰：《隐秀轩集》卷二十九《疏一》，上海：上海古籍出版社，1992年，第502页。

② 《隐秀轩集》附录《年表》，第621页。

③ 〔明〕俞汝楫编：《礼部志稿》卷四十三，景印《文渊阁四库全书》第597册，第812页。

④ 《明神宗显皇帝实录》卷五百一“万历四十年十一月戊申”条，第11871—11872页。

⑤ 〔明〕吴之鲸撰：《武林梵志》卷一、卷三、卷六，景印《文渊阁四库全书》第588册，第7、20、136、59页。

接再厉，于天启元年委托钟惺发出了重建观音殿的倡议，他本人无疑将再次带头捐资。

需要指出的是，吴用先、钱惺等人以辽东战事为由倡议重建观音殿，并非只是借机行事，而是反映了他们内心真实的忧虑。天启三年（1623），吴用先受诏起复，初为通政使。[①] 第二年，不避艰险接任兵部右侍郎兼右佥都御史、蓟辽总督，承担起抗击后金的重任。[②] 可惜不久朝廷掀起阉党与东林党的党争，他与东林党关系密切，被迫致仕，未能在蓟辽前线有所作为。

（四）明末天王殿与法堂的复建

钟惺的《募修大报恩寺观音殿疏》并未交代观音殿兴工建设的具体情况，但是根据后续材料可以肯定，该殿在吴用先等人的努力下最终复建成功。不仅如此，北区中轴线上的天王殿和法堂两大建筑，在明末也被复建成功。

天王殿重建情况目前没有发现明确的文献记载，但是成书于天启三年（1623），由朱之蕃编、陆寿柏绘的《金陵四十景图像诗咏》，收录了两幅与大报恩寺有关的实景画作——第二十一景“长干春游”和第三十五景“报恩灯塔”，两图都显示天王殿当时已经复建成功。尤其是在“报恩灯塔”图中，不仅描绘了山门、天王殿、祖师殿、伽兰殿的形象，还新出现了“无量殿”三字榜题。无量殿的形象被大殿基址后部的围屏遮挡，无法在图上直接见到，因此陆寿柏在图上特意进行了标注，它应是观音殿重建后的名称。[③]（图 111）此图说明，无量殿（观音殿）和天王殿在天启三年时都已建成，体现了吴用先和钟惺倡议的成果。

在“报恩灯塔”图上，位于大报恩寺北区中轴线末端的法堂未见踪迹，也没有文字标注，说明天启三年时，法堂尚未得到重建。不过有线索显示，法堂于明末天启至崇祯年间得到恢复。据陈盟于顺治十二年（1655）撰写的《报恩寺重建万佛阁记》，顺治戊子（五年，1648）大报恩寺又发生过一次火灾，将塔后万佛阁烧毁，而万佛阁就位于法堂的原址之上。由此可知，法堂在顺治五年之前已经得到重建，并改称万佛阁。顺治元年（1644）清军方才入关，因此该殿应该是在明末重建完成的。

总之，至明清嬗代之时，因嘉靖大灾损毁的大报恩寺主要建筑，仅剩下体量最大，

① 《明熹宗哲皇帝实录》卷二六“天启三年二月丙子”条，第 1642 页。

② 《明熹宗哲皇帝实录》卷四十“天启四年二月丙辰”条，第 2481 页。

③ 对于无量殿就是重建后的观音殿的判断，还可以从《折疑梵刹志》中收录的《大报恩寺图》得到证明。在该图中可见无量殿就位于观音殿旧址之上，详见后文。

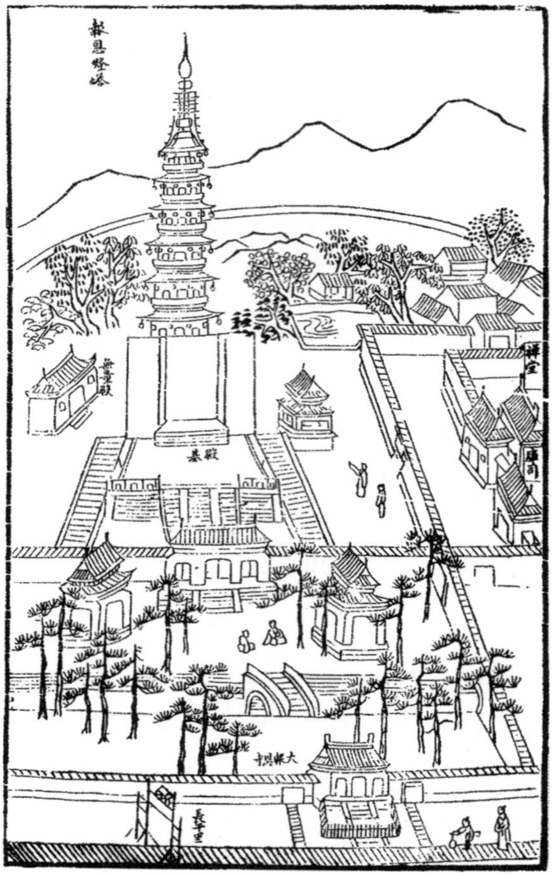

图 111　明 · 朱之蕃编、陆寿柏绘《金陵四十景图像诗咏》中天启三年的大报恩寺

位于琉璃塔前端的大殿尚未得到重建。其实在崇祯末年，大殿的重建竟然一度得到崇祯皇帝的重视，被提上日程，并有所行动。据明末清初戒显所撰《千华老人行状》记载：

崇祯癸未秋，以金陵大报恩寺为国家根本植福地，诏师（寂光）重建大殿，敕黄甫宣。茭瓜荡中神木涌现，师率众舁致，皆楩楠巨材，远近惊异，颂云："南国将鸠工矣。"甲申三月，数穷阳九，神京鼎沸。弘光主即位南都，请师忏荐大行皇帝，赐紫衣、白金，晋号国师。①

寂光，号三昧，是明末南都极有影响力的僧人，时于大报恩寺中开席讲律。崇祯十六年（1643）秋，崇祯皇帝在即将覆灭之际，想起大报恩寺是"国家根本植福地"，命寂光出面主持大殿重建工程，并且通过显圣的方式提供了一批建殿所需的木材，以

① 〔清〕释德基撰：《宝华山志》卷九所录《千华老人行状》，《四库全书存目丛书》史部第236册，第575页。

此制造大殿开工在即、国家复兴有望的假象，稳定南都军民之心。不过这种装神弄鬼、临时抱佛脚的手段，既不能挽救大明灭亡的命运，也不能使大殿真正重建起来。大报恩寺大殿兴工重建还要再等 16 年，由三昧的徒孙沈豹具体完成。

第二节 清代大报恩寺的修缮与营建

崇祯十七年（1644）三月，李自成攻占北京，北方的明政权覆亡。南京文武官员拥立福王朱由崧在南京即位，建立南明弘光政权。然而弘光内部斗争激烈，不能团结一致对外。在清军的进攻下，不到一年即告瓦解。弘光元年（顺治二年，1645）五月，南明官员投降，清军占领南京。其后，南直隶（南京）降格为江南省，应天府改称为江宁府，大报恩寺也随之失去了皇家寺院的特殊地位。

鼎革之后，南京在东南军事、政治形势中的重要性并没有因为降级、改名而消失。为了有效地掌控南京，清政府采取了一系列针对性措施，包括设置总督，派八旗军驻防，着力安抚降臣，笼络当地士绅等等，力图将南京打造成稳定江南的核心。大报恩寺作为前朝的皇家寺院，无论是在清政府眼中，还是在前朝遗民的心目中都具有重要地位。在此背景下，大报恩寺的重建工作意外地备受重视，荒废近百年的大殿在顺康之际得到重建，大报恩寺和琉璃塔在清代也受到特殊的礼遇。

一、清初对大报恩寺的恢复

（一）休然重建万佛阁

顺治九年至十一年（1652—1654），大报恩寺僧休然，得到地方官员尚公的支持，在法堂原址，又一次重建了万佛阁。此事见载于《折疑梵刹志》收录的陈盟所作《报恩寺重建万佛阁记》：

> 报恩浮图之胜名甲寰中，……其左为大禅殿，后为万佛阁。……戊子（顺治五年）孟夏，行者不灭于火，遂使巍峨丹碧立成煨烬，如是者八年。……休然长老发大愿力，跏趺蓬席者匝岁。宰官长者尚公，檀施护法十方信善，云委源输，金毂不胫而集。爰庀材鸠工，丁丁翕翕，鳞鳞翼翼。兴役于壬辰（九年）夹钟，以甲午（十一年）阳月落成。梓础轮翚革，壮丽一准原式，丹雘晶彩，金碧荧煌。阁上下像设，以及净室、斋堂、厨库，一还旧观。阁后垣门，

更辟余地，创维摩、文殊、庞居士像。其中，两厢为幡藏屋，左右承隅缘霤合十二楹，则昔无而今有者。是役也，费白镪三千余金，米若干石。①

支持休然重建万佛阁的大施主尚公，名衍，字三畏，山西蒲州（今山西永济）人。时任江宁府捕盗通判。②

此次重建是在大报恩寺丧失皇家寺院地位，同时又摆脱了住寺中官、祠祭司严格监管的情况下进行的，因此呈现出与以往不同的特点。文中称重修之后“壮丽一准原式”，应该是指与前万佛阁相比而言，但是如果与原法堂相比，差别很大。据《钦录集》所载，原建法堂的丈尺为“高三丈八尺、深四丈六尺五寸、长八丈一尺。”③ 而重修之后的万佛阁：“高四丈六尺、深二丈三尺半、长八丈一尺。”④ 其长度未变，高度有所增加，还从单层建筑变为双层，然而进深缩小了一半。原法堂为讲经说法之地，重建后不仅上下多设佛像，还在楼内设置净室、斋堂、厨库等各种空间，彻底改变了原有的功能。

不仅如此，休然还在此楼之后、大报恩寺后墙处新开一门，沿墙两侧新建房屋十二间。这些殿后屋舍，与万佛阁一起，在大报恩寺北区后部形成了一个自成一体，相对独立的区域。休然、尚衍重建万佛阁功不可没，但是显然也开启了寺内僧人私自改建，各自为政的风气，成为清代大报恩寺房头众多的滥觞。

（二）大殿的重建

顺治十六年（1659），由江宁织造周天成发起，居士沈豹具体经办，大报恩寺大殿的重建工程得以启动。工程从顺治十七年正月十五日正式开工，到康熙三年（1664）正月初八告成，前后历时四年。沈豹在其所作的《建殿序》中，对此有明确的记载：

夫报恩寺者，其由来久矣。……国朝定鼎，一统华夷，无思不服。虽山谷修炼之沙门，亦睹太平而欣庆。……己亥（顺治十六年）春，织造周公复为建议。时三宜和尚（逸州）、本师华山见老人（读体）、科长黄、内翰邓、监司鲁、协镇陈等诸绅力赞其举。……于本年（十七年）正月十五日开工，至壬寅（康熙元年）秋竖柱，冬上梁。癸卯（二年）冬，上自佛像、幡幢、

① 《折疑梵刹志》卷二《报恩寺重建万佛阁记》，南京：南京出版社，2013年，第229—234页。

② 《康熙江宁府志》卷十六《历官表中》，第二册，第712页。

③ 《金陵梵刹志》卷二《钦录集》，第90页。

④ 《折疑梵刹志》卷二“国朝大报恩寺各殿丈尺”条，第186页。

供器，下及甬道、街沿，焕然一新。昔之劫灰瓦砾，今之栋宇檐阿；昔之莓苔尘土，今之金碧琉璃。所费不足四万，时日仅以四年。而木植之采办，瓦石之收集、运用，则有城南五百余姓力行三年，不取一值。经营则有善姓缁素躬亲四载，不间一时。……卜甲辰（三年）正月，延请诸山戒德五十三位恭就大殿，自初八日为始，至十八日云终。①

此次重建不仅得到大报恩寺僧人、江宁地方官绅的支持，而且得到了当时主持东南沿海和江南军政事务的平南王尚可喜、靖南王耿继茂、两广总督王国光、江南总督郎廷佐、江南漕运巡抚蔡士英等多位王公、督抚大员的资助。②出现这种情况，有一个不能忽略的重要背景——顺治十六年六月至七月，郑成功率军从舟山北上，一路势如破竹进攻至江宁城下，给清军造成了很大的压力。江宁周边的江浦县（今浦口区）、六合县（今六合区）、太平府、宁国府、和州、滁州等4府、3州、24县纷纷归附郑成功。③ 虽然此役最终清军获胜，郑成功败退厦门，但是江南局势的反复给清廷敲响了警钟。在此情况下，由江宁织造周天成发动，各位军政大员支持，大张旗鼓地重建大报恩寺大殿，应是清廷推出的稳定江南和东南沿海局势、争取民心支持的一项重要举措。

此次重建的具体经办者是沈豹，他是大报恩寺长老读体的弟子，而读体又是明末重建大殿主持者寂光的衣钵传人。《折疑梵刹志》记载，沈豹，字恒文，江宁人。曾任潼关、固原等处总戎。④ 而《金陵待征录》记载："沈豹尝以拳勇隶史阁部麾下，国朝为吴淞副将，逮狱得释，遂披缁衣，而有妻妾数人。为织造周以（天）成董修大殿，费逾十万，工匠感焉，建华屋于其家。"⑤ 本次重建工程背后真正的关键人物应是时任江宁织造的周天成。江宁织造虽然职位不高，却是清朝皇帝安插在江南的眼线，向来由亲信大臣担任。周天成乃满洲镶黄旗包衣出身，家族世居沈阳，追随清军入关，完全符合上述条件。其后，周天成官至督理织造工部右侍郎、弘文院学士。⑥

---

①② 《折疑梵刹志》卷二所录《建殿序》，第179—186页。

③ 〔清〕杨英撰，陈碧笙校注：《先王实录校注》，福州：福建人民出版社，1981年，第212页。

④ 《折疑梵刹志》卷一"流寓"条，第83页。

⑤ 〔清〕金鳌辑：《金陵待征录》卷四《志地》，台北：成文出版社，1983年，第75页。

⑥ 〔清〕官修：《八旗满洲氏族通谱》卷七十四"周国彬"条，景印《文渊阁四库全书》第456册，第309页；〔清〕王先谦撰：《东华录》顺治二十二年，《续修四库全书》第369册，上海：上海古籍出版社，1996年，372页。

据《折疑梵刹志》记载，重建后的大佛殿“高七丈一尺五寸、深十一丈四尺三寸、长十六丈七尺五寸”，[①]与明代大殿的丈尺完全相同，说明建设时完全利用了原有的殿基，遵守了原有的规制。沈豹文中记载，重建后大殿“金碧琉璃”，说明新大殿沿袭了使用琉璃的传统特权，这应该是得到了顺治皇帝的御准。在前引《康熙南巡图》中，可见大殿屋顶铺设绿色琉璃瓦，并以黄色琉璃瓦剪边，而其他各殿顶部铺设的多为黑瓦。

新大殿不仅保持了原殿宏伟的规模，其内部装饰也相当讲究，不逊当年。清人先著所撰《报恩寺殿壁绘像记》有载：

> 金陵报恩寺殿两壁绘诸天像二十四躯，画师汤洪崖笔也。殿壁高二丈有奇，其深百余尺，而天神相称之。……既成，饰以丹青，魁伟巨丽。其慈悦威怒之容，步立倚却之势，各极其致。而兜鍪铠甲冠冕佩裳之服色，弓剑戈戟盘盂杵铎之所捧持，与夫旌幢葆盖神妾鬼子相导从者，交贯杂错，皆出于自然，未尝有毫发之憾。[②]

此次重建共耗银近四万两，除了各级官员、士绅的捐赠外，大报恩寺本身其实付出了重大代价。《折疑梵刹志》记载：

> 寺内所有前明钦赐田、地、洲、房，现于国初奉宪更变，难关寺众。[③]
>
> 洪武初，赐长干寺戴子、腊真庄田地，至永乐大建改额报恩，复赐芦洲永供梵刹。……国朝康熙初，因寺宇圮败，孤塔荒凉，是以将前明各田地洲场题奉两江总督部堂傅，奏准改易民人，以广国赋，以整梵院，重新得垂永久。[④]

明代，大报恩寺拥有赐田9000余亩，芦场63顷，寺前廊房42间半，它们是维护大报恩寺皇家寺院地位的重要经济基础。[⑤]康熙初年，这些寺产全部被清政府收回，另行分配给民户，以此充抵大报恩寺重建所需费用。沈豹在文中称，大殿重建过程中采办木料的费用，收集、运送瓦石三年的人工费用，全部由江宁城南五百余户百姓承担而未取一值，这应该不完全是事实。此项巨大的开支很可能是用大报恩寺的寺产所

① 《折疑梵刹志》卷二“国朝大报恩寺各殿丈尺”条，第128页。

② 〔清〕先著撰：《报恩寺殿壁绘像记》，《乾隆江宁县新志》卷十二《艺文志上》，《金陵全书·甲编·方志类·县志》第16册，南京：南京出版社，2013年，第799页。

③ 《折疑梵刹志》卷首《凡例》，第40页。

④ 《折疑梵刹志》卷二“发明”条，第93页。

⑤《金陵梵刹志》卷五十《各寺租额条例》“报恩寺常住”条，对大报恩寺的寺产有详细的记载。第779—783页。

做的交换。

大殿完工之后，大报恩寺北区中轴线上的建筑全部得到复建。在中轴线两侧，两座御碑亭、伽蓝殿未毁于嘉靖大火，祖师殿于万历末由吴用先倡议重建完成。另外两座平面呈方形的轮藏殿和藏经殿，文献中未见重建的具体记载。但是《折疑梵刹志》卷二记载，寺内建有西方殿和藏经殿，皆“高三丈一尺捌寸，深五丈叁尺伍寸，长五丈三尺五寸”。它们除了高度比原殿略有降低之外，深度和长度与明代轮藏、藏经两殿的丈尺相同。另外，在康熙七年高岑所绘《金陵四十景图》之第四十景《报恩塔》图中，轮藏殿原址上已有建筑。因此可以确定，这两座分布于两侧的重要建筑至迟也于清初完成重建。其中藏经殿保持原名，轮藏殿改称为西方殿。（图 112）

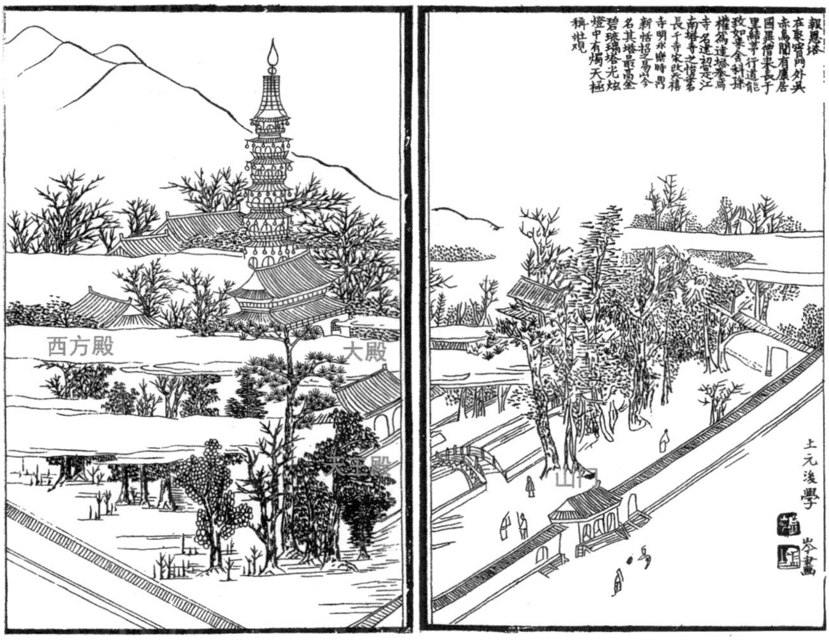

图 112　清·高岑绘《金陵四十景图》中的康熙七年大报恩寺北区
（大殿、西方殿皆已重建）

从嘉靖四十五年（1566）到康熙三年（1664），大报恩寺跨越两个朝代，用了近百年的时间，最终完成了北区的灾后重建工程。

（三）修藏社的设立与修缮

明代末期，大报恩寺三藏殿中收藏的《南藏》经板经过长期使用，出现漫漶、残损等情况。清初，由大报恩寺僧人松影主持，在南区三藏殿内组建修藏社，用十年时间对出现问题的经板进行了更换。

松影和著名的画僧髡残（号石溪、法名知杲）皆是明末清初高僧道盛的弟子。道盛曾在南京多所寺院担任住持，其中就包括大报恩寺。顺治十四年（1657），道盛“因报恩大藏板朽，命松影麟公募修，嘱石溪杲公校刻”。[①] 松影等人秉承师命，在大报恩寺内创立修藏社，专司修补经板。

修藏社设立于南区藏经殿，其后藏经殿也就改称为修藏社。松影得到了前明官员钱谦益、陈丹衷等人的支持。钱谦益为此特意撰写了《大报恩寺修补南藏法宝募缘疏》，以助松影募集修藏和维修藏经殿的资金——“相与次第经函，拣料藏板，誓将整齐漫漶，拾补阙遗，结构藏弆之房，分济流通之法，务俾三乘四教再耀摩尼，五部千函重罗宝网。”[②] 从康熙二年（1663）起，修藏之事又得到了新任江宁知府陈开虞的支持。最终用时十年，松影等人完成了对《南藏》经板的修补更换工作。经过此次修板，《南藏》经板一直使用至清代后期。

在陈开虞的主持下，康熙二年至五年，修藏社还对藏经殿进行了修缮，使之与大报恩寺大殿工程几乎同时竣工。对于此事，陈开虞撰写的《重修修藏社经殿碑记》留下了明确的记载：

> 报恩寺为金陵上刹，旧有藏经殿，刊刻经板，咸贮其中。自明永乐庚子缮始后，正统、万历代有增修。其所为六百三十七函，及四十一函者，至今犹厘然具备。岁久浸蚀，几于漫灭。觉浪和尚嘱松影等补其残缺，易其漶漫，工费浩繁，乃别立修藏一社，经营其事。……予以癸卯（康熙二年），来守金陵，见斯盛举，既以欢喜无量，而堂室就圮，榱桷将颓。关于斯事，兴废非小。因集诸善信，相与建议，图所以崇起之，乐为捐赀，鸠工庀材，乃圬乃雘，无非所以为经教计深远也。……寺火于嘉靖末年，殿庑荡然，存惟败壁。越百数十载，而再建于我昭代，轮奂翚飞，辉煌夺目。经社适于是乎并新，兹固有数存焉，而非予所得居以为功也。[③]

① 〔明末清初〕刘宗漢撰：《传洞上正宗三十三世摄山栖霞觉浪大禅师塔铭》，《天界觉浪盛禅师语录》卷十二，《嘉兴藏》第 25 册，台北：新文丰出版公司，1987 年，第 750 页。

②〔明〕钱谦益撰：《牧斋有学集》卷四十一《大报恩寺修补南藏法宝募缘疏》，《续修四库全书》第 1391 册，第 404 页。

③ 《康熙江宁府志》卷三十一所录《重修修藏社藏经殿碑记》，第 458—461 页。

（四）康熙南巡对大报恩寺修缮的影响

康熙时期，大报恩寺完成复建工程的同时，新的灾害仍在不断发生。《康熙江宁县志》记载，琉璃塔分别于康熙元年（1662）五月三十日、康熙九年（1670）七月遭雷击受损。[①]《折疑梵刹志》补充记载，康熙十九年（1680）八月，琉璃塔再次因雷击损坏，又于康熙三十七年（1698）四月初九日因火灾而受损。[②]

前三次琉璃塔受灾，皆由大报恩寺自身募工完成修缮。《康熙江宁县志》记载了康熙元年修塔的情况：

> 国朝康熙元年五月三十日晡，西江有龙，挟雷火复损塔，自地蟠毁，及顶而出。时谋修葺，为工甚巨。永乐初，制琉璃塔材二副，原藏其一，以待修补，莫识其处。忽有二人至长干应修此塔，先以一木贯九级拱门，出木丈许，坦步卓一斧于木端而回曰："有工能步取此斧者，我当退让。"众工皆咋舌不敢争，观者云集。遂指昔所藏琉璃副塔材地，应手而得，补甃皆如夙构，不失尺寸。上援莲盆，施摩金顶，其捷如神。

上述记载说明，明初贮藏的建塔副材是明清两代维修琉璃塔的关键，使得寺院管理者和专业工匠能够根据受损的部位，及时、精准地进行替换。康熙元年修塔时并未搭建鹰架，一方面是因为所募工匠艺高胆大，另一方面也是由于此次受损的程度不算特别严重。

康熙三十七年火灾对琉璃塔造成的损害则严重得多。时任两江总督范承勋向康熙皇帝奏报："四月初九日夜二更时分，江宁省城南门外报恩寺塔内失火。从中燃烧，自二层至九层顶端，里木全烧空，仅存砖石。……唯皇上御书匾，塔之九层均有之，因夜间自内燃火，仅救出一层一匾，其余之匾均未能救出。"[③]此次灾后的维修，采取了内外搭架法，《折疑梵刹志》记载称："康熙三十七年岁在戊寅四月初九日夜，天火焚塔，级内罄燃一空。复于五月十八日内搭莺架，扫除零碎木石。又于六月初八日外搭莺架，至八月初六日竖柱，九月十一日上顶。"[④]

此次修塔资金的来源与前三次不同，据清代《江南通志》记载："三十八年（笔者

---

① 〔清〕佟世燕修，戴务楠纂：《康熙江宁县志》卷十一《古迹志》，南京：南京出版社，2013年，第98页。

② 《折疑梵刹志》卷一"叙始"条，第68页。

③ 中国第一历史档案馆编：《康熙朝满文朱批奏折全译》，北京：中国科学出版社，1996年，第192页。

④ 《折疑梵刹志》卷二"宝塔丈尺"条附《实录》，第189页。

注：有误，应为三十七年）塔毁，特颁帑金修建。”[①] 这是自明宪宗成化元年（1465）之后，大报恩寺再一次得到来自政府的拨款，对琉璃塔进行维修。出现这一重大变化的原因，与康熙皇帝的南巡密切相关。

康熙一生六次南巡，留下至少四次巡幸大报恩寺、登临琉璃塔的记录。康熙二十三年（1684）十一月，康熙首次南巡至江宁，除了拜谒明孝陵、视察明故宫满城之外，也特意至大报恩寺进香。[②] 此次巡幸，大报恩寺和琉璃塔给他留下了极深的印象，他在《南巡笔记》中写道：“报恩寺规制宏壮，宝塔九级，金碧琉璃，尽镂梵像，结构之巧殆竭人工，非前代内帑所修不能至此。”[③] 巡幸期间，康熙御书“不二法门”四字，制成匾额悬于大报恩寺大殿之上。他还为琉璃塔每一级题写了匾额，又赐金佛一尊、金刚经一部，供奉于塔顶。[④] 在首次登临琉璃塔时，康熙触景生情，写下了这首大气雄浑的《登报恩寺浮图》：

涌地千寻起，摩霄九级悬。
琉璃垂法相，翡翠结香烟。
缔造人功巧，流传世代迁。
旷然弥望远，万象拱诸天。[⑤]

康熙二十八年（1689）二月至三月，康熙第二次南巡时再至大报恩寺，故宫博物院所藏《康熙南巡图》第十一卷，留下了此次巡幸场景的画面。康熙三十八年（1699）二月，玄烨第三次南巡至江宁，再次写下诗作《修报恩寺塔初毕登之》：

塔势摇晨旭，凭陵上九霄。
琉璃庄净域，金碧启香寮。
地俯三山近，江环匹练遥。
隔窗云雾起，户户瑞烟飘。[⑥]

此诗题目清楚说明，康熙登临之时该塔的修缮刚刚完成。由此可见，康熙三十七年之所以由政府拨款迅速修复琉璃塔，正是为迎接第三次南巡所服务的。

---

① 《江南通志》卷四十三《舆地志》，景印《文渊阁四库全书》第 508 册，第 378 页。
② 中国第一历史档案馆整理：《康熙起居注》，北京：中华书局，1984 年，第 1246—1250 页。
③ 《岱览校点集注》首编一《天章》中所录《南巡笔记》，第 855 页。
④ 《江南通志》卷四十三《舆地志》，景印《文渊阁四库全书》第 508 册，第 378 页。
⑤⑥ 《江南通志》卷首二之二，景印《文渊阁四库全书》第 507 册，第 88 页、第 90 页。

另外据《圣祖五幸江南全录》记载，康熙四十四年（1705）四月第五次南巡时，经“由三山街，出聚宝门，往报恩寺进香。……上至大殿礼佛，即登宝塔观看。”大报恩寺为迎接康熙，专门在寺内为他准备了行宫。[①]

南巡是康熙了解地方民情吏治，笼络南方士绅的重要举措。六巡之中至少四次亲临大报恩寺，充分显示了康熙对于大报恩寺和琉璃塔的重视与喜爱。康熙三十七年之后，由朝廷拨帑维修琉璃塔成为一种惯例。一旦琉璃塔遇灾受损，地方督抚皆会立即上报，修塔专款也会及时下拨。官修琉璃塔的传统，在中断230余年之后终于得到恢复。

2016年，考古工作者在南区藏经殿遗址发掘过程中，出土了一块保存基本完好的康熙三十年成造的“金砖”。（图113）金砖是明清时期苏州御窑厂烧制的特种地砖，专供宫廷使用。[②]金砖实物的出土，证明藏经殿在康熙时期得到过官方高规格的修缮，被特许使用御用金砖。我们推测，藏经殿很可能就是康熙巡幸大报恩寺之时临时行宫的所在地，因而能够享受此特殊待遇。

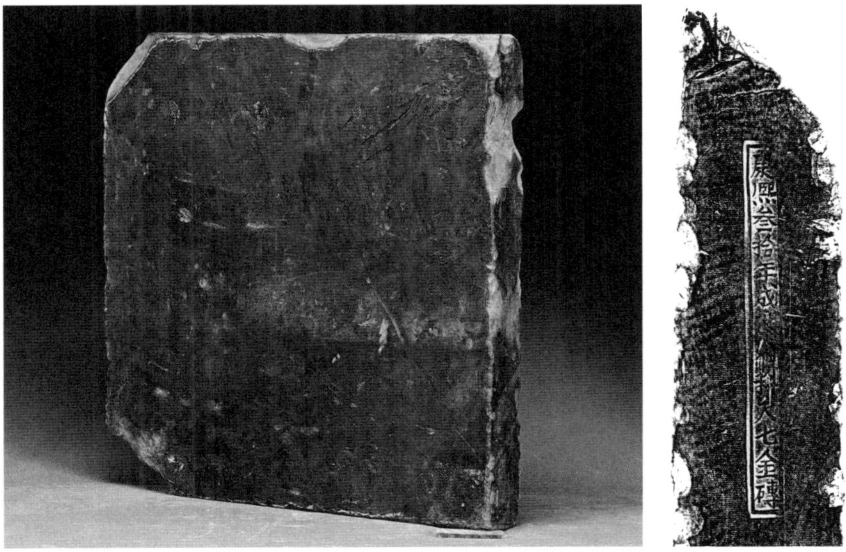

图113　大报恩寺藏经殿遗址出土的清代金砖实物及边侧铭文拓片
（铭文为：康熙三十年成造细料尺七金砖）

① 〔清〕佚名撰：《圣祖五幸江南全录》，《续修四库全书》第446册，第36页。

② 参阅徐启宪：《漫谈金砖与苏州御窑》，《紫禁城》1994年第3期；何伟：《明清苏州御窑金砖的储运及管理制度初探》，《无锡商业职业技术学院学报》2016年第6期。

二、清代中期大报恩寺的修缮与营建

（一）乾隆、嘉庆时期的修缮情况

清代中期大报恩寺同样多次因灾受损，但是在这一阶段寺院与朝廷已经形成共识：琉璃塔灾后的修缮由政府负责，其他建筑的修缮由寺院自行设法解决。从雍正至嘉庆，《折疑梵刹志》记载了四例灾损情况：①

第一次发生于雍正八年（1730），金刚殿因雷击发生火灾。到了乾隆十七年（1752），由寺僧通过公捐集资的方式予以修复，并重塑殿内金刚神像。

第二次发生于乾隆三十一年（1766），琉璃塔第五层北门上的大鹏金翅鸟被雷击中。可能因受灾情况较轻，未见修复记录。

第三次发生于嘉庆五年（1800）五月十五日寅时，“雷伤九级，而石子如翼，四壁参差，状若狼身之象，北方神侣亦罹刖指之灾”。清代《江南报恩寺琉璃宝塔全图》上所附“古志”也记载：“嘉庆五年五月十五日寅时，雷神驱逐怪虫，追至此塔，顷刻三方九层损伤。”② 此次雷击琉璃塔受伤极重，塔身多面受到冲击，灾后塔身壁面状若狼毛参差之状，最底层北面天王像的足指亦被震毁，如受刖刑。灾害发生后，由操江御史费淳上奏嘉庆皇帝，嘉庆命户部、工部“咨发银饷整修报恩塔，经三月方益”。

第四次发生于嘉庆十二年（1807）六月二十九日未时，同样因雷击造成琉璃塔严重受损，“塔内头层至三层天花板、夹底板及柱头石悉被冲坏，塔之外上下九级微带小疵，而东、北二方之八方殿瓦椽亦被冲碎”。同时，塔内壁装饰的小佛像也有多块遭到劈裂。《折疑梵刹志》于当年七月完稿，本次灾后的修缮工程其时尚未开始，然而释悟明称：“奏章已达，无为不成，故姑存书‘刻日工成’！”从其记载可以看出，大报恩寺僧人对康熙以来形成的官修琉璃塔的制度已然颇具信心。

（二）乾隆时期大报恩寺的营建

乾隆时期是清代经济、社会、文化发展的顶峰，号称盛世。乾隆仿效其祖，分别于乾隆十六年（1751）、二十二年（1757）、二十七年（1762）、三十年（1765）、四十五年（1780）、四十九年（1784）六次南巡，而且每次都会巡幸大报恩寺，留下了大量诗作。在他首次南巡之时，就效仿康熙，为大报恩寺题写了“赤乌灵梵”四字

---

① 《折疑梵刹志》卷一“叙始”条，第68—71页。

② 《金陵大报恩寺塔志》之《杂缀》“古志”条，第121页。

门额，并为琉璃塔题写了九级匾额，与康熙题匾一同悬挂于塔上。[①]

乾隆时期大报恩寺迎来了一轮营建的高潮，寺内“增减创制又无日无之。”[②]根据《折疑梵刹志》中收录的《大报恩寺图》以及相关记载（图114），这一阶段寺内新增的建筑大致包括三类：

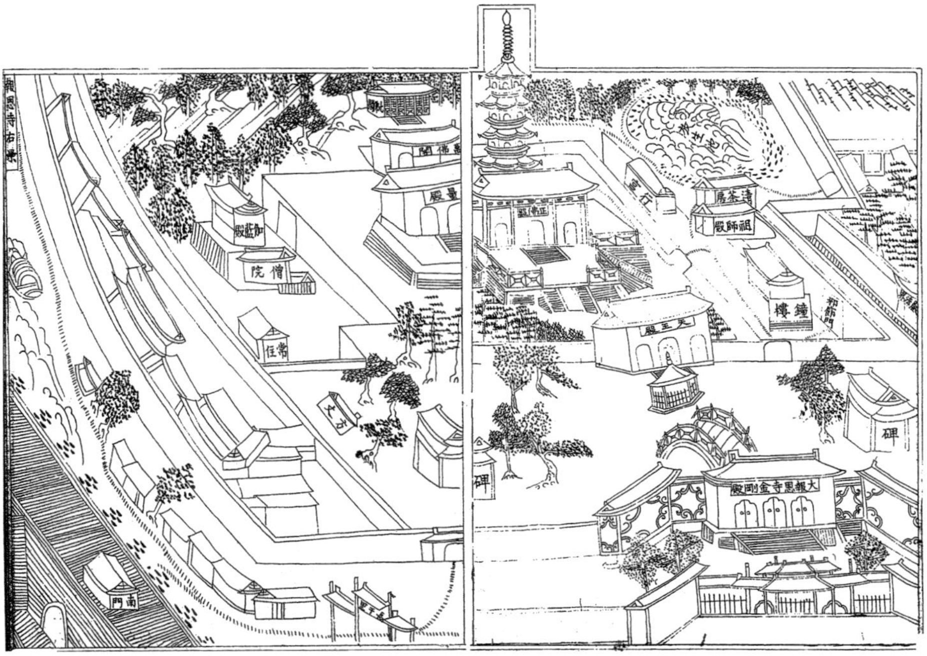

图114 《折疑梵刹志》中的《大报恩寺图》（北区部分）

第一是与乾隆南巡有关的建筑。乾隆时期在大报恩寺北区中轴线上，紧邻香水河桥新建了一座六角亭。《嘉庆江宁府志》记载，乾隆南巡时曾写下《报恩寺六韵》，其中有“慈宁无量寿，长愿过乔松”之句，于是“南省绅士于此建坛，恭祝皇太后万寿”。[③]新增的这座小亭有可能就是坛址。在大殿之后新建了一座“穿堂”，其内树立御碑一座，很可能刻有乾隆御制诗作。[④]另外，在北区放生池附近，新建了请茶房和行宫各一座。行宫“三进九楹，周回廊庑一十二楹，外百官俟驾侍御台一方”。[⑤]行宫内收藏了乾

① 〔清〕高晋、萨载等撰：《钦定南巡盛典》卷八十七，景印《文渊阁四库全书》第659册，第365页。

② 《折疑梵刹志》卷首《折疑梵刹志序》，第12页。

③ 〔清〕吕燕昭修，姚鼐撰：《嘉庆江宁府志》卷一《高宗纯皇帝御制诗》，南京：南京出版社，2011年，第28页。

④ 《折疑梵刹志》卷一“殿堂”条，第76页。

⑤ 《折疑梵刹志》卷一“殿堂”条，第76页。

隆历次巡幸大报恩寺时颁赐的物品，包括：“御制五言诗二轴、御题匾额十一副、《心经塔图》一轴、《金刚经塔图》三轴、藏佛一尊、牙塔一座、御书福字一幅、《法华经》一部、古梅花画一轴、古佛像一轴、墨刻《淳化阁帖》一部、墨刻罗汉十六轴、御制五言诗一轴、墨刻《兰亭图帖》手卷一轴、墨刻《佛说无量寿经》一部、玉三镶如意一枝、《白伞盖仪轨经》五分。”①

第二是宗教性建筑和僧房。比如在北区的左右碑亭附近，新出现了大悲殿和圆通殿，各为三楹，殿后还新建了僧房。②在北区中轴线最末端，从乾隆四十九年至五十八年（1784—1793），用近十年时间新建了双层的七佛阁，上下六楹，另有平房两进六楹；左边还有一座洋楼，上下两楹。③在南区的三藏殿片区，新建了康僧楼（六楹）、小法堂（一楹）、文昌楼（上下六楹）、越凡和尚容堂等建筑。④关于越凡和尚容堂，在甘熙的《白下琐言》中也有记载：

> 报恩寺房头最多，茹素修行者，惟三藏殿。……乾隆间，有越凡和尚，戒行精严，趺坐三十余年，未尝出户，无疾而化。三年后开缸，身虽缩小而不坏，五官犹具。遂建阁三楹，涂以金漆，供奉龛间，至今垂头举手似拈花状。冶亭制军铁保题匾额曰：现身自在。又联曰：柏子庭前真骨相；莲花座上老头陀。⑤

另外甘熙还记载，大报恩寺内“又有天禧堂，亦系房头所居之屋，皆作田字形，其富与旃檀林相埒”。⑥这座田字形的天禧堂不见前志记载，推测也是乾隆、嘉庆时期所建，应位于南区，但具体位置目前无考。

第三是经营性建筑，名曰“市房”，它们的数量最多。《折疑梵刹志》记载：“乾隆十六年恭逢圣驾南巡，恩赐银二百两，除罗列香花，祝延圣寿外，余银五十八两零，寺僧念殿宇数重，浮屠九级摧残，修整无资，称多金稍补皇恩万一，寺基内外先后建造市房二十余间，营运归公。传知合寺，每年约取租息一百四五十千不等，永为岁修

① 《嘉庆江宁府志》卷十二《建置》“行宫”条，第454页。

② 《折疑梵刹志》卷一“殿堂”条，第76页。

③ 《折疑梵刹志》卷一“叙始”条、“殿堂”条，第69、76页。

④ 《折疑梵刹志》卷一“殿堂”条，第77页。

⑤ 〔清〕甘熙撰：《白下琐言》卷四，南京：南京出版社，2007年，第68页。

⑥ 《白下琐言》卷二，第32页。

公产，殿宇得免渗漏，佛像不致剥落。”①

这一批20余间市房属于公产，所收租息由住持掌握，用于寺内建筑和佛像的维修，但是它们只是清代大报恩寺经营性房产中的一小部分。据释悟明记载，至嘉庆年间，大报恩寺共有市房65号，它们分为两类：第一类称为“提点市房”，开建于前明时期，共有14号，按百家姓序列编号，它们的租息用于支付每年政府要求的各项差徭杂费；第二类称为“岁修市房”，乾隆以来陆续建成，共有41号，按千字文序列编号，它们有的属于寺院公产，有的为寺内僧人自行启建。②

从乾隆《南巡盛典》所绘的《大报恩寺图》中可以看出，在乾隆中期，金刚殿两侧门周边，以及南区南山门附近，都出现了排列密集的平房，它们应是大报恩寺新建的市房。（图115）到了1842年英国海军上校斯高特（Capt.Stoddart）从塔上俯瞰大报恩寺时，北区前端更为密集地出现了六排房屋，它们应是乾隆后期陆续新增的市房。（图116）

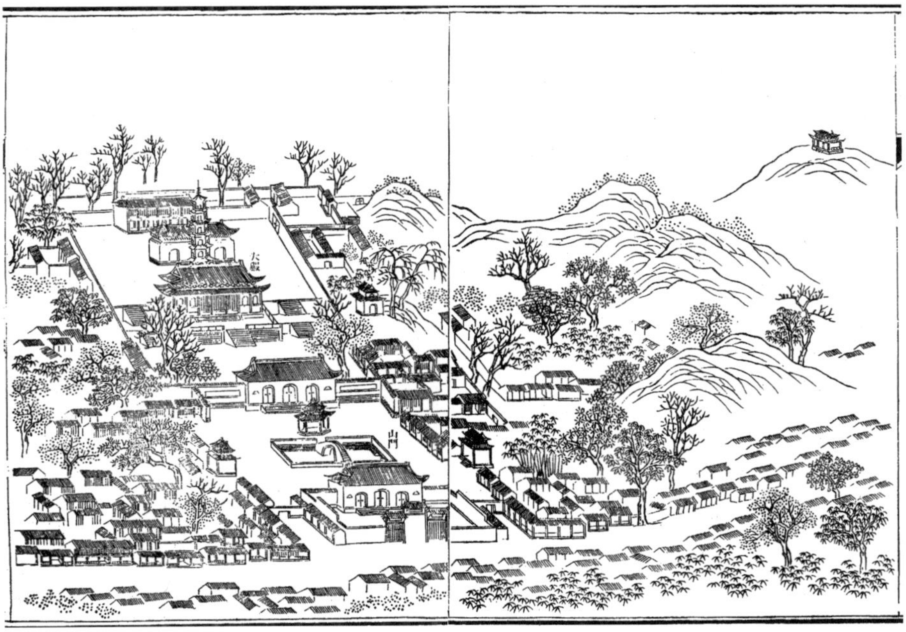

图115 《南巡盛典》中的《大报恩寺图》

① 《折疑梵刹志》卷六《报恩寺官住持炬存册序》，第441—442页。

② 《折疑梵刹志》卷二“大报恩寺岁修市房”条、“本寺提点市房”条，第116—119页；以及卷六所录《附报恩寺江宁府都纲司首建岁修兼官住持居卷册》，第437页。

图 116　英国人斯高特绘制的《从琉璃塔俯瞰南京》（*Nanjing From the Porcelain Tower*）

大报恩寺在清代中期以后大量建造市房，是该寺维持运转，谋求发展的重要措施。清初，大报恩寺从皇家寺院的神坛跌落，被剥夺了前明所有赐田、廊房，使寺院失去了主要经济来源。明至清初，大报恩寺原本还有一项重要收入，即通过出借《南藏》经板，收取“板头银”，每年此项收入颇丰。但是康熙中期以后，随着质量更高的《嘉兴藏》的兴起，《南藏》印经业务日益萎缩，这项收入也近乎丧失。在此情况下，出租寺内房产，收取租息成为大报恩寺最重要的经济支柱。①

明代大报恩寺是“朝廷家佛堂”，不对外开放。清代，大报恩寺不得不打开山门，广迎四方香客、游客。凭借优越的地理位置，举世闻名的建筑奇观，从清代中期开始，大报恩寺成为游人如织的市民休闲地和文化旅游区。大报恩寺内外繁盛热闹的景象，在清代多部小说和文人笔记中皆有反映。比如甘熙《白下琐言》记载：

报恩寺，陈百戏、说稗官者甚伙。

报恩寺塔之左偏，地势低洼，有屋数十间。循曲径逶迤而下，其形如釜，谓之“锅底牢”。有茶社，游人多憩息其中，梅豆极甘美。②

① 参见张晖：《清代江南寺院经济研究》第六章《清代江南寺院的收支结构——以江宁大报恩寺为例》，南京大学博士论文，2014 年。

② 《白下琐言》卷四，第 60、74 页。

陈朗在小说《雪月梅传》第三十回中写道：

> 早又是中元佳节，这日是报恩寺的兰盆胜会，弟兄要同去游玩。……到得寺中，大殿上起建水陆道场，香气纷纭，游人如海。弟兄们四下观玩了一回，已是早饭时候，就同到一个洁净面馆内吃了面，出来复去塔上游了一回，无非一片繁华热闹。①

吴敬梓《儒林外史》第五十五回也写到大报恩寺：

> 一径踱进报恩寺里，大殿南廊、三藏禅林、大锅，都看了一回。又到门口买了一包糖，到宝塔背后一个茶馆里吃茶。②

清代中期以后，大报恩寺内外吃饭、喝茶、说书、听戏等各种休闲娱乐设施俱全，已经成为一处成熟的城市文化、商业综合体，这是该寺房产供不应求，不断增建的原因。毋庸讳言，持续增加的商业用房不断挤占寺内空间，在相当程度上破坏了大报恩寺开阔、宏伟的皇家寺院原貌，也破坏了原本安宁、静谧的修行氛围。然而，这是大报恩寺失去皇家寺院政治地位和经济基础之后，不得不进行的调整。总体上看，至清代中期，虽然存在过度开发、房头众多的弊病，但是大报恩寺在新的历史条件下，找到了符合自身发展的新定位，寺院的管理、主要建筑的修缮、僧人的生活都呈现良性发展的态势。

---

① 〔清〕陈朗原著，孙永都、刘中光点校：《雪月梅传》第三十回，济南：齐鲁书社，1986年，第224页。

② 〔清〕吴敬梓著，李汉秋辑校：《儒林外史会校会评本》第五十五回，上海：上海古籍出版社，1984年，第745页。

第十二章　大报恩寺的毁灭

清道光二十年（1840），中英第一次鸦片战争爆发，中国社会长期积累的各种矛盾在外部势力的冲击下不断激化，中国走进了跌宕起伏、命运多舛的近代。

1842 年，英军舰队侵入江宁下关江面，逼迫清政府签订了中英《江宁条约》（民国以后改称为中英《南京条约》）。在谈判期间，英军慕名多次前往大报恩寺参观，不少英军肆意剥取琉璃塔上精美的装饰，给琉璃塔造成了相当严重的破坏。大报恩寺与琉璃塔既是中国走入近代的见证者，又不幸成为首批受害者。

1851—1864 年，太平天国运动爆发，太平军占领江宁，改称天京。地处战略要地的大报恩寺在清军与太平军的激烈交战中饱受摧残。1856 年，在天京事变中，大报恩寺和琉璃塔被彻底摧毁。

第一节　鸦片战争期间琉璃塔遭受的破坏

1840 年 6 月，英国为了保护邪恶的对华鸦片贸易，发动了侵略中国的第一次鸦片战争。依仗船坚炮利，英军先后攻陷舟山、虎门、厦门、宁波、吴淞、镇江等地，并霸占了香港岛。1842 年（道光二十二年）8 月 4 日，英国军舰驶抵江宁下关江面，进逼省城。军事上一再失利的清朝政府，不得不派遣钦差大臣耆英、两江总督牛鉴、署乍浦副都统伊里布为和谈代表，与英方谈判。8 月 29 日，耆英、伊里布等与英国全权代表璞鼎查，在英国军舰“康华丽”（Cornwallis）号上签署了中国近代史上第一个不平等条约——中英《江宁条约》。至 10 月 2 日，英国舰队才完全撤离江宁。[①] 俯视长

① 参见姚薇元：《鸦片战争史实考》卷下《英军进犯南京》《南京条约之签订》《英舰撤退》，上海：新知识出版社，1955 年，第 147—154 页。

江的大报恩寺琉璃塔，亲眼见证了拥有数千年灿烂文明的中国如此屈辱地走进了坎坷的近代，而它本身即将遭遇一轮野蛮的破坏。

进逼江宁的英军舰队共有舰船70艘，4500余人。条约签订之后，不少英军官兵专程前往大报恩寺参观，在饱览琉璃塔建筑奇观的同时，也有不少人强夺、偷窃塔上装饰的琉璃构件和鎏金佛像，暴露出侵略者的本性。英军上校约翰·奥特隆尼（John Ouchterlony）通过参观对琉璃塔进行了相当细致的观察，前文我们已经引用了他的部分记载，其实他还对“参观”期间发生的其他事件给予了记录：

> 应全权特使的要求，我们必须要在条约签完后才能参观这座瓷塔。条约的签订打消了他脑中一直挥之不去的疑虑，他一直怀疑中国人是否真心想求和。因此，8月29日一签完条约，大量远足旅行队伍便涌入了这座著名的宝塔。它一直是中国这个瓷器之国的骄傲，历史悠久，声名卓著。
>
> ……在塔顶欣赏到的壮丽的美景，是我无法用语言来完整表达的。在饱览完波澜壮阔的景色后，我们走下了宝塔，艰难地穿过聚集在宽阔场地上的人群，他们堵住了每一条出路。……我们极力挑选出一件纪念品，来纪念我们此次参观宝塔之行，但是除了一些式样普通的棕色陶制茶壶以及几把扇子外，我们没能找到其他东西。但凡有点儿价值的东西都搬离了店铺，送到了更为安全的地方。然而在宝塔附近，我们的队伍有了一些收获，获得了许多无价的宝塔建筑材料样本——我有些不好意思记述，有些是我们从寺庙里拿的，有一些则是从宝塔低层的僧侣手中买到的，那是他们弃置不用的材料。
>
> 在对宝塔的第一次参观中，探险队中的大部分游客都完成了他们的朝圣之旅。游览结束后过了八日或十日，“修道院院长”（笔者注：此处指大报恩寺住持）登上“皇后”号，前来与全权特使交涉，声称有一些粗暴无礼的人，带着鹤嘴锄和撬棍前去破坏宝塔。他们并不满足于之前的游览者带回的小样本，而是运走了成船的瓷片，这使得宝塔上层的主要部分都消失了。
>
> 有人认为早该干这种勾当了，这样的观点令人十分愤怒，尤其是在本应该宽容那些我们所鄙视的人的时候。对于他们珍爱不已的纪念品，璞鼎查爵士一气之下写了一封信斥责了两位总司令，并敦促他们下令制止这些行为，因为它们违背了英方一直致力于打造的形象。
>
> 本人后来没有再去参观这座塔，但是在璞鼎查爵士的信件公开后的几日，

有人又去参观了这座塔。他们告诉本人，宝塔顶层遭到的破坏十分严重，和之前“修道院院长”描述的情况相同，无论如何都需要赶紧进行修复。在我们第一次参观宝塔的时候，我们强行将钱塞到僧侣手中来安抚他们，心满意足地看着自己从宝塔内取下的小东西（都只在隐蔽的地方取得，例如连接宝塔各层的楼梯背后），尽管这些东西都是塔内图画的一部分，或者是建造宝塔时使用的黄色和红色的琉璃瓦。这是一个不可否认的事实。①

奥特隆尼算是一个诚实的军人，对于英军的恶行进行了较为真实的记录，并且对于强行撬取塔上艺术品的行为进行了一定的谴责，尽管他本人也曾是其中一员，从塔内的隐蔽处强取了“小样品”，可谓五十步笑百步。而另一位英国军官柏纳德（William Dallas Bernard）却对此种行径强词夺理，诬称中国僧人将塔上的装饰物卖给英军，并且指责大报恩寺住持乘机敲诈，毫不掩饰自己的强盗嘴脸：

由于它（琉璃塔）的完整和漂亮以及所用建筑材料的质地，使得它在中国所有其他同类建筑物之中鹤立鸡群。最突出的是它用来砌面的砖，全是各种不同颜色的瓷砖，敷上了光亮的釉质，以及装饰内部的大量鎏金的偶像。

想获取一些样品或是纪念品，用来纪念这第一次、可能也是最后一次莅临这个帝国的古都，是一种很自然的欲望，于是发生了不少剥取、损坏这座建筑物的某些部分以及内部大量佛像的事件。但是，无论是管理佛塔的僧人或是所属庙宇的住持对这件事提出的申诉似乎过于夸大了一些，他们的目的也许是想获取一笔可观的赔偿费，这也是很明显的。大部分被拿走的样品事实上是由僧人自己卖给游览者的。不过，申诉最终被提交给亨利·璞鼎查爵士，在他的要求之下，军方采取措施防止这些暴行的再发生。在当时的环境下，为了以公正的举动向中国人取得更好的谅解，庙里的住持得到了一笔数量相当可观的钱，作为修理装饰这座建筑物之用。这笔钱远远超过了建筑物实际受到损害的价值。②

当时大报恩寺的住持是谁，目前没有找到确切的资料。但是这位寂寂无名的中国

① ［英］约翰·奥特隆尼著，卢彦名选译：《对华作战记》第三十七章，收入《金陵物语》，另起标题为《舰队抵达南京》，南京：南京出版社，2014 年，第 60—70 页。

② ［英］威廉·达拉斯·柏纳德原著，卢彦名选译：《“复仇神”号轮舰航行作战记》，收入《金陵物语》，另起标题为《关于南京及瓷塔、明孝陵等古迹的记述》，第 51—52 页。

僧人，面对英军的暴行，却勇敢地登上英国军舰据理力争，迫使英军统帅做出赔偿。在国难当头之际，他维护了中国人和大报恩寺的尊严。

在英军参观大报恩寺期间，擅长绘画的英国海军上校斯高特（Captain Stoddart）和上尉怀特（Lieutenant White），从不同角度绘制了多幅大报恩寺琉璃塔的素描作品。其后这些素描作品被英国画家、出版家托马斯·阿罗姆改绘，收入他的中国画册，从而为“南京瓷塔”留下了最后的倩影。当时谁也不会想到，仅仅15年之后，这样的美景将永远不复存在。（图117、图118）

图117 英国人斯高特绘制的《长干桥》（The Bridge of Nanjing）

图118 英国人怀特绘制的《琉璃塔》（Porcelain Tower Nanjing）

第二节　天京事变中大报恩寺与琉璃塔的毁灭

1851—1864 年（咸丰元年到同治三年）爆发的太平天国运动，是由洪秀全、杨秀清等人领导的，反对清朝封建统治和外国资本主义侵略的农民起义战争，是 19 世纪中叶中国规模最大的一次反清运动。1853 年，太平天国攻占并建都江宁，以此为中心与清军进行了 12 年艰苦卓绝的军事斗争，严重动摇了清政府在江南地区的统治。但是在此过程中，古都南京付出了巨大的代价，大报恩寺和琉璃塔正是在这一过程中严重受损，最终彻底被毁。

太平天国起义发动于道光三十年十二月初十日（1851 年 1 月 11 日），随后洪秀全、杨秀清等人率领起义军一路北上，采用流动作战的方式，在短短两年的时间内，占永安，攻长沙，陷武汉，夺取九江、安庆等名城，辗转广西、湖南、湖北、江西、安徽数省。咸丰三年（1853）正月初二至二月初十日，太平军从武昌沿江而下一举夺取江宁，随即在此建都，改称天京。至同治三年（1864）六月十六日湘军攻占天京为止，太平天国在天京前后坚持了近 12 年的武装斗争。[①]

在此过程中，紧邻江宁正南门、拥有制高点的大报恩寺和琉璃塔，不幸成为各方激烈争夺的军事要地——咸丰三年正月二十八日，太平军甫至江宁，“晨即据报恩寺塔，焚城内，并用火器攻城甚便”。[②]“又运仓圣庙中之炮，置报恩寺第三层，向城轰击。城上开炮对轰，砰礴之声，一日不绝。”[③]三月，清军援兵赶至江宁周边，“（太平军）闻信即焚塔，焚城外七里街及居民各市廛，坚壁清野”。[④]太平军占领江宁后，立即在雨花台一带设置营垒，驻扎重兵。据时人记载：“各门外扎有贼（太平军）营，如南门之雨花台贼营最大，山上各庙宇僧房悉圈在内，又在山顶起有望楼一座，挺立山巅，高与报恩寺塔并峙。”[⑤]而且还“将江宁各寺之罗汉悉数置雨花台山上，夜间头上各置一灯，官兵遥认为贼，枪炮昼夜不息”。[⑥]

---

① 参见罗尔纲：《太平天国史》第二部分《纪年》，北京：中华书局，1991 年，第 95—171 页。

②〔清〕佚名著：《金陵纪事》，太平天国历史博物馆编：《太平天国史料汇编》第 14 册，南京：凤凰出版社，2019 年，第 6270 页。

③〔清〕张汝南撰：《金陵省难纪略》，太平天国历史博物馆编：《太平天国史料汇编》第 14 册，第 6372 页。

④ 佚名著：《金陵纪事》，第 6270 页。

⑤〔清〕涤浮道人撰：《金陵杂记》，太平天国历史博物馆编：《太平天国史料汇编》第 14 册，第 6358 页。

⑥〔清〕张德坚撰：《贼情汇纂》卷十二《杂载》，太平天国历史博物馆编：《太平天国史料汇编》第 5 册，第 2244 页。

1854年5月，美国驻华公使麦莲乘坐美国军舰“色士奎哈那”号到达天京，与太平天国政权进行接触。随行的美国海军助理军医查理斯·法斯（Charles Fahs）等人于5月30日前往参观了大报恩寺。6月1日，法斯应麦莲的要求提交了一份书面报告，详细记录了他见到的实际情况。该报告是迄今所知大报恩寺和琉璃塔被毁前最后一份实地观察记录：

……到达这座桥（笔者注：指位于城墙西南角的赛工桥），琉璃塔就清晰可见了。差不多又走了半英里，到了一座堡垒的旁边（即太平军建立的雨花台堡垒）。这座堡垒控制住一个大的住宅区的入口（指长干里居民区）。……这个郊外住宅区在它繁荣的日子里一定有过八万到十万居民，而现在仍残居于这一片瓦砾之中的居民很可能不超过一千人。离开这个地方以后，很快我们就走近了著名的琉璃塔。它矗立在城壕的外边，城墙的南边。它的四周是一块面积有几英亩大的方形空地。空地的外围建有高大的佛殿和僧房，但现在都被毁坏，倒在地上了。巨人似的偶像被打成无数的碎片。

琉璃塔立在一块八十英尺见方，十二英尺高的坚实的石台上，方台的四周有石阶梯……不久以前，一个螺旋形楼梯一直上升到塔顶，给观赏者一个爬上塔顶去欣赏世界上所能看到的最精彩、最美丽的风景之一的机会，可是现在它已躺在塔底变成了一堆垃圾。破坏并不止于此。庄严的雕刻佛像，从头到脚都被破坏了。前代人通过金冠、灵杖以及其他的装饰物赋予这些活生生的神以巨大的威力，而今这些金冠、灵杖以及其他的装饰物皆被打得稀巴烂。这些偶像一度足以支配虔诚的菩萨崇拜者的迷信的力量，现在不但不存在，反而变成了人们嘲笑的对象。面对这个巨大而无比壮丽的建筑物的毁灭和破坏，人们不免感到悲哀，虽然这塔依旧还静立在原地，无声地谴责内战的罪恶。[①]

1854年5月末，法斯等人见到琉璃塔时，大报恩寺已经被彻底废弃。琉璃塔虽然仍然挺立，但塔体表面的装饰已被打烂，塔内的楼梯、楼板等结构也被焚毁，仅剩一座躯壳。

大报恩寺与琉璃塔遭到如此严重的破坏，既有军事斗争的因素，也有文化和宗教因素所起的作用。太平天国诞生于洪秀全创立的“拜上帝会”，政权本身有明确的文化与宗教追求，对于中国传统的儒释道采取强烈摒斥的态度。太平军每占一地，往往

① ［美］查理斯·法斯著，茅家琦译，沈宗美校：《1854年6月1日法斯就漫游天京大报恩寺琉璃塔给麦莲的报告》，《秦淮夜谈》第17辑，2002年。

要捣毁孔庙、学宫。时人张德坚记载："所陷之处，凡学宫正殿两庑木主亦俱毁弃殆尽，任意作践，或堆军火，或为马厩。江宁学宫则改为'宰夫衙'，以璧水圜桥之地为椎狗屠牛之场。"[①]时人汪堃记载：太平军"最恨僧道，见者必杀，寺观庵院尽行拆毁，砖石木料搬运上城"。[②]时人沈梓亦记载："贼(指太平军)所恶僧道寺院，每放火只烧一寺，不及两旁，民以此皆感之。"[③]对于太平军打击儒释道的方针，简又文认为："太平天国革命之役，不徒是民族革命与政治革命，且是经济的、社会的革命，而尤其重要者则为文化与宗教的革命。……其毁灭儒教、佛教之史迹，是盖拜上帝会教徒自始至终一贯的打破偶像主义的政策，即其文化与宗教的革命手段，亦是其大目的也。"[④]

咸丰六年（1856）八月至十月，太平天国高层发生内乱。先是天王洪秀全联合北王韦昌辉、燕王秦日纲诛杀东王杨秀清，其后洪秀全又联合翼王石达开，诛杀韦昌辉与秦日纲，史称"天京事变"。[⑤]在此过程中，琉璃塔残存的躯体最终没有保住，被人为炸毁。琉璃塔被毁的原因和主使主要有两说：其一指为北王韦昌辉，被毁原因是为了防止该塔被翼王用作攻城的炮垒，其说出自美国传教士麦高文（Daniel J. Macgowan）发表在1857年《北华捷报》上的通讯报道，他的信息据称来自一名被迫卷入天京事变的爱尔兰人"肯能"的叙述：

> 当初翼王回天京，要求处斩北王及其党羽。他所提出的这些要求，未被（天王）及时允准，北王仍图负隅顽抗。北王深恐那驰名远方的古报恩寺瓷塔被用以充当攻城的炮垒，于是下令将它摧毁。[⑥]

另一说指为天王洪秀全，原因是为了消除琉璃塔这个可以俯瞰全城的军事隐患。其说出于英国外交官富礼赐（Robert J. Forrest）的记载：

> 琉璃塔所在的郊区系由东王掌管。天王因怀疑这位先生的忠诚，就授权北王割下他的头，并悄悄地屠杀他的党羽，被杀的有一万人。但是，天王后

---

① 〔清〕张德坚撰：《贼情汇纂》卷十二《杂载》，太平天国历史博物馆编：《太平天国史料汇编》第5册，第2243—2244页。

② 〔清〕汪堃撰：《盾鼻随闻录》卷三《两江纪略》，中国史学会主编《中国近代史资料丛刊·太平天国（第四辑）》第4册，上海：神州国光社，1952年，第377页。

③ 〔清〕沈梓撰：《养拙轩笔记》，太平天国历史博物馆编：《太平天国史料汇编》第5册，上海：神州国光社，1952年，第2025页。

④ 简又文：《太平天国全史》第八章《顺流东下取江南》，香港：简氏猛进书屋，1962年，第531页。

⑤ 罗尔纲：《太平天国史》第二部分《纪年》"太平天国丙辰六年"条，第130—133页。

⑥［美］麦高文著，章克生译：《东王北王内讧事件始末》，北京太平天国历史研究会编：《太平天国史译丛（第二辑）》，北京：中华书局，1983年，第88页。

来为了抚慰人心，却谴责北王故意谋害东王，杀了北王和他的党羽。此后，天王听说东王曾自夸他能从琉璃塔控制全城，便在塔内放了火药，整座塔就这样被炸毁了。[①]

1861年，富礼赐以英国上海副领事的身份驻天京江面担任联络官，与太平天国多位首领常有交往，他的信息源自天京事变后对当地的实地采访和调查。中国人对天京事变中琉璃塔被毁事件也有记载，如李圭《金陵兵事汇略》称：

聚宝门外有佛塔在报恩寺，为明永乐年建，……先三年，贼举火焚之，空而不圮，本年得深掘塔基，埋火药轰之，霹雳一声，化为乌有，一时有“折宝塔，自相杀”之谣，今果应。[②]

无论是洪秀全还是韦昌辉下令炸塔，琉璃塔毁于天京事变之中是毫无疑问的。简又文指出：“金陵的报恩寺塔，是我国最著名的艺术品之一，足有五百年历史。其被毁也，堪为此次内讧之役所召之一大恶果，即于天朝政治军事上之致命伤的后效而外，实为吾国，抑全世界，文化上之一大损失。”[③]（图119）

图119 1872年约翰·汤姆逊拍摄的琉璃塔废墟

① 《富礼赐的天京见闻》，《中国近代史资料丛刊续编·太平天国》第九册，第359页。

② 〔清〕李圭撰：《金陵兵事汇略》卷二，太平天国历史博物馆编：《太平天国史料汇编》第14册，第6134—6135页。

③ 简又文：《太平天国全史》第十七章《内讧痛史》，第1384页。

除了琉璃塔惨遭毁灭外，在太平天国运动期间，不少大报恩寺的砖石材料被太平军用于建造营垒，也有一部分材料被运入城内改作其他用途。在南京瞻园（太平天国西王府，现为南京太平天国历史博物馆）之中，保存有一件精美的石雕水池，长173.7厘米、宽84.8厘米、高38.5厘米，四周雕刻二龙戏珠、狮子戏球、双凤朝阳、五蝠捧寿等装饰图案。但是在水池边沿处发现有残存的铭文："皇妣孝慈昭宪至仁文（德承天顺圣高皇后）……（协心）致理，德合天地，功在生（民）……负荷不易，夙夜惟勤，惕（惕兢兢）。"铭文与朱棣御制大报恩寺左碑中的内容完全一致，说明这件水池是用大报恩寺左碑原石改造而来。[①] 这件水池现陈列于南京太平天国历史博物馆内，成为相互交织的太平天国史和大报恩寺晚期历史重要的实物佐证。（图120）

图120　大报恩寺左碑改造的太平天国西王府石雕水池

从1428年建成至1856年被毁，大报恩寺存在了428年。它毁灭于晚清太平天国运动时期，诚如简又文所言，是中国乃至世界文化史上的一大悲剧，也是南京城市史中一段无法抹去的沉痛记忆。

太平天国运动带有反压迫、反暴政、反侵略的革命性质，一度获得了相当数量人民群众的支持，建立起政权，但是它最终还是走上了"其兴也勃焉，其亡也忽焉"的道路。太平天国运动失败的原因是多方面的，但是其中有一条不能回避，就是太平天

① 参见金实秋、易家胜主编：《太平天国王府》之《南京西王府》，南京：南京出版社，2003年，第53—54页。现南京太平天国历史博物馆内"太平天国石雕水池及拓片"展板提供了水池残存铭文的拓片与文字内容。

国对以儒释道为代表的中国传统文化采取蔑视甚至仇视的态度，对古代文化和相关遗产大肆进行破坏，而不是以有容乃大的态度，兼容并蓄地为其所用，这是相当遗憾的。在社会剧烈变动的情况下，如何尊重和保护文化遗产是世界性的难题，大报恩寺和琉璃塔被毁的悲剧作为一个重要案例，值得后人牢牢记取，反复深思。

第十三章　从遗址到遗址公园

1856 年琉璃塔被毁之后，大报恩寺彻底沦为废墟。1864 年，清军镇压了太平天国运动，但是再也无力恢复原有的盛观，大报恩寺最终成为一处遗址。清末民国时期，遗址上形成了西侧为居民区、东侧为金陵制造局兵工厂的分布格局。1942 年，侵华日军占领南京期间盗掘了位于遗址南区的三藏塔地宫，给遗址造成了新的重大损失，出土的唐代玄奘大师顶骨舍利被多次分供，传播至世界多个国家和地区。新中国成立之后，在遗址上设立了文物保护单位，开始对遗址予以切实的保护。2006 年末，南京市政府正式启动“大报恩寺遗址公园”项目，经过有关各方的共同努力，2015 年 12 月 16 日，大报恩寺遗址公园（北区）建成开放，大报恩寺以一种全新的方式获得新生。

第一节　清末民国时期的大报恩寺遗址

一、居民区的出现

太平天国运动被镇压后，周边地区的人口陆续迁入省城江宁，在大报恩寺废墟上自发地建起大批低矮的民房，使这里很快成为一处平民聚居区。居民区自西向东占据了遗址绝大部分区域，东侧与金陵制造局相接。（图 121）

在居民区内部，形成了多条小街巷，它们的名称大都与大报恩寺有关，基本对应该地点原先在寺庙中所处的位置。比如：北山门，位于居民区最西侧，是原大报恩寺北区正门所在地；南山门，位于遗址西南部，是原大报恩寺南区的出入口；宝塔顶，位于整个遗址的最高处，琉璃塔遗迹后来即发现于此；宝塔根，位于宝塔山脚下，分为南宝塔根、北宝塔根两支；三藏殿后街，位于遗址南区，从南山门通往三藏殿后部。该居民区的基本格局从清末到民国，一直延续至大报恩寺遗址公园动工之前。

图 121 1930 年代南京中华门地区航拍照片（城外左下角即大报恩寺遗址）

二、金陵制造局与遗址的关系

在居民区出现的同时，在遗址的东部诞生了由晚清洋务重臣李鸿章创办的金陵制造局。同治四年（1865），李鸿章由江苏巡抚升任两江总督，他将原先创设于苏州的洋炮局迁至江宁省城。经过踏勘，李鸿章选中聚宝门外扫帚巷东端、原西天寺旧址筹建新厂。1866 年 7 月，新厂竣工投产，称为“金陵机器制造局”，简称为“金陵制造局”或“宁局”，它是南京诞生的第一家近代化工业企业。

在李鸿章以及继任为两江总督的左宗棠、张之洞、刘坤一等洋务重臣的鼎力支持下，金陵制造局不断得到扩建。1870 年建成火箭分局，1872 年建成翻砂厂，1873 年建成机器右厂，1878 年建成机器左厂，1879 年专门建造江防大炮的金陵乌龙山机器局并入金陵制造局，使得该局拥有了机器制造厂三座，翻砂厂、熟铁厂、木作厂各两座，以及火药局、火箭局、水雷局等多个分局，工人达数千名。以后又陆续添设炎铜厂、卷铜厂、枪子机器厂、汽锤厂等。1907 年，由两江总督刘坤一创办、中国第一家采用机器制造火药的专业兵工厂——金陵制造洋火药局也被并入金陵制造局，使得该厂的规模进一步扩大，成了仅次于江南机器制造局的全国四大兵工厂之一。

金陵制造局的机器设备大多购自国外，在当时堪称先进。该厂的主要任务是为淮军和其他清军部队生产新式枪炮弹药，清政府同时要求该厂跟踪西方先进军事技术，在国内仿制生产，以满足日益迫切的国防需要。（图 122）

图 122　约翰·汤姆逊拍摄的 1872 年金陵机器制造局内生产场景

金陵制造局先后制造出毛瑟步枪、后膛抬枪、曼里夏快枪、克虏伯快炮、诺登飞神机炮等新式枪炮，以及大量的各式弹药，以装备新军。1884 年，金陵制造局制造出可移动的车轮式后膛炮。该炮装弹简便，移动迅速，射速和命中精度大为提高。同年，该局还成功仿制了美式加提林轮回机关枪，俗称“十门连珠炮”。该枪配有 6—10 支枪管，每分钟可连续射出子弹 350 发，射程达 2000 米。在 1883—1885 年发生的中法战争中，该局生产的这两种武器发挥了很大的作用。1888 年，在著名的马克沁机关枪问世仅四年后，金陵制造局便仿制成功，成为亚洲第一个能够生产自动武器的军工厂。[①]（图 123）

① 卞集：《金陵机器局简史》，曹路宝主编：《记忆 1865》，北京：方志出版社，2007 年，第 1—16 页；乐秀祺：《金陵制造局在中国近代化进程中的作用》，《上海师范大学学报》1989 年第 4 期。

图 123 约翰·汤姆逊拍摄的 1872 年金陵制造局内试制新式枪炮的场景

金陵制造局始建于西天寺故址之上，起初与大报恩寺遗址基本无涉。西天寺位于大报恩寺东部，是明太祖朱元璋为印度来华高僧班的达敕建的塔寺，占地 30 亩，范围北至扫帚巷，南至虢公国俞通海墓园，东至武定侯郭英墓园，西侧抵近大报恩寺东墙。明代，西天寺曾为大报恩寺下辖的一座“中刹”。[①] 清代，西天寺一直存在，与大报恩寺一同毁于太平天国时期。清末，金陵制造局虽然多次扩建，但尚未涉及大报恩寺遗址范围。不过在厂区建设过程中，挪用了不少大报恩寺遗址上残存的建筑材料。1872 年来到南京的英国摄影师约翰·汤姆逊（John Thomson）不仅拍摄了金陵制造局厂区和附近的大报恩寺遗址，还留下了相关记载：

这座兵工厂是在李鸿章的主持下创办的。它是中国第一个这样的工厂，位于城市南门外大报恩寺塔的遗址附近。大报恩寺与这座塔一起，毁于“太平军叛乱”，现在的兵工厂在修建的时候部分地使用了寺和塔的砖块。昔日流传于僧院佛堂、充盈于空气之中的沉闷的诵经声，现在被更喧闹的声音替代——引擎的轰鸣，汽锤的撞击，还有试验枪炮的爆炸声。……这是中国古老行事方式的一个惊人的革新。[②]

---

① 《金陵梵刹志》卷三十七《西天寺》，第 592 页。

② ［英］约翰·汤姆逊著，徐家宁译：《中国与中国人影像》，桂林：广西师范大学出版社，2015 年，355 页。

进入民国之后，金陵制造局先后改称为金陵兵工厂、21兵工厂和60兵工厂。1934—1936年，金陵兵工厂征收周边土地223亩，对厂区进行了一次大规模的改建和扩建——整修了旧有的枪厂、中弹厂、器材厂，新建了南弹厂、北弹厂、木厂、工具厂、职工宿舍、浴室、物料库、实验室、礼堂等建筑。[①]经过此轮建设，厂区向西拓展，占据了大报恩寺遗址的一部分。1936年，中央大学教授张惠衣考察遗址时发现，金陵兵工厂职工宿舍已经建在宝塔山琉璃塔故址之上。[②]

三、地表留存的遗迹与遗物

大报恩寺和琉璃塔被毁之后，遗址持续遭到破坏，大量有价值的遗物被掠夺。太平天国晚期，富礼赐记载，“到南京的每一艘船都去那里（大报恩寺遗址）做一次掠夺性的旅行，凯旋式地从灰白堆里带走大批的琉璃砖”。[③]地表仅残存少数砖石和铁质的遗迹、遗物。

其中，从塔顶遗落的一只铁质承露盘，从清末起就被放置于金陵制造局厂区前的空地上，成了大报恩寺遗址的一个标志。（图124）1936年，张惠衣曾经对它进行测量，直径约为3.81米、高1.13米。[④]可惜，这件劫后余生的铁质承露盘在其后

图124　朱偰拍摄的1935年放置于大报恩寺遗址前的塔顶铁质承露盘

---

① 赵志中：《金陵兵工厂——第六十兵工厂》，《记忆1865》，第29—30页。

② 《金陵大报恩寺塔志》卷首“金陵兵工厂”照片说明。

③ 《富礼赐的天京见闻》，《中国近代史资料丛刊续编·太平天国》第6册，第359页。

④ 《金陵大报恩寺塔志》卷首“塔顶盘”照片所附说明，按其所记英尺数据换算。

的日军侵华战争期间失踪，未能流传至今。

残存的石质遗迹和遗物，主要有位于北区中轴线上的香水河桥和中轴线两侧的两座御碑。其中的左碑（永乐碑）仅存赑屃，右碑（宣德碑）相对完整。这些遗迹在民国时期已经完全被居民的房屋包围。（图 125）

图 125 民国时期的香水河桥

图 126 民国时期的大报恩寺右碑与左碑残存的赑屃

清末，有僧人利用大报恩寺北区金刚殿旧址，重修了门殿，依然挂大报恩寺额，但其规模“比于曩时，不过百分之一”。[①]1933年，朱偰考察大报恩寺遗址时指出：“今之报恩寺，盖不过临街之一小部耳……金刚殿盖当今报恩寺处。”[②]民国时期，该门殿被租用给米行街小学充当校舍。[③]在遗址南区，清末至民国时期也有僧人利用三藏殿旧址重修了前后两座建筑，分别称为三藏殿前殿和后殿。（图127）宣统元年（1909），江苏省教育会决定在三藏殿成立，月霞法师担任了首任督学。宣统二年，在原学堂的基础上，又成立了“江苏全省佛教师范学校”，公推谛闲法师担任校长兼总监督。至1911年10月辛亥革命爆发，受战争影响停办，历时两年。[④]民国时期，三藏殿被租借给私立经纬小学。[⑤]新中国成立后，仍然长期充当小学校舍。前后两座建筑得以保留至今。

在三藏殿之后的土岗上，瘗藏玄奘大师顶骨舍利的三藏塔，民国时期仍然有遗迹可寻。1935年朱偰考察三藏殿时明确记载，“殿后有石塔，遗址尚存”。[⑥]

图127　1935年朱偰拍摄的三藏殿前殿

① 〔民国〕胡祥翰：《金陵胜迹志》卷七《寺观》“报恩寺”条，南京出版社，2012年，第74页。

② 朱偰：《金陵古迹图考》第十二章第七节《城南诸刹》，中华书局，2006年重印版，第230—231页。

③ 南京市档案馆藏档案“为请求维护租赁法益以恤民而彰公道由”，1946年3月，档案号：1003—7—133。

④ 钱程：《对“江苏僧师范学堂”文史资料的初步整理与浅探》，《吴越佛教》第十二卷，北京：宗教文化出版社，2017年，第121页。

⑤ 见南京市档案馆藏档案“关于经纬小学社心田诉请惩办三藏殿住持僧本明并请拨敌伪产业以备复校一案与市政府及该府与敌伪产业处理局往来电文”，1946年2月，档案号：1003—7—144。

⑥ 朱偰：《金陵古迹名胜影集》图165“三藏殿”说明，中华书局，2006年重印版，第136页。

第二节 日军盗挖三藏塔地宫

1937 年“七七事变”之后，日本帝国主义发动了全面的侵华战争。12 月 13 日，日军攻占南京。其后日军不仅制造了惨绝人寰的南京大屠杀，还盗掘了大报恩寺遗址三藏塔地宫，给大报恩寺遗址造成了新的重大损失。

1937 年 12 月 1 日至 12 月 13 日，侵华日军主力从东、南两个方向进攻南京。位于城南的雨花台和中华门是日军攻击的重点目标，日军动用两个师团主力，步、炮、坦克及航空兵协同攻击，而国军也将主力 88 师投入这一地区的防守。在此次南京保卫战中，中华门一带的战况极为惨烈，而紧邻中华门的大报恩寺遗址不幸再次沦为战场。（图 128）

图 128 1937 年 12 月日军坦克部队进攻南京中华门

抗战全面爆发后，位于大报恩寺遗址东侧的金陵兵工厂，被迫将主要机器和人员西迁，先至武汉，后至重庆，在那里与四川第一兵工厂合并，改称第 21 工厂。该厂努力克服各种困难，加大生产，成为战时大后方最大的造枪企业。[①]

日军占领南京后，也很快占据了这座重要工厂。先是利用厂房作为驻军的兵营，先后有高桥、高森、贵志、稻田、松尾等入侵部队进驻。同时，日军又将从中国各地

① 赵志中：《金陵兵工厂——第六十兵工厂》，《记忆 1865》，第 29—30 页。

劫掠来的机器集中至这里，强迫中国人进厂做工，恢复了军工生产，并将该厂命名为“中国派遣军南京造兵厂”，其主要任务是修理枪炮、无线电，以及生产马鞍、军鞋等军用物品。金陵兵工厂门前放置的大报恩寺塔顶承露盘，即在这一时期失踪。

1942 年 11 月，当时占据金陵兵工厂的日军高森部队，在三藏殿后的小山上发现了三藏塔的塔基与地宫，随即由日军组织人员进行了发掘，这就是影响深远的日军盗掘三藏塔事件。日军事后声称，他们是为了建造所谓的“稻荷神社”，于无意中发现了三藏塔，进而展开发掘。但是 1935 年朱偰的调查记录相当清楚地说明，三藏塔虽然主体被毁，但“遗址尚存”，地表仍有遗迹可寻。因此，对于日军的这一说法应该存疑。（图 129）

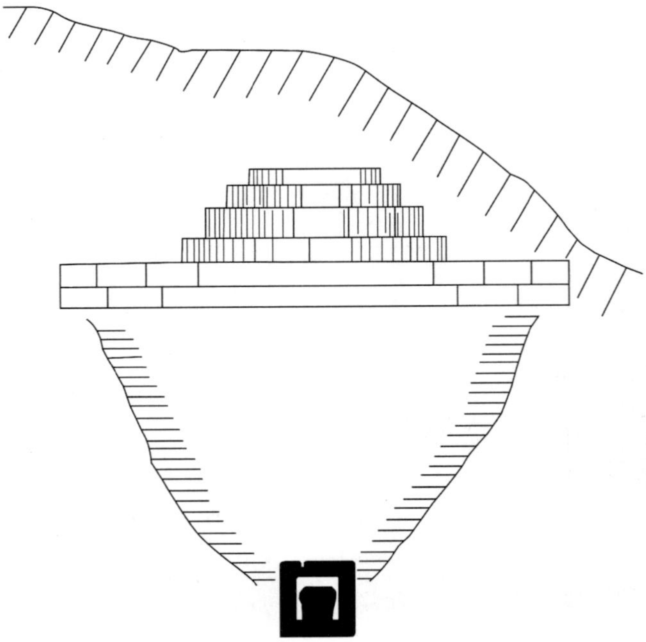

图 129　三藏塔塔基与地宫剖面图（根据原报告改绘）

日军的发掘过程由日本人谷田阅次进行了记录，其后整理成了发掘报告。根据该报告，三藏塔有两层塔基，全部用石块砌筑。底层为方形，边长 7.2 米；上层为逐级内收的圆坛，最大直径 3.6 米，四面设有台阶。塔基上部的覆钵形塔体早年被毁。塔基下为倒圆锥形的竖穴土圹式地宫，深约 3.5 米，圹室底部中心埋藏一具长 0.78 米、宽 0.59 米、高 0.57 米的石椁。石椁内放置石函。（图 130）石函的两面分别刻有铭文，一面为宋代铭文：“大唐三藏大遍觉法师玄奘顶骨，早因黄巢发塔，今长干演化大师可政，于长安传得，于此葬之。天圣丁卯二月五日，同缘弟子唐文遇，弟文德、文庆，弟子丁洪审，弟子刘文进，弟子张霭。”另一面为明代铭文：“奘法师顶骨塔，初在天禧寺之东岗。大明洪武十九年，受菩萨戒弟子黄福灯，□□□□僧普宝，迁于寺之南岗三塔之上，是岁丙寅冬十月传教比丘守仁谨志”。石函内主要放置铜函和“镕铸小箱”（推测为锡函）。“镕铸小箱”内放置鎏金银函，银函上有元代铭文：“大元至顺三年壬申四月吉日，天禧寺住持弘教大师演吉祥置。”地宫内的三代铭文，将三藏塔始建于北宋天圣年间，元代至顺年间大修，明代洪武年间从东岗改建于南岗的历史介绍得相当清楚。

图 130 三藏塔地宫出土的石函

玄奘顶骨舍利被瘗藏于一件铜函之内，其形状为“连带耳部之头骨的一部分”。地宫内还发现 300 余件各类供养物品，包括铜质的洗、鼎、烛台，青瓷质地的瓶、洗、香炉，以及金佛像、银锭、玉璧、动物形玉饰件、念珠、宝石，铜钱等。[①]（图 131）从造型和质地分析，供养器物的年代包括了宋、元、明等多个时期。

日军发掘三藏塔之事，于 1943 年 2 月被上海、北京、南京等地的报纸、杂志披露，引发舆论关注。日本与当时的汪伪政权为了营造所谓的“中日亲善”，于 1943 年

① 发掘与器物出土情况，参见顾蔗园所撰《奉迎玄奘大师佛骨记》和[日]谷田阅次所撰《三藏塔遗址之发掘》，玄奘大师顶骨奉安筹备处编印：《唐玄奘大师骨塔发掘奉移经过专册》，1943 年，第 3—10 页。

图 131　三藏塔地宫出土的青瓷瓶、洗、香炉等供养物品

2 月 23 日举办了“玄奘大师遗骨移交奉迎典礼”，将部分出土遗物和玄奘顶骨舍利交付中方，由汪伪政权的文物保管委员会接收。他们还决定仿照西安的兴教寺塔（玄奘大师原藏舍利塔），在南京九华山建五层砖塔重新供奉舍利。1944 年 10 月 10 日，该塔落成，取名“玄奘大师灵骨塔”，塔下瘗藏了部分玄奘顶骨舍利。

玄奘顶骨舍利是三藏塔地宫的核心，也是最重要的遗物。为了满足各方供养的要求，这份舍利出土后即被分成多份，其后又多次经历分供。根据王仲德、坂井田夕起子等中日学者的研究，该舍利最初被分为五份：两份留于南京，一份送往北平，一份送往广州，一份送往日本。①

留在南京的两份，其一于 1944 年瘗藏于九华山新建的玄奘塔下。另一份先由汪伪文物保管委员会保管，抗战胜利后，国民政府将这份舍利和其他三藏塔出土文物交给南京博物院收藏。新中国成立后，该舍利又先后经由南京毗卢寺、栖霞寺、南京市文管会保管。1973 年南京灵谷寺修复开放，该舍利转交该寺的玄奘大师纪念堂珍藏至今。1998 年经中央批准，从这份舍利中分出一部分赠送台湾，现供奉于台湾新竹市玄奘大学之中。

送往北平的一份其后又被分为三份：一份留在北平，在北海建玄奘塔供奉，其后

① 参见王仲德：《玄奘顶骨今分供何处》，黄心川主编：《玄奘研究——第二届铜川玄奘国际学术研讨会文集》，陕西师范大学出版社，1999 年，第 132—139 页；［日］坂井田夕起子：《玄奘遗骨的南京出土及各地奉安经过》，《玄奘佛学研究》第三十二期，第 97—129 页。

塔毁。解放后，该份舍利先后由北京广济寺、法源寺保管，“文革”中不幸佚失。一份送给四川成都近慈寺，后由成都文殊院保存至今。另一份送至天津，原藏于大悲院中，1957年由中国政府作为国礼赠送给印度，供奉于玄奘曾经留学的那烂陀寺之中。

送至广州的一份，原为汪伪外交部长褚民谊私藏，后交给广州六榕寺保管，不幸于“文革”中被毁。

送往日本的一份，先保管于东京上野宽永寺，其后为躲避空袭，转移至埼玉县慈恩寺。这份舍利在慈恩寺保管期间又被分成四份：第一份被慈恩寺收藏，1950年该寺建成13级三藏灵骨塔供奉这份舍利。1970年，经奈良市药师寺申请，慈恩寺从这份舍利中分出一部分，交由药师寺供奉。第二份归于埼玉县佛教会长、三学院住持仓持秀峰，被埼玉县三学院保管至今。第三份由埼玉银行总经理平沼弥太郎保管，其后于埼玉县饭能市鸟居观音寺内建三层三藏塔，供奉该舍利。第四份由日本前文部大臣冈部长景保管。这份舍利其后又分为三：其一于1955年赠予台湾“中华佛教会”，现供奉于台湾南投县玄奘寺三藏塔，其二供奉于大阪府和田市靖灵殿，其三供奉于青森县弘前市忠灵塔。其后从忠灵塔舍利中又再分出两份，分别由青森市药王院和兵库县篠山小林寺安奉。

综上所述，玄奘大师顶骨舍利出土后多次被分供，使这份舍利现在分布至中、日、印三国，南京、成都、南投、新竹、埼玉、青森、兵库、奈良、印度巴达加欧（那烂陀寺所在地）等全世界多个城市和地区。

日军在侵华战争期间盗挖三藏塔地宫，从根本上违背了中国人民的意愿。据坂井田夕起子的研究，汪伪政府向日本赠送玄奘舍利也不是出于自愿，而是日军、日本大使馆和日本佛教会共同逼迫所致。为此，汪伪政府并未就此事举办正式的赠送法会，也未派遣中方人员护送舍利至日本。玄奘大师顶骨舍利进入日本，“采取了不符合惯例和传统的方式”。[①] 毫无疑问，日军盗挖三藏塔，逼迫汪伪分送舍利是赤裸裸的文化侵略和掠夺行为，是应该受到谴责的。

2016年11月，江苏省佛教协会得到平沼弥太郎曾孙平沼庸生的支持，从日本埼玉县鸟居观音寺所藏玄奘舍利中再次分供，取回之舍利现珍藏于南京恢复设立的建初寺之中，今后将进一步建塔供养。恢复设立的建初寺位于大报恩寺南区三藏殿旧址，

---

① ［日］坂井田夕起子：《玄奘遗骨的南京出土及各地奉安经过》，《玄奘佛学研究》第三十二期，2019年9月，第117页。

利用清末民国时期复建的三藏前殿和后殿两座古建筑重整而来，三藏塔地宫即位于该寺后部。①

本次玄奘舍利从日本分供回国，是三藏塔地宫遭日寇盗掘74年之后，玄奘大师顶骨舍利真正意义上的一次回归，对于三藏塔、大报恩寺遗址的恢复和发展意义深远，也是中日两国和人民共同努力弥合历史创伤，珍视和平发展，促进友好交往的现实反映。②

第三节　大报恩寺遗址公园的诞生

南京市城建档案馆保存的《江南报恩寺琉璃宝塔全图》（图93）诞生于清末至民国初期，系用清代中期的旧版改刻而成。该图上部有外国人题写的英文注记："瓷塔图（毁于太平天国叛乱）"。在该图的两侧，刻图者增加了一副长联：

由长干迤逦而来，匝地钟声，参天柏影，数南朝四百八十之中，烟雨楼台此间第一；

历大劫沧桑以后，残山如故，胜水依然，问阿育八万四千之众，琉璃金碧何日重新？

此联含意隽永，对大报恩寺的历史描述准确，价值认识深刻。其最后一问，代表了无数有识之士的心声。1937年，国立北平研究院吴世昌在为《金陵大报恩寺塔志》所做的《序言》中，难掩对无比壮丽之琉璃塔不幸被毁的痛惜之情：

南京报恩寺塔，为近世东南最壮丽之建筑。余幼时习闻民间歌谣，有《金陵宝塔》之曲，低徊重叠，九复其词，叙其庄严宝相，风铎檐灯，穷极富丽仙逸之致。儿时茫昧，初不知其歌何事，长习书志，始悟殆即报恩寺塔也。

---

① 长干寺乃大报恩寺之源，与建初寺本为两寺，第一章中已做说明，相关学者也有深入讨论。然而，将建初寺当作大报恩寺之源于明清时期却为主流认识——葛寅亮作为明代主管佛教事务的官员和深谙佛教历史的学者，所作《金陵梵刹志》即持此说；释悟明作为清代大报恩寺僧人，所作《折疑梵刹志》同样如此；而且明清多位皇帝也为此说背书，如朱元璋《御制黄侍郎立恭完塔记》明确将康僧会当作天禧寺塔的开创者，而康熙南巡时亦为大报恩寺题写"赤乌灵梵"。因此，虽然当代学术研究已将两寺的源流考证清楚，但是不能否认在相当长的历史时期内，两寺曾被视为一寺。更为重要的是，两寺夹淮水比邻而居，历史上确有深刻的关联。本文已考证，东吴长干寺之所以能够合法拥有尼众，建成尼寺，离不开建初寺僧团的支持；而唐代李德裕外迁长干寺舍利，留下十枚于建初寺。这批舍利很可能回到了长干寺，成为北宋长干寺复兴的基础。因此，南京市在科学发掘、研究、保护大报恩寺遗址，建设遗址公园的同时，于南区三藏殿恢复设立建初寺是有其历史基础的，同时也是长干寺对于建初寺历史帮助的一种反哺。

② 本次舍利分供情况，由亲历其事的江苏省佛教协会副会长、建初寺住持大初法师亲述，使本文得以补入这一最新进展，特此铭谢。

其时去洪杨毁寺之年，盖已六十余载，南京离吾乡亦且千里，而其流风余韵，犹能摇人神魄如此！①

吴世昌幼年时听到的《金陵宝塔》之曲，即是上海说唱大师袁一灵的保留曲目——《金陵塔》。此曲很早就在江南民间流传，20世纪30年代，袁先生学徒时从前辈艺人口中继承下来，成为他的代表作。新中国建立后，他对曲词略加改编，一直传唱至20世纪80年代：

桃花钮头红，杨柳条儿青，不唱先朝评古事，唱只唱金陵宝塔一层又一层。

金陵塔，塔金铃格铃，金陵宝塔第一层。一层宝塔有四只角，四只角上有金铃。风吹金铃旺旺响，雨打金铃唧呤又唧呤。

这座宝塔造得真伟大，全是古代劳动人民汗血结晶，名胜古迹传流到如今……②

《金陵塔》在江南地区久演不衰，传唱不绝，反映出人们对于大报恩寺盛况的缅怀，不愿意让琉璃塔这样的伟大建筑就此消逝。然而从晚清至民国，战乱不息，国力衰弱，民生艰难，根本不具备重建的条件。1930年6月，国民政府颁布了《古物保存法》，并且于1934年1月成立中央古物保管委员会，着手开展文物调查和保护工作。朱偰和张惠衣先生先后对大报恩寺遗址开展了实地调查与研究。1936年，朱偰出版了《金陵古迹图考》《金陵古迹名胜影集》，1937年，张惠衣出版了《金陵大报恩寺塔志》，为遗址保护奠定了良好的基础。但是随着抗日战争的全面爆发，继续对大报恩寺遗址进行研究并实施保护，成为泡影。

新中国成立之后，将文物保护迅速纳入各级政府的工作日程。1950年5月24日，中央人民政府政务院公布了《古文化遗址及古墓葬之调查发掘暂行办法》，明确规定："各大行政区人民政府或军政委员会及各省市人民政府，应调查所辖境内有重大历史价值的公共或私人所有之古文化遗址及古墓葬，予以保护，并呈报中央人民政府文化部登记。"③ 1956年4月2日，国务院向全国发出了《关于在农业生产建设中保护文物的通知》，其中第三条明确要求："必须在全国范围内对历史和革命文物遗迹进行普查调查工作。各省、自治区、直辖市文化局应该首先就已知的重要古文化遗址、古

① 〔民国〕吴世昌：《金陵大报恩寺塔志》序言，南京：南京出版社，2007年，第1页。

② 根据袁一灵先生说唱视频资料整理。

③ 国家文物事业管理局编：《新中国文物法规选编》，北京：文物出版社，1987年，第5页。

墓葬地区和重要革命遗迹、纪念建筑物、古建筑、碑碣等，在本通知到达后两个月内提出保护单位名单，报省（市）人民委员会批准先行公布，并且通知县、乡，做出标志，加以保护。然后将名单上报文化部汇总审核，并且在普查过程中逐步补充，分批分期地由文化部报告国务院批准，置于国家保护之列。”[①] 江苏省随即于1956年10月公布了首批省级文物保护单位，“大报恩寺碑”即名列其中。这是大报恩寺被毁以来，大报恩寺遗址所属遗迹首次获得国家的明确保护。

大报恩寺遗址自清末以来形成的遗址分布格局，在新中国成立之后依然存在：遗址西部被大量民房占据，遗址东部为兵工厂厂区。1949年，第二野战军部队接管了南京60兵工厂，更名为华东军械总厂。其后该厂不断发展，先后更名为国营307厂、国营晨光机器厂、南京晨光集团有限责任公司，成为新中国重要军工企业之一。该厂的生产区一直位于西天寺旧址，但办公区、生活配套区大部分建在大报恩寺遗址范围之内。这种分布格局显然不利于遗址保护，但是1950—1970年代末，受限于国家经济发展水平，无法投入巨资对遗址进行整治和改造。

真正的转机出现在改革开放之后，随着国力的稳步提升，各级政府对于文化遗产的重视程度越来越高。1982年，时任南京市市长张耀华，为弘扬古都文化风貌，提出了重建大报恩寺的构想，市有关部门启动了调研工作。1984年，东南大学汪永平等学者在中国古都学会第二届年会上发表论文，对琉璃塔进行了初步研究，呼吁南京市加强对大报恩寺遗址的考古工作，并择机复建琉璃塔。[②]1987年3月，南京市文管会召开重建大报恩寺及琉璃塔研讨会。当年10月，大报恩寺遗址所在的秦淮区人民政府邀请有关专家，开始制订包括重建大报恩寺塔在内的《夫子庙秦淮风光带建设规划》。然而，当时对大报恩寺遗址范围内的居民和工厂开展大规模动迁的条件仍不具备，所以重建设想只能停留在讨论阶段。

进入21世纪之后，遗址区低矮破旧、环境脏乱的状况与主城区日新月异的发展面貌越来越不协调，对遗址进行整治和改造的要求也愈发强烈。（图132）与此同时，南京晨光集团随着企业的进一步发展，主要生产区搬离了原址，从而为遗址改造提供了条件。2001年7月，秦淮区委、区政府组织召开了“金陵大报恩寺遗址公园工程研讨会”，邀请各方专家研讨遗址整治与改造方案，提出了以重建大报恩寺塔为重点的

① 《新中国文物法规选编》，第24—25页。

② 汪永平：《举世闻名的南京报恩寺琉璃塔》，《中国古都研究（第二辑）——中国古都学会第二届年会论文集》，1984年。

图 132 遗址公园开工前的遗址状况

遗址公园建设方向。2002 年 8 月 8 日，南京市召开市长办公会，专题研究大报恩寺遗址公园项目，最终批准该项目立项。2006 年，经过对建设方案的多轮讨论修改，该项目正式启动实施，南京市政府委托南京市国资集团具体承办，先后投入资金近 30 亿元。

遗址公园（北区）的建设前后历时十年，难度并不亚于当年兴建大报恩寺的工程，因为它涉及三个方面的重点与难点：

首先是拆迁工作。项目开工前，遗址范围内分布有 1988 户居民、大小企业 54 家，各类建筑 1800 余座。其中占地 1.8 万平方米的晨光宾馆和占地 1 万平方米的秦淮商业综合楼，均为大体量的现代高层建筑，拆迁难度很大。晨光集团厂区内还有两幢民国建筑属于文物保护单位，不能拆除，需要进行搬迁保护。经过市、区两级政府的努力，广大居民和企业的支持，最终完成拆迁建筑面积 16.6 万平方米，征收土地 14.5 万平方米，征地目标基本完成，项目用地问题得到解决。

其次是考古工作。保护和展示文化遗产是遗址公园建设的首要目标，遗址公园的规划设计必须建立在充分了解遗址状况，准确评估遗址价值的基础上。但是大报恩寺遗址地表仅剩少量遗迹，大部分遗迹埋没于地下，全面、系统地开展考古工作是解决这一难题的关键。从 2006 年开始，受南京市政府委托，经国家文物局批准，南京市博物馆考古部[①] 承担了对大报恩寺遗址进行全面调查、勘探和发掘的任务。至 2012 年

① 2014 年 4 月，南京市博物馆考古部升级为南京市博物总馆下设的南京市考古研究所；2017 年 6 月，进一步升级为南京市考古研究院。

末，共完成发掘面积3.6万平方米，遗址北区明代主要建筑和总体布局得到廓清，皇家寺院的原有面貌得到较充分地揭示。在此过程中，考古队发现并确认了北宋圣感塔地宫，出土了以“佛顶真骨”舍利为核心，以七宝阿育王塔为代表的佛教珍宝群，在海内外引起了巨大的反响。（图133）

图133　大报恩寺遗址考古现场（经过保护的铁函从地宫中起吊）

本次考古工作收获了中国考古史上多项第一：大报恩寺遗址是迄今为止全国发掘面积最大的佛寺遗址，圣感塔地宫是我国目前发现的最深的佛塔地宫，塔基外围发现的明代鹰架是我国首次发现的建塔鹰架地面遗迹。经过科学发掘之后，大报恩寺遗址的价值得到确认，2013年顺利入选第七批全国重点文物保护单位。

第三是规划设计工作。遗址公园的规划设计必须实现科学保护文化遗产与城市可持续发展的目标。经过南京市组织的项目规划设计国际竞赛，东南大学建筑设计研究院的设计方案最终胜出。该方案对考古发现的所有重要遗迹全部实施原址、原状保护，实现了遗址公园以保护为主的首要目标；其次，尊重历史原貌，遗址公园的走向、总体布局都与明代大报恩寺保持一致；第三，突出文化功能，遗址公园的主体为博物馆，以展示出土遗迹、遗物为主，使大报恩寺悠久的历史文化得到延续；第四，创造性地解决了文物保护与建设的矛盾，这一点突出地表现在新塔的建设上。（图134）

塔是大报恩寺遗址上历代寺院的核心，如果不建塔，大报恩寺的特有风貌不可能得到充分展现。但是如果使用琉璃原样重建，塔体沉重，考古发现的塔基和地宫将被填埋，无法展示，这不符合遗址公园展示真文物的要求。如果换位重建，又会破坏大报恩寺原有的布局。最终的新塔建设方案采用了钢质骨架、玻璃幕墙的设计，塔体轻盈，承重点位于塔基之外，宋代塔基与地宫被完整地保护在新塔之内，供人们参观。（图 135）该项设计成功实现了文物原址保护与展示的目标，让遗址公园拥有了核心景观，更让南京重新拥有了久负盛名的城市文化地标。

图 134 2015 年初即将建成开放的大报恩寺遗址公园（大报恩寺遗址公园提供）

图 135 大报恩寺新塔（大报恩寺遗址公园提供）

2015 年 12 月 16 日，大报恩寺遗址公园历经十年的建设，正式建成开放。它是南京各级政府全力推动，多个部门和机构通力合作的结果。它标志着大报恩寺以一种全新的方式获得重生。

大报恩寺遗址公园目前保护和展示的只是遗址北区的范围。自 2016 年起，南京市考古研究院继续接受国家文物局和南京市政府委托，对遗址南区进行全面的勘探和发掘。不久的将来，大报恩寺遗址南区也将获得科学、妥善的保护，大报恩寺遗址的历史与文化价值将被更好地传承下去。

结　语

大报恩寺遗址迄今1700余年的历程，是外来佛教文化在江南扎根，顽强滋长，最终与中华文明融为一体的过程；也是寺院、僧团和背后的支持力量不断地创造和利用机遇应时而起，同时又与种种人祸天灾反复斗争的过程；由此形成了从六朝长干寺到明清大报恩寺，再到当今遗址公园，屡毁屡建，愈挫愈强，延绵不绝的历史长卷。

借助大报恩寺遗址公园规划建设，遗址全面开展考古工作的契机，本文以历史学和考古学相结合的方法，系统汇集文献和考古资料，将大报恩寺遗址的历史发展划分为长干寺、天禧寺、大报恩寺三大阶段，聚焦每个阶段寺院初建、改建、扩建、毁灭，乃至沉寂、重生的过程。从历代寺院营建的角度，整理、揭示这座千年伽蓝跌宕起伏的演进史。

一、兴衰交织的五个时期

大报恩寺遗址经历的三大阶段，具体又可分为六朝长干寺、隋唐五代长干寺遗址、北宋至明初天禧寺、明清大报恩寺、清末至当代大报恩寺遗址等五个前后相继、兴衰交织的历史时期：

六朝时期的长干寺，是长干里与佛教结缘的第一阶段。依托六朝政权和建康都城，长干寺在总体上呈现出不断发展壮大的趋势，但也经历了三起三落的巨大悲欢。最早的长干寺和塔，诞生并且毁灭于东吴中期，前后至多存在十年；两晋时期原址重建，先后建起两座阿育王塔，江南大寺已然成形，然而齐梁之际再度毁于兵火；梁武帝重建并大规模扩建长干寺，使其发展至六朝时期的顶峰，然而50余年之后，寺院与南朝政权同时覆灭。六朝长干寺前后持续330余年，奠定了长干里佛教文化的基础。

589年南朝灭亡，其后隋唐两代均对建康故地采取严厉打压的政策。在此期间，长干寺沦为废墟，两座阿育王塔地宫先后被打开，舍利圣物被迫外迁。隋唐时期，南京从都城降为州城，再降为县城，城市难以复苏是长干寺迟迟得不到恢复的根本原因。五代时期，南京成为南唐的都城，城市发展迎来转机，长干寺重建的机遇也随之孕育。

北宋大中祥符二年（1009），高僧可政在宋真宗的支持下，重建长干寺、塔；天禧二年（1018），真宗以新年号将长干寺赐名为天禧寺；寺院发展迎来了新一轮高潮。天禧寺先后建成两座塔，楼阁式的圣感塔高两百尺，成为南京的城市地标，塔下瘗藏佛顶真骨、感应舍利和多份诸圣舍利；三藏塔为覆钵式，塔下瘗藏玄奘大师顶骨舍利，天禧寺由此成为中国瘗藏舍利最多的佛教圣地。北宋晚期，在永公慧严的主持下，天禧寺进行了一次大规模的改扩建，并且从律寺改为禅寺。从宋至元，天禧寺始终保持江南大刹的地位，元代还将原属秦氏家族的旌忠寺拨予天禧寺充当下院。元末明初，天禧寺一度受到战争的破坏和朱元璋的压制，但是明太祖很快转变了态度，大修天禧寺，并且将它确立为南京三大寺之一。在永乐六年（1408）遭焚毁前，天禧寺实际上已经具备了准国寺的地位，为大报恩寺以皇家寺院的身份登上历史舞台进行了充分的准备。

永乐十年（1412），明成祖朱棣命工部在天禧寺原址重建寺院，命名为大报恩寺。寺院建设“准宫阙规制”，又以五彩琉璃为装饰，兴建了九级八面、高77.55米的琉璃塔，使之成为公认的中国古代建筑艺术的杰作。明代对大报恩寺的建设是该遗址自六朝以来，寺、塔营建的顶峰。大报恩寺作为皇家寺院，武宗之前维修工程皆由工部负责，其后朝廷放弃了修缮责任。嘉靖四十五年（1566），大报恩寺因雷击引发大火，北区除琉璃塔等少数建筑外，几乎全部被毁。从万历中期开始，以大报恩寺僧人、地方官员和士绅为主的民间力量承担起维修、重建大报恩寺的重任。至明末，因嘉靖大灾而毁的主要建筑，除大殿外，陆续得到复建。明清鼎革之后，大报恩寺虽然失去了皇家寺院的地位，但是依然受到上至帝王，下至督抚的重视。顺康之际，完成了大殿的重建。康熙三十七年（1698）后，清政府又恢复了官修琉璃塔的做法。至清代中期，大报恩寺基本保持原貌，得到了较好的维护与管理。

1856年，琉璃塔在天京事变中被炸毁，大报恩寺沦为废墟。清末至民国时期，遗址上逐渐形成了西部为居民区，东部为金陵兵工厂的分布格局。新中国成立后，对遗址采取了一定的保护措施，两座大报恩寺御碑被确定为省级文物保护单位。改革开放之后，随着国家经济实力的提升和对文化遗产的重视，重建大报恩寺和琉璃塔的呼声日益强烈。2006 年，在各级政府的推动下，大报恩寺遗址公园项目正式启动。经过十年的考古和建设，2015 年 12 月 16 日大报恩寺遗址公园（北区）建成开放。这是大报恩寺遗址上最新的营建活动，体现了新时代文化遗产保护理念的落实与成就。

通过上述回顾，1700 余年间大报恩寺遗址先后经历了东吴中期创建长干寺，西晋早期重建长干寺，梁天监元年（502）重建长干寺，梁大同三年至十一年（537—545）扩建阿育王寺，北宋大中祥符二年至天禧二年（1009—1018）重建长干寺，北宋元符二年至政和六年（1099—1116）扩建天禧寺，明洪武十五年至十九年（1382—1386）重修天禧寺，永乐十年至宣德三年（1412—1428）兴建大报恩寺，万历二十六年至康熙三年（1598—1664）重建大报恩寺，以及 2006—2015 年建设大报恩寺遗址公园，前后十次大规模的营建活动。

与之相应，大报恩寺遗址也经历了东吴太平三年（258）孙綝之乱、南齐永元三年（501）梁代齐之役、隋开皇九年（589）隋平陈之役、元至正十六年（1356）朱元璋攻占集庆之役、明永乐六年（1408）僧人本性纵火、嘉靖四十五年（1566）雷击引发大火，以及晚清咸丰三年至六年（1853—1856）太平天国运动等前后七次严重的毁寺之灾。

在同一处地点，诞生与毁灭，兴盛与衰亡反复交织了 17 次，这是大报恩寺遗址不可忽视的重要特征，也是本文以营建为中心，研究大报恩寺历史的出发点。

二、屡毁屡建的关键因素

大报恩寺遗址前后经历七次严重的毁寺之灾。仔细分析，其中仅有一次属于天灾——嘉靖四十五年雷火毁寺，其余六次皆为人祸。在六次人祸之中，东吴孙綝毁寺和明初僧人本性纵火的具体原因不明，暂不讨论。剩余四次中有三次与战争有关，一次与国家推行的政策方针有关。

南齐永元三年（501）梁灭齐之役，萧衍与萧宝卷的军队在长干里一带反复激战，萧宝卷下令“烧（秦淮）南岸邑屋以开战场”，[①] 长干寺在此战之中严重被毁。至正十六年（1356）朱元璋率部夺取集庆，双方同样在城南爆发激战，元军据城固守，朱元璋的红巾军乘云梯猛攻，导致天禧寺在此战中被毁。1853年太平军进攻江宁时，清军与太平军在城南一带反复争夺，开炮互轰。开战不久，大报恩寺已经基本被毁。1856年天京事变中，为了防止琉璃塔被敌方占据，又最终将其炸毁。

上述三次毁寺事件明确显示，大报恩寺遗址的地理位置与寺院屡次被毁有密切关系。从东吴建寺起，长干寺就占据了长干里的核心区位，既控扼入城大道，又邻近朱雀航，寺址所在地具有重要的军事战略价值。杨吴太和四年（932），徐知诰扩建金陵府城，城墙直抵外秦淮河。原本与建康主城相距约五里的长干寺址变得紧邻金陵正南门，军事上的价值更加突出。开宝七年（974），北宋大将曹彬率军进攻南唐时，“先登长干，北望金陵”。[②] 明人沈德符在万历年间就曾预言琉璃塔有朝一日会卷入战争：“南京报恩寺，逼近聚宝门外，其塔高入云表。……然帝城胜概，一览无遗，万一风尘之警，城闉尽闭，能不寒心！昔人云，兀术登雨花台，则城中飞走皆不能遁，况此塔高于雨花台二三倍耶？”[③] 因此，从东吴长干寺确定寺址起，就为其后寺院的命运埋下了隐患，这是不可否认的事实。

公元589年，六朝长干寺毁于隋平陈之役。此役中建康并未发生大的战事，但是其后隋王朝推行的“平荡耕垦”政策，将建康宫室、城邑、重要建筑设施全部摧毁，作为南朝最具影响力的大寺，长干寺未能逃脱厄运。寺内的阿育王像、真身舍利均被当作南朝重器，北迁长安。可以说，长干寺在南朝政治、文化中的突出价值，为它招致了此次灭顶之灾。

然而当我们检视大报恩寺遗址十次重大营建活动时又会发现，该遗址所处的地理区位和蕴含的突出价值，同样是帮助它一再获得重生和发展机遇的两大关键因素。东竺国比丘尼使团选择在长干里建寺，就是看中了此地交通便利，人烟稠密，便于传教和扩大影响。梁武帝扩建阿育王寺，除了其他考量之外，长干寺紧邻“国门”，实为进入建康后的南朝第一寺也是重要原因。明初，朱元璋原本下令废寺，拆塔，但他一旦认识到圣感塔其实有利于南京风水格局时，立即转变态度，大修天禧寺。当代遗址

---

① 《梁书》卷一《本纪第一·武帝上》，第12页。

② 《景定建康志》卷四十六“天禧寺”条，第1120页。

③ 〔明〕沈德符撰：《万历野获编》卷二十四，北京：中华书局，1959年，第612页。

公园的建设，不可否认也有地理因素的影响。大报恩寺遗址占据了南京核心区位，遗址区脏乱破旧的面貌，严重影响了城市的形象，促使政府下定决心整治环境，推动遗址公园建设。

大报恩寺遗址具有突出的宗教和历史文化价值，用两个词可以概括——佛教圣地、南都名胜，它们是大报恩寺遗址不断获得复兴机遇又一重要原因。这两项价值在长干寺阶段就已形成，其后不断得到强化，不断发挥作用。东吴时期，长干寺落地长干里，通过建寺、建塔、瘗藏舍利，赋予了寺址宗教上的神圣性。东吴长干寺还是江南首批佛寺之一，与建初寺一起开辟了江南佛教文化之源。西晋时期，长干寺于原址重建，就是为了继承东吴长干寺的宗教价值和历史价值。东晋时期，阿育王像和真身舍利先后问世，它们不仅是佛教圣物，还是政治祥瑞，是南方政权合法性、正统性的象征。尤其是后者，使长干寺被公认为中土十九处真身舍利瘗藏地之一。经过六朝时代 300 余年的发展，长干寺不仅确立了佛门圣地的地位，而且成为南朝文化、南朝都城的标志。其后虽然经历了 400 余年的沉寂期，但是此地业已形成的宗教和历史文化价值不仅没有消亡，反而持续发挥作用。《石函记》在记录可政重建长干寺的缘由时称："金陵长干寺塔……东晋出现，梁武再营……演化大师可政……愿兴坠典。"朱棣在《重修报恩寺敕》中亦称："况此灵迹岂可终废？"继往开来，延续此间胜迹，是宋、明两代开展大规模营建的重要原因。

总之，导致大报恩寺遗址屡毁屡建的原因虽然是多方面的，但是遗址所处的核心位置，以及所蕴含的突出价值，是造成该遗址跌宕起伏命运的两个关键因素。这两个因素，在大报恩寺遗址今后的发展中无疑还将继续发挥作用。

三、感悟金陵历史的独特窗口

根据南京市考古研究院公布的最新考古成果，最早的南京城是"长干古城"，就位于大报恩寺遗址正对面，其年代为距今约 3100 年。[①] 而大报恩寺遗址迄今 1700 余年的建寺史，恰好约为南京建城史的一半多。

作为四大古都之一，南京有六朝古都、十朝都会之称，东吴、东晋、宋、齐、梁、

① 杨民仆：《重大考古发现将南京建城史前推 600 年，3000 多年前的长干古城露真容》，《新华日报》2023 年 12 月 20 日第 3 版。

陈、南唐、明、太平天国、民国先后在此建都立国，在中国历史上留下了永不磨灭的印迹。作为陪伴古都走过大半历程的千年名寺，大报恩寺及其前身与南京历史上发生的重大事件、关键人物交集不断，寺史与城史、国史交织辉映，在很大程度上折射出南京，乃至中国走过的不凡之路。

佛教是中国文化的重要组成部分，南京又是佛教在南方兴起的渊薮。从六朝长干寺到大报恩寺，每一个阶段都在佛教史上留下了重要记录，对于佛教在中国的传播与发展影响巨大。例如：东吴长干寺是江南第一座尼寺，也是我国目前可考时代最早的尼寺。东晋长干寺被公认为中土19份真身舍利瘗藏地之一。南朝长干寺是“僧主”的驻地，也是建康佛教事务管理机构所在地。北宋天禧寺瘗藏了佛顶真骨、感应舍利、诸圣舍利、玄奘顶骨舍利等18份舍利圣物，是我国迄今所知瘗藏舍利圣物最多的佛寺。天禧寺圣感塔地宫深达6.74米，是我国迄今发现的最深的佛塔地宫。明代大报恩寺是当时等级最高、规模最大的皇家寺院之一，寺内的琉璃塔既是中国古代佛塔建筑艺术的高峰，也是汉藏佛教文化融合的典范，还是最具海外影响力的中国佛教建筑。大报恩寺长期收藏《南藏》经板，为大藏经的推广与普及做出了重要贡献。以上种种，使得无论六朝长干寺、宋至明初天禧寺，还是明清大报恩寺，都是撰写南京佛教文化史，以及中国佛教史不容忽视的篇章。

自六朝时代起，南京长期担当中国南方的政治、文化中心，甚至一度成为全国的首都，即使在受到打压的低谷期，南京也发挥着潜在的重要影响力。作为南都大寺，大报恩寺及其前身自觉或不自觉地卷入各个时期的政治活动，成为上演政治大戏的舞台，又或者直接成为政治斗争的工具。东晋时期，首座带有铭文的阿育王像在长干寺横空出世，这是新兴的佛教文化与中国传统祥瑞文化相结合的产物，它的出现给新生的东晋政权提供了合法性支持。其后，刘萨诃又在长干寺掘出真身舍利和佛陀发、爪等圣物，轰动南北，发挥了同样的作用。梁武帝时期大规模扩建长干寺，并且改名阿育王寺，这是梁武帝以佛教治国，将自身打造成当代转轮圣王的需要。隋文帝杨坚下令将长干寺阿育王像北迁长安，名义上是为了在宫中供养，实际上是为了打击南朝政权，剥夺其合法性与神圣性。其后杨广打开长干寺阿育王塔地宫，将舍利迁入家庙日严塔下供奉，是为了向崇佛的杨坚夫妇表达孝心和忠心，将长干寺舍利作为夺嫡的工具。唐代名臣李德裕打开另一座长干寺地宫，将舍利东迁润州北固山供养，既是为了贯彻朝廷打击无额寺院的指令，又是为了以舍利护佑他的坐镇之地，实现自身的政治抱负。北宋大中祥符初年，可政以长干寺发生舍利感应为由上报朝廷，获准重建长干寺、塔。这一事件是可政与宋真宗的相互成全，真宗收获了来自佛教的祥瑞，满足了“以神道设教”的需要，而长干寺获得了宝贵的重建机遇。南宋时期，真德秀将张栻在天禧寺内的读书处“南轩”立为祠堂，其后王埜又将真德秀附祀。南轩虽与南宋理学发展有关，但是真德秀、王埜之所以重视南轩，是因为他们希望以张栻父子的爱国事迹和精神激励士气，砥砺爱国情怀。明成祖将重建后的天禧寺改名为大报恩寺，一再宣称建寺的目的是报答父母罔极大恩，其实是为了消除靖难夺嫡的负面影响，巩固执政的合法性，进而彰显其才略和功业。倾全国之力打造而成的琉璃塔，实际上承担着朱棣“嫡子身份证”与“雄主纪功碑”两项特殊功能。以上种种，使得我们在研究大报恩寺历史的同时，对于南京和中国历史上发生的不少重大事件会有更深入的理解。

更加值得关注的是，自长干寺诞生起，这座寺院的命运就与古都南京的命运乃至国家的命运息息相关，无形之中成为城市兴衰、国家昌盛与否的一杆标尺。公元222年，孙权迁都建业，拉开了南京作为都城的序幕，20余年后长干寺即应运而生。东晋南朝时期，在政权的支持下，长干寺发展成为南方最具影响力的大寺，至梁武帝时到达顶峰。然而隋灭陈之役，长干寺随着南朝政权的灭亡而毁灭。由于隋唐两代对于建康故地始终保持防范与压制，长干寺随后经历了长达420年的沉寂期。南唐时期，金陵再度成为地方政权的都城，城市的活力得以恢复，长干寺也于不久之后的北宋初年得到复兴。从宋至元，南京城市地位稳步上升。北宋天禧二年（1018），宋真宗特将皇子赵祯封为昇王，使江宁成为仁宗的龙兴之地；南宋时期金陵成为陪都，元代，集庆又成为元文宗的龙兴之地。在此背景下，天禧寺始终享有江南大刹的尊崇地位。明代随着南京成为全国的首都，天禧寺也跃升为全国性的大寺，官修《南藏》经板藏于该寺，主管全国佛教事务的僧录司也一度设于寺内。即便意外遭遇火灾被毁，但是在明成祖“开国之精神，开国之物力，开国之功令”的激励下，大报恩寺以“度越前代”的姿态涅槃重生，琉璃塔更被建成为永恒的经典。

作为皇家寺院，明代中期以前大报恩寺得到朝廷强有力的呵护；然而中期以后，大报恩寺因灾损毁，只能依靠民间力量艰难修复。这种状况是南都地位下降，明朝国力衰弱的真实反映。清朝统一后，对于南京在江南的枢纽地位有清醒的认识，对前朝国寺给予了特别的尊重。大报恩寺不仅全面恢复，朝廷还主动承担了官修琉璃塔的责任。康熙、乾隆下江南期间，多次登临琉璃塔，成就了康乾盛世中的一段佳话。然而随着中国封建社会走到尽头，大报恩寺与国家共同经历了坎坷屈辱的近代史。1842年，在南京下关江面，英国侵略者逼迫清政府签订了不平等的中英《南京条约》，而琉璃塔上的构件也被前来参观的英军故意损毁，大报恩寺不幸成为西方入侵中国后第一批遭受欺凌的对象。其后发生的太平天国运动，是中国近代社会阶级矛盾、内外矛盾第一次总爆发，席卷大半个中国，大报恩寺和琉璃塔不幸在此过程中彻底被毁。太平天国运动之后，中国出现了向西方学习、救国图存的“洋务运动”，在大报恩寺的废墟旁诞生了金陵机器制造局，可以说在国难当头的时刻，大报恩寺以一种特殊的形式浴火重生，体现出中华民族紧跟时代发展，顽强不屈的精神力量。进入现代之后，大报恩寺同苦难的城市、国家一起，又经历了八年艰苦卓绝的全面抗战，大报恩寺遗址埋藏玄奘大师顶骨舍利的三藏塔地宫遭到日寇盗掘，玄奘顶骨舍利从此流散四方。新中国成立之后，大报恩寺终于度尽劫波，遗址逐步得到有效的保护。经过30多年的改革开放，国家走进了新的盛世。2015年，在南京各界的共同努力下，既尊重历史原貌，又体现时代精神的大报恩寺遗址公园最终建成开放，使拥有1700余年历史的大报恩寺以文化遗产的形式被长久保护，永续传奇。

透过大报恩寺这个独特的窗口，我们可以清楚地看到城市、国家、民族经历的辉煌与挫折，可以清楚地体会国家强、城市兴、文化发展才有保障的道理。以一座寺院阐释如此深刻的命题，舍大报恩寺，又能其谁哉？

参考文献

一、历史文献

1.〔汉〕竺大力、康孟详译：《修行本起经》，《大正藏》第 3 册，东京：大藏出版株式会社，1934 年。

2.〔魏〕王弼注，〔晋〕韩康伯注：《周易》，《四部丛刊》第 2 册，上海：商务印书馆，1929 年。

3.〔晋〕陈寿撰，〔南朝宋〕裴松之注：《三国志》，北京：中华书局，1959 年。

4.〔晋〕安法钦译：《阿育王传》，《大正藏》第 50 册。

5.〔晋〕释法显撰：《高僧法显传》，《大正藏》第 51 册。

6.〔晋〕释法显撰，章巽校注：《法显传校注》，北京：中华书局，2008 年。

7.〔后秦〕佛陀耶舍、竺佛念译：《佛说长阿含经》，《大正藏》第 1 册。

8.〔后秦〕弗若多罗、鸠摩罗什译：《十诵律》，《大正藏》第 23 册。

9.〔后秦〕鸠摩罗什译：《大智度论》，《大正藏》第 23 册。

10.〔北魏〕杨衒之撰，周祖谟校释：《洛阳伽蓝记校释》，北京：中华书局，2010 年。

11.〔南朝宋〕范晔撰：《后汉书》，北京：中华书局，1965 年。

12.〔南朝齐〕僧伽跋陀罗译：《善见律毗婆沙》，《大正藏》第 24 册。

13.〔梁〕沈约撰：《宋书》，北京：中华书局，1974 年。

14.〔梁〕萧子显撰：《南齐书》，北京：中华书局，1972 年。

15.〔梁〕释慧皎撰：《高僧传》，北京：中华书局，1992 年。

16.〔梁〕宝唱撰，［日］宗性抄录：《名僧传抄》，《卍新纂续藏经》，东京：国书刊行会株式会社，1975 年。

17.〔梁〕释宝唱撰，王孺童校注：《比丘尼传校注》，北京：中华书局，2006 年。

18.〔梁〕释僧祐撰：《出三藏记集》，《大正藏》第 55 册。

19.〔梁〕萧统编，〔唐〕李善注：《文选》，北京：中华书局，1977 年。

20.〔北齐〕魏收撰：《魏书》，北京：中华书局，2017 年。

21.〔隋〕灌顶撰：《国清百录》，《大正藏》第46册。

22.〔隋〕费长房撰：《历代三宝纪》，《大正藏》第49册。

23.〔唐〕房玄龄等撰：《晋书》，北京：中华书局，1974年。

24.〔唐〕姚思廉撰：《梁书》，北京：中华书局，1973年。

25.〔唐〕姚思廉撰：《陈书》，北京：中华书局，1972年。

26.〔唐〕李延寿撰：《南史》，北京：中华书局，1975年。

27.〔唐〕魏徵、令狐德棻撰：《隋书》，北京：中华书局，1973年。

28.〔唐〕杜佑撰，［日］长泽规矩也、尾崎康所编：《通典》，东京：汲古书院，1981年。

29.〔唐〕许嵩撰：《建康实录》，北京：中华书局，1986年。

30.〔唐〕不空译：《如意宝珠转轮秘密现身成佛金轮咒王经》，《大正藏》第19册。

31.〔唐〕义净译：《根本说一切有部毗奈耶杂事》，《大正藏》第24册。

32.〔唐〕释道宣撰：《续高僧传》，《大正藏》第50册。

33.〔唐〕释道宣撰：《释迦方志》，《大正藏》第51册。

34.〔唐〕僧祥撰：《法华传记》，《大正藏》第51册。

35.〔唐〕释道宣撰：《广弘明集》，《大正藏》第52册。

36.〔唐〕释道宣撰：《集神州三宝感通录》，《大正藏》第52册。

37.〔唐〕释道世撰：《法苑珠林》，《大正藏》第53册。

38.〔唐〕释靖迈撰：《古今译经图纪》，《大正藏》第55册。

39.〔唐〕智升撰：《开元释教录》，《大正藏》第55册。

40.〔唐〕玄奘、辩机撰，季羡林等校注：《大唐西域记》，北京：中华书局，1985年。

41.〔唐〕张彦远撰：《历代名画记》，杭州：浙江人民美术出版社，2011年。

42.〔唐〕韦述撰，〔民国〕陈子怡校：《校正两京新记》，西安：西安和记印书馆，1936年。

43.〔唐〕杜牧撰：《樊川文集》，上海：上海古籍出版社，1978年。

44.〔唐〕李德裕撰：《李文饶文集》，《四部丛刊》第716册，上海：上海书店出版社，1934年。

45.〔后晋〕刘昫等撰：《旧唐书》，北京：中华书局，1975年。

46.〔宋〕欧阳修撰，徐无党注：《新五代史》，北京：中华书局，1974年。

47.〔宋〕欧阳修、宋祁撰：《新唐书》，北京：中华书局，1975年。

48.〔宋〕司马光编著：《资治通鉴》，北京：中华书局，1956年。

49.〔宋〕陆游撰：《南唐书》，南京：南京出版社，2010年。

50.〔宋〕马令撰：《南唐书》，南京：南京出版社，2010年。

51.〔宋〕李焘撰：《续资治通鉴长编》，北京：中华书局，2004年。

52.〔宋〕李心传撰，徐规点校：《建炎以来朝野杂记》，北京：中华书局，2000年。

53.〔宋〕乐史撰：《太平寰宇记》，北京：中华书局，2007年。

54.〔宋〕路振撰，〔民国〕潘其璇校：《九国志》，上海：商务印书馆，1937 年。
55.〔宋〕岳珂撰：《桯史》，北京：中华书局，1981 年。
56.〔宋〕周应合撰：《景定建康志》，南京：南京出版社，2010 年。
57.〔宋〕卢宪撰：《嘉定镇江志》，《中国方志丛书 · 华中地方》，台北：成文出版社，1983 年。
58.〔宋〕宋敏求撰，〔清〕毕沅校正：《长安志》，台北：成文出版社有限公司，1970 年。
59.〔宋〕张敦颐撰：《六朝事迹编类》，上海：上海古籍出版社，1995 年。
60.〔宋〕范成大撰，严沛校注：《桂海虞衡志》，南宁：广西人民出版社，1986 年。
61.〔宋〕范成大撰：《吴郡志》，南京：江苏古籍出版社，1999 年。
62.〔宋〕祝穆撰，祝洙增订，施和金点校：《方舆胜览》，北京：中华书局，2003 年。
63.〔宋〕李昉等编著：《文苑英华》，北京：中华书局，1982 年。
64.〔宋〕释闻达撰：《妙法莲华经句解》，《卍新纂续藏经》第 30 册。
65.〔宋〕惟白辑：《建中靖国续灯录》，《卍新纂续藏经》第 78 册。
66.〔宋〕法天译：《佛说一切如来乌瑟腻沙最胜总持经》，《大正藏》第 19 册。
67.〔宋〕志磐撰：《佛祖统纪》，《大正藏》第 49 册。
68.〔宋〕赞宁撰：《宋高僧传》，《大正藏》第 54 册。
69.〔宋〕法云编：《翻译名义集》，《大正藏》第 54 册。
70.〔宋〕刘克庄撰，辛更儒笺校：《刘克庄集笺校》，北京：中华书局，2011 年。
71.〔宋〕王铚撰：《默记》，北京：中华书局，1981 年。
72.〔宋〕余靖撰：《武溪集》，上海：商务印书馆，1946 年。
73.〔宋〕苏轼撰，王文诰辑注：《苏轼诗集》，北京：中华书局，1982 年。
74.〔宋〕真德秀撰：《西山先生真文忠公文集》，上海：商务印书馆，1937 年。
75.〔宋〕苏颂著：《苏魏公文集》，北京：中华书局，1988 年。
76.〔宋〕张栻撰，杨世文点校：《张栻集》，北京：中华书局，2015 年。
77.〔宋〕李之仪撰：《姑溪居士前集》，景印《文渊阁四库全书》第 1120 册，台北：台湾商务印书馆，1986 年。
78.〔宋〕佚名撰：《钓矶立谈》，景印《文渊阁四库全书》第 464 册。
79.〔宋〕杨亿撰：《武夷新集》，景印《文渊阁四库全书》第 1086 册。
80.〔宋〕夏竦撰：《文庄集》，景印《文渊阁四库全书》第 1087 册。
81.〔宋〕吴龙翰撰：《古梅遗稿》，景印《文渊阁四库全书》第 1188 册。
82.〔宋〕贺铸著：《庆湖遗老诗集》，景印《文渊阁四库全书》第 1123 册。
83.〔宋〕魏了翁撰：《鹤山集》，景印《文渊阁四库全书》第 1173 册。
84.〔元〕脱脱等撰：《宋史》，北京：中华书局，1976 年。
85.〔元〕张铉撰：《至正金陵新志》，南京：南京出版社，2010 年。

86.〔元〕俞希鲁撰：《至顺镇江志》，台北：成文出版社，1975年。

87.〔元〕念常撰：《佛祖历代通载》，《大正藏》第49册。

88.〔元〕刘仁本撰：《羽庭集》，景印《文渊阁四库全书》第1216册。

89.〔元〕释大䜣撰：《蒲室集》，景印《文渊阁四库全书》第1204册。

90.〔明〕宋濂等撰：《元史》，北京：中华书局，1976年。

91.〔明〕谈迁著：《国榷》，北京：中华书局，1958年。

92.〔明〕礼部撰修：《洪武京城图志》，南京：南京出版社，2011年。

93.〔明〕雷礼撰：《国朝列卿纪》，明万历徐鉴刻本。

94.〔明〕王鏊纂修：《正德姑苏志》，景印《文渊阁四库全书》第493册。

95.〔明〕刘侗、于奕正著：《帝京景物略》，上海：上海古籍出版社，2001年。

96.〔明〕王诰修，刘雨纂：《正德江宁县志》，南京：南京出版社，2012年。

97.〔明〕程嗣功修，王一化纂：《万历应天府志》，南京：南京出版社，2011年。

98.〔明〕周诗修，李登纂：《万历江宁县志》，南京：南京出版社，2012年。

99.〔明〕闻人诠修，陈沂纂：《南畿志》，北京：书目文献出版社，1990年。

100.〔明〕葛寅亮撰：《金陵梵刹志》，南京：南京出版社，2011年。

101.〔明〕汪宗元撰：《南京太常寺志》，南京：南京出版社，2016年。

102.〔明〕任自垣、卢重华著，杨立志点校：《明代武当山志二种》，武汉：湖北人民出版社，1999年。

103.〔明〕李贤撰：《大明一统志》，景印《文渊阁四库全书》第472册。

104.〔明〕吴之鲸撰：《武林梵志》，景印《文渊阁四库全书》第588册。

105.〔明〕释如惺撰：《大明高僧传》，《大正藏》第50册。

106.〔明〕释居顶撰：《续传灯传目录》，《卍新纂续藏经》第83册。

107.〔明〕朱元璋撰：《皇明祖训》，《四库全书存目丛书》史部第264册，济南：齐鲁书社，1996年。

108.〔明〕王士性撰，吕景琳点校：《广志绎》，北京：中华书局，1981年。

109.〔明〕顾起元撰：《客座赘语》，北京：中华书局，1997年。

110.〔明〕何乔远撰：《名山藏》，北京：北京大学出版社，1993年。

111.〔明〕张岱撰：《陶庵梦忆》，上海：上海古籍出版社，1982年。

112.〔明〕明河撰：《补续高僧传》，上海：上海古籍出版社，1991年。

113.〔明〕祝允明撰：《野记》，上海：商务印书馆，1936年。

114.〔明〕顾起元撰：《客座赘语》，北京：中华书局，1987年。

115.〔明〕朱国祯撰：《涌幢小品》，上海：上海古籍出版社，2012年

116.〔明〕李昌祺撰：《剪灯余话》，上海：上海古籍出版社，1981年。

117.〔明〕谈迁撰：《枣林杂俎》，上海：大达图书供应社，1935 年。

118.〔明〕朱之蕃编，陆寿柏绘：《金陵四十景图像诗咏》，南京：南京出版社，2012 年。

119.〔明〕李清撰：《三垣笔记》，北京：中华书局，1982 年。

120.〔明〕周晖撰：《金陵琐事》，南京：南京出版社，2007 年。

121.〔明〕吕震等撰：《宣德鼎彝谱》，上海：商务印书馆，1936 年。

122.〔明〕陈仁锡辑：《潜确居类书》，《四库禁毁书丛刊》第 16 册，北京：北京出版社，1997 年。

123.〔明〕王恕撰：《王端毅奏议》，景印《文渊阁四库全书》第 427 册。

124.〔明〕李昌祺撰：《运甓漫稿》，景印《文渊阁四库全书》第 1242 册。

125.〔明〕俞汝楫编：《礼部志稿》，景印《文渊阁四库全书》第 597 册。

126.〔明〕申行时等修：《明会典》，北京：中华书局，1989 年。

127.〔明〕王穉登撰：《王百谷集十九种》，《四库禁毁书丛刊》第 175 册。

128.〔明〕沈德符撰：《万历野获编》，北京：中华书局，1959 年。

129.〔明〕王樵撰：《方麓集》，景印《文渊阁四库全书》第 1285 册。

130.〔明〕钟惺撰：《隐秀轩集》，上海：上海古籍出版社，1992 年。

131.〔明〕憨山德清：《憨山老人梦游集》，《卍新纂续藏经》第 73 册。

132.〔明〕杨士奇撰：《东里文集》，景印《文渊阁四库全书》第 1238 册。

133.〔明〕陆应阳撰：《广舆记》，清康熙刻本。

134.〔清〕钱谦益撰：《牧斋有学集》，《续修四库全书》第 1391 册，上海：上海古籍出版社，2012 年。

135.〔清〕张廷玉等撰：《明史》，北京：中华书局，1974 年。

136.〔清〕吴任臣撰，徐敏霞等点校：《十国春秋》，北京：中华书局，2010 年。

137.〔清〕杨英撰，陈碧笙校注：《先王实录校注》，福州：福建人民出版社，1981 年。

138.〔清〕官修：《钦定大清一统志》，景印《文渊阁四库全书》第 457 册。

139.〔清〕官修：《八旗满洲氏族通谱》，景印《文渊阁四库全书》第 456 册。

140.〔清〕佚名撰：《圣祖五幸江南全录》，《续修四库全书》第 446 册。

141.〔清〕潘柽章撰：《国史考异》，《二十四史订补》第 15 册，北京：书目文献出版社，1996 年。

142.〔清〕赵宏恩监修：《江南通志》，景印《文渊阁四库全书》第 507—508 册。

143.〔清〕陈开虞纂修：《康熙江宁府志》，南京：南京出版社，2011 年。

144.〔清〕佟世燕修，戴务楠纂：《康熙江宁县志》，南京：南京出版社，2013 年。

145.〔清〕袁枚纂修：《乾隆江宁县新志》，南京：南京出版社，2013 年。

146.〔清〕吕燕昭修，姚鼐纂：《嘉庆江宁府志》，南京：南京出版社，2011 年。

147.〔清〕蒋启勋、赵佑宸修，汪士铎等纂：《光绪续纂江宁府志》，南京：南京出版社，2011 年。

148.〔清〕周景柱撰修：《乾隆蒲州府志》，南京：凤凰出版社，2005 年。

149.〔清〕释悟明撰：《折疑梵刹志》，南京：南京出版社，2013 年。
150.〔清〕赵之壁撰，《平山堂图志》，台北：成文出版社，1983 年。
151.〔清〕徐松辑，刘琳等点校：《宋会要辑稿》，上海：上海古籍出版社，2014 年。
152.〔清〕张英撰：《南巡扈从纪略》，上海：上海书店出版社，1995 年。
153.〔清〕大成、大奇等编:《天界觉浪盛禅师语录》,《嘉兴藏》第 25 册, 台北: 新文丰出版公司，1987 年。
154.〔清〕工布查布译：《佛说造像量度经》，北京：文物出版社，2016 年。
155.〔清〕倪涛撰：《六艺之一录》，景印《文渊阁四库全书》第 837 册。
156.〔清〕高晋、萨载等撰：《钦定南巡盛典》，景印《文渊阁四库全书》第 659 册。
157.〔清〕徐小添编绘：《金陵四十八景》，南京：南京出版社，2012 年。
158.〔清〕高岑编绘：《金陵四十景图》，南京：南京出版社，2012 年。
159.〔清〕顾祖禹辑著：《读史方舆纪要》，上海：商务印书馆，1936 年。
160.〔清〕孙锦标撰：《通俗常言疏证》，北京：中华书局，2000 年。
161.〔清〕金鳌辑：《金陵待征录》，台北：成文出版社，1983 年。
162.〔清〕郑光祖撰：《一斑录》，北京：中国书店，1990 年。
163.〔清〕吴敬梓著，李汉秋辑校：《儒林外史会校会评本》，上海：上海古籍出版社，1984 年。
164.〔清〕李斗撰：《扬州画舫录》，北京：中华书局，1960 年。
165.〔清〕王友亮：《金陵杂咏》，南京：南京出版社，2012 年。
166.〔清〕齐学裘撰：《见闻续笔》，北京：文物出版社，2023 年。
167.〔清〕唐仲冕编撰，孟昭承校点集注：《岱览校点集注》，济南：泰山出版社，2007 年。
168.〔清〕梦麟撰：《大谷山堂集》，《续修四库全书》第 1438 册。
169.〔清〕王先谦撰：《东华录》，《续修四库全书》第 369 册。
170.〔清〕王士祯撰：《带经堂集》，《清代诗文集汇编》第 134 册，上海：上海古籍出版社，2010 年。
171.〔清〕施闰章撰：《学余堂文集》，《清代诗文集汇编》第 67 册。
172.〔清〕张德坚撰：《贼情汇纂》，《太平天国史料汇编》第 5 册，南京：凤凰出版社，2019 年。
173.〔清〕佚名著：《金陵纪事》，《太平天国史料汇编》第 14 册。
174.〔清〕涤浮道人撰：《金陵杂记》，《太平天国史料汇编》第 14 册。
175.〔清〕张汝南撰：《金陵省难纪略》，《太平天国史料汇编》第 14 册。
176.〔清〕李圭撰：《金陵兵事汇略》，《太平天国史料汇编》第 14 册。
177.〔清〕汪堃撰：《盾鼻随闻录》，《中国近代史资料丛刊·太平天国（第四辑）》，上海：神州国光社，1952 年。
178.〔清〕方濬师撰：《蕉轩续录》，北京：中华书局，1995 年。

179.〔清〕释德基撰：《宝华山志》，《四库全书存目丛书》史部第 236 册。
180. 中国第一历史档案馆编译：《康熙朝满文朱批奏折全译》，北京：中国科学出版社，1996 年。
181. 中国第一历史档案馆整理：《康熙起居注》，北京：中华书局，1984 年。
182.〔民国〕金陵关税务司编：《金陵关十年报告》，南京：南京出版社，2014 年。
183.〔民国〕胡祥翰：《金陵胜迹志》，南京：南京出版社，2012 年。
184.〔民国〕玄奘大师顶骨奉安筹备处编印：《唐玄奘大师骨塔发掘奉移经过专册》，1943 年。

二、编撰文献

1. 辞海编辑委员会：《辞海》，上海：上海辞书出版社，1979 年。
2. 中国硅酸盐学会编：《中国陶瓷史》，北京：文物出版社，1982 年。
3. 中国大百科全书总编辑委员会《考古学》编辑委员会编：《中国大百科全书·考古学》，北京：中国大百科全书出版社，1986 年。
4. 国家文物事业管理局编：《新中国文物法规选编》，北京：文物出版社，1987 年。
5. 慈怡主编：《佛光大辞典》，台北：台湾佛光出版社印行，1988 年。
6. 中国大百科全书编辑委员会编：《中国大百科全书·宗教卷》，北京：中国大百科全书出版社，1988 年。
7. 北京图书馆金石组编:《北京图书馆藏中国历代石刻拓本汇编》,郑州: 中州古籍出版社,1989 年。
8. 南京市地方志编纂委员会编纂：《南京建置志》，深圳：海天出版社，1994 年。
9. 青州市博物馆编：《青州龙兴寺佛教造像艺术》，济南：山东美术出版社，1999 年。
10. 中国科学院自然科学史研究所主编：《中国古代建筑技术史》，北京：科学出版社，2000 年。
11. 青海省文化厅主编：《瞿昙寺》，成都：四川科学技术出版社、乌鲁木齐：新疆科技卫生出版社，2000 年。
12. 扬州市政协文史与学习委员会、扬州大明寺编:《大明寺志》, 北京: 中国文史出版社, 2004 年。
13. 南京市博物馆主编：《六朝风采》，北京：文物出版社，2004 年。
14. 联合国教科文组织世界遗产中心、国际古迹遗址理事会、中国国家文物局等编：《国际文化遗产保护文件选编》，北京：文物出版社，2007 年。
15. 王巍总主编：《中国考古学大辞典》，上海：上海辞书出版社，2014 年。
16. 丁福保编著：《佛学大辞典》，上海：上海书店出版社，2015 年。

三、考古简报与报告

1. 南京博物院：《明代南京聚宝山琉璃窑》，《文物》1960 年第 2 期。
2. 江苏省文物工作队镇江分队、镇江市博物馆：《江苏镇江甘露寺铁塔塔基发掘记》，《考古》1961 年第 6 期。

3. 河南省博物馆：《佑国寺塔（“铁塔”）》，《文物》1980 年第 7 期。
4. 中国社会科学院考古研究所洛阳工作队:《北魏永宁寺塔基发掘简报》,《考古》1981 年第 3 期。
5. 赵光林：《近年北京地区发现的几处古代琉璃窑址》，《考古》1986 年第 7 期。
6. 陕西省法门寺考古队：《扶风法门寺塔唐代地宫发掘简报》，《文物》1988 年第 10 期。
7. 南京市博物馆：《南京江宁县牧龙镇宋秦桧家族墓清理报告》，《东南文化》1988 年第 2 期。
8. 河南省古建保护研究所、河南省文物研究所:《河南邓州市福胜寺塔地宫》,《文物》1991 第 6 期。
9. 南京博物院：《四川彭山汉代崖墓》，北京：文物出版社，1991 年。
10. 何志国：《四川绵阳何家山 1 号东汉崖墓清理简报》，《文物》1991 年第 3 期。
11. 河南省古代建筑保护研究所：《登峰嵩岳寺塔地宫清理简报》，《文物》1992 年第 1 期。
12. 卢茂村：《当涂县明代琉璃窑考察记》，《东南文化》1996 年第 1 期。
13. 成都市文物考古工作队、成都市文物考古研究所：《成都市西安路南朝石刻造像清理简报》，《文物》1998 年第 11 期。
14. 南京市博物馆：《南京市东善桥“凤凰三年”东吴墓》，《文物》1999 年第 4 期。
15. 袁曙光：《四川省博物馆藏万佛寺石刻造像整理简报》，《文物》2001 年第 10 期。
16. 浙江省文物考古研究所：《雷峰塔遗址》，北京：文物出版社，2005 年。
17. 南京市博物馆:《宝船厂遗址——南京明宝船厂六作塘考古报告》,北京:文物出版社,2006 年。
18. 陕西省考古研究院等编：《法门寺考古发掘报告》，北京：文物出版社，2007 年。
19. 北京大学考古文博学院等：《江西景德镇明清御窑遗址发掘简报》，《文物》2007 年第 5 期。
20. 南京市博物馆：《南京市江宁区胡村南朝墓》，《考古》2008 年第 6 期。
21. 王光明：《南京江宁区清修村宋代墓园》，国家文物局主编：《2007 中国重要考古发现》，北京：文物出版社，2008 年。
22. 南京市博物馆：《南京市东汉建安二十四年龙桃杖墓》，《考古》2009 年第 1 期。
23. 南京市博物馆：《南京秦淮区宝塔顶 10 号院战国墓发掘简报》，《东南文化》2009 年第 4 期。
24. 中国社会科学院考古研究所、河北省考古研究所邺城考古队：《河北临漳县邺城遗址赵彭城北朝佛寺遗址的勘探与发掘》，《考古》2010 年第 7 期。
25. 襄樊市文物考古研究所:《湖北襄樊樊城菜越三国墓发掘报告》,《考古学报》2013 年第 3 期。
26. 李翔：《南京市江宁区牧龙移忠寺遗址发掘》，江苏省文物局主编：《江苏考古 2010—2011》，南京：南京出版社，2013 年。
27. 南京市博物馆：《秦淮区胡家花园配套地块考古发掘》，南京市博物馆编印：《2013 南京考古工作报告》，2014 年。
28. 郑州大学历史学院、南京师范大学文物与博物馆学系、南京市考古研究所：《江苏南京雨花台窑岗村明代琉璃窑址发掘简报》，《文物》2015 年第 10 期。
29. 南京市考古研究所：《南京大报恩寺遗址塔基与地宫发掘简报》，《文物》2015 年第 5 期。

30. 景德镇市陶瓷考古研究所等:《2014 年景德镇御窑遗址考古发掘主要收获》,《故宫博物院院刊》2016 年第 2 期。
31. 南京市考古研究院:《秦淮区西街遗址 2019 年度考古发掘》,南京市考古研究院编印:《南京考古工作报告 2019》。
32. 南京市考古研究院:《南京大报恩寺遗址 J16 发掘简报》,《中国国家博物馆馆刊》,2019 年第 6 期。

四、著作

1. 晁中辰:《明成祖传》,北京:人民出版社,1993 年。
2. 曹路宝主编:《记忆 1865》,北京:方志出版社,2007 年。
3. 陈学霖:《明代人物与传说》,香港:香港中文大学出版社,1997 年。
4. 陈金华、孙英刚主编:《神圣空间——中古宗教中的空间因素》,上海:复旦大学出版社,2014 年。
5. 范金民、杨国庆、万朝林等编著:《南京通史(明代卷)》,南京:南京出版社,2012 年。
6. 何孝荣:《明代南京寺院研究》,北京:中国社会科学出版社,2000 年。
7. 何孝荣:《金陵大报恩寺史料选辑》,南京:南京出版社,2021 年。
8. 贺云翱:《六朝瓦当与六朝都城》,北京:文物出版社,2005 年。
9. 简又文:《太平天国全史》,香港:简氏猛进书屋,1962 年。
10. 金实秋、易家胜主编:《太平天国王府》,南京:南京出版社,2003 年。
11. 金申:《佛教美术丛考》,北京:科学出版社,2004 年。
12. 金申:《历代佛像真伪鉴定》,北京:紫禁城出版社,2008 年。
13. 吕澂:《吕澂佛学论著选集》,济南:齐鲁书社,1991 年。
14. 罗开玉:《古代西南丝绸之路研究》,成都:四川大学出版社,1990 年。
15. 罗尔纲:《太平天国史》,北京:中华书局,1991 年。
16. 罗哲文编著:《中国古塔概览》,北京:外文出版社,1996 年。
17. 刘长东:《宋代佛教政策论稿》,成都:四川出版集团巴蜀书社,2005 年。
18. 刘建国:《古城三部曲——镇江城市考古》,南京:江苏古籍出版社,1995 年。
19. 刘静贞:《皇帝和他们的权力——北宋前期》,台北:稻乡出版社,1996 年。
20. 李富华、何梅:《汉文佛教大藏经研究》,北京:宗教文化出版社,2003 年。
21. 李全庆、刘建业:《中国古建筑琉璃技术》,北京:中国建筑工业出版社,1987 年。
22. 李崇峰:《佛教考古:从印度到中国 I》,上海:上海古籍出版社,2014 年。
23. 李天石、王淳航等编著:《南京通史·隋唐五代宋元卷》,南京:南京出版社,2016 年。
24. 卢海鸣、邓攀编:《金陵物语》,南京:南京出版社,2014 年。
25. 胡阿祥、李天石、卢海鸣编著:《南京通史·六朝卷》,南京:南京出版社,2009 年。

26. 牟复礼、崔瑞德主编：《剑桥中国明代史》，北京：中国社会科学出版社，1992 年。
27. 丘光明、邱隆、杨平：《中国科学技术史·度量衡卷》，北京：科学出版社，2001 年。
28. 冉万里：《中国古代舍利瘗埋制度研究》，北京：文物出版社，2013 年。
29. 任宜敏：《中国佛教史·元代》，北京：人民出版社，2005 年。
30. 宿白：《藏传佛教寺院考古》，北京：文物出版社，1996 年。
31. 宿白：《魏晋南北朝唐宋考古文稿辑丛》，北京：文物出版社，2011 年。
32. 孙海芳编著：《中国越窑青瓷》，上海：上海古籍出版社，2007 年。
33. 汤用彤：《汉魏两晋南北朝佛教史》，北京：北京大学出版社，1998 年。
34. 唐文基：《明代赋役制度史》，北京：中国社会科学出版社，1991 年。
35. 王崇武：《明靖难史事考证稿》，上海：商务印书馆，1948 年。
36. 王曾瑜：《宋朝兵制初探》，北京：中华书局，1983 年。
37. 王光尧：《中国古代官窑制度》，北京：紫禁城出版社，2004 年。
38. 吴之洪：《金陵大报恩寺论集》，长春：吉林人民出版社，2011 年。
39. 夏维中、张铁宝、王刚等编著：《南京通史（清代卷）》，南京：南京出版社，2014 年。
40. 谢佐：《瞿昙寺》，西宁：青海人民出版社， 1982 年。
41. 姚薇元：《鸦片战争史实考》，上海：新知识出版社，1955 年。
42. 袁刚：《隋炀帝传》，北京：人民出版社，2001 年。
43. 印顺：《原始佛教圣典之集成》，北京：中华书局，2011 年。
44. 闫孟祥：《宋代佛教史》，北京：人民出版社，2013 年。
45. 叶兆言、卢海鸣等编著：《老照片·南京旧影》，南京：南京出版社，2012 年。
46. 朱偰：《金陵古迹名胜影集》，北京：中华书局，2006 年再版。
47. 朱偰：《金陵古迹图考》，北京：中华书局，2006 年再版。
48. 赵生深、谢端据、赵信：《青海古代文化》，西宁：青海人民出版社，1985 年。
49. 张曼涛主编：《律宗概述及其成立与发展》，《现代佛教学术丛刊》，台北：大乘文化出版社，1978 年。
50. 张弓：《汉唐佛寺文化史》，北京：中国社会科学出版社，1997 年。
51. 张惠衣：《金陵大报恩寺塔志》，南京：南京出版社，2007 年再版。
52. 张驭寰：《中国塔》，太原：山西人民出版社，2000 年。
53. 张驭寰：《中国佛塔史》，北京：科学出版社，2006 年。
54. 张治国、宋燕等主编：《古代鎏金银器、玻璃器、香料保护技术——南京阿育王塔及出土文物保护技术研究》，北京：科学出版社，2014 年。
55. 周玉茹：《两晋南北朝佛教出家女众信仰与社会》，上海：上海古籍出版社，2024 年。
56. ［荷］约翰·尼霍夫原著，［荷］包乐史、庄国土著：《〈荷使初访中国记〉研究》，厦门：

厦门大学出版社，1989 年。

57. ［葡］曾德昭著，何高济译：《大中国志》，上海：上海古籍出版社，1998 年。

58. ［日］高田修著，高桥宣治、杨美莉译：《佛像的起源》，北京：中国书店出版社，2010 年。

59. ［法］费赖之著，冯承钧译：《在华耶稣会士列传及书目》，北京：中华书局，1995 年。

60. ［法］李明著，郭强等译：《中国近事报道（1687—1692）》，郑州：大象出版社，2004 年。

61. ［英］克拉克·阿禅尔著，刘海岩译：《中国旅行记（1816—1817）——阿美士德使团医官笔下的清代中国》，上海：上海古籍出版社，2012 年。

62. ［英］托马斯·阿罗姆绘图，李天纲编著：《大清帝国城市印象——19 世纪英国铜版画》，上海：上海古籍出版社、上海科学技术文献出版社，2002 年。

63. ［英］约翰·汤姆逊著，徐家宁译：《中国与中国人影像》（增订版），桂林：广西师范大学出版社，2015 年。

64. ［美］巫鸿：《仪礼中的美术：巫鸿中国古代美术史文编》，上海：生活·读书·新知三联书店，2005 年。

65. ［美］米尔恰·伊利亚德著，晏可佳、姚蓓琴译：《神圣的存在》，桂林：广西师范大学出版社，2008 年。

五、论文

1. 保全：《玄奘顶骨播迁记》，《西北大学学报（哲学社会科学版）》1986 年第 1 期。

2. 陈大海：《越城与长干里》，《南京史志》2019 年第 1 期。

3. 陈平平：《论清嘉庆金陵大报恩寺僧对琉璃塔外部形态和内部结构的研究》，《南京晓庄学院学报》2011 年第 1 期。

4. 陈平平：《简论鲜为人知的一部金陵大报恩寺专志及其历史和现实价值》，《南京晓庄学院学报》2011 年第 1 期。

5. 陈茜：《川滇缅印古道初考》，《中国社会科学》1981 年第 1 期。

6. 曹福华：《建初寺与长干寺：不得不厘清的史实》，《江苏地方志》2016 年第 2 期。

7. 曹汛：《嵩岳寺塔建于唐代》，《中国建筑》1996 年第 6 期。

8. 范金民：《陈沂和他的〈报恩寺琉璃塔记〉》，《郑和研究》2007 年第 4 期。

9. 高凯军：《关于永乐大钟若干问题的探讨》，《中国历史文物》2004 年第 2 期。

10. 郭黎安：《试论六朝时期的建业》，《中国古都研究（第一辑）——中国古都学会第一届年会论文集》，1983 年。

11. 龚巨平、祁海宁：《〈金陵长干寺真身塔藏舍利石函记〉考释及相关问题》，《东南文化》2012 年第 1 期。

12. 黄春和：《明代永乐宣德宫廷藏式金铜佛像》，《收藏家》2003 年第 4、5 期。

13. 何梅：《明朝第一部官版大藏经的雕印》，《法音》2001 年第 4 期。
14. 何伟：《明清苏州御窑金砖的储运及管理制度初探》，《无锡商业职业技术学院学报》2016 年第 6 期。
15. 何孝荣：《论明世宗禁佛》，《明史研究》第 7 辑，2001 年。
16. 何孝荣：《明成祖与佛教》，《佛学研究》2002 年。
17. 何孝荣：《葛寅亮与〈金陵梵刹志〉》，《南开学报（哲学社会科学版）》2007 年第 6 期。
18. 何云：《唐玄奘大师顶骨舍利略谈》，《法音》1998 年第 1 期。
19. 贺云翱：《六朝“西州城”史迹考》，《南京史志》1999 年第 3 期。
20. 贺云翱：《郑和与金陵大报恩寺关系考》，《东南文化》2007 年 4 期。
21. 贺云翱：《六朝都城佛寺和佛塔的初步研究》，《东南文化》2010 年第 3 期。
22. 蒋博光：《端门工程纪事——“样式雷”家传抄本（上）》，《古建园林技术》2000 年第 1 期。
23. 蒋少华：《六朝建康佛寺考》，《长江文化论丛（第八辑）》，南京：南京大学出版社，2012 年。
24. 蒋赞初：《南京六处六朝佛寺遗址考》，《中国历史地理论丛》1992 年第 2 期。
25. 经盛鸿、胡华：《南京大报恩寺琉璃塔的毁灭与重建》，《档案与建设》2002 年第 8 期。
26. 康乐：《转轮王观念与中国中古的佛教政治》，台北：《“中央”研究院历史语言研究所集刊》第六十七号，1997 年。
27. 刘大任：《南京灵谷寺所藏玄奘大师顶骨的来龙去脉》，黄心川主编《玄奘研究——第二届铜川玄奘国际学术研讨会文集》，西安：陕西师范大学出版社，1999 年。
28. 刘敦桢：《琉璃窑轶闻》，《中国营造学社汇刊》第三卷，北京：国际文化出版公司，1932 年。
29. 刘林魁：《佛教伪史〈汉法本内传〉与佛道论争》，《云南社会科学》2009 年第 2 期。
30. 李俊：《武当山金殿》，《文物》1982 年第 1 期。
31. 李翎：《杂木寺石刻——兼谈佛座拏具的演变》，《中国历史文物》2006 年第 5 期。
32. 李竹：《金轮耸日月风铎鸣千里——明代大报恩寺塔文物拾遗》，《东南文化》1998 年第 3 期。
33. 林斡：《稽胡（山胡）略考》，《社会科学战线》1984 年第 1 期。
34. 梁思成、林徽因、刘敦桢：《云冈石窟中所表现的北魏建筑》，《中国营造学社汇刊》第 4 卷，1934 年。
35. 罗哲文：《真觉寺金刚宝座塔》，《文物》1979 年第 9 期。
36. 罗世平：《仙人好楼居：襄阳新出相轮陶楼与中国浮图祠类证》，《故宫博物院院刊》2012 年第 4 期。
37. 罗文华：《永宣造像考——研究和收藏的焦点问题》，《紫禁城》2014 年第 5 期。
38. 乐秀祺：《金陵制造局在中国近代化进程中的作用》，《上海师范大学学报》1989 年第 4 期。
39. 黎毓馨：《阿育王塔实物的发现与初步整理》，《东方文物》，2009 年第 2 期。
40. 马世长：《莫高窟第 323 窟佛教感应故事画》，《敦煌研究》1982 年第 1 期。

41. 毛颖：《镇江甘露寺唐代舍利瘗埋制度及舍利子研究》，《唐史论丛（第十一辑）》，西安：三秦出版社，2009 年。
42. 乔光辉：《大报恩寺与李昌祺的佛教情结及其对〈剪灯余话〉的影响》，《东南文化》2005 年第 3 期。
43. 乔长富:《略论李德裕初刺润州时思想文化方面的兴废举措——兼再证甘露寺创建时间》,《镇江高专学报》2007 年第 2 期。
44. 祁海宁：《南京大报恩寺琉璃塔高度考》，南京市博物馆主编：《学耕文获集——南京市博物馆论文集》，江苏人民出版社，2008 年。
45. 祁海宁、龚巨平：《北宋长干寺圣感塔地宫形制初探》，《东南文化》2012 年第 1 期。
46. 祁海宁：《不可湮没的一代高僧——北宋演化大师可政考述》，《正观》第 61 期，2012 年。
47. 祁海宁、周保华：《南京大报恩寺遗址塔基的时代、性质与相关问题研究》，《文物》2015 年第 5 期。
48. 祁海宁：《南京大报恩寺遗址六号井的发掘及与“义井”关系的探讨》，《东南文化》2015 年第 4 期。
49. 祁海宁：《皇家寺院的孑遗——南京大报恩寺遗址出土的明代佛像与六拏具砖》，《文物》2018 年第 5 期。
50. 钱程:《对“江苏僧师范学堂”文史资料的初步整理与浅探》,《吴越佛教》第十二卷, 2017 年。
51. 宿白：《居庸关过街塔考稿》，《文物》1964 年第 4 期。
52. 宿白：《青州龙兴寺窖藏所出佛像的几个问题》，《文物》1999 年第 10 期。
53. 苏辰、罗冬阳：《论明代南直隶兵防体制的演变》，《西南大学学报（社会科学版）》2016 年第 6 期。
54. 邵国秀：《世事沧桑话〈南藏〉》，《图书与情报》2003 年第 6 期。
55. 尚丽新：《高僧刘萨诃的传说》，《文史知识》2006 年第 5 期。
56. 尚丽新：《“敦煌高僧”刘萨诃的史实与传说》，《西南民族大学学报（人文社科版）》2007 年第 4 期。
57. 孙修身：《从凡夫俗子到一代名僧的刘萨诃》，《文史知识》1988 年第 8 期。
58. 史苇湘：《刘萨诃与敦煌莫高窟》，《文物》1983 年第 6 期。
59. 吴晗：《明成祖生母考》，《清华学报》1935 年第 3 期。
60. 吴焯：《张骞指求的身毒国道应该是哪条路线》，《南亚研究》1998 年第 1 期。
61. 万依：《明嘉靖年间“土木岁兴”探析》，《中国紫禁城学会论文集（第三辑）》，北京：紫禁城出版社，2004 年。
62. 王剑平、雷玉华：《阿育王像的初步考察》，《西南民族大学学报（人文社会科学版）》2007 年第 9 期。

63. 王能伟：《南京大报恩寺玄奘顶骨分藏何处》，《江苏地方志》2007 年第 4 期。
64. 王毓铨：《明代的军户》，《历史研究》1959 年第 8 期。
65. 王颖竹、马清林、李延祥：《南京报恩寺阿育王塔出土香料溯源研究》，《中国文物科学研究》2012 年第 2 期。
66. 王贵祥：《两宋佛教寺院空间格局与建筑配置概说》，《中国建筑史论汇刊（第十二辑）》，北京：清华大学出版社，2015 年。
67. 汪桔生：《金陵大报恩寺琉璃塔琉璃拱门的修复及复制》，《中国文物修复通讯》第 9 期，1996 年。
68. 汪永平：《举世闻名的南京报恩寺琉璃塔》，《中国古都研究（第二辑）——中国古都学会第二届年会论文集》，杭州：浙江人民出版社，1984 年。
69. 汪永平：《金陵大报恩寺琉璃塔的复原构想》，《南京工业大学学报（社会科学版）》2002 年第 3 期。
70. 谢继胜：《居庸关过街塔造像义蕴考——11 至 14 世纪中国佛教艺术图像配置的重构》，《故宫博物院院刊》，2014 年第 5 期。
71. 谢志成：《四川汉代画像砖上的佛塔图像》，《四川文物》1987 年第 4 期。
72. 徐苹芳：《中国舍利塔基考述》，《传统文化与现代化》1994 年第 4 期。
73. 徐启宪：《漫谈金砖与苏州御窑》，《紫禁城》1994 年第 3 期。
74. 许婷婷：《明代南京大报恩寺的选址研究》，《南京艺术学院学报（美术与设计）》2015 年第 6 期。
75. 许志强：《六朝建康长干里考略》，《魏晋南北朝隋唐史资料》第三十六辑，上海：上海古籍出版社，2017 年。
76. 夏维中、丁修真、胡正宁：《宣德以后南京大报恩寺及其琉璃塔的修缮》，《明文化研究》2008 年第 3 期。
77. 夏维中、杨新华、胡正宁：《南京天禧寺的沿革》，《江苏社会科学》2010 年第 3 期。
78. 夏维中、杨新华、丁修真：《试论明初南京大报恩寺修建的几个问题》，《明清论丛》第十辑，北京：紫金城出版社，2010 年。
79. 夏维中、冯洪河、郑玉超：《南京大报恩寺及其琉璃塔在海外的影响》，《世界大变迁视角下的明代中国——国际学术研讨会论文集》，长春：吉林人民出版社，2012 年。
80. 应昌：《大报恩寺源头考》，《江苏地方志》2016 年第 2 期。
81. 远山：《灭佛首辅李德裕》，《文史天地》2006 年第 10 期。
82. 杨生民：《中国里的长度演变考》，《中国经济史研究》2005 年第 1 期。
83. 杨澍：《清代南京大报恩寺大佛殿复原初探》，《中国建筑史论汇刊》2015 年第 2 期。
84. 严小青、惠富平：《宋代香料贸易及其影响》，《江苏商论》2007 年第 4 期。
85. 于倬云：《故宫太和殿》，《文物》1959 年第 11 期。
86. 俞伟超：《东汉佛教图像考》，《文物》1980 年第 5 期。

87. 朱大可：《形象工程的历史书写——权力美学的三种标本》，《同济大学学报（社会科学版）》2005 年第 5 期。
88. 诸葛净：《从历史纪念物到新“都市奇观”——南京大报恩寺塔重建项目的案例研究》，《同济大学学报（社会科学版）》2014 年第 5 期。
89. 赵纪彬：《〈法华经〉与六朝之比丘尼关系考略》，《中华文化论坛》2014 年第 2 期。
90. 周安庆：《金陵大报恩寺塔被毁辨说》，《江苏地方志》2009 年第 1 期。
91. 周卫荣：《关于宣德炉中的金属锌问题》，《自然科学史研究》1990 年第 2 期。
92. 周清澍：《明成祖生母弘吉剌氏说所反映的天命观》，《内蒙古大学学报（哲学社会科学版）》1987 年第 3 期。
93. 张露胜：《景德镇珠山官窑遗址出土的折角白瓷塔砖研究》，《博物馆研究》2018 年第 2 期。
94. 张晖：《从〈折疑梵刹志〉看清代南京大报恩寺的房地租赁》，《中国地方志》2017 年第 4 期。
95. 张秀民：《明代南京的印书》，《文物》1980 年第 11 期。
96. 张小平、周少青：《政治合法性视野中的明成祖朱棣——一个范本的解读》，《吉林师范大学学报（人文社会科学版）》2008 年第 2 期。
97. 张学锋：《六朝建康城研究中的史料学问题——以建初寺的地点考证为例》，《南京晓庄学院学报》2012 年第 1 期。
98. 张学锋：《“近世都城”的出发——以南唐金陵城为例》，《南京晓庄学院学报》2015 年第 5 期。
99. 张学锋：《南京北宋长干寺地宫出土文字资料研究》，西安碑林博物馆编：《纪念西安碑林 930 周年华诞学术研讨会论文集》，西安：三秦出版社，2018 年。
100. 张驭寰：《中国古塔》，《自然杂志》1984 年第 1 期。
101. 张剑葳：《武当山太和宫金殿——从建筑、像设、影响论其突出的价值》，《文物》2015 年第 2 期。
102. 郑振铎：《关于“永乐大典”》，《文物参考资料》1951 年第 9 期。
103. 郑妙苗：《但倚光严入道场——明清之际的长干塔与空间书写》，《中国典籍与文化》2016 年第 2 期。
104. ［英］麦高文著、章克生译：《东王北王内讧事件始末》，北京太平天国研究会编：《太平天国史译丛（第二辑）》，北京：中华书局，1983 年。
105. ［法］陈祚龙：《刘萨诃研究——敦煌佛教文献解析之一》，《华冈佛学学报》第三卷，1973 年。
106. ［美］查理斯・法斯著，茅家琦译：《1854 年 6 月 1 日法斯就漫游天京大报恩寺琉璃塔给麦莲的报告》，《秦淮夜谈》第 17 辑，2002 年。
107. ［韩］苏铉淑：《政治、祥瑞和复古：南朝阿育王像的形制特征及其含义》，《故宫博物院院刊》2013 年第 5 期。
108. ［日］金子典正：《中国四川省出土阿育王像に关する调查研究——阿育王像说话の成立と

南北朝时期の造像な中心に》，《鹿岛美术财团年报》第 20 别册，2002 年。
109. ［日］坂井田夕起子：《“战争的负遗产”，还是“文化交流的象征”？——玄奘三藏遗骨和 20 世纪 50 年代的北京与台北》，《近现代国际关系史研究》2015 年第 2 期。
110. ［日］坂井田夕起子：《玄奘遗骨的南京出土及各地奉安经过》，《玄奘佛学研究》第三十二期，2019 年 9 月。

六、学位论文

1. 韩茗：《三国南晋南北朝铜器的考古学研究》，南京师范大学博士后研究工作报告，2020 年。
2. 张全晓：《明代武当山志研究》，华东师范大学博士学位论文，2011 年。
3. 石少欣：《六朝时期比丘尼研究》，南开大学博士学位论文，2013 年。
4. 张晖：《清代江南寺院经济研究》，南京大学博士学位论文，2014 年。
5. 高继习：《中国古代舍利地宫形制研究》，山东大学博士学位论文，2017 年。
6. 徐玫：《〈金陵梵刹志〉与明代南京寺院》，东南大学硕士学位论文，2006 年。
7. 蒋少华：《六朝江东佛教地理研究》，南京大学硕士学位论文，2011 年。
8. 厉复超：《隋唐时期淫祠研究》，山东师范大学硕士学位论文，2011 年。
9. 李小云：《宋代外来物品研究》，河南大学硕士学位论文，2013 年。
10. 周永华：《明代南京大报恩寺复原研究》，南京工业大学硕士学位论文，2013。
11. 石婷婷：《明代佛教六拏具组合与样式研究》，首都师范大学硕士学位论文，2017 年。
12. 王凡：《佛教拏具图案的考古学研究》，南京师范大学硕士学位论文，2019 年。

七、课题报告

1. 南京大学课题组：《南京大报恩寺及其琉璃塔的历史与文化研究》，2008 年。
2. 南京市宗教局、南京市社会科学院、南京大学、南京市文物局、南京市地方志办公室主编：《金陵长干寺佛顶真骨舍利综合考证报告》，2009 年。

八、报纸、杂志

1.《首都发现明初铜塔》，《威音》第 22 期《新闻》第 4 页，1930 年 11 月。
2. 南京市博物馆大报恩寺遗址考古队：《2007—2010：南京大报恩寺遗址北区考古工作取得重要收获》，《中国文物报》2010 年 12 月 8 日。
3. 杨民仆：《重大考古发现将南京建城史前推 600 年，3000 多年前的长干古城露真容》，《新华日报》2023 年 12 月 20 日第 3 版。
4. 杨民仆：《南京西街遗址考古最新发现，六朝时期的“国门”找到了》，《新华日报》2024 年 2 月 27 日第 3 版。

后　记

2006年末，南京市博物馆受市政府委托，组建考古队，对大报恩寺遗址开展考古调查。从2007至2015年，为配合大报恩寺遗址公园的建设，考古队对遗址北区进行了全面的考古发掘，本人担任了这一阶段的考古领队。2011年，大报恩寺遗址考古成果入选2010年度全国十大考古新发现。2016至2019年，考古队又根据相关规划，对遗址南区开展考古工作，这一阶段由周保华同志接任领队，而我作为分管副院长，对项目推进仍然负有重要责任。

从2006至2019年，我们所在的单位从南京市博物馆考古部，演变为独立的南京市考古研究院，而我与同事们在这处遗址上不知不觉奋战了14年。支撑本文研究的考古新材料大都来源于这一过程。在此，我要向华国荣、龚巨平、周保华、王道柱、王玉文、侯贵春、董补顺、郭龙发、苏舒、杨平平等先后加入这支队伍的战友们表达衷心的感谢，是我们共同的努力，用科学的方法揭开了遗址深层的秘密，找到了丰富而关键的实物证据，为大报恩寺遗址研究创造了前所未有的条件。

2019年底，我从市考古院调入南京师范大学社会发展学院文博系工作。在南师大，我得以卸下以往繁重的田野和行政工作，沉下心来开展研究，并撰写论文，本书的主要篇幅都是在这一阶段完成的。在南师大浓浓的学术氛围中，王剑、徐峰、王志高等老师都对本书提出过有益的建议，使我深受启发。初稿刚刚完成，王志高老师就已安排好出版经费，敦促我尽快出版。在本书写作过程中，秦卓淼、吴若愚、杨童、张志伟、刘珂、李婉璐、张子怡、高姗等南师大考古、文博专业的研究生同学，分别参与了相关研究，并且帮助我绘制插图、校对文稿。在此，我向南师大的各位师长、同学们表达衷心的感谢。

2007 年，当我主持遗址考古发掘之时，南京大学历史学院夏维中先生同时接受建设单位的委托，承担了《南京大报恩寺及其琉璃塔的历史与文化研究》这项课题。他带领团队提交的课题报告，内容丰富，资料来源可靠，对考古工作产生了直接的帮助。我也由此认识到，要想把大报恩寺遗址的内涵揭示清楚，必须走考古与历史深度结合的道路。在夏老师支持下，这一想法成为我重回母校攻读博士的缘由。2018 年，同样在夏老师的帮助下，我们成功申报国家社科基金重大项目“南京大报恩寺遗址考古发现与研究”。本书既是该项目的阶段性成果，也是在夏老师指导下，本人完成的博士论文。在此，我向夏老师表达由衷的感谢。今后我们还将共同努力，将项目圆满完成。

最后，我要将感谢与崇高的敬意奉献给本书的研究对象大报恩寺遗址。在走近你的过程中，我深刻领悟到什么是千年名蓝的深厚、坚韧、宠辱不惊。我也曾多次登临新建的大报恩寺塔，眺望阳光下或者烟雨中的山水城林，对古都南京和国家的未来发展充满期待与信心。

祁海宁

2025 年 5 月 17 日定稿于随园